U0503963

发掘内蒙古历史文化　服务"一带一路"建设研究丛书

朝 克　主编

# 内蒙古旅游文化与 "一带一路" 建设研究

The Research on the Inner Mongolia Tourism Culture
and the Belt and Road Construction

卡丽娜　斯仁巴图　亚　吉　丰　华　等著

中国社会科学出版社

图书在版编目（CIP）数据

内蒙古旅游文化与"一带一路"建设研究/卡丽娜等著. —北京：
中国社会科学出版社，2022.5
（发掘内蒙古历史文化 服务"一带一路"建设研究丛书）
ISBN 978 - 7 - 5227 - 0010 - 6

Ⅰ.①内… Ⅱ.①卡… Ⅲ.①旅游文化—研究—内蒙古 Ⅳ.①F592.726

中国版本图书馆 CIP 数据核字（2022）第 055489 号

| 出　版　人 | 赵剑英 |
| 责任编辑 | 刘凯琳　侯聪睿 |
| 责任校对 | 芦　苇 |
| 责任印制 | 王　超 |

| 出　　版 | 中国社会科学出版社 |
| 社　　址 | 北京鼓楼西大街甲 158 号 |
| 邮　　编 | 100720 |
| 网　　址 | http://www.csspw.cn |
| 发 行 部 | 010 - 84083685 |
| 门 市 部 | 010 - 84029450 |
| 经　　销 | 新华书店及其他书店 |

| 印　　刷 | 北京君升印刷有限公司 |
| 装　　订 | 廊坊市广阳区广增装订厂 |
| 版　　次 | 2022 年 5 月第 1 版 |
| 印　　次 | 2022 年 5 月第 1 次印刷 |

| 开　　本 | 710 × 1000　1/16 |
| 印　　张 | 23.5 |
| 插　　页 | 2 |
| 字　　数 | 328 千字 |
| 定　　价 | 128.00 元 |

# 总　　序

　　内蒙古自治区政府交办的重大委托课题"发掘内蒙古历史文化，服务'一带一路'建设"于 2018 年 8 月课题经费下拨后正式启动。

　　但在课题经费下拨之前，2017 年 3 月根据内蒙古自治区布小林主席提出的："要坚定不移地以习近平总书记提出的新时代中国特色社会主义思想和关于'一带一路'建设的重要论述为指导，深入贯彻党的十九大和十九届二中、三中全会精神，认真贯彻落实习近平总书记提出的哲学社会科学工作要为党的路线方针政策及经济社会建设服好务的重要论述。要充分解放思想、求真务实、与时俱进，深入发掘内蒙古源远流长的历史文化与文明，充分发挥内蒙古政府交办的重大委托课题的示范引导作用，为党和国家工作大局及'一带一路'建设服好务。要从内蒙古地区自身优势出发，科学解读和阐释'一带一路'建设的核心内容、性质和目的及其现实意义，进而更科学、更有力、更积极地推动中俄蒙乃至延伸到欧洲各国的'一带一路'建设。"及其她所指出的："该项重大委托课题要将对策研究、应用研究及理论研究紧密相结合，对策、应用研究要从内蒙古地区和'一带一路'建设的实际情况出发，要以该地区'一带一路'建设的重大理论和现实问题为主攻方向，深入实际和强化实证性研究，拿出具有重要决策参考价值和实践指导意义的对策性、应用性、实用性调研报告或研究成果。在基础研究和理论研究方面，要实事求是地发掘和充分反映内蒙古地区的历史文化与文明，进而为中华民族多元一体的历史文化与文明不断增添新的内涵，为内蒙古'一带一路'建设不断增加新的活力和生命力"等指导思想为主题，2017 年 3 在内蒙古自治区政府办公厅（以下简称内蒙古政府办公厅）负责人的主持下，北京和内蒙古两地的相关专家学者在京首次召开课题工作会议。与会专家学者针对自治区主席提出的课题思路、课题内容、课题意义、课题框架、课题实施计划等展开了广泛而务实的讨论，随后将会议讨论稿交给了内蒙古政府领导。在这次召开的课题会上，初步做出如下几项决定：一是，由中国社会科学院民族文学研究所党委书记朝克研究员主持该项重大委托课题。二是，重大委托课题内部要分：（1）挖掘"丝绸之路"蒙古族与欧亚草原历史文化渊源；（2）元朝商贸往来与"一带一路"贸易畅通研究；（3）蒙古始源与中蒙俄"一带一路"地名考释；（4）蒙古族民俗文化与"一带一路"建设研究；（5）蒙古族文学艺术与"一带一路"建设研究；（6）蒙古族农牧业文化"一带一路"建设研究；（7）蒙古族科教育科学医疗文化与"一带一路"建设研究；（8）草原"丝绸之路"与呼伦贝尔俄侨历史文化研究；（9）草原丝绸之路与中蒙俄经济走廊建设研究；（10）内蒙古语言文字与"一带一路"建设研究，共 10 个子课题。三是，根据参加该项重大委托课题专家们多年从事的科研工作实践及研究领域和专业特长，由中国社会科学院历史研究所青格力研究员、中央民族大学黄健英教授、内蒙古党校吉日格勒教授、中国社会科学院民族学与人类学研究所色音研究员、中央民族大学汪立珍教授、内蒙古社会科学院王关区研究员、内蒙古师范大学党委书记傅迎春教授、呼伦贝尔学院校长侯岩教授、内蒙古社会科学院院长马永真研究员、内蒙古师范大学孟和宝音教授等分别承担 10 项子课题的科研工作任务。四是，每个子课题要完成一部科研专著，同时还要写一份同研究课题相关的政策对策调研报告或相关政策对策性建议。并要求政策对策性调研报告或相关政策对策性建议要在课题启动后的第一年年底完成，课题专著类研究成果要在课题启动后的第二年年底完成。五是，该项重大委托课题在下拨经费后两年内完成。六是，课题总负责人同子课题负责人签署课题合同责任书。七是，课题的日常事务性工作、各子课题组间的相互协调、各子课题组在内蒙古地区开展调研或资料搜集时协助提供各方面的方便条件、政策对策建议及调研报告的撰写工作、课题《工作简报》的编辑工作等均由内蒙古自治区研究室（参事室）来负责。该项课题在正式启动之前，课题组核心成员及各子课题负责人先后召开两次工作会议，主要是进一步讨论第一次课题工作会议上拟定的课题实施计划及相关内容，以及如何更好、更快、更高质量地按计划完成各项子课题科研工作任务等方面事宜。在广泛而反复讨论的基础上，最后对于课题实施计划及要求做出了明确规定，其规定基本上保持了第一次课题工作会议上拟定的事项和内容，只是对有关子课题题目和相关子课题负责人做了必要调整。

内蒙古自治区政府交办的该项重大委托课题经费于 2017 年 10 月份下拨到各子课题负责人所属部门的账号，从此各子课题组正式启动了各自承担的科研工作。到 2018 年 7 月，各子课题基本上都撰写完成了各自承担的政策对策研究报告。其中，有的课题组完成了两份对策研究调研报告。而且，课题组负责人会议讨论通过后，第一时间交给内蒙古自治区研究室（参事室）进行审阅。随后，根据内蒙古自治区研究室（参事室）提出的建议，将这些对策研究报告，分别交给中央党史和文献研究院及中国社会科学院从事政策对策研究的资深专家进行审阅。各课题组根据审阅和审读专家提出的意见，对于政策对策研究报告作了必要修改和补充，同时淘汰了个别审阅未通过的政策对策研究报告。最后将 10 个子课题组审阅通过并进行修改补充的 13 篇政策对策研究报告，合订成 30 余万字的《内蒙古自治区政府重大委托课题"发掘内蒙古历史文化，服务'一带一路'建设"各子课题政策对策研究报告》，交给了内蒙古自治区研究室（参事室）。

各子课题组承担的科研工作，也基本上按计划于 2019 年底完成了田野调研、资料搜集整理和分析研究、撰写课题成果专著等方面的工作任务。在这里，有必要说明的是，由于两位子课题组负责人的先后去世，以及一些课题组负责人工作岗位、工作部门、工作性质的变动和调整，加上有些课题组负责人所承担的行政管理工作或其他科研管理工作过重而很难拿出一定时间主持该项课题等原因，在具体实施这一重大委托课题的实践中，对于有关子课题组负责人做了及时调整和补充。另外，也有个别课题组核心成员，由于所承担的其他各种科研工作任务过重等原因，自动申请退出了该项课题。所有这些，对于内蒙古政府交办的重大委托课题的顺利推进带来了一定困难。但在内蒙古自治区研究室（参事室）领导和相关人员的积极协调和帮助下，在课题组负责人及所有课题组专家学者的共同努力下，除了极个别的课题组没有按时完成课题成果的撰稿工作之外，绝大多数子课题组按时提交了作为课题研究成果的初步定稿。

在这里，还需要交代的是，课题总负责人同内蒙古自治区研究室（参事室）负责人共同商定后，在课题进行过程中，根据一些子课题组负责人的变化与变动，重新调整了第三、第八及第十子课题组负责人。重新调整后的这三个子课题负责人分别是：蒙古国国立大学的超太夫博士（第三子课题书稿补充修改完成人）、中央民族大学经济研究院的黄健英教授（第二子课题负责人）、呼伦贝尔学院的斯仁巴图教授（第八子课题负责人）、中国社会科学院民族文学研究所的朝克研究员（第十子课题负责人）等。其中，蒙古国国立大学的超太夫博士主要在相关专家的协助下，负责完成其父亲内蒙古党校吉日格勒教授基本成型的课题研究书稿。以上子课题负责人的及时调整，对于该项重大委托课题的顺利推进产生了积极影响和作用。另外，还根据该项重大委托课题的指导思想和科研任务、研究内容、将第八子课题题目改为"内蒙古草原旅游文化与'一带一路'建设研究"。根据课题工作安排，将初步完成并提交上来的各子课题组书稿，全部送交到中国社会科学院、内蒙古社会科学院、内蒙古大学、内蒙古师范大学的相关专家进行审阅。对于各子课题组完成的书稿，审阅专家们提出了不同程度的修改意见。然而，从2019年年底至2020年年中的半年多时间，新冠肺炎疫情影响，一些子课题组对审稿专家提出的书稿修改所需的补充调研工作未能按计划推进。这期间，各子课题组根据现已掌握的第一手资料也做了一些补充和修改，但一些具体数字还是需要经过再做补充调研才能够进一步完善。疫情得到基本控制后，子课题组专家学者在第一时间对于书稿修改内容做了补充调研，并较短时间里完成了课题书稿的修改完善工作。其实，从 2019 年年底开始到 2020 年 9 月，该项重大委托课题的各子课题组又将修改补充的书稿，在不同时间段内分别让不同专家学者反复审阅 2—3 次。而且，审阅专家学者都从各自角度提出不少意见和修改建议。最后，于 2020 年 9 月至 10 月间，把审阅通过并修改完善的书稿先后交给了中国社会科学出版社，顺利进入了出版阶段。

内蒙古政府交办的该项重大委托课题，在具体实施的两年多时间里，各子课题组负责人和参加课题研究的专家学者，先后用汉文和蒙古文公开发表 41 篇学术论文，在中俄蒙"一带一路"沿线地区开展 37 次实地调研，并在北京、呼和浩特、海拉尔及蒙古国的乌兰巴托等地先后召开 14 次不同规模、不同内容、不同形式、不同层面的大中小型学术讨论会、专题讨论会、学术报告会等。与此同时，还内部印发四期课题《工作简报》，主要报道课题组负责人工作会议、子课题组负责人的变动和调整、整个课题工程的推进、各课题组承担的科研工作进度、各课题组取得的阶段性成果及发表的论文或相关文章、不同规模和内容的课题学术讨论会及课题推进会、国内外进行的学术考察或田野调研、课题进行中遇到的问题或困难等方面的内容。另外，由内蒙古自治区研究室（参事室）还先后印制了，四本约 200 万字课题阶段性研究成果汇编及资料汇编。所有这些，对于整个课题的顺利推进发挥了极其重要的影响和作用。

众所周知，从元代以来的"丝绸之路"到当今新时代强有力推进的"一带一路"建设的漫长历史岁月里，内蒙古作为通往俄罗斯和蒙古国乃至通向欧洲各国的陆路商贸大通道，为欧亚大陆国际商贸往来、商业活动、商品交易、文化交流发挥过并一直发挥着极其重要的作用。

特别是,当下内蒙古对外开放的边境口岸,已成为我国对外开放和"一带一路"建设的重要枢纽。根据我们现已掌握的资料,内蒙古草原边境地区有 19 个对外开放的口岸,关系到内蒙古边境陆路口岸和国际航空口岸的地区共有 14 个旗(市)及呼和浩特市和呼伦贝尔市。其中,发挥重要枢纽作用的是,对俄罗斯开放的满洲里口岸和对蒙古国开放的二连浩特口岸,以及呼和浩特、海拉尔、满洲里 3 个国际航空口岸等。所有这些,给元代以后兴起的草原"丝绸之路"远古商业通道注入了强大的活力和生命力,并肩负起了中蒙俄为主,包括欧洲各国的商贸活动和经贸往来,乃至承担起了东西方文化与文明交流的重要使命。正因为如此,从草原"丝绸之路"到新时代"一带一路"建设这一条国际商贸大通道上,内陆地区的商人同俄罗斯和蒙古国的商人之间,建立了互敬互爱互信互勉互助的友好往来和深厚友谊。尤其是,内陆地区的商人同生活在草原"丝绸之路"和"一带一路"通道上的内蒙古各民族之间,建立了不可分离、不可分割的商贸合作关系和骨肉同胞关系。所有这些,毫无疑问都表现在你中有我、我中有你的历史文化与文明,乃至表现在经济社会、生产生活、风俗习惯、语言文字、思想教育、伦理道德、宗教信仰等方方面面。也就是说,从草原"丝绸之路"到新时代"一带一路"建设的漫长历史进程中,他们间相互接触、互相交流、思想沟通变得越来越深,进而对于彼此的影响也变得越来越广。其中,语言文化方面的相互影响更为明显。

我们在该项重大委托课题里,从历史学、地理学、地名学、社会学、经济学、政治学、文化学、语言文字学、教育学、民族学、民俗学、文学艺术、外交学、宗教学等角度,客观详实地挖掘整理和分析研究了内蒙古草原对古"丝绸之路"的作用和贡献,以及在新时代"一带一路"建设中如何更好地发挥作用等学术问题。其中,包括内蒙古草原对古"丝绸之路"的作用和贡献及在新时代"一带一路"建设中如何更好地发挥作用、蒙古汗国和元朝时期古"丝绸之路"商贸往来与内蒙古"一带一路"商贸畅通之关系、古"丝绸之路"上的蒙古族与欧亚草原历史文化的渊源、内蒙古草原古"丝绸之路"对亚欧大陆历史进程的影响、蒙古族游牧文化与中蒙俄"一带一路"农牧业和生态合作关系、蒙古族科教医疗事业的发展对于"一带一路"建设的贡献、内蒙古地区蒙古族民俗文化与"一带一路"民心相通的内在合力、蒙古族文学艺术与"一带一路"建设的关系、内蒙古草原旅游文化对"一带一路"建设产生的重要推动作用、中蒙俄"一带一路"建设及语言文字资源的开发利用等学术问题。我们认为,从 13 世纪初开始,八个多世纪的人类历史的进程中,内蒙古地区对于草原古"丝绸之路"商贸往来发挥过极其重要的作用。强有力地推动中国政府倡议的开放包容、和平发展、合作共赢,以及政治上高度互信、经济上深度融合、文化上广泛包容的"一带一路"建设的新时代,内蒙古草原作为欧亚大陆的大通道,在这关乎人类命运共同体、人类责任共同体的伟大工程及历史实践中,同样发挥着十分积极而重要的推动作用。

# 目 录

# 前　　言

内蒙古自治区坚定不移地以习近平新时代中国特色社会主义思想以及习近平总书记关于"一带一路"建设系列论述为指导，解放思想、求真务实、与时俱进，深入发掘源远流长的游牧文化与文明，为党和国家工作大局及"一带一路"建设做出了应有的贡献。内蒙古从自身游牧文化的优势出发，认真阐释"一带一路"建设的核心内容、性质和目的及其现实意义，进而更科学、更有力、更积极地推动中蒙俄乃至延伸到欧洲各国的旅游文明、旅游文化、旅游产业、旅游经济的发展。

本书是内蒙古政府交办的重大委托项目"发掘内蒙古历史文化，服务'一带一路'建设"的一项子课题研究成果。该项研究，主要是从旅游学、旅游生态学、旅游地理学、旅游社会学、旅游文化学、旅游民俗学、旅游经济学以及红色旅游文化学等角度，客观、系统搜集整理了内蒙古地区草原丝绸之路的旅游文化，特别注重搜集文化强国战略及"一带一路"倡议提出以后，中蒙俄"一带一路"旅游业及旅游文化产业建设方面的第一手资料。另外，课题组还前往呼和浩特市、锡林浩特市、兴安盟、呼伦贝尔市及满洲里市等中蒙俄"一带一路"旅游业及旅游文化产业发展较快、成绩较为突出的盟市进行实地调研，并在此基础上，展开富有成效的分析研究，顺利完成该项子课题的科研工作任务。后来，根据审读专家提出的宝贵意见，做了多次修改和补充。

该项研究将对策研究、应用研究及理论研究紧密结合，从本地区旅游业的繁荣发展，以及中蒙俄"一带一路"旅游文化建设实际出发，把重大学术理论和现实问题作为主攻方向，在深入实际的前提下不断强化实证研究，拿出具有重要决策和参考价值及实践指导意义的对策性、应用性、实用性研究成果。从而为中华民族多元一体的历史文化与文明不断增添新的内涵，为中蒙俄"一带一路"旅游文化建设不断增加新的活力和生命力。

## 一

从 13 世纪初开始，在 8 个多世纪的人类历史进程中，内蒙古地区对于草原丝绸之路旅行旅游及商贸往来发挥了极其重要的作用。可以说，丝绸之路承载着早期人类的文化与文明，是世界上传播文化与文明最长的一条生命之路，也是一条人类相互交流与交往的旅行旅游之路，其中草原丝绸之路最具典型。

草原丝绸之路是指从蒙古草原地带通往欧亚大陆，并将旅行和商贸融为一体的生命大通道。其时间范围可以定位在青铜时代至近现代，空间范围大致框定为北纬 40 度至 50 度之间的区域，自然环境以草原为主，居住者是以游牧为主的草原民族。其主要线路是，由中原地区向北越过大青山、燕山一带的长城沿线，西北穿越蒙古高原、南俄草原、中西亚北部，直达地中海北陆的欧洲地区。沿线经过的主要古城有辽上京遗址、元上都遗址、集宁路古城遗址、丰州古城遗址、傲伦苏木古城遗址、额济纳旗黑城遗址、蒙古国哈拉和林遗址、吉尔吉斯斯坦托克马克市等。草原丝绸之路东段最为重要的旅行起点就是现今的内蒙古自治区所在地。

从元代以来的草原丝绸之路到今天建设的"一带一路"，在漫长历史岁月里，内蒙古作为通往蒙古国和俄罗斯乃至欧洲各国的陆路旅行旅游及商贸大通道，对欧亚大陆国际旅行旅游和旅游文化交流，包括旅游文化商品交易，发挥着极其重要的作用。特别是，内蒙古对外开放的边境口岸，已成为对外旅游和草原"一带一路"旅游文化建设的重要枢纽。这些枢纽给草原丝绸之路远古旅行通道和商业通道注入了强大活力，并肩负起以中蒙俄为主，包括欧洲各国的旅行旅游活动及经贸往来，承担着东西方的文化与文明交流的重要使命。因此，在这条国际旅行旅游大通道上，中蒙俄之间建立了互敬、互爱、互信、互勉、互助的友好原则和深厚情谊。尤其是来自其他地区的旅行者和商人，同生活在草原丝绸之路和"一带一路"通道上的内蒙古各民族之间，拥有了不可分离的心灵沟通和骨肉同胞关系，通过越来越多的交往交流以及持久深入的商贸合作，建立起互通有无、互利互惠，共同繁荣发展的人类命运共同体。

内蒙古地区的各民族在其自身发展历史进程中，同北方鲜卑、室韦与突厥、回鹘、契丹、女真、汉族之间深入接触、交流与交融，从而拥有了你中有我、我中有你、谁也离不开谁的中华民族多元一体的历史文化与文明。与此同时，他们在旅行旅游和相互走动中，还积极主动接受外来文明，将游牧文化同中亚、西亚的突厥、阿拉伯文化，乃至欧洲斯拉夫文化等进行融合，进而形成"一带一路"沿线国家和地区的共有历史记忆。

## 二

历史上蒙古族和北方民族是草原丝绸之路旅行旅游通道的主要开辟者和建设者。蒙元时期曾把欧亚大陆纳入一个统一的自东向西陆上旅游线路，实现了东西方通过旅行旅游进行旅游商品、旅游商贸及物质文化的直接交流。在开拓欧亚东西方旅行旅游文化交流中，不只是我们的物质文化向西传播，同时也将中华传统文化向西推广，由此塑造了未来欧亚大陆发展的新格局。

欧亚草原是世界上面积最大的草原，自欧洲多瑙河下游起一直向东延伸，经东欧平原、西西伯利亚平原、哈萨克丘陵、蒙古高原，直达中国东北松辽平原，构成地球上最宽广的欧亚草原旅游文化与文明地带。内蒙古草原是欧亚草原的重要组成部分，并从以游牧迁徙线路为主的早期草原丝绸之路，逐步发展成为一条沟通欧亚文化相互交往交流的大通道。这条旅游线路上的遗址、遗迹、驿站、场景、纪念物，都成为人们观光旅游的重要景区和景点。内蒙古赤峰市巴林左旗的契丹都城辽上京，锡林郭勒盟正蓝旗草原的元上都，乌兰察布市的察哈尔右翼前旗金元代古城遗址，包括蒙古国唯一的世界文化遗产哈拉和林城址等，都是草原丝绸之路旅游线路的重要链接点。在这条通道上，游牧民族是草原文化的传播者，他们利用这条通道四处迁徙和旅行，从而将游牧文化传播至所到之处。同时，他们又是异文化的接受者，他们利用这条草原丝绸之路，以及草原游牧民族移动、迁徙、流动及爱好旅行的特点，接触各种各样的其他文化与文明。对利于自身发展的文化与文明，采取积极的接触、理解和吸纳态度，进而创造出以游牧文化与文明为中心的开放包容的旅行旅游文化。

特别应该提出的是，公元 1275 年，意大利著名的旅行家和商人马可·波罗从西方旅行来到我国的元上都，受到忽必烈的热情接见和接待，后来在其出版的《马可·波罗游记》中记载了元上都蒙古族生活习俗等一系列内容。随着"一带一路"沿线国家和地区相互走动和接触的增多，东西方之间的相互往来、旅行、旅游日益密切。后来，就出现不同国家和地区间旅行和旅游性质的易货买卖、商品交易及商贸活动，也出现了相互之间的国际性质的旅游文化产品的合作经营，最终成为中蒙俄"一带一路"旅游文化建设，以及旅游文化产业建设的坚实基础。

三

早期，在自然游牧时代开创的长途旅行、旅游文化以及旅游旅行性质的商业活动，均成为草原丝绸之路上东西方文化交往交流的主要动力。在"一带一路"建设及构建人类命运共同体的新时代，不同国家和地区间的旅游往来、商品交易和商贸活动变得更加活跃和更加频繁，业已成为人类文明发展和进步的主要内容和重要途径。

内蒙古地区的中蒙俄"一带一路"旅游文化建设，是实现旅游政策沟通、旅游设施联通、旅游贸易畅通、旅游资金融通、旅游民心相通的伟大工程，更是在中蒙俄乃至欧洲各国间建立永久的利益共同体、命运共同体和责任共同体的重要举措。这个项目可以科学阐述草原丝绸之路上，早期人类建立起来的利益共同体和命运共同体的深刻内涵，以及人类文化与文明变迁的辉煌历史，从而为"一带一路"沿线国家和地区的旅游往来及相关政策规定不断提供新的经验和新的思路。

在中蒙俄"一带一路"旅游业及旅游文化产业建设中，内蒙古充分认识到东西方文化与文明之间存在的差异性和相关性，以及文化融合带来的多元一体格局的深刻意义。因此，内蒙古坚持从不同国家、不同地区、不同民族的根本利益出发，密切联系人类命运共同体和人们对美好愿意的追求，努力营造求同存异、相互尊重、诚信相待、互利互惠，共建美好未来的合作氛围，从而真正实现互利共赢。

内蒙古有着极其丰富而厚重的历史文化资源，通过开展不同国家和地区、不同形式和内容的各种学术活动及学术讨论，可以深度研发草原丝绸之路旅游文化产品以及丰富多样而相互关联的旅游文化线路，不断加强和提高具有历史、文化、艺术、科学价值的文物及旅游文化遗产的开发利用。与此同时，内蒙古还精心打造出具有典型地方文化特色、民族特色的节庆旅游活动，这使内蒙古悠久的民族历史文化和丰富多彩的民俗生活，给中蒙俄"一带一路"旅游文化增添了极其丰富的内涵。以呼伦贝尔为例，在发展旅游文化产业的进程中，呼伦贝尔充分展示出布里亚特蒙古人、巴尔虎蒙古人、沃鲁特蒙古人，以及达斡尔族、鄂温克族、鄂伦春族、俄罗斯族等各具特色的旅游文化。这使国内外旅游者，通过旅游和旅游文化交流，更多地接触和了解内蒙古不同地区和不同民族丰富多样的历史文化，包括有史以来传承的生产生活、节庆活动、婚礼仪式、祭祀礼拜等。

非物质文化遗产（简称"非遗"）在中蒙俄"一带一路"旅游业及旅游文化产业的发展中，占有不可忽视的重要地位。内蒙古地区的非遗数量众多且具有地域性、民族性、原创性等特征，如蒙古长调民歌、顶碗舞、呼麦曲、马头琴曲等。在当下内蒙古大力推进的文化强区战略，以及中蒙俄"一带一路"旅游文化建设中，内蒙古的非遗已成为极为重要的旅游文化资源，并已经产生相应的旅游文化价值和经济效益，是内蒙古的旅游业和旅游文化产业走向世界的重要方式。

## 四

新时代的今天，中蒙俄"一带一路"旅游业及旅游文化产业迅速崛起。这不仅给内蒙古地区的经济社会的发展注入了强盛活力，也对中国其他地区及蒙古国、俄罗斯乃至欧洲相关国家的经济社会的发展产生了一定积极影响。

中蒙俄"一带一路"旅游文化建设理念，通过内蒙古的这些陆路口岸及国际机场不断融入欧亚大陆，并给东北亚及其欧亚大陆间的旅游业及旅游文化产业的发展提供了新思路、新观点、新理论。我国北方的蒙古族及通古斯诸民族的游牧生产生活，以及相伴而来的旅游文化与文明，在蒙古国及俄罗斯等国家的传统生活中占有特定地位，从而对中蒙俄"一带一路"旅游文化的繁荣发展发挥着非同寻常的推动作用。特别是蒙古国以及俄罗斯的以布里亚特蒙古人、卡尔梅克蒙古人和通古斯诸民族为主体的西伯利亚及远东地区的各自治共和国，自古以来就受到我国草原丝绸之路上的传统旅游文化与文明带来的政治、经济、文化、教育等诸多方面的积极推动作用。甚至，对于东北亚游牧文化圈之外的周边一些国家和地区，包括朝鲜半岛及日本列岛的文化与文明也产生过一定影响。因此，内蒙古旅游文化与中蒙俄"一带一路"建设研究，对于你中有我，我中有你，人类命运共同体的深度阐释，具有不可忽视的积极现实意义。

在人类文明的伟大进程中，旅游作为不同国度、不同地区和不同民族间的一种自然、快乐、幸福、享受型的交往交流形式，发挥着十分重要的影响力。在中蒙俄"一带一路"建设中，旅游文化、旅游产业、旅游经济同样显示出它们所具有的强大生命力。我们要通过国家和国家、地区和地区、政府和政府、人民和人民之间开展的旅游活动、旅游往来、旅游文化、旅游产业、旅游经济，不断加深相互间的沟通和交流，才能在人们心中形成中蒙俄"一带一路"旅游文化建设的良好形象与亲和力，从而为"一带一路"沿线各国互信交往奠定心理基础。

习近平总书记指出："真正要建成'一带一路'，必须在沿线国家民众中形成一个相互欣赏，相互理解，相互尊重的人文格局。"① 要注重在人们的旅游文化产业领域精耕细作，尊重各国人民旅游往来及历史文化、风俗习惯，加强同沿线国家人民的友好往来，为"一带一路"建设打下广泛深厚的国际社会基础。为此，我们要紧紧抓住在内蒙古旅游与"一带一路"建设中凸显出的你中有我，我中有你，人类命运共同体的重要内涵，精心营造与"一带一路"沿线国家民心相通、人文合作、相互理解的文化大桥梁与生命大通道。还要深入挖掘内蒙古与蒙古国和俄罗斯乃至欧洲各国间的旅游历史，加快搜集整理历史上的旅游文化资料，科学论证不同历史时期旅游文化产生的实际经济效益，讴歌其为欧亚草原丝绸之路及"一带一路"沿线国家和地区做出的伟大功绩。

## 五

内蒙古作为向蒙古国、俄罗斯及其欧洲陆路开放的重阵，中蒙俄经济走廊的关键节点及草原丝绸之路的重中之重，严格遵循国家"一带一路"建设的总体部署，充分发挥区位旅游历史文化等方面的优势，积极投身于中蒙俄"一带一路"旅游业及旅游文化产业建设。在旅游政策沟通、旅游设施联通、旅游贸易畅通、旅游资金融通、旅游民心相通等方面，不断加强与沿线国家和地区间的更多和更广阔领域、更

① 《习近平治国理政》（第二卷），外文出版社 2017 年版，第 502 页。

多方面、更加求真务实、更有实效性的国际合作。内蒙古地区着力优化和创新发展特色旅游项目、旅游商品、旅游经济、旅游贸易,并以"一带一路"为纽带,不断拓展中蒙俄及欧洲各国间的多角度、多层面、多领域的接触、交流与合作。由此,给中蒙俄"一带一路"旅游文化及旅游文化产品市场带来了繁荣景象,并获取了十分显著的经济效益。特别是内蒙古政府充分认识到党中央对红色旅游文化的高度重视,并严格按照中央下发的红色旅游发展规划纲要精神,强有力地推动了红色旅游文化建设及宣传推介工作,并取得了十分显著的阶段性成效,从而营造出发展红色旅游文化的良好氛围,打造出中蒙俄"一带一路"国际红色旅游文化品牌。

旅游文化的交流是一个意义十分广泛的交流,直接关系着中蒙俄及欧洲各国间建立"民心相通""深入人心""相互吸引""互相信任"的扎实、牢固、长期的友好往来。我国的蒙古族和通古斯诸民族作为中蒙俄跨境民族,在语言文化、民间艺术、风俗习惯、生产生活、宗教信仰等方面,存在许多有史以来所传承的共同点和相同点,但同时也存在许多鲜明的区别性特征,这恰巧给内蒙古提供了在旅游业及旅游文化产业领域开展广泛合作的良好机遇。因此,内蒙古在开展中蒙俄"一带一路"国际旅游文化合作时,着力构建具有互补性和交叉性的人文旅游景观,营造各有特色和各具风格的旅游文化环境,不断提升多元化、个性化、区别性而丰富多彩的旅游文化。

这其中,作为人们交流工具的语言,为中蒙俄"一带一路"旅游文化建设起到了十分重要的作用。语言互通是不同国家和地区的旅游者相互交流、互相往来的必要前提条件。没有语言的互通,政策难以沟通,也会影响设施联通、贸易畅通、资金融通,更谈不上民心相通。蒙古语及通古斯诸语的使用者分布于我国的内蒙古、蒙古国和俄罗斯的西伯利亚及远东地区,所以蒙古语及通古斯诸语的交流在中蒙俄"一带一路"建设中显示出特有的生命力。为此,内蒙古政府做出了很大努力,在各院校有计划地培养旅游业及旅游文化产业急需的多语种高端人才的同时，还不断研发多种语言文字的文学作品、影视戏剧、文化知识读本、学术著作、游戏、玩具等旅游文化产品，以此不断满足蒙古国及俄罗斯乃至欧洲各国旅游消费者对于多语种产品的实际需求，为中蒙俄"一带一路"建设奠定了坚实的语言交流基础。

更加鼓舞人心的是，内蒙古积极适应"一带一路"旅游文化新时代建设及未来发展的迫切需求，将"和而不同、合作共赢"的语言文化理念，以及"平等友好、互利互惠"的思想内涵，有机地融入国际国内旅游业及旅游文化产业的语言文字交流之中。毫无疑问，这些举措已成为不同国家和地区的人们沟通情感、表达思想、洽谈业务、合作共赢、共商发展的重要条件之一。同时，也成为促进"相互间旅游互动"能量的基础因素，从而强有力地推动着中蒙俄"一带一路"旅游业及旅游文化产业的不断繁荣发展。

总之，中蒙俄"一带一路"旅游往来、旅游文化、旅游商品、旅游贸易、旅游经济的顺利推进，对于内蒙古"一带一路"建设具有十分重要的现实意义，以及其十分重要的长远的历史意义。就全国而言，位于中蒙俄边境上的内蒙古地区，在此方面有其特定而特殊的区位优势，且有极其丰富的自然、环境、历史、文化、人文、民族等方面的旅游文化资源。我们相信，在未来的中蒙俄"一带一路"旅游文化及旅游文化产业的建设中，包括对中蒙俄经济走廊建设和内蒙古地区经济社会的跨越式发展进程中，内蒙古都能够发挥极其重要的影响力、作用力和推动力。让我们共同努力，把中蒙俄"一带一路"旅游业及旅游文化产业搞得更好、更有活力，取得更大更辉煌的成绩，造福中蒙俄三国人民，造福全世界热爱和平、追求幸福美好生活的人们。

# 六

本书主要由从草原丝绸之路上的旅行往来及商贸活动、中蒙俄"一带一路"与内蒙古旅游文化、中蒙俄"一带一路"与呼和浩特市旅游文化、中蒙俄"一带一路"与呼伦贝尔市旅游文化、中蒙俄"一带一路"与锡林郭勒盟旅游文化、中蒙俄"一带一路"与内蒙古四少民族旅游文化、中蒙俄"一带一路"与内蒙古红色旅游文化七部分展开论述。

第一章主要以草原丝绸之路沿线北方岩画里出现的不同结构、不同特征、不同功能和作用的车辆图案为据，论述了丝绸之路与草原游牧民族有史以来传承的游牧生产生活及相互间的旅行往来。历史上，草原上的马、骆驼、马车、马拉雪橇、骆驼雪橇等，在游牧生产生活中不仅充当了最为理想的交通工具，同时在辽阔草原上也充当了不同民族或部落间长距离旅行旅游及相互走动、往来、接触和交流的最为重要的交通使用工具，进而自然演化为人们在游牧文化背景下开展易货买卖及货物运输的重要交通手段和方式。在辽代之前，草原丝绸之路沿线国家和地区的人们，由于有这些交通工具，一定程度上已具备远途旅行和远距离商品交换的条件和能力。再说，草原辽阔无边的牧场上，长期游牧及移动式生产生活的实践及生产生活用品的迫切需要，迫使他们制造出更大时空范围内更加有效地实现旅行往来和购物购货的各种交通工具，包括骆驼车、马车、牛车等，自然还有适用于长途跋涉或移动的骆驼和马匹等。在严寒的冬季，用于长途旅行的还有骆驼雪橇、马雪橇、牛雪橇及驯鹿雪橇、狗拉雪橇等冰雪世界的交通工具。毫无疑问，这些交通工具和交通设备的不断完善，使草原之路变得四通八达，不同民族或部落间的旅行往来变得更加方便和频繁。在此基础上，自然拓展出若干条通向中原的贸易通道，由此从中原地区或者说从内陆地区引进了丝绸、棉料、瓷器、茶叶等生活必需品及农业文化与文明，还有技术含量较高的生产生活用品等，从而给草原丝绸之路上的人们提供了旅行往来的新途径，打造出草原与内陆地区以易货买卖为主的民间商品交易，并很快发展成为十分繁忙而繁荣的商贸通道。另外，在当时匈奴人通过草原丝绸之路，将商品交易和商贸活动带到俄罗斯及欧洲的相关国家。匈奴人南下和西进的同时，同样将我国北方草原牧区的文化与文明传播到中亚地区和草原丝绸之路上的相关国家，使其旅行和旅游活动内涵变得更加丰富多样和更有实际意义。很值得提出的是，他们还强有力地拓展和延伸了草原丝绸之路，使亚欧大陆上形成了南北两大旅行往来的通道和商贸交易的交通要道，很大程度推动了草原与内陆地区的相互往来、互通有无，以及牧业文明与农业文明的相互接触与影响。最终，草原丝绸之路成为欧亚大陆的商贸大通道，以及丝绸之路的重要组成部分。

第二章着重分析了中华人民共和国成立以后，中蒙俄之间不断强化相互间的友好往来，包括政府间的旅游文化交流和旅游商品交易及国际商贸活动等。特别是改革开放之后，中蒙俄各种形式和内容的旅游文化交流，以及与旅游密切相关的各具特色的商品交易日益增多，进而强有力地推动了中蒙俄边疆地区经济社会的繁荣发展。甚至，给我国内陆地区同蒙古国和俄罗斯间的国际商贸往来、商品交易注入了强大活力。习总书记高瞻远瞩地提出"一带一路"倡议以后，中蒙俄"一带一路"旅游业及旅游文化产业也取得了鼓舞人心的成绩。

第三章提出呼和浩特市从明清时期开始，就成为草原丝绸之路的政治、经济、文化中心，也是通往漠北地区的重要交通要道。在早期丝绸之路上的旅游者或旅蒙商的共同努力下，呼和浩特发展成为我国北方草原重要的旅游文化商品集散地，以及连接北方草原地区与中原地区旅游往来及商贸交易的中心区。当今的呼和浩特市，也是游牧文化与文明同农耕文化与文明相互交融、和谐共处、共同繁荣发展的交汇点，是草原丝绸之路上东西方文化与文明相互接触、互相学习、取长补短、互利互惠、合作共赢、共创人类美好未来的重要连接点。呼和浩特市有通往蒙古国首都乌兰巴托市的国际列车和航班，同时拥有国家历史文化名城、著名的草原旅游文化城市等美誉。呼和浩特市还被誉为引领内蒙古经济社会及旅游业快速发展的中心城市、中国十大避暑旅游城市、中蒙俄重要开放中心城市等。改革开放以来，呼和浩特市面向蒙古国和俄罗斯大力发展旅游文化、旅游文化产品，着力推进旅游业，加快旅游业基础设施建设，使与旅游及旅游商品交易相关的服务业的实际效益及功能不断凸显。该章里，主要从呼和浩特市旅游资源、中蒙俄"一带一路"背景下的呼和浩特市旅游文化事业和旅游文化产业等角度，科学论述了呼和浩特市在中蒙俄"一带一路"旅游业及旅游文化产业建设中取得的鼓舞人心的成绩。

第四章中提到，呼伦贝尔市地处内蒙古东北部及我国北部边疆，位于同蒙古国和俄罗斯接壤的三国交界地带，有8个一类和二类国际商贸通道和口岸，而满洲里口岸被誉为我国最大的陆路口岸。这里有驰名中外的呼伦贝尔大草原和草原最美丽的旅游文化胜地，也是历史上草原丝绸之路的必经通道和关键地带，以及中蒙俄"一带一路"旅游文化建设中的核心组成部分。经过改革开放40余年的努力，尤其是文化强国战略和"一带一路"倡议的提出，呼伦贝尔同相邻的蒙古国和俄罗斯建立起政治互信、文化包容、经济融合、互利共赢的中蒙俄"一带一路"利益共同体、命运共同体和责任共同体。并与沿线各国在国际旅游和旅游商品往来及交易等领域，迎来更加祥和、幸福、美好而共享的新时代，进而更深、更广、更加理想地推动国际旅游和旅游商品交易活动。

第五章指出锡林郭勒盟位于内蒙古的中部，北部有同蒙古国长达1103公里的边境线，由此被称为我国向北开放的重要窗口、通往蒙古国的北大门，对蒙古国和俄罗斯乃至欧洲各国的国际旅游往来及旅游文化产品交易发挥着极其重要的作用，其也是早期草原丝绸之路和现代中蒙俄"一带一路"国际旅游文化建设的必经之路。这里有十分悠久而丰富的口岸旅游文化和十分深厚的历史文化积淀。

第六章中主要论述了中蒙俄"一带一路"与内蒙古的达斡尔族、鄂温克族、鄂伦春族、俄罗斯族四个人口较少民族的旅游文化及旅游文化产业的发展。其中提到，这四个少数民族中，像鄂温克族、鄂伦春族、俄罗斯族等都属于跨境民族，除了在我国境内生活之外，还分别生活在俄罗斯、蒙古国、日本等国家，都有独具特色而丰富多彩的民族文化。在当下的中蒙俄"一带一路"建设中，他们独特而优秀的传统民族文化，已成为推动本地区旅游业、旅游文化产业、旅游文化产品发展的重要内容，进而为中蒙俄"一带一路"旅游文化建设，以及国际国内旅游文化事业的繁荣发展发挥积极推动作用。

第七章以中蒙俄"一带一路"与内蒙古红色旅游文化为题，分为中蒙俄"一带一路"与内蒙古红色旅游事业的发展、中蒙俄"一带一路"与内蒙古红色旅游文化产业及其发展、内蒙古红色旅游取得的辉煌成绩三节，全面论述了内蒙古红色旅游及红色旅游文化产业。内蒙古有红色文物保护单位398家，革命历史博物馆和纪念馆有23家，收藏革命文物资料12403件（套）。所有这些，为发展国际国内红色旅游及红色旅游文化产业，发扬光大革命红色思想和精神，传播红色火种和红色信念及信仰，发挥着极其重要的作用。内蒙古的红色旅游资源是内蒙古各族人民最为宝贵的精神财富，是他们共同的精神家园，其中包含极其丰富而弥足珍贵的革命文化及厚重的革命历史。内蒙古紧紧抓住时代发展的核心要义，通过开展不同形式和内容的红色旅游，讲好党的故事、革命的故事、英雄的故事，不断强化红色革命的宣传和教育，提高人们对红色历史与文化的认识水平。红色旅游文化资源是中国共产党精神谱系的重要组成部分，要经过参观旅游和深入学习党的光荣历史及光荣传统，以中国共产党人无私奉献的伟大精神为引领，让无数先烈鲜血凝成的革命精神焕发出新时代的光芒。内蒙古红色旅游文化，不仅是推动中蒙俄"一带一路"旅游文化建设、促进内蒙古旅游文化产业"走出去"的重要组成内容，也是我们缅怀革命先烈，深入学习党史、国史，传承红色血脉，创造新的历史业绩的重要举措。

# 第 一 章

# 草原丝绸之路上的旅行
# 往来及商贸活动

本章主要分析和讨论了辽金、元代和明朝及清朝等历史时期草原丝绸之路沿线国家和地区，包括不同民族或部族间的旅行往来，以及在此基础上出现的易货交易及其早期商贸活动。

## 第一节　辽代之前的草原丝绸之路

依据我们的研究，早在 2500 年之前，在亚欧草原中部地带就出现了一定规模的游牧文化圈。而且，这些游牧民族之间已经有了旅行往来和不同程度的交往，同时他们都对"野兽纹"艺术装饰品等有极强的观赏喜好。由此，当时盛行了不同风格、不同结构、不同特征、不同内涵的"野兽纹"。同时，这些"野兽纹"艺术装饰品，绝大多数是用黄金或青铜精心制作而成。辽代之前的亚欧草原上，人们的旅行往来和商品交易中贵重金属装饰品的交换与流通变得十分重要，进而很大程度上促进了不同国家、不同地区、不同民族间的旅行往来，推动了游牧文化的广泛交流与发展，同时也开辟了草原丝绸之路的商贸通道。伴随相互的影响，在整个亚欧草原地带出现了风格与造型类同的"野兽纹"艺术装饰品，以及风格与造型相近的黄金饰品与青铜器，从而充分体现出了不同国家和地区间人们的旅行往来和文化交流及其各类性质的商贸交易。

很有意思的是，早在夏商时期，草原丝绸之路沿线出现的北方草原岩画当中，就有不同结构、不同特征、不同用途、不同功能和作用的车辆图案。在我们看来，所有这些都同北方草原地带生活的游牧民族有关，同样跟辽阔无边的游牧生活及生产活动有关，也跟他们有史以来传承的旅行往来的生活习惯有关。对此我们应该有一个更加全面的认识，在当时这些草原牧区的交通工具承载的是不同民族或部落之间的相互走动、往来、接触和交流，也是人们在陆地上开展游牧文化范畴的货物运输和易货买卖的重要交通工具。辽代之前，草原丝绸之路沿线国家或地区的人们，已具备了远途旅行和远距离商品交换的条件和能力。另外，我们也可以说，在辽阔的草原牧场上长期从事游动式放牧生产生活的实践，使他们自然而然地拥有了在更大距离范围、更长的时间里、更加有效地开展旅行往来和移动式游牧生产的各种木制交通工具。其中，就包括骆驼车、马车、牛车，自然还有适用于长途跋涉或移动的骆驼和马匹等。还有在严寒的冬季开展旅行往来和移动式游牧生产时使用的骆驼雪橇、马拉雪橇、牛拉雪橇、驯鹿雪橇及狗拉雪橇等冰雪世界的交通工具。毫无疑问，这些交通工具和交通设备的不断完善，使草原之路变得四通八达，不同民族或部落间的旅行往来变得更加方便和更加频繁。在此基础上，自然拓展出若干条通向中原的贸易通道，从中原地区或者说从内陆地区引进了丝绸、棉料、瓷器、茶叶等生活必需品及农业文化与文明，还有技术含量较高的生产生活用品等。此时，草原丝绸之路才在真正意义上实现了人们的旅行往来的目的，进而打造出草原与内陆地区以易货买卖为主的民间商品交易，并很快发展成为在当时十分繁忙繁荣的商贸通道。匈奴人还通过草原丝绸之路，将商品交易和商贸活动拓展到俄罗斯及欧洲的相关国家。

在这里，还有必要提出的是，匈奴人在南下与西进的同时，同样将我国北方草原牧区的文化与文明传播到中亚地区和草原丝绸之路上的相关国家，使其内涵变得更加丰富多样和更有实际意义。还强有力地拓展了"草原丝绸之路"，由此亚欧大陆上形成了南北两大旅行往来和商贸交易的交通要道。这在很大程度上推动了草原与内陆地区的相互往来、互通有无，以及牧业文明和农业文明的相互接触与影响。这一点，从蒙古国诺言乌拉、高乐毛都匈奴墓葬①中出土的玉饰件、漆耳觞、汉式铜镜及棺椁葬具，还有写有汉字的丝绸与青铜鍑等文物中，可以得到充分引证。这些均是草原丝绸之路商品交换与文化交流的实物例证。

　　之后，鲜卑族再一次统一北方草原地带，草原丝绸之路上的旅行往来和商贸活动及商品交易得到进一步发展。拓跋鲜卑崛起于大兴安岭北端的嘎仙洞地区，后来拓跋鲜卑沿草原丝绸之路进行南迁，历经无数艰难险阻，定都于现今的和林格尔盛乐古城。他们在这里建立了北魏王朝，其后迁都平城②、洛阳，这时的鲜卑人基本上都被汉化。在我们看来，鲜卑人汉化的历史进程，与草原丝绸之路上的移动和迁徙有其必然的内在联系。从某种角度来讲，一个民族的迁徙，事实上同他们先民的旅行往来和不同民族间的相互交往，并以此为基础出现的不同地域、不同民族的不同文化的相互吸引、相互接触、相互影响有其必然的联系。虽然，鲜卑人沿草原丝绸之路进入中原后很快被汉化，但他们的先民在嘎仙洞留下的北魏李敞石刻祝文，以及和林格尔的盛乐古都，还有大同平城旧址都是拓跋鲜卑在草原丝绸之路上遗留下来的重要文物古迹，也是他们历史进程的鲜明写照和不可忽视的历史佐证。还有，在草原地带出土的东罗马金币和波斯萨珊朝银币与波斯银壶，以及在西方的金银器皿上施用的牡丹纹、莲花纹、龙凤纹，都是渗透在草原丝绸之路上的重要文化因子，喻示着曾经历史上草原文化的昌盛与繁荣。

　　在契丹建立辽国之前，以蒙古草原为核心的北方草原地区先后出

---

①　位于蒙古国中央省色楞格河畔诺彦乌拉山。

②　"平城"指的是现在的山西大同。

现了鲜卑、柔然、突厥、回鹘等游牧为主的游牧民族，他们在广阔的蒙古高原上开辟了沟通欧亚大陆东西交往的旅行往来和商贸交易的通道。这些通道东起黑龙江、额尔古纳河中上游外兴安岭，经西伯利亚贝加尔湖、蒙古草原，沿着萨彦岭、唐努山脉、阿尔泰山脉西行，经过叶尼塞河、额尔齐斯河、巴尔喀什湖北岸的哈萨克草原，到达伏尔加河、乌拉尔河、黑海、里海、咸海北岸的俄罗斯南部第聂伯河流域的草原，最终抵达东欧的捷克、匈牙利等草原地带。这条横跨欧亚大陆的草原丝绸之路，历尽沧桑岁月，肩负起草原与内陆地区、牧业文明与农业文明、东方与西方的旅行往来、文化交流、商贸活动。

## 第二节 辽金及元代的草原丝绸之路

公元 10 世纪初，以现今的内蒙古赤峰及其周边草原地带为中心，创建了一个囊括我国今天的东北、华北地区和整个北方草原的辽代政权，把我国北方的政治、经济和文化等方面推向一个前所未有的发展程度。辽代作为我国北方一个主要政权，在一定程度上代表了当时社会的发展水平。而且，他们主要通过草原丝绸之路，不断扩大与外部世界的交往和交流，不断强化与西域及中亚地区的往来。就如前面所说，那时辽代政权的活动中心就在今天的内蒙古东部的赤峰及周边的草原地区，他们沿草原丝绸之路不断向西扩展势力范围，进而将活动路线从西南延伸到河西走廊，向北方拓展到漠北地区，这使在河西走廊的丝绸之路和草原丝绸之路之间，人们的旅行往来和相互走动及接触变得更加频繁。在此基础上，人们富有成效地广泛开展了草原丝绸商贸活动和贸易往来，我国还同西域和中亚地区的许多国家建立了互通有无的易货交易和商贸往来。此外，伴随我国与中亚诸国开展交易规模的不断扩大、数量的不断增加和货物品种的不断丰富，在这条连接草原牧区的丝绸之路上，人们的相互走动和旅行往来也变得相当频繁。在那时，从西域诸国来到辽国开展贸易活动的商人，以及每隔三年来上京向朝廷纳贡的人们逐年增多，他们携带大量西域的精美昂贵的玉、珠、犀、乳香、琥珀、碙砂、玛瑙器、镔铁兵器、褐黑丝、门得丝、帕里阿、硇砂、褐里丝等珍奇物品到这里做买卖或献给朝廷。除此之外，贡品中还有当时被人们所青睐的马球、金银器、玻璃器和驯狮、驯象、乐舞、猎豹及西域名贵蔬菜瓜果等。毫无疑问，随着这些商贸往来和纳贡活动的不断扩大，在草原丝绸之路上人们的旅行、相互往来、相互交往和接触也变得越来越多。这种情况下，辽国在上京汉城中专门设立"回鹘营"，负责接待从漠北和中亚地区沿草原丝绸之路来到辽国的商人及旅行往来的人们。

辽代建立的与西域和中亚地区的良好人员往来及贸易交易关系，使当时在草原生活的不同民族同中原燕、晋及其江南的梁、南唐、吴越、吴等十国之间也都旅行往来、互通有无，并通过各种渠道开展形式多样的商贸活动，建立了不同层面、不同内容、不同规模的贸易关系。在长达200余年的统治时期，辽国充分利用草原丝绸之路与西域和中亚地区开展各种形式和内容的民间往来和商贸活动，这使不同民族间的不同文化和文明、不同语言文字、不同思想意识、不同宗教信仰相互影响、相互渗透、相互融合。特别是通过参与丝绸之路，草原文化与文明积极吸收了中原汉文化所包含的儒家思想、语言文字、典章制度及生产方式。更加可贵的是，他们将这些文化与文明同样通过草原丝绸之路从草原传播到中亚地区，同伊斯兰文化和谐而有机地融合，进而对中亚地区的社会、经济、文化等产生了深远影响。这使草原丝绸之路上的中亚各国，包括这一通道上的西方国家，首次领略到了东方文化与文明的强大魅力。

到了金朝，从辽代沿袭而来的草原丝绸之路，对于我国北方民族的社会、经济、文化的建设，乃至同我国内陆地区的交往交流，人们的旅行往来和商贸活动，包括文化与文明的交流等，同样发挥了十分重要的作用。在这个历史进程中，北方诸民族受中原汉文化的影响较大。

在元代，我国版图十分辽阔，并将草原丝绸之路在内的几条丝路通道都纳入管辖范围，这在很大程度上进一步强化了中西文化与文明的交流，使丝绸之路上的旅行往来和商贸活动变得相当活跃和空前繁荣。众所周知，在元代草原丝绸之路主要是以大都①为起点，向北至上都②的大通道。再从上都分离出三条通道，一是，向东北至辽阳行省各地；二是，向西经过东胜州③等地后沿黄河河套折向南至甘肃河西走廊；三是，从上都或亦集乃路④折向北进入漠北戈壁，或自丰州地区向北经过汪古部地界进入漠北戈壁，这两条路最终到达岭北行省哈拉和林，又从哈拉和林向西延伸到天山以北，通向中亚、西亚和欧洲。

我们完全可以说，元代是草原丝绸之路最为鼎盛的时期，在其通道上设有1519处驿站，在这些驿站使用的车辆达到4000余辆，骑用马匹的数量更是相当多，还有专门用于严寒冬季的各种大小雪橇等交通工具。所有这些，专门用于安全接送不同地区和各国的旅行往来者和商人，包括在草原丝绸之路上运输金、银、货、钞帛、贡品等贵重物资。在当时，草原丝绸之路所处的自然环境比海上丝绸之路和沙漠丝绸之路要优越，安全系数也很高，由此占有了一定优势地位。毫无疑问，这跟草原丝绸之路通道上具有的得天独厚而美丽富饶的江河湖泊、山林草原、树木花草植被、辽阔牧场，以及数量可观的各种各样的野生动物等有必然联系。也就是说，这些自然环境为人们的旅行往来和相互走动及进行各种商品交易活动提供了优厚条件，同时也成为早期

---

① 这里说的"大都"是指现在的北京市。

② "上都"位于内蒙古锡林郭勒盟正蓝旗境内。

③ "东胜州"指隶属于现在内蒙古呼和浩特市的托克托县，位于自治区中部、大青山南麓、黄河上中游分界处北岸的土默川平原上。地处呼和浩特、包头、鄂尔多斯金三角开发区腹地。

④ "亦集乃路"指现在的内蒙古阿拉善盟额济纳旗。而且，额济纳旗黑城古遗址已成为内蒙古旅游胜地之一。

人们到此旅行往来和休闲狩猎的天然乐园。再说，我国北方的蒙古族等游牧民族，自然而然地形成了逐水草而迁徙、游牧的生产生活方式，同草原丝绸之路上旅行往来和流动性易货买卖及商贸活动十分吻合，很大程度上给草原丝绸之路上的人员流动及商品流通提供了相当理想的人文环境，以及相互接触交流的便利，由此也自然而然地推动了元代草原丝绸之路上的旅行往来和商品交易活动。尤其是，在元代，草原丝绸之路上前后相连且数量可观的驿站，以及在每一个驿站精心配备的马匹和车辆等运输工具，使各地各国的旅行往来者和经商者的接触和交流变得更加频繁和活跃，人们的旅行往来和商品交换的路子变得更长，涉及面变得更广，产生的效益也越来越实在、越来越大。这使元大都和元上都很快都成为各地各国旅行往来者及商人们的云集之地，使其变得更加热闹和繁华。1245 年，罗马教皇英诺森四世向外派出以方济各会修士约翰·普兰诺·加宾尼为首的旅行团队，该旅行团于 1246 年，经草原丝绸之路来到钦察草原，到达钦察汗国拔都的营帐。此后，又穿越钦察草原，从里海和咸海北面的伏尔加河及乌拉尔河，通过中亚，穿过锡尔河北部及巴尔喀什湖南部、察合台汗国辖地，向东翻越阿尔泰山，来到蒙古当时的都城哈拉和林。另外，于 1253 年从东罗马出发的方济各会士鲁布鲁和，还有一心想要到东方觐见蒙古大汗的小亚美尼亚国王海屯等，也都是沿着草原丝绸之路北线来到了蒙古的草原中心哈拉和林。

在元代，还有一些西方的旅行家们沿着草原丝绸之路，不远万里来到中国。大家所熟悉的马可·波罗及其父亲、叔父一行三人，于1271 年从意大利威尼斯出发，通过丝绸之路的南道进入河西走廊，实地游览和考察了亦集乃路。他们经河套地区进入天德军（今呼和浩特）并继续向东旅行，并在 1275 年才到达上都觐见元世祖忽必烈。到了1295 年，马可·波罗才返回威尼斯，在其所著的《马可·波罗游记》一书中，详细记载了他到中国旅行的具体情况。尤其是，对草原丝绸之路沿线的风土人情，包括历史文化和自然地理环境等情况做了详细描述。另外，意大利旅行家方济会修士鄂多立克于 1318 年从欧洲出发，也是经草原丝绸之路来到东方，用十年时间游历东方诸国。他回去后，将自己的经历与见闻口述给威廉教士，后来威廉教士将鄂多立克口述的所见所闻笔录下来，并以《鄂多立克东游录》之书名公开印刷出版。也就是说，在元代经草原丝绸之路，从欧洲来我国旅行的外国旅行家及相关人员确实有许多。另外，在元代也有从内陆地区，或者说从中原地区，经草原丝绸之路到西方的旅行者及商人，由此也留下有一定历史、文化、旅行价值的文字记载和文献资料。其中，主要有耶律楚才、丘处机、乌古孙仲端、常德、列班·扫马等。耶律楚才是元代著名政治家、文士和旅行家。1219 年，耶律楚才奉命随成吉思汗西征，在中亚留居六年之久，其间旅行所需的行程达到六万里。他返回中原后，写完成了著名的《西游录》，记录了草原丝绸之路西行的沿途风景，以及自然地理环境及其风土人情等。在当时，道教教长丘处机还受成吉思汗邀请，从中原经草原丝绸之路来到成吉思汗身边，为成吉思汗讲经说道。后来，丘处机也是沿草原丝绸之路回到家乡，并撰写完成了《长春真人西游记》一书，其中翔实记录了丝绸之路沿途的所见所闻。1259 年，常德奉蒙哥大汗之命，从漠北哈拉和林出发，沿草原丝绸之路远赴西亚觐见旭烈兀。1260 年的冬季，耗费 14 个月，常德才返回哈拉和林。常德此次西行的沿途见闻，由河北真定人刘郁记录成书，以《西使记》之书名印刷出版。

以上所提到的，不论是草原地区的旅行家及旅行往来者或商人，内陆地区的旅行家及旅行往来者或商人，还是西方的旅行家及旅行往来者或商人，都为元代草原丝绸之路上人们的相互往来和接触，包括开展各种易货交易或商贸活动发挥了积极推动作用，使草原丝绸之路上的旅行往来变得更加频繁，各种商品交易和商贸活动也变得更加活跃。

# 第三节　明清和民国时期的草原丝绸之路

明代以后的200多年间，生活在草原上的蒙古族各部，还是一定程度上保持着利用草原丝绸之路同内陆地区进行旅行往来，以及用不同方式和渠道开展各种贸易活动，其商品交易主要涉及用草原上的优质皮毛，包括珍奇野生动物皮毛及肉食品、奶食品等换取内陆地区的茶叶、丝绸、陶瓷、金银钞币、粮食药材及各种手工商品。

在明武宗统治时期，在内阁大臣高拱、张居正等人的策划下，明朝与蒙古达成了对俺答汗封王、通贡和互市的协议，史称隆庆和议。在此基础上，双方在草原丝绸之路的延伸地张家口和大同重开互市贸易，这使他们在草原丝绸之路上的旅行往来和易货买卖、商品交易、商贸往来具有了一定延续性和活力。在当时，也有草原牧区和内陆地区的旅行往来者和商人，通过草原丝绸之路将旅行活动和商品交易活动延伸到西方国家。这其中，历史上的草原丝绸之路驿站和早期旅行往来及商品交易中心地区发挥了积极作用。特别是，明朝万历三年（1575年）建成的库库和屯①新城，很快成为草原丝绸之路上蒙古族和内陆地区人们旅行往来、商品交易的一个中心。同时，也成为不同文化相互接触和交流，以及以喇嘛教为主的宗教活动的重要场所。毋庸置疑，这对草原丝绸之路上人们的往来，草原文化与文明同内陆地区的文化与文明，包括西方文化与文明的相互影响都发挥了应有的作用。当然，也一定程度上推动了不同地区和国家之间的商品交易活动。

清代之后，绥远将军沿草原丝绸之路入驻归化城，也就是今天的内蒙古呼和浩特市，随军而来的还有给军队提供各种生活必需品和军用物资的外地商人等。康熙和雍正统治时期，草原丝绸之路上旅行往

---

① "库库和屯"是对内蒙古呼和浩特市的"呼和浩特"一词的汉字转写法，是"呼和浩特"的谐音。在明朝，呼和浩特被称为"归化"。

来者数量不断增多，且军用贸易也达到一种历史性的顶峰。特别是频繁地往来于草原丝绸之路上的随军商贾除为军队贩运弹药、军粮、马匹等军用物资和商品之外，还兼做茶叶、丝绸、布匹、陶瓷产品、手工制品等商品交易。他们把从中原地区购买的这些商品和货物及草原牧民急需的粮食、蔬菜水果等，经草原丝绸之路不断运往草原牧区。同时，用易货买卖或货币交易等手段，从草原牧区换回或购买牲畜、皮毛、肉食品、奶食品等畜产品。在当时，人们把这些随军流动经商的商贾称作"旅蒙商"。不过，那时的旅行往来和商品交易活动融为一体的"旅蒙商"的主要交通工具是骆驼，骆驼是"旅蒙商"不可或缺的重要商品货物运输工具。他们一般都是沿历史上的丝绸之路及驿站栈道，到牧区草原上的盟旗所在地开展旅行往来和各种商品交易活动，他们的足迹遍及漠南、漠北、漠西广阔草原和中亚及俄罗斯，甚至经草原丝绸之路延伸到西方的一些国家和地区。

　　1689年中俄正式建立贸易关系之后，中俄之间的旅行往来和商贸交易变得更加活跃。就在当年12月，俄国组建由四家巨商联合而成的贸易商队，随同清朝政府派遣的使团从涅尔琴斯克（尼布楚）出发，经草原丝绸之路上的额尔古纳河来到我国嫩江流域的卜奎①等城市开展较大规模的贸易活动。1689—1703年，由俄国各路旅行往来者和商人，包括一些东正教传教士等混合组成的团队，由俄罗斯的涅尔琴斯克经草原丝绸之路越过额尔古纳河，沿嫩江流域来到北京城，开展旅游光观、商贸交易和相关宗教活动。毫无疑问，这也是草原丝绸之路的延伸，由此形成了从俄国远东地区出发，穿越呼伦贝尔草原、大兴安岭、东北平原到达北京的贸易通道。然而，由于这条贸易通道路途遥远且交通十分不方便，俄罗斯于1707年充分利用古丝绸之路开辟了由托博尔斯克出发，经西蒙古地区和归化城（呼和浩特）、张家口进入北京的

---

　　① 卜奎是指现在的黑龙江省齐齐哈尔市。在当时，这里也是草原丝绸之路的重要活动场所之一，是人们旅行往来和开展各种商品交易的核心区之一，同样是我国北方的一个相当重要的政治、军事、经济中心。

西路旅行往来和商品交易的通道。自此，形成了以北京为起点，经由蒙古草原通向俄国的东西两条商路。当然，所有这些都是古丝绸之路和草原丝绸之路的不断拓展和延伸，并为中俄人员往来、旅行活动和商贸交易产生了积极作用和影响。

　　1720 年，库伦地区①还设立了蒙俄贸易市场，允许俄国旅行者或商人经早期开辟的草原古丝绸之路通道到库伦，观赏这里浓厚的蒙古传统文化与风土人情，并同这里的蒙古人进行直接的商品交易。俄国的许多旅行往来者和商人，把从西伯利亚收购到的贵重细软毛皮运到库伦，同生活在这里的蒙古人开展形式多样而内容丰富的易货买卖和商品交易。其中，俄罗斯贵重细软毛皮商品或货物，同蒙古人的牛、羊、马、骆驼等牲畜的买卖或交易占绝对优势。同时，库伦市场的开放，各路旅行往来者及商人的不断增多，也在很大程度上吸引了我国内陆地区的汉族"旅蒙商"经草原古丝绸之路来这里探寻新的发展之路，以及从事各种贸易活动。为此，1728 年，中俄两国把边境交界处的恰克图和尼布楚定为两国人员往来和商人进行贸易的地点。众所周知，俄罗斯的恰克图位于色楞格河右岸，是连接中俄两国边界的要地。两国还各自兴建了一座人员往来和开展商贸活动的城镇，形成了中俄商人隔界定居的互市贸易圈。随着恰克图互市贸易圈的开辟，中俄两国的边境贸易得到迅速发展，前后绵延了长达两个世纪的中俄边境贸易，几乎全部集中在恰克图地区。在当时，通过由草原古丝绸之路衍生而来的商贸通道来到恰克图做各种买卖的内陆地区的商人，主要是清初随康熙帝平定噶尔丹时来到漠北喀尔喀地区的"旅蒙商"。他们中间，除了有一定比例的山西人之外，也有一些蒙古旅行往来者和商人。到后期，同俄国及欧洲的相关国家的交往变得比较方便，一些由草原丝绸之路引申而来的通道跟江河湖泊上的水路相连，并有了相当理想的水上交通工具。这就是当时人们所说的，穿越内蒙古锡林郭勒大草原，

---

　　①　库伦地区是指现在的蒙古国首都乌兰巴托市。

途经张家口、库伦，连接北京和欧洲的近代草原丝绸之路。不过，在这条通道上的商贸活动，或者说输往俄国的商品主要以茶叶为主，因此该条通道亦被称为清代草原的万里茶道。

民国时期沿草原丝绸之路运营的东北铁路是1897年8月沙俄沿原来的草原丝绸之路建造的一条铁路线。它从俄罗斯西伯利亚赤塔经我国的满洲里、哈尔滨、绥芬河，最后到达海参崴①，该条铁路被称为中东铁路，又称中国东省铁路、中国东方铁路和东北铁路，还被简称为"中东路"或"东清路"等，后来还被称为中国长春铁路，并于1903年7月开始正式通车运营。中华人民共和国成立后，该铁路的经营权回归了中国，被分为滨洲线、滨绥线、哈大线三条铁路线。该铁路的建成，对由于战争和各种灾难已十分萧条的草原丝绸之路注入了新的活力，使草原和内陆地区，包括俄罗斯及西方相关国家的旅行往来者和从事各种商人相互走动的概率迅速提升。很快在沿草原丝绸之路修筑的这条铁路线上，有30多个国家在这里设立了领事馆和银行，并以此铁路为依托，以旅行往来和各种商贸活动为中介，使满洲里、海拉尔、富拉尔基、扎兰屯、哈尔滨等地有了开放式发展，进而在铁路沿线形成了具有一定历史背景、历史条件、历史特征的草原文化、中国传统文化和西方文化相结合的一条独特的文化线路。毫无疑问，在当时中东铁路是沿草原丝绸之路修建的世界上第一条横跨欧亚大陆的铁路，也是中国第一条与国际接轨的便于人们旅行往来和从事商贸活动的铁路。在这条横跨欧亚大陆的铁路上，俄罗斯的旅行往来者和商人占比最高，到1914年经俄中远东边界的进口额增长了15倍以上，占俄罗斯对我国出口总额的56%左右，同一时期出口额也增长了2.4倍。也就

———————

① 海参崴位于亚欧大陆东北部，阿穆尔半岛最南端。在清代属于我国领土，隶属于吉林将军管辖。1860年11月14日《中俄北京条约》将包括海参崴在内的乌苏里江以东地域割让给沙俄，并改名为符拉迪沃斯托克（Владивосток）。其进而成为俄罗斯太平洋沿岸最大的港口城市、俄远东科学中心、俄太平洋舰队的基地，也是俄远东地区最大的城市和经济、文化中心，主要的文教科研中心之一。这里有俄罗斯科学院西伯利亚分院远东分部、太平洋渔业与海洋学研究所及远东联邦大学等多所高等院校。

是说，在民国时期沿草原丝绸之路修建的东北铁路，为当时的国际交往、人们的国际旅行往来、各种国际商贸活动提供了很大方便，刺激了人们的旅游和商品交易及商贸活动，对于彼此的经济社会的发展产生了应有的推动作用。

总而言之，生活在内蒙古辽阔草原上的游牧民族，有史以来就习惯于茫茫草原上的移动性和游动性生活，有其天生的旅游旅行文化与文明素养，非常喜欢接触和了解外面的世界。草原丝绸之路的开辟，使他们如鱼得水、如愿以偿，他们积极主动地充分利用草原丝绸之路与内陆地区，乃至同俄罗斯和西方相关国家开展丰富多样的交流与旅行往来，开展各种各样的易货买卖、商品交易、商贸活动。而且，他们善于将从内陆地区通过商品交易获得的茶叶、布匹、丝绸及精致的手工制品，通过这条铁路运往俄罗斯及西方，从中获取相当丰厚的经济利益。与此同时，也从俄罗斯和西方运来工业化生产生活用品、枪支弹药、药品、服饰、各种面包和饮料等，从而为草原牧区的生产生活注入了一定活力，产生了一定促进作用。尤其是，俄罗斯及西方相关国家，对于茶叶、丝绸及棉布和粗布、陶瓷等工艺品及手工制作用品等的大量需求，促进了有关产业的发展。国内一些企业，为满足国外的产品和商品的需求，针对性批量生产所需物品，从而一定程度上促进了我国茶叶、纺织业、陶瓷业及手工产业的发展。另外，这些国内外的商品交易和商贸活动还促进了运输产业，他们把草原牧区和内陆地区的各种商品和货物不断运送到指定场所，再通过沿草原丝绸之路修筑的铁路运往俄罗斯和西方沿线国家。为运送货物或输入货物，形成了一支以骆驼、马和马车、牛车及雪橇组成的运输队，终年穿行于茫茫无际的草原和通往内陆地区的丝绸之路，给宁静又寂寞的草原增添了几分快乐与生机。另外，也有一些旅行往来的人们，从此常年留居于俄罗斯和西方相关国家，也有不少青年通过沿草原丝绸之路修筑的铁路，到俄罗斯和西方相关国家留学深造。同时，这一沿草原丝绸之路修筑的亚洲内陆商贸铁路通道，也铸就了以晋商为代表的民国时期穿越草原和俄罗斯及西方的新式商人，也一定程度上推动了我国内陆地区同俄罗斯及西方相关国家的商贸往来与发展。比如说，在当时，产于湖北、安徽、福建的砖茶，产于河南、江西、山东的布匹、生烟、陶器、瓷器，产于河北、山西、陕西的面粉、金属器皿、供佛用品，产于江浙、两广的绸缎、蔗糖等源源不断集中到归化城、张家口等地，然后由草原丝绸之路运往俄罗斯，再经俄罗斯远销至西欧乃至北美地区。所有这些，在一定程度上进一步促进了东西方的文化与文明交流，在彼此的记忆里都留下了历史性的深刻影响。

# 第四节 清初到民国时期草原丝绸之路上的旅蒙商

所谓旅蒙商，是指在 17 世纪初至 20 世纪 50 年代末，活跃在我国草原丝绸之路沿线的蒙古草原地带，从事边境贸易活动的商人、商号和商帮。旅蒙商人以晋商为主，他们把草原牧区生产生活中急需的商品源源不断地从内陆地区贩运到蒙古草原，但他们更多的时候做的是易货买卖。他们将草原牧区的牲畜、动物皮毛和畜产品收购后，销往内陆地区、内陆市场，从中获取高额利润和丰厚的经济利益。更多的旅蒙商是从清朝初期开始，在草原丝绸之路沿线搞买卖，进而逐渐将其商品交易延伸到俄罗斯和西方相关国家。毫无疑问，旅蒙商的商业活动，是伴随草原丝绸之路旅行往来者的不断增多，以及在此通道上的易货买卖、商品交易和各种贸易活动的不断增多而出现的具有民间商贸性质的特定历史阶段的产物。草原丝绸之路上的旅蒙商，在明朝就充分利用草原地缘优势，从中原内陆地区贩运粮食、布匹和手工制作的生产生活用品等做交易发展起来的。在当时，由于他们常年在草原边疆地区做买卖，因此也被人们称为"边商"。1438 年，明朝政府在草原丝绸之路上的大同等边镇定点开设马市，这使蒙古草原的商人们也通过马市等贸易市场获得作为生产生活必需品的粮米、茶叶、绸缎、布匹、衣物、生产用具等，他们再将这些商品卖给草原牧区的牧民或以易货买卖形式换取牛马羊。然而，这些旅蒙商为了在草原丝绸之路沿线的商品交易中获取更多的利润，甚至直接从东南沿海地区和南方贩运大量绸缎、茶叶、陶瓷等物品，运到大同等边镇市场开展各种商品交易活动。

在这里应该提到的是，沿草原丝绸之路开设的大同边镇马市等商品交易市场，自然为草原牧区和中原农区人们旅行往来提供了较好的前提条件，也为游牧经济社会与中原农耕经济社会提供了互通有无和相互接触交流的重要场所。尤其是，那些旅蒙商不仅在一定程度上解决或缓解了草原牧区日常生活生产用品的迫切需求，同时还将草原牧区的成群牲畜和批量畜产品原料带回中原甚至南方，为那里的肉食品需求及其手工业和纺织业的发展产生了积极影响。这一草原丝绸之路乃至延伸到南方的贸易活动，为沟通南北旅行往来、文化交流、牧业文明和农业文明的相互接触与影响、经济社会的相互促进等方面起到了桥梁和纽带作用。这使草原牧区的人们同中原地区和南方人之间的往来、接触、交流变得更多，进而一定程度上强化了中华各民族间的凝聚力。

到了清代，山西及内陆地区的旅蒙商，继续在草原丝绸之路及归化城开展用绸缎、布帛、陶瓷、茶烟等交换马匹、皮张等生意。并从1671年至1722年的50年，在蒙古人等草原民族较为集中生活的居住区设立了天义德、元盛德等大商号，以及东方和、西万和、吉盛堂、王盛斋、商盛斋、聚盛斋、兴盛斋等多家各具特色的商号，经营放印票账，放贷银两、发放钱贴、汇兑业务，开设银号、银庄分号，兼营金融业务。这在一定程度上满足了蒙古族等草原民族对于生产生活方面的物质需求。反过来讲，他们也为旅蒙商提供了开展商品交易活动的场所，以及与日常生活密切相关的吃住行等方面的问题，这使沿草原丝绸之路到蒙古草原旅行往来和经商的人变得越来越多。

　　乾隆十一年（1746年），山西、陕西、河北一带的旅蒙商沿草原丝绸之路，开始大量进入蒙古草原地带，开展各种各样的易货买卖和商品交易，进而纷纷在归化城、多伦诺尔①、乌兰哈达②等边镇城市设店建栈，每年春夏之际，组织骆驼队、车帮驮载货物出发，到草地去做生意，秋冬之际赶着换回来的牛马羊群运载毛皮畜产品返回中原城市销售。在清代的200多年的历史岁月里，旅蒙商在蒙古草原的人数不断增加，做买卖的线路和范围不断被延长和扩大。而且，他们的亲人和家属到此旅行往来的概率也不断提升，甚至不少旅蒙商家人在这里安家落户。到这时，旅蒙商的足迹几乎遍布整个蒙古草原高原，他们的易货买卖及商品交易内容不断丰富，从茶叶、丝绸、布匹、陶瓷和粮食等增加到服饰、鞋帽、寝室用品、锅碗瓢盆及丰富多样的器皿和生产工具等。这些旅蒙商，沿草原丝绸之路，用驼队或车帮载运各种内陆地区的货物，进入草原牧区的腹地，以此换取牲畜、皮毛等畜产品以及珍贵的野兽裘皮、金砂、玉石、鹿茸、麝香和羚羊角等，再将这些收购的物品运回内地出售。用他们的话说，"在蒙古草原是做买卖，来去不落空，往返都盈利"。经过不断的发展壮大，旅蒙商所设的固定性质的销售网点逐渐扩大，行商逐渐变成了坐贾，部分旅蒙商在草原牧区建立起永久性店铺。沿着草原丝绸之路，旅蒙商的经商范围不断得到扩大和发展，进而漠南蒙古草原上的归化、多伦诺尔、包头、乌兰哈达、经棚③、小库伦④等地，逐渐变成旅蒙商亲朋好友及其家人旅行往来，各路商贾集中经商的旅行场所和商业城镇。在当时，漠南蒙古草原的这些旅行场所和商业城镇的旅蒙商商铺达到2000多家，从事各种商业活动者多达40多万人。旅蒙商以这些商业中心城镇为枢纽，

---

　　① 多伦诺尔位于察哈尔草原的东南部，燕山山脉的北部边沿地带。

　　② 乌兰哈达是指现在的内蒙古赤峰市。

　　③ 经棚是指经棚镇，隶属于内蒙古赤峰市克什克腾旗，地处克什克腾旗中部，东与宇宙地镇接壤，南与万合永镇、芝瑞镇相连，西与锡林郭勒盟正蓝旗相邻，西北与达来诺日镇毗邻，北与巴彦查干苏木为邻。

　　④ 小库伦说的是现在的内蒙古通辽市的库伦旗。

沿草原丝绸之路形成了沟通我国南北两地的商品交易大通道。在这里，还应该提出的是，就在清代那一极其复杂多变而动荡不安的社会环境和艰难艰苦的历史条件下，旅蒙商充分利用草原丝绸之路和在蒙古草原打下的较为牢靠的商品交易市场为基础，不断向俄罗斯及西方相关国家拓展国际贸易，这使大库伦①、乌里雅苏台②和俄罗斯的伊尔库茨克，以及恰克图③和科布多④等地也都成为旅蒙商开展国际商品交易和商贸活动的中心。当然，这些沿草原丝绸之路开发的商业中心地区，自然也成为我国内陆地区和俄罗斯及其西方相关国家人士，旅行往来和相互走动的主要场所。从这个意义上讲，在清代草原丝绸之路上，旅蒙商同蒙古草原的商人们共同开辟的这些商贸中心和商品交易市场，对于旅蒙商在我国南北两地的商品交易活动，乃至对于俄罗斯及西方相关国家的商贸往来产生过一定积极的影响。

　　上文提及的归化现已改名为呼和浩特，成为内蒙古的首府和政治、经济和文化教育中心，它还是在草原丝绸之路上的漠南蒙古草原最早建成的城市之一。1572 年，兴建该城时，地点就选在大青山之阳的土默川平原，其建筑主要模仿了元大都的结构格局，建成后就叫"归化城"。由于该城全部由青砖砌成，所以当时当地的蒙古族等草原民族就叫它"呼和浩特"，用汉语译为"青城"，也就是今天内蒙古的首府，归化城从明朝中期开始就是漠南蒙古草原地区的商业中心和交通枢纽。在清代，归化同样是属于漠南蒙古草原的商业重镇及贸易中心之一，也是沿草原丝绸之路，南北方人们旅行往来、接触交流的重要场所之一，还是各地商人同蒙古草原和西北地区开展各种贸易的主要商品集

---

①　这里所说的大库伦是指现在蒙古国的首府乌兰巴托市。

②　乌里雅苏台是今天的蒙古国苏赫巴特尔市。

③　恰克图位于俄蒙界河的北岸，和南岸的蒙古国的阿勒坦布拉格（买卖城）隔河相望，俄罗斯布里亚特自治共和国南部城市。在俄蒙边境，西距纳乌什基车站 35 公里处。

④　科布多地区东接喀尔喀蒙古的扎萨克图汗部，有驿道直达乌里雅苏台，西通塔尔巴哈台（治今塔城）、伊犁，南通迪化、巴里坤，北邻唐努乌梁海，西北与俄罗斯接壤。由于沙俄侵略以及外蒙古独立，科布多当代分属蒙古国、中国、哈萨克斯坦和俄罗斯。

散地之一。清康熙二十九年（1690年），清政府在征伐准噶尔战争前后，由于清军大量集结和征战，对军马与菜畜等需求量大，从而加速归化城的牲畜、皮毛贸易市场的发展，旅蒙商开始形成。到了清代中期，在归化城旅行往来者和以旅蒙商为主的商人数量明显增多，这使该城的商号发展到168家。一些商家还把经营范围向北延伸到乌里雅苏台和科布多地区，向南拓展到山西、河南、湖南、湖北以及天津、北京、上海、杭州、苏州、山东等地。

可以说，19世纪的归化城，是草原上最繁华的商业城市。1843年，法国旅行家古伯察途经归化城，看到这里来回游动的旅客和热闹的市场场景，深受触动，后来在他出版的《鞑靼西藏旅行记》①书中将这里描写为规模很大的蒙古草原商贸市场。在当时，不只是归化城的商品交易相当活跃，像多伦诺尔②、包头、小库伦、经棚、定远营③、海拉尔④等都成为草原丝绸之路沿线旅蒙商的易货买卖、商品交易和商贸活动的中心。以这些地点为核心，在漠南草原牧区，包括各旗所在地广泛开展了各种形式和内容的商品交易，进而为蒙古草原的生产生活的改善，沟通草原牧区与中原内地的经济文化交流做出了应有贡献。

旅蒙商沿草原丝绸之路将商品交易和商贸活动延伸至漠北蒙古草原。在清代，由于旅蒙商的不断增多，漠北蒙古族地区逐渐形成以库伦、乌里雅苏台、科布多为中心的三个商业重镇，成为旅蒙商和蒙古人互相贸易、互通有无的商品交易基地，并以最早进入此地的12家商贾为首，建立商会，负责维持管理商贸事宜，甚至充分利用寺院各路信徒，在其周围开展各种各样的商品交易活动，进而又形成了一个个新的贸易市场圈。19世纪五六十年代，随着中原汉族旅蒙商和俄国商

---

① 古伯察著《鞑靼西藏旅行记》，1852年首次在国外出版，2006年汉文版由中国藏学出版社出版。

② 多伦诺尔现在属于内蒙古锡林郭勒盟多伦县辖区。

③ 定远营指的是内蒙古阿拉善盟行署所在地巴彦浩特市。

④ 内蒙古呼伦贝尔市政府所在地，清朝初年这里就成为呼伦贝尔草原的政治、经济、文化中心。

人店铺的不断增加，在库伦城区逐渐发展成有八条街道，约占该城区一半面积的贸易街市场。其中，沿草原丝绸之路到漠北蒙古草原的多数是属于归化城、包头、多伦、乌兰哈达及山西、北京和张家口等地的旅蒙商。他们起初更多的时候用易货买卖形式与当地牧民进行商品交换，也就是用他们的丝绸、布匹、茶叶、烟酒及生产生活所需的日用百货商品跟牧民换取毛、鬃、皮、毡子及野生动物皮毛和肉奶畜产品。然后，他们又将这些货物通过草原丝绸之路，用骆驼或者是牛马车队运往国内中原地区甚至是运往南方商贸城市，从中获取相当丰厚的经济利益。18 世纪中期，库伦买卖城逐渐发展起来，到 19 世纪中期，这里的旅蒙商总数达到 5000 人以上。其中，汉族旅蒙商占 39%，然而从漠南蒙古族草原来的旅蒙商却达到 61%。不过，也有一些是给汉族旅蒙商做语言翻译的蒙汉精通的漠南蒙古族旅蒙商。

清雍正十一年（1733 年）以后，旅蒙商将乌里雅苏台和科布多的商品交易和商贸市场进一步扩大，使这些地区逐渐成为人们旅行往来和开展商品交易，以及居民和店铺商贾们集中的买卖城。由于乌里雅苏台的旅蒙商大多数是从归化商城迁移而来，所以他们建造的商街或商店，大都仿照归化商城的建造模式。后来，从包头、张家口、北京等地来的旅蒙商也到这里安营扎寨，从事各种商贸活动。

旅蒙商似乎是在清朝初年才形成一定规模，到了清朝中后期他们的商业经营活动达到一定兴盛期，并一直延续到民国初期，由此对漠南和漠北的蒙古草原的社会发展产生了一定积极作用和影响。同时，很大程度上解决了草原牧区牲畜和畜产品难以出售到内陆地区的问题，以及草原牧区的人们生产生活方面迫切需要的日常用品的问题，从而给草原丝绸之路上的草原与内陆地区的物资流通注入了活力。而且，值得一提的是，在草原丝绸之路上做买卖的不少旅蒙商及其家属学会并掌握了蒙古语，甚至接受了蒙古族的风俗习惯和宗教信仰。当然，他们也把内陆地区或南方的汉族文化与文明带到了蒙古草原，还给蒙古族传授了他们的种田、榨油、制碱、酿酒、制革、制毡、制衣、烧砖等劳动技能和手工技术，一定程度上促进了当时牧区经济社会的进步和发展，增强了蒙汉各族的经济文化交流和相互了解。

旅蒙商在草原丝绸之路上开展了近两个世纪的商品交易及商贸活动，一定程度上促进了蒙古草原与我国内陆地区及沿海地区间人们的旅行往来与相互接触交流。然而，旅蒙商的主要特点恰恰是在一个"旅"字，这是因为他们常年不停地移动式活动在大漠南北的草原牧区，其迁徙移动性质的商贸往来虽然不能完全等同于旅游活动，但是在这片浩瀚无际的草原上，他们同样是最早到来的旅游者。他们一年四季带着货物赶着牛车和马车或骑着骆驼和马，长年累月地奔波在草原丝绸之路上，从内陆地区到漠南草原，再从漠南草原到漠北草原，甚至到俄罗斯的商贸市场，走一趟单线就需要 20 天到一个月的时间。毫无疑问，他们在获取十分丰厚的经济利益的同时，对于草原牧区的生产生活的改变和经济社会的发展产生了一定的积极影响和作用，也给这里的人们带来了中原文化与文明，并为各民族间的互相融合创造了基本条件。随着时间的推移和历史的进程，不少内陆地区的汉族旅蒙商同生活在草原牧区的蒙古族等少数民族建立了婚姻家庭关系，学会了蒙古语和穿戴蒙古族服饰，进而自然而然地成为草原牧区的永住民。反过来讲，生活在草原丝绸之路牧区的人们也从内陆地区的旅蒙商那里不同程度地学会了汉语，学会了他们的烹饪技术，学会了建造土房，还有了与商品交易场所相配套的定居性土房或木屋。有人还种上了粮田，过起了元宵节，唱起了二人转。我们可以说，在草原丝绸之路上兴建的那些商业气息较为浓重的城镇，都与旅蒙商的旅行往来和商品交易及商贸活动有着密切关系。旅蒙商虽然现已成为过去和历史，但他们在这些城镇却留下很多历史遗迹，有的已成为某一城镇独具风格的早期建筑物，并为促进地方特色旅游事业发挥着独特作用，由此吸引着来自国内外的旅游者。例如，内蒙古呼伦贝尔市海拉尔区的古商城就是清代旅蒙商从事各种商贸活动的场所。现在该古商城已成为内蒙古呼伦贝尔市的一个重要的旅游景点，由此对于当地经济社会的发展产生着应有的积极影响和作用。

　　总之，草原丝绸之路是蒙古草原沟通欧亚大陆的商贸大通道，属于丝绸之路的重要组成部分。在当时，作为草原游牧文化与内陆地区的农耕文化及商业文化，包括同欧洲文化与文明交流的大动脉，由中原地区穿越蒙古草原和俄罗斯，直达欧洲相关国家和地区。在我们看来，欧亚大陆的平缓辽阔的草原地带，以及相互所需而极有吸引力和诱惑力的游牧文化与农耕文化及欧洲文化，还有礼尚往来、相互学习、取长补短、互通有无的人类自古以来遵循的心理基因和相依相生的生存原理等，是草原丝绸之路形成的基本前提和基础条件。可以说，在鄂尔多斯草原等地先后出土的黄金与青铜兽型装饰品、鹰形金冠、四虎噬牛纹金饰牌、虎形镶宝石金饰、金项圈和耳坠等都充分证明，草原丝绸之路远在青铜时期就已开始。还有匈奴人的南下与西迁，有力地拓展了草原丝绸之路，并同漠南的沙漠丝绸之路形成亚欧大陆南北两大通道，由此丝绸之路逐渐形成带状体系。后来，漠北草原的匈奴墓葬中出土的汉式铜镜及写有汉字的丝绸与青铜镞等，都是草原丝绸之路上旅行往来、文化交流及商品交易的重要实证。再说，公元1世纪前期，北方的鲜卑人沿草原丝绸之路南迁建立的北魏，以及在嘎仙洞发现的北魏李敞的石刻祝文，在草原出土的罗马金币、波斯萨珊朝银币及银壶、西方的金银器皿上的牡丹纹、莲花纹、龙凤纹等，都属于草原丝绸之路上遗留的重要文物古迹，充分表明草原丝绸之路上不同文化与文明的相互交流与和谐融合。而且，到了隋唐时期草原丝绸之路经咸海南岸和北岸延伸至俄罗斯的伏尔加河及罗马帝国的君士坦丁堡，使草原丝绸之路东段再一次得到开发和利用，并为辽朝时期草原丝绸之路的全面繁盛奠定了较好的基础。这也是使辽代的草原丝绸之路更加贯通，与西方国家的往来变得更加频繁的前提条件。特别是在西辽，沿草原丝绸之路向中亚地区传播草原游牧文化的同时，还将东方的儒家思想、语言文字、典章制度等传播到了西方。同时，在元代，沿丝绸之路设立的星罗棋布的驿站，为东西方文化与文明的交流，友好使者、旅行家、商人、教士的相互走动和人们的旅行往来，商品货物的流通和相互交换等发挥了无可替代的重要作用。到了明清时期，草原丝绸之路在旅蒙商的积极努力下，也为内陆地区、草原牧区及东西方的文化与文明交流发挥了应有的积极作用。

# 第 二 章

# 内蒙古中蒙俄"一带一路"旅游文化

我们通常说的旅游文化与文化旅游，有一定的内在联系，也有较明确的区别。那么，这里所说的旅游文化，完全属于文化范畴，是不同文化的组成部分之一，也是文化体系中的一个独立门类，与服饰文化、饮食文化、民族文化、游牧文化、艺术文化、思想文化及生态文化等相同，是诸多文化的特定结构类型。然而，文化旅游是属于文化与旅游紧密相结合的产物，也是人们旅游的物质的精神的享受及目的，与旅游本身有必然的内在有机联系。也可以认为，文化旅游是旅游文化的一个载体，而旅游文化所涉及的内容比文化旅游似乎要丰富。不同国家、不同地区、不同民族的不同文化极大地丰富了旅游文化，进而很大程度上繁荣发展了旅游文化。反过来讲，旅游文化的繁荣发展，为文化旅游注入了强大活力和生命力，为文化旅游提供了极其丰富的文化内涵。其目的就是，不断满足旅游者的丰富多样的文化需求、文化欣赏、文化享受。文化旅游也可以简称为文旅。文化旅游是一个十分宽泛的概念，泛指旅游者通过旅游观光实现感知、了解、体察不同国家和地区、不同民族或族群具有的独特文化世界。同时，让旅游者鉴赏异国异地及不同民族间的优秀传统文化，参加当地举办的丰富多样的文化旅游及旅游文化商品营销活动，不断满足他们不远万里来此追寻的物质的和精神的文化享受。现实地说，在内蒙古地区发展旅游业，开展独具地区特色、民族特色、本土特色的旅游文化是一项十分重要的工作，它不仅能够大力弘扬内蒙古各民族丰富多样的文化，让旅游者们更加全面系统而详细了解内蒙古多元一体的民族文化，满足旅游者们的探奇求知需求，不断满足和提升并丰富他们的物质文化与精神文化。同时，也吸引越来越多的国内外旅游者或旅游团体，到内蒙古旅游和消费，进而不断强化人们对内蒙古旅游文化产品的极大兴趣，提高旅游文化产品实实在在的社会经济效益。

中华人民共和国成立以后，中蒙俄之间不断强化相互间的友好往来，包括政府间旅游文化交流及旅游商品交易及国际商贸活动等，一直延续到现在。特别是，改革开放之后，中蒙俄各种形式和内容的旅游文化交流，以及与旅游密切相关的各种各样的商品交易日益增多，进而强有力地推动了中蒙俄边疆地区经济社会的繁荣发展，甚至对我国内陆相关地区同俄罗斯和蒙古国的国际商贸往来、商品交易注入了强大活力。2013 年 9 月 7 日，习近平主席在哈萨克斯坦以"弘扬人民友谊　共创美好未来"为题的重要演讲中提出共建"丝绸之路经济带"的畅想，同年 10 月 3 日在印度尼西亚国会发表演讲时提出共建"21 世纪海上丝绸之路"，在此基础上，习近平主席高瞻远瞩地提出"一带一路"建设的重大倡议。近年来，伴随"一带一路"建设的不断向前推进，中蒙俄三国高层互访不断增加，有力地促进了互利互惠的国际跨境旅游，以及相互间的旅游产品交易及其国际商贸往来，进而中蒙俄间的旅游文化合作及旅游商品交易进入了新的历史发展阶段。为增进文化交流，中蒙俄三国在宣传"一带一路"旅游，实施"一带一路"旅游项目，以及打造"一带一路"旅游产品品牌等方面积极交流合作，成效十分显著。下面，从中蒙俄"一带一路"建设及旅游文化与国际合作、旅游商品与国际合作、旅游畜产品国际合作、城市旅游商品及国际商贸往来、旅游日用品国际互联合作五个方面，阐述中蒙俄"一带一路"建设及旅游文化与国际商贸合作工作。

# 第一节　中蒙俄"一带一路"旅游
## 文化与国际合作

历史上的草原丝绸之路蕴含着丰富的旅游文化资源，像享誉国内外的丝绸、茶叶、陶瓷及琳琅满目的文化产品，都是必不可少且极具代表性的品牌旅游产品，也是不断向深度和广度推进"一带一路"沿线地区和国家间的文化交流的重要组成内容。2009年12月，内蒙古旅游局同蒙古国国家旅游局和俄罗斯布里亚特共和国旅游局，以早期的"茶叶之路"及草原丝绸之路为基本前提，为了更加扎实有效、更好地开展中蒙俄丰富多样的国际旅游合作，共同签署了《中蒙俄茶叶之路旅游合作协议》，进而强有力地推动了"一带一路"旅游文化交流与建设。过了五年以后，也就是2014年11月，中蒙俄三国的旅游部门，在内蒙古举行首次三国五地旅游联席会议，与会各方一致同意在整合原有的中俄、中蒙边境旅游协调例会机制的基础上建立联席会议机制，这使中蒙俄三国间的旅游文化协同工作进入了新的发展阶段。紧接着于2016年7月，为更好地推进中蒙俄"一带一路"旅游文化建设，在内蒙古还成立了中蒙俄"万里茶道"国际旅游联盟，进而在中蒙俄"一带一路"沿线，启动了一系列与旅游文化密切相关的基础设施建设，很快打通了跨境旅游绿色通道，为游客提供便捷舒适的旅游条件。

为充分发挥中蒙俄"一带一路"建设的旅游文化，充分发挥中蒙俄经济走廊的实际效益，中蒙俄积极打造旅游文化线路品牌，推动中俄、中蒙跨境旅游文化快速、协同、高效发展。蒙古国将这条旅游文化走廊称为"草原之路"，而俄罗斯称其为"跨欧亚大铁路"。俄罗斯联邦旅游署曾表示，中俄两国将进一步加强旅游文化交流与合作，完善符合俄罗斯和中国游客需求的社会公共旅游设施，共同开发大型活动游、医疗游、青年教育游等新型旅游项目，打造舒心、愉快、安全的国际跨境旅游文化，推进中俄旅游文化事业的新发展。同时，中蒙俄三国旅游部门，还举办了一系列宣传国际旅游文化的推广活动，通过"2017美丽中国——万里茶道""蒙古高原蓝色之旅"等旅游文化项目，让旅游消费者充分了解体验"一带一路"沿线的内蒙古及内陆地区各具特色的文化与美丽景观。与此同时，还开通了国际旅游包机、国际旅游专列，兴建中蒙俄国际跨境旅游文化景点及合作区，不断挖掘国际跨境旅游文化丰富资源，推动相互借鉴、取长补短、互通有无的旅游文化及其交流。此外，我国内蒙古呼和浩特、满洲里、二连浩特等地还同蒙古国的乌兰巴托市，以及与俄罗斯的莫斯科、乌兰乌德市等城市相互合作，整合推出国际性和区域性旅游文化品牌，有计划地不断扩大边疆地区的国家跨境旅游文化。中蒙俄三国还利用历史上的草原丝绸之路商贸通道，以及沿"一带一路"打开了一条具有历史人文、草原景观、民族风情、本土特色等丰富内容的旅游线路。由此，实现了历史与现实的有机结合、互相呼应和相互照应，以及自然景观、文化景观和人文景观和谐融合的美好旅游场景。

## 一 中蒙俄"一带一路"旅游文化及其取得的成绩

首先应该提到的是，中华人民共和国成立以来内蒙古同蒙古国之间建立的极其友好的相互往来和旅游文化关系。就如大家所知，内蒙古对蒙古国共开放九个口岸，包括西部的策克、乌力吉、甘其毛都、满都拉四个口岸，中部的二连浩特、珠恩嘎达布其两个口岸，东部的阿尔山、额布都格、阿日哈沙特三个口岸。内蒙古以这九个口岸为中心，分别开展对于蒙古国的旅游和旅游商品交易及国际商贸活动。具体而言：（1）以西部四个口岸为主，在发展旅游业和旅游产品交易基础上，努力打通能源资源战略通道、加工和储备基地；（2）以中部两个口岸为重点，在发展旅游业和旅游产品交易基础上，努力营造以人文交往、商贸流通、综合加工、国际物流为一体的，针对蒙古国的经济合作示范区；（3）东部三个口岸也是在不断强化发展旅游业和旅游产品交易的前提下，重点加强对蒙古国国际生态产业合作。另外，内蒙古同蒙古国之间的公路、铁路交通体系十分健全，像包头、呼和浩特、阿尔山、海拉尔、满洲里等城市的机场均与蒙古国直通航线。2017年中蒙二连浩特至扎门乌德跨境经济合作区的建成，更加有力地推动了中蒙两国的国际旅游及旅游产品交易和商贸活动。

还应该提到的是，距内蒙古呼和浩特市570公里，蒙古国乌兰巴托市650公里的内蒙古巴彦淖尔市乌拉特中旗的甘其毛都中蒙口岸。该口岸于1992年被正式批准为国家一类季节性双边口岸，2009年被升格为常年开放陆路口岸，进而为中蒙两国旅游者和旅行团的友好旅游往来，包括国际贸易商品的进出口发挥了相当重要的作用。这使甘其毛都口岸，逐渐成为内蒙古与蒙古国间的旅游文化交流、过货物流、信息沟通流的集散地。经过近30年的求真务实的探索和发展，2017年甘其毛都中蒙口岸的所在地甘其毛都镇，光荣地被列为国家级西部大开发"十三五"规划建设百座特色小镇中的边境口岸型城镇，这对巴彦淖尔市正在积极筹建的甘其毛都镇边民互市贸易区，以及中蒙"一带一路"国际产业合作园注入了强大活力。30年前的甘其毛都镇，只是一个中蒙边境散客旅游、民间文化交流，以及"背包式"商品交易或小批量国际贸易临时过货通道。伴随中蒙两国间的游客和旅游团体的不断增多，国际商品交易和贸易往来不断繁荣发展，甘其毛都中蒙口岸在国际旅游文化和商品交易中发挥的作用越来越大。2014年8月下旬，习近平主席偕夫人彭丽媛访问蒙古国时，中蒙两国元首决定将两国的战略伙伴关系升级为全面战略伙伴关系，之后甘其毛都口岸及其镇上的蒙古国旅客及我国内陆地区的游客越来越多，国内外旅游文化和购物旅游的游客及旅游团体以惊人的速度每年递增。与此相适应，小镇的商业街上呈现出了深受蒙古国游客喜爱的各式各样的蒙古族传统旅游文化景点、旅游场所及蒙古风味餐厅，以及琳琅满目而热闹非凡的旅游文化商品市场及家电商场。其中，还包括蒙古国商家开办的国际旅游文化商品及蒙古族生活商品超市。在中蒙俄"一带一路"建设中，甘其毛都口岸不仅发展成为中蒙两国陆路国际旅游大通道,而且也成为中蒙俄及欧洲相关国家旅游商品、旅游日用品的交易中心,电子商务货物仓储基地、文化创意商品加工基地等。在这个小镇,来自各国的游客可以如愿以偿地购买到来自呼和浩特及中国各地区甚至是沿海地区的称心如意的旅游商品。进入新时代的今天,甘其毛都口岸充分发挥自身具有的优势地位,为中蒙俄"一带一路"国际旅游文化和旅游文化商品及国际商贸活动做出了重要贡献。

为促进中蒙俄"一带一路"旅游文化交流,我国分别与蒙古国和俄罗斯举办了一系列多种形式、求真务实、富有成效的旅游宣传活动。尤其是,这些活动,对于中蒙关系友好发展产生了积极影响。在 1960年中蒙两国签订《中蒙友好互助条约》、1994 年签署《中蒙友好合作关系条约》及 2013 年签署《中蒙战略伙伴关系中长期发展纲要》等的基础上,2014 年习总书记对蒙古国进行国事访问时,同蒙古国总统额勒贝格道尔吉共同发表了《中华人民共和国和蒙古国关于建立和发展全面合作战略伙伴关系的联合宣言》,使中蒙边境旅游文化活动变得更加丰富多样,更加提升了中国旅游者对蒙古国自然风光和民俗风情的兴趣爱好,中蒙边境的各族人民相互间的旅行往来和交流沟通也变得更加频繁。进而于 2015 年,在蒙古国首府乌兰巴托成功举办了"第十一届东北亚国际旅游论坛",同年还以"同行草原·丝绸之路、联结合作发展走廊"为主题,在内蒙古呼和浩特成功举办了首届中蒙博览会。所有这些,充分证明了中蒙旅游文化合作平台建设,正按部就班地大踏步向前推进。2016 年中国国家旅游局与蒙古国旅游部共同签署的《中华人民共和国国家旅游局与蒙古国环境、绿色发展与旅游部旅游合作协议》①,更高效地强化了双方的合作理念、优化了合作关系、提高了旅游文化交流合作职能。

众所周知,中俄两国都是属于旅游文化资源极其丰富的近邻国家,

---

① 简称《中蒙旅游合作协议》。

这一客观现实的存在为中俄两国开展国际旅游文化，以及旅游文化产业的开发提供了极其优厚的基础条件。从某种角度来讲，中俄两国间大规模的国际旅游文化形成时间比较晚，但在双方的积极努力和精诚合作下，形式多样、内容丰富且富有成效的国际旅游文化活动有声有色地开展了起来，并在很短时间里取得实实在在的理想效益。也就是说，中俄国际旅游文化很快呈现出蓬勃发展的生机，且表现在以下三个方面：一是，从当初的一日游，发展成为周日游及多日游；二是，从单纯的旅游文化，变成购物观光旅游及购物度假旅游；三是，从边疆口岸城市的旅游文化，延伸到内陆和沿海地区丰富多样的旅游文化。毫无疑问，中俄旅游文化合作及其取得的成绩，充分表明两国具有务实合作、互利互惠、共同发展的实际需求和美好愿望。

近些年来，中俄两国间签署的旅游文化项目不断增多，旅游文化合作机制打破原有的不符合双边发展的一些旧的规章制度，冲破原有的以单个团体垄断旅游文化产业的一些限制和规定，积极采取了具有灵活性、可行性、可操作性且有效性的新措施，这使中俄两国的国际旅游文化不断得到完善和升级，客观上保障了两国间的旅游文化合作机制的长效性和持续性。在此基础上，中俄两国连续成功举办"中俄旅游年"活动。2013年3月，中俄双方还在俄罗斯的莫斯科举办"中国旅游年"活动。第二年，也就是2014年，中俄两国还在北京隆重举办中国"俄罗斯旅游年"活动，这使中俄两国旅游合作及旅游文化活动进入了新的发展阶段。从那以后的几年里，中俄两国间实施了一系列的不同规模、不同范围、不同形式、不同内容、不同角度和不同层级的文艺演出、文化交流及旅游文化项目。在此基础上，探索出了旅游文化与文化交流，高层互动与民间交流，专业活动与大众参与交流有机结合的旅游合作新型模式，由此在国际社会引起广泛反响，为"一带一路"沿线其他国家和地区开展国际旅游文化及合作提供了新思路。

## 二 中蒙俄"一带一路"与"万里茶道"的和谐融合及取得的成绩

不论是在历史上的草原丝绸之路上，还是在当今的中蒙俄"一带一路"建设中，具有独特区位优势的内蒙古各民族文化和本土文化及其文化氛围，在中蒙、中俄的旅游文化交流及旅游文化产品交易中，一直发挥着不可忽视的重要作用。为了更好地发挥自身具有的地区文化、民族文化等方面的优势和作用，不断科学调整和深度开发独具地方特色和民族特色的旅游文化资源，以及丰富多样、琳琅满目的旅游文化产品，内蒙古地区还以极具生命力、吸引力、影响力的中蒙俄三国国际旅游文化活动为契机，扎实有效地全方位开放内蒙古地区旅游民俗文化、旅游景点、旅游光观园及旅游文化商品市场。特别是，内蒙古的那些口岸城市及旅游文化城市的大街小巷，到处都在展示和营销款式各异又美丽迷人的民族服饰、香味四溢又回味悠长的草原奶制品和肉制品、琳琅满目又各具特色的民族生活用品等，具有浓烈的民族文化及本土文化特点的旅游文化市场。还有，在那辽阔美丽的草原上星罗棋布的蒙古包旅游点，立体、生动、本真地展现内蒙古草原牧区衣食住行特色的传统文化，还有技艺高超又扣人心弦的马术表演及赛马、摔跤、射箭等传统民俗文化等，都充分展现出美丽的草原旅游文化欣欣向荣、蓬勃发展的美好景象。在此过程中，他们不断积累和总结实践中获取的丰富经验，不断提高旅游文化管理水平和服务质量，有计划、有思路、有成效地促进中蒙俄三国间的友好往来及双边或多边旅游文化国际合作。在此基础上，强有力地推动了内蒙古各民族优秀传统文化的挖掘整理和开发利用工作，使农牧区广大人民自觉、主动、积极地参与本民族和本地区特色的旅游文化建设，进而有效带动了中蒙俄边境地带和重点开发区的旅游产业，乃至带动了整个内蒙古地区的旅游产业。

内蒙古"一带一路"建设的实施，把复兴草原丝绸之路、建设中蒙俄经济走廊推向国家战略和东北亚区域合作的前沿。就如前面所说，当前中蒙俄三国互信互惠已达新高度，借此新的发展机遇内蒙古经济社会的发展进入高速发展的历史新阶段，建设中蒙俄经济走廊面临前所未有的新机遇。改革开放以后，中蒙俄关系实现了正常化，从此形式多样而内容丰富的国际旅游文化交流如雨后春笋般蓬勃发展。到21世纪初，中国与俄罗斯的旅游文化及其旅游文化商品的国际合作不断升级，变得更加活跃和频繁。从此以后，由中蒙俄三国政府搭台，各有关文化部门和旅游部门先后多次主办各种国际合作论坛、特定区域合作论坛、高层论坛、民间论坛，以及在中蒙俄三国口岸城市或交界地区多次举行国际旅游节活动。所有这些，不断强劲推动中蒙俄三国国际合作文化交流。而且，自2006年以后，蒙古国很快成为我国旅游者所青睐的旅游目的国之一，内蒙古也成为蒙古国最大的旅游客源地。同时，内蒙古地区，包括我国各大旅游城市同样很快成为蒙古国旅游者或旅游团体首选的旅游目的地。2014年11月，在内蒙古呼和浩特市举行了首届中蒙俄国际旅游管理部门负责人联席会议，对我国的"丝绸之路经济带"与俄罗斯跨欧亚大铁路、蒙古国"草原之路"展开了求真务实的讨论，进而决定共同推动中蒙俄"草原丝绸之路"文物考古与旅游文化线路的科学对接。"十三五"期间，内蒙古积极推动旅游文化的国际合作，提出挖掘整理和开发利用中蒙俄各具特色的地域文化、民族文化和本土文化，特别是"以马为媒"，于2014年成功创办了内蒙古国际马术文化节。这是一次很有代表性、很有影响力和感染力的文化交流活动，中蒙俄三国事先都做了充分准备并积极参与了此次国际文化交流盛会。而且，在文化节上完美地展示了内蒙古草原、蒙古高原、西伯利亚平原的赛马、射箭、摔跤等代表性文化技艺。这使以民间文化国际交流合作促进民心相通，自然而然地成为中蒙俄三国文化战略对接的重要内容。在我们看来，在"一带一路"建设中，同力打通的中蒙俄旅游文化走廊，以及同力构建的中蒙俄旅游文化商品走廊，具有二者叠加、有机结合、互利互惠、合作共赢的美好前景和未来，并取得了鼓舞人心的辉煌成果，也为中蒙俄东北亚合作提供了全新思路。

如上所述，内蒙古是我国同蒙古国与俄罗斯毗邻的主要地区，而且有满洲里市和二连浩特市等对俄罗斯和蒙古国开放的最大陆路口岸。据不完全统计，到 2015 年，内蒙古接待的俄罗斯和蒙古国旅游者分别达到 51.4 万人次和 81.7 万人次。借此中蒙俄旅游文化快速崛起的良好态势，2016 年 7 月在内蒙古呼和浩特市举办了三国旅游部长峰会，并在这次峰会上成立了"万里茶道"国际旅游联盟①，进一步强化了跨境国际旅游合作。该国际旅游联盟的秘书处设在内蒙古呼和浩特市，刚创立时其成员单位包括我国的内蒙古、福建省和蒙古国的乌兰巴托市及俄罗斯伊尔库茨克州等 12 个地区的旅游文化部门。到 2018 年，包括新加入的我国黄山市和俄罗斯的克拉斯诺亚尔斯克州及蒙古国的东戈壁省与东方省，国际旅游联盟成员增加到 16 家。后来又新增俄罗斯新西伯利亚州、斯维尔德洛夫斯克州和蒙古国南戈壁省、苏赫巴托省等地区的 4 个旅游文化部门加入中蒙俄"万里茶道"国际旅游联盟，该联盟成员已达 20 家。按照国际旅游联盟达成的合作协议，中蒙俄三国旅游部门继续开展旅游文化及强化旅游互联互通建设，打通国际跨境旅游文化节点②，共同培育新的"万里茶道"国际旅游黄金线路，合作利用"一带一路"沿线各国的历史的和当下的旅游文化资源，共同提升旅游文化服务质量和服务理念，为中蒙俄三国旅游者及旅游团队的国际跨境游客营造快乐、舒心、健康而安全的旅游环境。与此同时，中蒙俄三国还以此为契机，不断联合开发"万里茶道"国际旅游文化商品，共同举办形式多样而内容丰富的"万里茶道——相识之旅"及"万里茶道——探访之旅"等宣传推广活动。2016 年，开行万里茶道

---

① 中蒙俄三国旅游部长峰会于 2016 年 7 月 21 日至 24 日在我国内蒙古呼和浩特市成功举办。这里所说的"万里茶道"是，源于福建武夷山产茶区，途经湖南、湖北、山西、内蒙古等地，再经蒙古国、俄罗斯莫斯科直至欧洲相关国家，是属于曾经在历史上活跃近 3 个世纪的运茶古商道，绵延 1.3 万多公里。

② 旅游文化节点是指根据一年四季的季节变化，以及旅游文化的淡季和旺季，具体部署的旅游文化的季节性活动。

"满洲里—西伯利亚号"中俄跨境旅游专列。该项活动的启动，打开了内蒙古一项具有鲜明国际旅游文化特色的绿色通道，也是"一带一路"建设背景下的跨境文化交流的体验活动。另外，还富有成效地开展了"万里茶道"自驾旅游及自驾车集结赛、中蒙俄冰雪节暨中蒙俄三国选美大赛和歌舞表演大赛等旅游文化活动，由此充分体现出了"文化体育＋旅游"的国际文化交流合作，增进了"一带一路"沿线国家和地区的相互联系与友谊，促进了内蒙古与相邻国家和地区的联系，形成了有效互动。在这里，还应该提到的是，中蒙俄三国还共同组织"一带一路"沿线地区及边疆口岸城市旅游部门、国际商贸团队、各有关媒体参与的重走"万里茶道"旅游文化活动，进一步挖掘"万里茶道"旅游文化的深刻内涵，努力打造"万里茶道"旅游文化品牌。更加鼓舞人心的是，在此基础上启动的中蒙俄三国青少年旅游夏令营活动，已经成为"一带一路"国际旅游文化的一项常态化项目，并受到参与者和组织者的高度好评。随着中蒙俄国际旅游文化步入理想发展阶段，其给三国青少年带来了从小感受友好交往的美好时光。毫无疑问，所有这些活动使中蒙俄三国旅游合作及旅游文化迈上新台阶，使具有近300余年历史文明的茶叶贸易古道精神和谐地融入"一带一路"建设的宏伟规划，进而为"一带一路"建设及中蒙俄三国国际旅游文化及国际旅游文化商贸往来做出了新贡献。2017年，中蒙俄三国国际旅游文化活动，还被国家旅游局和国家体育总局联合评为"国家体育旅游精品赛事"，原国家旅游局还把"万里茶道"评为向全球推广的十大品牌旅游项目之一。

### 三　中蒙俄"一带一路"沿线节庆文化与国际旅游活动

我国与周边国家发展国际旅游文化，进而实现区域性文化合作也是"一带一路"民心沟通、民心相通、民心所向的重要举措。"一带一路"建设，不仅为中蒙俄三国人民的友好往来铺垫了道路，同时也为世界人民的和平相处打开了一条幸福之路。我们提出的中蒙俄经济走廊建设计划，对于以内蒙古为核心并辐射国内各大国际旅游文化城市的经济社会发展，均具有极其重要的现实意义和长远的战略意义。因为，中蒙俄经济走廊是我国全方位推动与俄罗斯和蒙古国的国际旅游文化的重要通道，也是我国积极开展诸多国际旅游文化项目，实现地区性国际旅游文化及其不断深度开发国际旅游文化产品的重要布局。与此同时，中蒙俄经济走廊也是联通东亚经济圈，以及联通"一带一路"沿线欧洲各国的重要桥梁。① 内蒙古同蒙古国和俄罗斯，在国际旅游文化合作交流、区位优势、推进口岸的发展、旅游文化商品的互补等方面具有不可忽视的综合优势。所以说，内蒙古在推动中蒙俄"一带一路"旅游文化国际合作等方面具有特殊的定位。其中，内蒙古具有多个有民族特色的传统节庆文化及旅游活动，在中蒙俄"一带一路"建设中发挥着日益重要的作用，并为内蒙古旅游文化产业的发展产生着积极影响。

内蒙古地区有一系列具有代表性、地方性、民族性和群众性的节日，如"那达慕节""敖包节""赛马节""伊米嫩节""冰雪节""歌舞节"② 等。令人感到高兴的是，这些节日现已成为草原牧民对外开放、迎接五湖四海宾朋、对外宣传他们美好幸福生活、向世界展示他们种类繁多而多姿多彩的文化生活、开展中蒙俄"一带一路"国际文化交流，以及展销民族文化特色的旅游商品的节庆活动。与此同时，

---

① 刘雪梅：《共享"一带一路"发展机遇 内蒙古推进"中蒙俄经济走廊"建设战略选择》，《内蒙古统计（热点透析）》，2015 年第 6 期。

② 这里的"那达慕节"是指在草原最美的季节，也就是每年的 7 月在草原牧区举办的"草原盛会"；"敖包节"是以祭祀祖先为主，每年的 7 至 8 月间举行的家族式或地区性节庆活动；"赛马节"就是草原牧区非常隆重的群众性赛马节日，一般在每年的 7 月进行；"伊米嫩节"指的是每年 4 月过的"牧区丰收节"，在这个季节草原上会迎来许许多多新出生的牛马羊，是牧民们最为忙碌而快乐的日子，也是他们畜牧业最为丰收的季节，所以牧民们都要过"伊米嫩节"；"冰雪节"是在冰天雪地的草原上，也就是入冬以后每年的 12 月在冰雪草原上过的节日；"歌舞节"也是草原上的传统节日之一，各地过的具体日子并不十分统一，一般都在春夏冬举办，节日上主要进行丰富多样的歌舞表演。

在草原牧区还有"春节"①"清明节""端午节""中秋节"等传统节日。特别是，2008 年，这些节庆活动被确定为法定假日以后，传统节日旅游文化也逐渐兴起，传统节日文化与休闲旅游产业的互动也逐步增加。内蒙古各地在挖掘种类繁多的传统节日文化的同时，紧密结合本地区各民族极其丰厚的旅游文化资源，不断开发具有民族特色、地方特色、本土特色的旅游文化产业，研发具有创新型、创造型、未来型和市场型的草原牧区旅游文化系列商品。这些做法，不仅强有力地推动了内蒙古各民族丰富多样的传统文化节日的传承和保护工作，也为内蒙古地区旅游文化商品的市场化运营及其经济社会的发展产生了深远影响。

内蒙古地区各民族的不同节日，均具有独特而鲜明的、传统的、民族的、文化的和地区性特征，现已成为中蒙俄"一带一路"旅游文化与文化交流中不可或缺的组成部分。这些各具特色的节庆活动形式和内容，包含极其丰富的不同民族的不同图腾文化、神话传说、宗教信仰、礼仪习俗等文化信息。换言之，民族节日是民族文化符号较为直观的外化表现方式，通过约定俗成的传统仪式，以及不断提炼升华的物质的和精神的产物，寄寓不同民族的不同物质文化与精神文化深刻内涵，进而凸显本民族的独具一格的文化特征和审美价值。也就是说，内蒙古地区各民族的丰富多彩的节庆活动，是来源于他们丰富多样而绚丽迷人的物质生活和精神生活，并由高度精炼的各种仪式及活动内容组成，是代表他们来源于现实生活而超越于现实生活的物质的和精神的享受，包含对未来美好生活的无限渴盼和祈望，是同人类文明的进步和发展相辅相成的产物。或许正因为如此，内蒙古地区的这些传统文化活动，越来越多地吸引国内外游客，给他们奉献着内蒙古各族人民丰富多样的节庆生活及美好心愿，自然也成为了中蒙俄"一带一路"上的一个个旅游文化场景、旅游文化风光、旅游文化影响和

---

① 蒙古族先民习惯于把"春节"称为"白节"（chagan sara）。

记忆。所以,我们说挖掘和传播传承内蒙古地区各民族节日及节庆活动,有利于推进中蒙俄"一带一路"民族旅游文化资源的开发利用,促进"一带一路"民族旅游文化产业的发展。内蒙古居住着 49 个民族,每个民族都拥有自己独特的历史文化与文明。内蒙古位于我国的北部边疆,由东北向西南斜伸,地域狭长,北部与俄罗斯、蒙古国接壤,东部、南部、西部分别与黑龙江、吉林、辽宁、河北、山西、陕西、甘肃、宁夏为邻,主要有汉族、蒙古族、达斡尔族、鄂温克族、鄂伦春族和俄罗斯族等民族。像蒙古族、鄂温克族、鄂伦春族和俄罗斯族均属于边境地区的跨境民族,这些跨境民族的民族文化,包括各具特色的节庆文化,也都属于跨境文化范畴,也在中蒙俄"一带一路"文化战略、文化建设、旅游文化中占据相当重要的地位,为中蒙俄"一带一路"的旅游文化增加了必不可少的吸引力、影响力、作用力和生命力。

蒙古族作为世居内蒙古草原的民族之一,有着形式多样而内容丰富,且具有独具民族和地域特色的节庆文化活动。其中,就包括前面谈到的"那达慕节""敖包节""赛马节""伊米嫩节""歌舞节"及"春节"等十分重要的节庆。除此之外,还有流行于西部牧区的"马奶节"① 和"拜火节"等。这里所说的"马奶节"是属于内蒙古西部地区的传统节日,以吃马奶食品及喝马奶和马奶酒为主。节庆活动日期虽然没有明确规定,但通常在每年的 8 月下旬举行,为期一天或两天,其间还搞骑马比赛、马术表演、马匹选美、马匹市场交易等活动。再说,蒙古族所说的"白节",正如前文所述指的就是"春节"。这是因为,蒙古族自古以来崇尚白色,他们认为白色是纯洁与吉祥的象征,所以他们的先民欣赏、膜拜、信仰白色,但我国境内的蒙古族"白节"要同"春节"一起过。然而,蒙古国的白节与藏历年一同过,其节庆文化和习俗与过"春节"大同小异,几乎没有什么严格意义上的区别

---

① "马奶节"几乎是内蒙古锡林郭勒盟和鄂尔多斯等西部蒙古族的传统节日。

性特征和习俗。后来，还有了内蒙古呼和浩特昭君文化节①和阿尔山冰雪节等节庆文化活动。这里所说的阿尔山冰雪文化节已经举办十多年了，并走过了从无到有、从小到大、从国内到国际的发展过程。阿尔山冰雪节在每年的 12 月至次年的 3 月间进行，节庆文化活动内容主要涉及冰雪欢乐夜、冰雪焰火表演、大兴安岭千里雾凇摄影展、雪雕冰雕艺术精品展、雪雕冰雕比赛、马拉雪橇和狗拉雪橇比赛、电动雪橇比赛、雪橇速滑比赛、速滑锦标赛，以及游览"冰雪阿尔山"雪雕园，还有阿尔山冰雪旅游文化商品洽谈会、阿尔山冬季旅游产品推介会、冰雪贺新春等内容。近些年，在阿尔山冰雪文化节期间，隆重推出"冰雪＋温泉""冰雪＋蒙元文化＋温泉""冰雪＋林俗文化＋温泉"等旅游文化内容。为了进一步提升中蒙俄"一带一路"旅游文化的氛围，以及更好地为"一带一路"国际旅游文化做出新贡献，还新增"欢乐冰雪、相约世界""阿尔山国际冰雪节""国际冰雪圣诞节"和"国际冬季旅游文化产品推介会"等精心组织设计，具有国际冰雪旅游文化特色的活动。同时，还邀请俄罗斯冰雪艺术雕塑专家，以及有关国家的文艺演出团队来参加"阿尔山国际冰雪节"，使冰雪文化节的节庆活动变得更加精彩纷呈，国外来的旅游者和旅游团队也变得越来越多，国际旅游文化及冰雪节琳琅满目的旅游文化商品交易等也越搞越红火。

达斡尔族、鄂温克族、鄂伦春族和俄罗斯族是内蒙古特有的四少民族。其中，除达斡尔族之外的其他三个少数民族都是边境民族和跨境民族。不过，这些少数民族均有丰富多样而鲜明的民族特色的传统节日及节庆文化活动。他们这些有意义的节庆活动自然而然地都融入到中蒙俄"一带一路"国际旅游文化及国际文化交流当中，并从各自的角度丰富和发展了中蒙俄"一带一路"国际旅游文化及国际文化交

① 呼和浩特昭君文化节一般都在每年的 8 月 8 日，在内蒙古首府呼和浩特举办，主要有以昭君为题材的歌舞晚会、广场篝火晚会、昭君庙文化旅游，以及焰火表演、饮食文化展示、旅游文化产品展示等活动。

流，增添了新的活力和生命力。特别是具有鲜明民族特色的达斡尔族"正月十六抹灰节""库木勒节""千灯节"等，鄂温克族的"帕斯克节""米阔鲁节""瑟宾节"等，鄂伦春族的"拜火神""篝火节""祭月亮"等，俄罗斯族的"圣诞节""满洲里赤塔冰雪旅游节""俄罗斯风情文化节""俄罗斯民俗文化节""俄罗斯餐饮美食文化节""俄罗斯服饰文化节"等节日，以及那些充满幸福、快乐、热闹、喜庆等浓烈氛围的节庆文化活动。除此之外，还有蒙古族和达斡尔族、鄂温克族、鄂伦春族共同庆贺和欢度的"那达慕节""敖包节""春节"等节日和节庆文化活动。毫无疑问，以上这些节日和节庆文化活动，也都成为中蒙俄"一带一路"国际旅游文化及文化交流的组成部分，并对内蒙古各民族传统节日及节庆文化活动的挖掘整理传承和对外宣传产生着深刻影响，也是进一步弘扬各具特色的民族文化的重要手段和途径。而且，这些对于增强民族文化认同和民族文化自信心，具有重要的现实意义和长远的历史意义，也有助于民族地区非遗保护工作及经济社会的发展。

伴随中蒙俄"一带一路"建设的不断深入，内蒙古已成为我国接待蒙古国游客的主要地区，蒙古国也成为入境内蒙古旅游的首要客源国。① 正如前文所述，内蒙古每年举办的丰富多彩的民族节庆活动已享誉国内外，到内蒙古边境口岸城市及旅游文化城市，包括内陆地区的大中型旅游文化名城，参加各种节日或节庆文化活动的蒙古国及俄罗斯乃至欧洲各国的游客和旅游团越来越多。这些国内外游客们不仅直接参与各式各样、绚丽多彩、热闹非凡的不同民族的节日或节庆文化活动，同时还亲身体验独具特色的草原牧区游牧生活，感受形式多样而内容丰富的民族风情，参与蒙古族传统游艺和体育活动及民族歌舞表演等，使他们的节庆旅游文化充满了新鲜感、新奇感、亲切感、快乐感、收获感和澎湃的激情。反过来讲，蒙古国也成为内蒙古游客或

① 毛艳丽：《蒙古国游客到内蒙古旅游民意调查研究——基于"蒙古国游客到内蒙古旅游意向问卷调查"》，《北方经济》2020 年第 5 期。

旅游团节庆文化跨境旅游的重要对象，仅仅是2019年的1月到10月赴蒙古国旅游的人数就达到17万人次。另外，俄罗斯的西伯利亚和远东地区，包括莫斯科及圣彼得堡等旅游文化城市等，也成为内蒙古及我国内陆地区游客或旅游团节庆文化跨境旅游的理想之地。而且，其人数每年都快速递增。这使中蒙俄三国的文化与旅游管理部门，深切感受到发展"一带一路"沿线国家和地区，尤其是在口岸城市或旅游文化城市，开展节日文化国际旅游以及节庆文化国际交流与活动的重要意义。这有助于与毗邻国家与地区就国际旅游文化工作开展广泛务实合作，共同享受彼此富有而各具特色的节日与节庆文化活动，在此基础上不断强化相互间的旅游往来，增进相互间更广更深的交流与沟通。我们认为，同其他文化旅行活动相比，节日及节庆旅游文化更能够突出、集中、全面、立体、生动地表现各自不同的民族文化及其结构性特点。因为，不论哪个国家或地区，在节日或节庆活动中，都能够更全面展现独具魅力的民族服饰、民族饮食、民族建筑、民族特色交通工具和民族特色经济，以及民族礼仪、民间艺术、宗教信仰等诸多方面的文化内容。所以，开展丰富多彩、引人入胜的民族节庆旅游文化，可以深化与毗邻国家和地区的文化交流与合作，促进中蒙俄"一带一路"建设及可持续发展的友好关系，不断强化相互间的吸引力和亲近感及友好往来。

中蒙俄"一带一路"上的各具风格、引人入胜、心旷神怡的文化，是中蒙俄旅游文化的重要内容，也是旅游文化的魅力所在。俄罗斯和蒙古国乃至"一带一路"沿线的欧洲各国游客及旅游团源源不断地不远万里来到内蒙古，是由于这里有各民族用共同的智慧和劳动及对美好生活的无限憧憬而创造的丰富多彩的文化，其中就包括与自然景观、历史文明、风俗习惯等融为一体的节日文化和节庆活动。如前所说，内蒙古地区这些节日文化和节庆活动有其鲜明的自然性、地域性、本土性、民族性、民俗性、真实性和多样性，还有与时俱进的新的文化内涵和创新升级的新的时代特征。正因为如此，"一带一路"沿线的内蒙古各民族节日文化及节庆活动具有很强的吸引力、感染力和生命力。

内蒙古作为北方边疆地区，自然旅游资源非常富集，不但拥有草原、森林和湖泊等优质壮美的自然景观，而且集聚了民族文化、生态文化、红色文化、世界非物质文化、异域风情、乡土民风等底蕴深厚的文化资源。富集、独特、优质的自然和人文资源为旅游与文化融合叠加发展，奠定了不可复制的优势和资源基础。蒙古族地区的节日文化和节庆活动被不断挖掘整理开放且运用到旅游文化当中，形成了广受欢迎的旅游文化项目，并不断真实再现草原牧区各民族自然本真的生活情境。蒙古族地区的节日文化和节庆活动与旅游文化的自然融合，还为民族节日旅游文化商品走向世界探索出了又一条文化强区的成功之路。在此基础上，内蒙古地区充分挖掘整理、提炼升化、创新打造民族节日和节庆活动文化精髓，不断推动"一带一路"文化建设，不断弘扬和创新性发展各民族节日文化和旅游文化，树立和突出各民族共享的多元一体的中华文化，增强俄罗斯和蒙古国乃至欧洲各国间节日文化及节庆活动国际旅游，不断扩大内蒙古各民族节日文化商品和节庆活动文化商品国际市场，使内蒙古地区节日文化和旅游文化相互促进、相得益彰，为推动中蒙俄"一带一路"文化建设，为我国文化强国战略和旅游强国建设做出了应有的贡献。

## 第二节　中蒙俄"一带一路"旅游文化商品及国际合作

中蒙俄三国在对接新世纪发展战略、深化交流合作中，使跨越欧亚大陆、连接中蒙俄三国的草原丝绸之路，又重新焕发出全新的生命力。在草原丝绸之路真正发挥作用之前，沿线的蒙古高原和西伯利亚地区很少见到旅行者和进行贸易活动的人。自从17世纪以后，草原丝绸之路逐步有了生机和活力，逐渐走向了新的繁荣，使这条绵延1.3万多公里，覆盖沿线 200 多个城镇的商贸路线，慢慢发展成为全球陆路最具经济效益的商贸大通道。现今，尽管这条沧桑古道被现代交通所取代，但中蒙俄彼此间的交流合作还是沿着草原丝绸之路不断升级深化。特别是，"一带一路"倡议的提出，使草原丝绸之路上人们的相互走动、旅行往来和商品交易、商贸活动变得更有活力、更有生命力、更有生机。中蒙俄之间政策沟通、设施联通、贸易畅通、资金融通、民心相通深入人心，充分体现出了利益共同体、命运共同体和责任共同体的深刻内涵。毫无疑问，所有这些，使内蒙古地区以草原民族服饰文化、草原特色饮食文化、草原蒙古包旅游点文化、马骆驼雪橇草原旅行文化、草原自然景观风情游文化、草原品牌购物文化、草原歌舞表演娱乐文化、草原牧区游牧生活体验、草原避暑度假及休闲养生文化、草原那达慕盛会文化等为主题的旅游业及旅游产业快速崛起，并取得举世瞩目的辉煌成绩。同时，强有力地推动了中蒙俄"一带一路"上的国际旅游产业。

## 一　中蒙俄"一带一路"旅游商品及国际贸易

　　改革开放以来，中蒙俄之间的不同形式、不同规模、不同内容的旅行往来及商品交易、商贸活动日益增多。1991 年 9 月，国家旅游局在《关于开展中蒙边境一日游活动的批复》中，同意内蒙古边境城市二连浩特市与蒙古国扎门乌德市开展对等边境旅游活动，这使作为中蒙两国重要陆路口岸之一的二连浩特，及时积极开通了对蒙边境旅游业务。2006 年，中国国家旅游局与蒙古国签署了谅解备忘录，决定将蒙古国作为旅游目的地国家，这是我国改革开放以后正式开通对蒙古国乌兰巴托及其内陆地区的旅游业务。在此基础上，我国沿历史上的草原丝绸之路，经蒙古国继续向俄罗斯西伯利亚和远东地区开通旅游往来及旅游商贸活动。毫无疑问，在中蒙俄国际旅游和国际商贸部门的共同努力下，连接中蒙俄且跨越欧亚大陆的草原丝绸之路被重新开启，并在很短的时间里取得了鼓舞人心的阶段性成绩。其中，最流行的是"旅游＋购物"与"旅游＋商贸",也就是旅游加购物和旅游加商贸的新型旅游模式。另外,除了民间自由组合的旅游和探亲访友的旅游者或某一地区小范围组织旅游社团之外,更多的是由中蒙俄三国政府和企业组建的旅游社团。对于蒙古国和俄罗斯旅游者及旅行团来讲,到我国游览观光、度假休闲养生、购买旅游商品,以及从事各种商贸活动已成为他们的首选事项,也是他们最为快乐而有收获的旅游活动之一。对于他们来讲,这是精神文化享受和物质文化享受双丰收的美好体现。

为了更好地促进旅游业,使旅游业成为内蒙古经济社会长期可持续发展的新增长点,内蒙古政府于 1999 年发布了 2 号文件《关于加快旅游业发展的决定》。与此同时,还对各盟市,尤其是具有优势地位的口岸地区,从地方社会经济规划和经济文化事业协调发展政策等角度予以大力支持。这使各盟市紧紧把握自我发展机遇,不断解放思想,乘势而上,纷纷出台加快旅游业发展的政策规定,使中蒙俄旅游产业开始蓬勃崛起。在当时,锡林郭勒盟委行署就下发了《关于加快旅游业发展的意见》,将旅游业作为全盟支柱产业之一来狠抓落实。特别是,对于中蒙俄三国的旅游产业十分重视,并部署了长短期具体规划。2003 年以后,又提出把锡林郭勒盟打造成我国北方最具代表性的草原生态旅游胜地,以及中蒙俄蒙古族民俗旅游文化胜地的奋斗目标,还为此实施了一系列加快国内外、区内外旅游业发展的政策和措施。与此相关,像边疆地区的呼伦贝尔市和巴彦淖尔市等根据口岸的发展进程,也相继出台了加快口岸旅游及发展旅游业的政策。另外,口岸城市二连浩特设计并打造出一整套中蒙商贸旅游文化产品,同时开通了扎门乌德、赛音山达、乌兰巴托、哈拉和林、色楞格五地的跨境旅游精品商品及国际商贸线路,使中蒙两国的边境城市和地区的国际旅游产业、国际商贸活动变得十分活跃而有起色。从 20 世纪初开始,经过 20 多年的双边和多边往来,作为边境口岸城市的二连浩特市共接待俄罗斯和蒙古国及欧洲相关国家的游客 800 万人次,年均增长 5.1%;旅游业总收入达到 172.81 亿元，年均增长 17.9%。

过去我们骑着骆驼在亚欧大陆辽阔无边的草原上走出一条走向友谊、走向和平、走向世界的草原丝绸之路。如今，在"一带一路"倡议的推动下，旅游者、友好使者和商人驾驶汽车或乘坐中欧国际班列或乘坐国际航班，沿着这条道路来往于亚欧经济走廊之中。二连浩特至蒙古国扎门乌德的国际铁路联络线升级工程，以及与此相关的公路口岸旅检通道自助通关工程相继投入使用。在这通道上的中蒙两国口岸商旅活动从未间断，除了内蒙古地区的旅游者和商人之外，还有在二连浩特口岸城星罗棋布的温州商城、义乌商城、天利商城、永达商城、华联商城、金叶商城、兰德商城及其商贸中心，每年迎送络绎不绝的我国内陆地区和蒙古国、俄罗斯乃至欧洲各国的游客和商人，包括旅游社团和商贸团队。其中，数量多且占优势地位的，还是来自蒙古国的旅游光观者，以及开展各种国际商贸活动的商人。对于他们来讲，到我国的二连浩特乃至由此口岸进入内陆地区旅游观光的同时，开展各种商品交易或商贸活动是他们收益最大、收获最大而最为快乐的旅游购物活动。据不完全统计，从内蒙古二连浩特口岸，每年出入境旅游观光者和经商者人数达到 200 多万人次，其中从蒙古国来的旅游观光者和经商者约占 70% 左右。而且，近年来观光者和经商者人数还在不断增加。

内蒙古不仅有雄厚的旅游文化资源，包括自然的、历史的、民族的、民俗的和人文的旅游文化内容，与此相配套，还有各具特色、丰富多样、琳琅满目的旅游文化产品。所有这些，不仅吸引着蒙古国和俄罗斯的游客和商家，同时也吸引着"一带一路"沿线的欧洲各国的游客和商人。另外，也吸引着我国内陆地区和沿海地区的游客和商家，这使内蒙古地区自然成为旅游大区和草原民族特色旅游产品生产和市场营销大区，以及民族特色旅游文化商品出口大区。在此基础上，还打造出中蒙俄旅游内蒙古草原系列产品。其中包括：（1）内蒙古不同地区、不同民族、不同风格、不同款式的各种各样的旅游服饰文化商品；（2）制作精细、独具风味、味美可口、营养丰富、包装精美的内蒙古草原特色的旅游饮食文化商品；（3）用不同材料制作的不同结构类型、不同作用和功能的内蒙古畜牧业生产生活旅游文化产品；（4）还有用各种动物骨头和动物毛皮，各种珍惜名贵的石头、玉块、玛瑙、木料和金属雕刻塑造的具有一定寓意而又有审美感受、审美情感、审美价值的艺术品等。与此同时，还有从蒙古国和俄罗斯及"一带一路"沿线的欧洲各国，不断进口的花样繁多的旅游文化产品，以及各式各样的生产生活用品等。他们不但自己享受或享用这些旅游文化产品，同时还源源不断地销往内陆地区和沿海地区。毋庸置疑，这给内蒙古所有口岸城市，包括整个内蒙古地区的经济社会的发展注入了新的活力。甚至是，对于内陆地区的旅游商品的国际交易，以及经济社会的发展也都产生了一定的积极影响和作用。

在这里，还应该提到的是，在内蒙古口岸城市和旅游文化城市呼和浩特等地，紧密结合各种旅游文化活动，举办了一系列不同层级、不同形式、不同内容、不同范围、不同规模的"国际商贸活动"、双边或多边"商贸洽谈会"等。以此给名目繁多的国际旅游文化日、国际旅游文化周、国际旅游文化月及国际旅游文化年注入国际旅游商品交易、国际旅游商贸活动等商业内容，使其国际性旅游文化活动变得更加热闹、更加丰富多彩、更有实际意义，由此迎来国内外更多游客和商人。比如说，从 2008 年开始，二连浩特每年举办中蒙俄三国国际商贸"二洽会"①，引起蒙古国和俄罗斯高层的高度重视，而且这两个国家的游客和各路商人踊跃参加，进而产生十分理想的旅游效益、旅游文化商品营销效益及经济效益。"二恰会"于 2013 年升格为自治区级

---

① "二洽会"的全称叫"中国二连浩特中蒙俄经济合作洽谈会"，是指在中蒙俄三国首脑达成共识的基础上，在内蒙古口岸城市二连浩特举办的具有国际商贸合作内涵的经济合作洽谈会。后来成为与内蒙古二连浩特口岸经济社会的发展紧密相关的国际商贸活动，甚至也成为同内蒙古地区经济社会发展有一定内在联系的国际性商贸交易的品牌活动。其实，这一以中蒙俄为核心的国际性商贸活动，在 2008 年就已启动，到 2016 年升格为国家级国际性商贸活动和商贸展会。

国际商贸活动和商贸展会，2016 年升格为国家级国际性商贸活动和商贸展会。内蒙古呼伦贝尔市的满洲里口岸，同样在中蒙俄旅游业和旅游商贸往来中发挥了优势地位和作用。特别是对中俄边境贸易口岸的旅游和旅游产业的崛起产生了积极影响与推动作用。早在 1992 年，满洲里市就率先建立了中俄互市贸易区①，进而很大程度上提升了中俄游客往来及贸易往来。出现于 20 世纪 90 年代的中俄双方的"背包客"及"背包商"，对于民间以旅游为主和以小批量小额度旅游商品或生产生活小用具为辅的民间商品交易，以及后来的中俄大规模开展国际旅游和商贸活动产生了推波助澜的经济效益。随着中俄双边国际旅游及贸易交易的不断向广度和深度推进，尤其是口岸满洲里免税交易大厅和出口商品品牌厅等设施的投入使用，使这里的俄罗斯游客变得更多，旅游商品及旅游文化商品变得更加丰富多样。

满洲里也和二连浩特一样，自从 20 世纪 90 年代以来，为了强化中俄和中蒙间的国际旅游和国际旅游商品交易，包括加强各种商品交易和商贸活动，每年召开不同规模和形式的国际旅游节及国际商品交易洽谈会。而且，也跟二连浩特一样在其洽谈会期间，举办中俄或中蒙俄旅游文化节、民族服饰展销节、旅游艺术节、中蒙赛马节、民族旅游商品节等活动，以及中俄旅游学术讨论会、中蒙俄商界高峰论坛、中蒙俄经济合作圆桌会、中蒙俄电子商务及国际物流论坛、中蒙俄边疆地区行政官员恳谈会、国际区域产能论坛等。所有这些，为中蒙俄"一带一路"旅游业发展，以及旅游商品和旅游文化商品交易活动注入了强大活力和生命力。这使中蒙俄"一带一路"沿线的国际旅游业更加繁荣发展，国际旅游商品及其相关的商贸活动也开展得有声有色和

---

①　这里所说的中俄互市贸易区是指，1992 年国务院以国函〔1992〕32 号文《国务院关于同意建立中俄满洲里——后贝加尔斯克边民互市贸易区的批复》批准设立的跨国界国家级开发区，主要涉及中俄两国间进行的国际贸易、边民贸易、出口加工、仓储物流、金融服务、旅游休闲等内容。自 1996 年运营以来，至今已接待中外游客 610 万人次，出口商品贸易额达 35 亿元人民币。

富有成效。

## 二 "一带一路"与亚欧大陆桥对接，打开经贸合作新通道

从历史的视角来看，古丝绸之路似乎是我国在历史上与欧洲大陆旅行往来和商品交易的唯一途径，伴随人类历史的不断向前推进，铁路以更高的实际效率和效益代替了传统丝绸之路上的交通工具，以惊人的速度缩短了古丝绸之路跨越亚欧大陆的空间距离和时间距离，加快和提升了亚欧各国旅行者和贸易活动的概率，使亚欧大陆间的人们相互往来和进行商品交易和经贸合作的大桥得以连接和联通。中华人民共和国成立以来，尤其是改革开放以后，内蒙古与蒙古国和俄罗斯的西伯利亚及远东地区，包括欧洲大陆的相关国家间的旅行往来和国际商贸交易，紧紧依托沿草原丝绸之路修建的铁路和公路，打造出了从二连浩特到蒙古国首都乌兰巴托及俄罗斯的西伯利亚和远东地区的国际商贸通道；在国内，打开了从二连浩特到张家口—北京—天津港并辐射山东和辽宁的商贸通道。这使我国京津冀协同发展战略、中部崛起战略和海上丝路建设相互配套、相互作用、相互影响，由此实现了陆路丝绸之路和海上丝绸之路及亚欧大陆桥之间的科学有效对接。在此前提下，很快形成了我国与欧洲大陆间的经贸合作大通道，进而强有力地推动了我国与蒙古国和俄罗斯间的旅游文化国际合作、旅游文化商品国际合作、经济文化交流的国际合作，加快了中蒙俄"一带一路"经济带的发展和繁荣。

随着中蒙俄《三方合作中期路线图》① 正式签署，以及在世界经济的重心从大西洋沿岸向亚太地区转移的大背景下，中蒙俄三国合作共建经济走廊的时机日益成熟且已达成共识，并开始进入具体实施的历史阶段，这使文化与教育及科技交流合作也随之提上议程。特别是按

---

① 2015 年 7 月 9 日，中国国家主席习近平在俄罗斯乌法同俄罗斯总统普京、蒙古国总统额勒贝格道尔吉举行的中蒙俄三国元首第二次会晤上，批准了《中华人民共和国、俄罗斯联邦、蒙古国发展三方合作中期路线图》，简称为《三方合作中期路线图》。

照《三方合作中期路线图》中明确提出的进一步加强亚洲合作对话和亚欧会议、推动发展中蒙俄跨境旅游、强化三方文化领域合作、扩大科技领域合作和科技人员交流与培训及科技园区建设、定期举办地方和边疆合作论坛、继续支持二连浩特举办经贸洽谈会、加强地方贸易投资和商贸伙伴关系、推动党政和社团及非政府组织间的发展交往。近几年来，从官方到民间，从文化传媒到教育、科技交流合作等合作协议，中蒙俄三国已联合举办了多次各种层次的双边和多边活动，为亚欧大陆桥的对接和构建"一带一路"经贸合作新通道，建设中蒙俄文化产业及国际商贸往来创造了良好氛围。特别是中蒙俄"一带一路"文化产业建设经共同努力，在制度安排、资源开发、投资合作等方面建立了共建共享的合作原则。在充分尊重不同国家和地区的合作发展意愿的基础上，中蒙俄三国将工作的重点放在了富有特色而潜力巨大且极为丰富的文化资源、旅游资源、旅游文化商品资源的挖掘整理和开发利用等方面，这使三国携手共建的产业走廊进程取得了鼓舞人心的成绩。

随着城市化进程的快速推进，文化产业已成为草原丝绸之路沿线城市的重点产业发展方向。通过不断整合和塑造品牌旅游文化产品，像独具特色的民族文化、地域文化、本土文化、草原文化、冰雪文化、歌舞文化等，这些文化已形成具有极强影响力的旅游文化市场基石。

与此相适应，旅游文化中的"吃、住、行、游、购、娱"六大要素已成为国际旅游文化及消费，包括旅游文化商品的主要消费环节。目前"一带一路"沿线口岸城市的国际商贸迅速崛起，中蒙俄各具特色的品牌商品和特色的旅游纪念品及货物流通的交通网络体系已经基本形成，边境口岸城市及内蒙古各旅游文化城市的文化娱乐场所及文化娱乐项目变得越来越丰富多样。同时，已有了为文化产业发展服务的各方面的创新人才。中蒙俄文化产业走廊建设是一个跨文化交流的大型文化产业项目，内涵丰富、体量巨大，不仅要求从业者通晓艺术学、经济学、管理学、历史学等多学科的知识和技能，而且要熟悉不同国家的经济、文化、历史、民族和语言，对从业者的素质提出了很高的要求。在此方面，经过各方面的艰辛努力和精心培养打造出的优秀文化管理人才、创意人才、科技研发人才、语言人才、传播人才和营销人才，为亚欧大陆桥的科学、务实、理想对接，以及构建中蒙俄"一带一路"旅游文化及国际经贸合作发挥了重要的作用。

众所周知，历史上的草原丝绸之路曾经为中蒙俄旅行往来、文化交流、商品交易做出了不可磨灭的贡献。在经济全球化，亚欧友好大陆桥顺利对接，全力打造"一带一路"共赢共享的文化交流、旅游文化商品交易及国际经贸合作的过程中，内蒙古继承和弘扬先辈不畏艰险的草原丝路开拓精神，不断开拓进取，给"一带一路"建设注入了强劲的生命力。尤其是按照创新、协调、绿色、开放、共享五大发展理念，以促进中蒙俄"一带一路"旅游文化合作、旅游文化商品创新发展、国际商贸合作为目标，实行规划引领、旅游文化先行、突出特色等战略，从政府、企业和社会组织三个层面协同推动该项工作。内蒙古还依托自身在资金、资源和人才方面的优势，在加强三国之间的政策和规划协调、创造良好的政策环境和投资环境、完善基础设施建设、培育高水平的创意和管理方面的跨国人才，以及大项目策划和营造氛围等方面发挥着巨大作用，积极推动中蒙俄"一带一路"文化产业走廊高起点发展。

中蒙俄在制定各自的草原丝绸之路文化产业发展规划的同时，明确提出"一带一路"建设中各国各地区产业合作的角色定位，以及根据各自具有的文化资源优势优化产业空间布局，从战略层面理顺未来中蒙俄文化产业走廊的发展思路，共同携手抓紧落实亚欧大陆桥顺利对接后构建国际经贸合作新通道的各项措施。内蒙古通过对文化资源的价值评估和开发利用，明确重点发展、提升发展和培育发展的文化产业、旅游产业、国际贸易产业门类，形成了特色鲜明而梯次推进的产业发展格局。这其中，按照共建共享、民心相通的原则，重点发展契合文化惠民指向的特色文化产业，使中蒙俄"一带一路"沿线人民充分分享了文化产业发展带来的好处，增强他们实实在在的获得感，并得到了他们的广泛支持和好评。比如说，共同合作推动的中蒙俄"草原丝绸之路"文物考古与旅游文化活动，以及重点发展直接互动参与的特色文化产业，"一带一路"沿线各国各地区各民族特色旅游文化工艺品及特色演出、特色服饰表演、特色饮食大餐、特色节庆活动乃至特色农牧业种植和观光休闲项目等。以体验草原游牧生活、观看草原歌舞表演、参与民俗风情游等特色文化为主题，中蒙俄三国联合举办具有共同历史记忆和创新发展的一系列特色文化交流活动。所有这些，增进了民间往来、民众交流、民心相通，强有力地推动了中蒙俄"一带一路"旅游文化产业快速发展，以及亚欧大陆桥成功对接后的国际经贸合作。

另外，以中蒙俄铁路和公路干线为主轴，使在中蒙俄"一带一路"沿线的各国企业、社团、家庭参与到旅游文化产业中，使沿线居民获得良好的经济效益，进而提升了沿线国家和地区人民主动、踊跃、自愿参与的积极性和热情。为了方便他们的参与，各国各方政府探索开行双向旅游专列，开通火车站与机场、城市与著名景点之间的快速通勤巴士，建立覆盖主城区、国道及主要景点的交通标识识别系统，还为自驾游的各国各地区各路游客提供便利的路线指示。内蒙古地区不断规范餐饮、饭店的服务质量，积极引进和开设快捷酒店，鼓励城郊景区牧家乐、农家乐及生态宾馆建设，不断提高提升旅游接待能力。还积极鼓励国内外大型文化产业投资集团进入内蒙古，发挥大企业、大集团公司及大项目的带动示范作用。在人类文明社会已进入国际化、信息化时代的今天，内蒙古高起点建设中蒙俄"一带一路"全新意义的文化产业，并充分利用以新媒体为主要载体的多渠道、全方位的立体传播网络营销渠道，通过互联网和微博、微信，以图片、文字和视频等形式，线上线下相结合的方式，整合相关优质资源，发布和传播旅游文化商品及国际合作贸易商品信息，不断推广亚欧大陆桥成功对接以后的国际经贸合作全新品牌产品。说实话，在此方面高端文化人才，包括语言文化、旅游服务、广播影视、文学艺术、文化产业、创意策划、市场营销、投融资运营等各类专业人才，特别是创意策划人才和民族旅游文化经营管理方面的复合型人才发挥了积极参与和推动作用。内蒙古政府还专门设立了人才培养基金，积极探索与京津冀地区和蒙古国及俄罗斯相关高校的深度合作，与创意产业学科研究成熟的高校实行委培办学，选拔水平高、能力强的优秀学员，由政府出资培训，鼓励"智慧入股"，引导高端人才的自由流动，吸引高素质人才参与经济社会及旅游文化产业建设。内蒙古政府还建立了中蒙俄文化产业合作机制，积极承担政府委托的人才培训、文化研究、项目规划、人文交流、项目推介以及行业自律、市场监管等方面的沟通协调工作，更大程度地发挥市场机制在人才培养、选拔和使用中的积极作用。毫无疑问，在中蒙俄"一带一路"与亚欧大陆桥成功对接后，在国际经贸合作新通道上各方面高端人才发挥的作用也越来越明显、越来越突出和越来越大。

## 第三节　中蒙俄"一带一路"建设及
## 旅游文化商品发展前景

如前所述，改革开放以后，经过 40 余年的探索发展，中蒙俄"一带一路"跨境旅游和旅游商品国际贸易已步入全新发展的历史阶段。国际形势在不断发生变化，加上互联网的普及和国际商贸往来的不断繁荣，使中国内蒙古地区同蒙古国和俄罗斯及欧洲各国间的旅游往来越来越频繁，旅游购物消费现象越来越多。所有这些，自然而然地带动了旅游商品、旅游消费品、旅游商品市场、旅游产品国际合作快速崛起和快速发展。特别是中蒙俄"一带一路"旅游产品的国际互联合作不断取得新进展。

## 一　中蒙俄"一带一路"旅游商品的互补性及特殊性作用

在"一带一路"倡议的鼓舞下，中蒙俄三国跨境旅游空前活跃。经过40余年的改革发展，内蒙古地区同蒙古国和俄罗斯之间开展的互利互惠、互利共赢而丰富多样、深得民心的旅游活动，对于三国人民的民心沟通、民心相通产生了极其深远的影响。在此基础上，三国之间逐渐形成政治上相互信任、经济上广泛合作、文化上相互吸引且多元融合的良好发展局面。众所周知，中国内蒙古地区同蒙古国和俄罗斯接壤相邻，长达9000多公里的边境线上互通有无、相互友好往来的开放式口岸又有很多，同时具有共同的历史传承而来的赛马、摔跤、射箭、游牧等诸多传统文化与文明。所有这些，自然成为中蒙俄"一带一路"旅游商品交易、旅游商品互补共享的优厚条件。

我们完全可以说，从我国改革开放以来，尤其是"一带一路"建设实施以后，内蒙古地区同蒙古国和俄罗斯间的旅游文化、旅游商品购物旅游、旅游商品国际贸易正在按部就班地顺利、平稳、理想地发展。根据中华人民共和国商务部统计的数据，2019年底蒙古国对华贸易总额达到89亿美元，较上年同期增长3.6%，占蒙古国同期外贸总额的64.4%。同时，内蒙古及我国内陆地区进口的贸易总额也达到20.6亿美元，较上年同期增长3.3%。此外，中俄两国签署自由贸易协定之后，俄罗斯的对华进口贸易总额也逐年上涨。其中，绝大多数是属于互补性很强的日用品或生活消费品等旅游商品。这更加体现出，中蒙俄"一带一路"建设中的旅游业和旅游商品，特别是旅游日用品等的互补性国际合作平台建设的重要性。

### （一）要充分发挥旅游商品的互补性作用

中蒙俄"一带一路"旅游城市、旅游市场、旅游场所的相继建成，以及不断加大开放和市场化运销功能，使旅游商品变得种类繁多、琳琅满目。其中，很多旅游商品不论在国内市场，还是在国际市场都发挥着互补性作用。反过来讲，那些具有互补关系、互补性质、互补作用的旅游市场上的商品成为游客们所青睐和首选的艺术品、文化用品、日用品及消费品。尤其是那些制作精细、质量高的具有品牌地位、品牌影响力、品牌效应的互补性旅游商品或者说旅游市场的互补性商品，有很高的市场价值和市场效益。我国在中蒙俄"一带一路"沿线开通的旅游线路，并与此配套策划培育的名目繁多而各式各样的旅游商品，已成为蒙古国和俄罗斯乃至欧洲各国积极推动与我国的旅游业及其旅游产业合作的重要条件之一。经过改革开放以后的积极探索和不断总结经验，内蒙古口岸城市及旅游文化城市更加明确地感受到，进一步强化、培育、提升旅游商品的互补关系和国际商贸活动中的互补性功能作用，以及打造互补性旅游品牌商品的重要性。其中，内蒙古旅游商品市场上精美加工的品牌畜产品和乳制品及羊毛制品，包括丝绸服饰、各种茶叶及陶瓷品，还有功能齐全而方便耐用的日用品等，同蒙古国和俄罗斯国际旅游商贸市场的商品相比具有很强的互补性，所以也就成为深受国外游客喜爱和争相购买的理想旅游品牌商品，进而演变为通过国际旅游文化活动带动国际旅游商品及激活旅游商品国际贸易活动的一种新的机制。还应该提到的是，内蒙古和俄罗斯于 2018 年共同举办的中俄贝加尔湖自驾汽车越野赛，为俄罗斯远东地区输送了100 多万名旅游者。其活动经过了内蒙古的满洲里、俄罗斯的赤塔和乌兰乌德及伊尔库茨克、蒙古国的苏赫巴托和乌兰巴托等地区和城市，极大地带动了越野赛沿线地区旅游商品和旅游日用品的销售，以及旅游纪念品的文化交流和旅游日用品的研发生产。

（二）要充分发挥旅游商品的品牌作用

内蒙古地区在自身旅游产业，以及旅游商品的国际化发展的进程中，深刻地感受到中蒙俄"一带一路"旅游建设必须不断增进民心沟通、民心相通的旅游文化交流。并在民心深入沟通，以及打造民心相通的旅游文化环境的基础上，向蒙古国和俄罗斯以及欧洲各国的游客们全面展示旅游文化商品。其中，包括旅游者所青睐和喜爱的价格实惠且有纪念意义并方便携带的旅游纪念品、旅行生活必需品、清洁卫生而食用方便的旅游食品、质量优质而功能齐全的家用小型电器等。内蒙古旅游商品，始终将国内外游客的消费爱好、消费心理、消费理念放在首位，不断改进、优化、提升和创新旅游商品。同时，有目的和有思路地不断强化旅游商品中包含的历史文化因素，使其更加具有独特而鲜明的文化标志、文化内涵、文化因素和文化特征，进而成为宣传文化、传播文化、传承文化、弘扬文化以及人类共享文化与文明的旅游文化商品。不只是国内外旅游文化市场上的内蒙古旅游文化商品具有这些特色，由蒙古国和俄罗斯及欧洲各国进口的国际旅游商品同样都有这些文化特点。正因为如此，在极其激烈的国际旅游文化商品市场上，各旅游商品需获得应有的市场地位、市场竞争力、市场价值，不断满足各国各地区不同旅游者的兴趣爱好及消费心理。内蒙古在旅游商品的改造升级方面，主要通过设计比赛、销售评比、展销促销等形式来不断激励旅游商品的深度开放性研发和精细化生产。这使得内蒙古地区的牛羊肉制品、奶制品、保健食品、地方特色食品及牛羊皮制品、羊绒羊毛制品、天然材质工艺品等种类多样的品牌产品源源不断地进入国内外旅游市场，受到国内外游客的欢迎。为了进一步促进国际旅游商品及其贸易活动，内蒙古文旅厅及各盟市文化与旅游管理部门，每年组织不同层级、不同范围、不同规模、不同内容、不同方式的国内外旅游商品展销活动。其中包括中蒙俄旅游商品交易会、中蒙俄旅游商品展示会、中俄旅游商品交易会、中蒙旅游商品交易会、内蒙古国际旅游商品交易会等，有的地区连年或连续多次举办中蒙俄旅游商品交易会。展会期间，地方政府提供保障安全、维护秩序、宣传营销、平台运营等多项服务，使中蒙俄国内外参展商在安全友好、互利互惠、合作共赢的国际旅游商品交易会或展销会上获得非常可观的经济效益，各方旅游企业和旅游部门也以此为契机组织团队参观选购，进而极大地丰富和发展了不同国家和地区间的旅游旅行文化内容。

## 二　通过国际交流合作论坛不断向国内外市场推介旅游产品

随着中蒙俄"一带一路"和"中蒙俄经济走廊"建设的逐步深入推进,内蒙古同蒙古国和俄罗斯间的旅游商品的合作不断得到强化。与此相适应,合作各方相互间开展的旅游商品国际考察及互访活动也日益增多,共同合作举办了名目繁多而求真务实的一系列旅游商品论坛。在此基础上,中蒙俄共同签订了《中蒙俄"茶叶之路"旅游线路开发合作意向书》、《中蒙俄旅游企业"茶叶之路"自驾车线路开发合作协议书》、《中蒙、中俄跨境旅游合作框架协议》、《中蒙俄旅游企业区域合作协议书》、"中蒙俄三国五地旅游联席会议机制"、《中蒙俄区域马业发展合作协议书》,以及《中蒙跨境旅游合作协议》和《乌兰巴托与二连浩特两地旅游合作意向书》等合作协议。毫无疑问,这些富有成效的国际论坛,对于内蒙古国际旅游及其旅游文化、旅游项目、旅游内容、旅游场景、旅游市场、旅游产品的推介发挥了积极作用。2015年,继海上丝绸之路活动之后,同年10月24日,在内蒙古呼和浩特市举行的中蒙俄"万里茶道(茶叶之路)"国际旅游论坛上,三国共同签订了《"茶叶之路"旅游合作协议》,三方代表还提出成立"万里茶道"旅游联盟,以及共建"无国界旅游试验区"共同倡议。同时,在共建跨境旅游线和开展国际旅游商品贸易,包括进一步改进和优化国际旅游商品通道和流通环节,以及多渠道、多角度、多层面、多样化开展国际旅游商品的推介活动、国际旅游商品交易活动等方面达成一致意向。以上这些协议、协议书和意向书的成功签署,富有成效地开展中蒙俄"一带一路"国际旅游宣传和推介活动,并在国际旅游方面取得的一系列阶段性成绩,都充分显示出中蒙俄国际旅游合作已进入新的历史发展阶段。毫无疑问,这使我国的"一带一路"建设同蒙古国的"草原之路"和俄罗斯的"欧亚大通道"真正意义上成功对接,进而对于中蒙俄"一带一路"旅游文化、旅游产业、旅游事业产生了深远影响。

2016年,国家旅游局同蒙古国环境、绿色发展与旅游部的高层会晤中，还共同签署了《中华人民共和国国家旅游局与蒙古国环境、绿色发展与旅游部旅游合作协议》[①]。2016 年 7 月，首届中蒙俄三国旅游部长会议在呼和浩特市举行，会上签署了《中俄蒙三国旅游合作谅解备忘录》。2017 年 5 月，内蒙古政府办公厅还印发了《关于加快满洲里、二连浩特国家重点开发开放试验区建设的若干意见》，并强力推动了中蒙俄"一带一路"跨境旅游国际合作开发工作，提升了内蒙古国家重点开发开放试验区建设的重要性，提供了政策方面的强有力支持和保障。这使内蒙古各有关宣传部门，紧紧抓住自身优势和良好机遇，不断开展中蒙俄"一带一路"跨境旅游国际合作推介工作，由此发挥了积极宣传作用。

通过各种论坛，使中蒙俄三国不仅能深入讨论内蒙古同蒙古国和俄罗斯间的旅游文化国际合作事项，同时还卓有成效地共同搭建国际旅游交流平台，不断促进中蒙俄"一带一路"国际旅游可持续长期发展。例如，2019 年 6 月，在内蒙古鄂尔多斯康巴什区举办的"中国鄂尔多斯市—蒙古乌兰巴托市草原丝路"论坛上，同属于"一带一路"沿线城市的蒙古国首都乌兰巴托市和内蒙古鄂尔多斯市，根据近些年两国两地间旅游文化国际合作取得的丰硕成绩，以及以共同搭建并拥有的旅游文化可持续发展的国际交流平台、共同合作建设的国际品牌旅游项目等为前提，将鄂尔多斯市及乌兰巴托市评为中蒙两国间的国际旅游客源地及目的地城市，进而对于鄂尔多斯市和乌兰巴托市的旅游文化、旅游活动、旅游产业产生了积极推动作用。

---

① 2016 年 2 月 25 日，国家旅游局局长李金在北京会晤蒙古国环境、绿色发展与旅游部部长纳姆道格·巴特策勒格时，共同签署了《中华人民共和国国家旅游局与蒙古国环境、绿色发展与旅游部旅游合作协议》，国家旅游局李世宏副局长及国际合作司张利忠司长，以及内蒙古旅游局魏国楠局长等参加本次会晤。该协议，后来被简称为《中蒙旅游合作协议》。

### 三 充分利用信息网络系统来提升国际旅游商品的销售量

因为有了国家政策和社会基础设施建设等方面的大力支持，中蒙俄"一带一路"建设中内蒙古同蒙古国和俄罗斯之间建立的信息网络系统得到快速发展，进而对于中蒙俄三国旅游商品的国际合作，乃至对国际旅游商品的市场营销产生了积极影响和作用。利用信息网络系统了解资讯国际旅游商品，以及选择购买国际旅游商品和旅游日用品等，已成为多数人的旅游商品消费习惯和理念。就以内蒙古国际旅游商品重要合作对象蒙古国来讲，该国的总人口只有 300 多万，但使用中蒙信息网络系统的网民就达到 70% 以上。其中，蒙古国消费者通过 B2B（Business to Business）及 B2C（Business to Consumer）等电子商务网络系统，同内蒙古或我国内陆地区的旅游商品市场或商家直接联系，广泛开展网上购物活动，从而获得更好更加便捷的商务服务。甚至，中蒙两国经营国际旅游商品的企业与企业之间也通常开展电子商务网络业务，以及通过互联网开展在线销售活动。尤其可贵的是，国际旅游商品的消费者，通过互联网同企业和市场建立一种新型购物关系，使消费者通过网络在网上购物并利用网络支付购物费用。另外，中蒙俄"一带一路"旅游商品国际贸易活动中，俄罗斯同内蒙古及我国内陆地区的商场、商家和商人之间，同样通过四通八达的电子商务网络系统，与内蒙古及我国内陆地区的商场和商家主动积极地开展网上购物活动。其结果使用 B2B 及 B2C 等电子商务网络系统的网民总数达到 1.1 亿以上，使中俄两国间的国际旅游商品的电子商务应用率达到 60% 以上。

内蒙古充分利用口岸城市具有的互联网商务服务优势，不断提升旅游商品国际合作中的网络服务功能和作用。与此同时，充分利用电子商务网络系统，改造升级旅游商品国际合作区及边境地区旅游商品民间交易区的网上购物效率，以此满足中蒙俄消费者在旅游商品交易中方便快捷的网上购物需求。内蒙古边境口岸的政府部门，积极采取措施帮助旅游商品管理部门和商家利用互联网开展在线销售活动。这使截至 2019 年年末，像满洲里等边境口岸城市的旅游商品等跨境电子商务企业超过 130 家，电子商务交易额超过 22 亿元。而且，内蒙古的这些边境口岸城市，还先后建立了旅游商品国际电子商务服务平台、旅游商品国际电商快件分拣中心、旅游商品海关监管仓库等服务系统，对来自蒙古国和俄罗斯的旅游商品国际邮件快递实现常态化运营和科学管理。2020 年 5 月，国务院批复《关于申报中国（满洲里）跨境电子商务综合试验区的请示》（满政发〔2020〕17 号），至此，满洲里成为内蒙古又一新型跨境电商服务综合试验区。当然，在其跨境电子商务项目中，旅游商品或者说旅游文化商品占绝大多数。而且，其销售量不断上升。

我国作为经济社会快速崛起的国家，以及"一带一路"倡议的提出国，在中蒙俄"一带一路"建设中，一直发挥着积极推动作用和带头作用。内蒙古在中蒙俄"一带一路"沿线国家地区的旅游、旅游商品，包括旅游日用品贸易等方面，站在国家战略的高度，不断发挥地域优势、边疆国境线长的优势、历史文化与文明共同性优势、经济贸易互补性优势、旅游资源优势、旅游商品优势，不断高质量丰富发展"中蒙俄经济走廊"建设。特别是，在"一带一路"建设思想指引下，在内蒙古同蒙古国和俄罗斯间的国际旅游及旅游商品的国际交易中，紧紧围绕政治互信、经济融合、文化包容的利益共同体、命运共同体和责任共同体合作理念，不断向深度和广度有序推进各方面工作，并取得了一定阶段性成果。而且，内蒙古在中蒙俄"一带一路"建设的新时代新征程中，以共同发展、共同繁荣、互利互惠、合作共赢为宗旨，以国际旅游贸易规则为原则，不断强化中蒙俄三方诚信务实的密切交流和合作、协同挖掘各自具有的旅游资源，从最为切合中蒙俄"一带一路"旅游者旅游商品消费需求和消费理念的角度，不断完善旅游服务平台、不断提高旅游商品质量，使中蒙俄三国旅游者、旅游消费者从旅游和旅游商品交易中获得极大的物质和精神享受。

### 四　继续深化中蒙俄国际旅游商品互联合作机制

在中蒙俄三国政府及国际旅游管理部门的大力支持下，中蒙俄"一带一路"旅游商品的国际贸易，打破过去固有的常规，突破原有的诸多客观条件的限制，可操作性地推进技术革命和市场运作，进而有效保障了新的互联合作机制的市场性、实效性、灵活性、长效性和可持续性。中蒙俄三方通过双边或多边交流、协商和谈判，互联合作体制与制度得到重新整合以达成彼此间有效对接。在此基础上，中蒙俄三国签署中蒙、中俄跨境旅游合作框架协议，建立了中蒙俄跨境旅游合作区委员会及磋商协调机制，就合作区建设和发展过程中的重大事项做出决策，促进国际旅游商品合作区基础设施建设，为合作区提供良好的硬件服务环境，促进双边或多边人文交流。在国际旅游商品的流通方面提供安全保障、科学管理、方便快捷的服务。在中蒙俄三国的共同努力下，行之有效的旅游商品互联合作机制，使一系列重要重大旅游商品互联合作项目得以顺利推进。如2015年，中蒙两国商定二连浩特—扎门乌德跨境经济合作区的共建方案，充分体现出规模大、层次高、时效性强的中蒙边境口岸互市贸易区，为双方互联互通和经济走廊建设，包括人们所关注的旅游商品互联合作增添了活力。由此，在中蒙俄"一带一路"国际旅游建设中，各国合作方深刻感受到建立旅游商品互联合作机制的重要性，以及该机制直接关系到狠抓落实"一带一路"倡议的必要措施。此项工作主要体现在以下几个方面：

1. 组织中蒙俄国际旅游从业人员进行语言培训

众所周知，语言是沟通民心的主要工具。从大的方面讲，除内蒙古和蒙古国及俄罗斯西伯利亚的布里亚特共和国的精通母语的蒙古人之间，可以无障碍地用蒙古语进行交流之外，内蒙古和俄罗斯西伯利亚的布里亚特共和国的许多蒙古族青少年或一些中青年人对于母语使用已经变得不十分流利，甚至出现只用汉语而不用母语的现象。再说，许多在中蒙俄"一带一路"沿线经营国际旅游商品和国际旅游商贸活动的内蒙古及内陆地区的商家和商人只懂汉语，而蒙古国和俄罗斯的绝大多数商家和商人也都几乎只懂蒙古语和俄语。这一特定的语言使用现象，给中蒙俄三国在语言沟通上带来诸多障碍，甚至影响到国际旅游商品交易和国际旅游商贸活动。在这种现实面前，内蒙古对于中蒙俄"一带一路"上，从事国际旅游商品交易和国际旅游商贸活动的中外商人和相关工作人员，进行及时有效务实的语言培训，开设学习汉语、蒙语、俄语的课程，培养了一批兼通汉语、蒙语、俄语、英语等多种语言的中外企业家和旅游从业人员。而且，紧密结合语言学习课程讲解中蒙俄三国各具特色的吃、住、行、游、购、娱等方面的基本知识，以及社会制度、历史文化、民风习俗、宗教法规等方面的知识和常识，使中蒙俄"一带一路"国际旅游商品交易及国际旅游商贸活动的互联互通变得更加顺畅。

2. 有效扩大旅游口岸城市的落地签证比例

为使中蒙俄"一带一路"国际旅游商品交易和国际旅游商贸活动开展得更加顺利、顺心、顺意，也为了提供更加便利、更加快捷、更加理想的服务，内蒙古在通关效率上下大功夫，努力减少通关程序，缩减通关办理手续时间，通过电子化和网络化手段为游客提供全方位服务。特别是，对于来自蒙古国和俄罗斯的自驾车或利用车队开展国际旅游商品交易和国际旅游商贸活动的商家或商人，实施了通关手续快速办理的常态化机制，由此进一步有效保障了国际公路交通的畅通无阻。内蒙古相关职能部门同蒙古国和俄罗斯进行多方面广泛沟通，充分发挥中蒙俄"一带一路"国际旅游商品交易的互联合作。并在政府主导下，以市场为导向，积极吸引民间资本参与中蒙俄此项惠及各国人民的国际旅游商贸活动。

3. 完善基础设施建设，搭建网络信息平台

内蒙古根据中蒙俄"一带一路"国际旅游商品交易市场的动态化需求，不断调整各地旅游口岸城市的国际旅游商品的互联合作交易市场，进一步强化边境旅游商品营销试验区建设，完善和改进国际旅游

商品市场的基础设施建设及其旅游服务设施建设。尤其是积极协助边境口岸城市的国际旅游商品市场加快推进网络化服务功能,以此不断满足互联互通互联网服务背景下的合作共赢的美好愿望。在此方面,内蒙古各有关国际旅游商品管理部门积极搭建互联互通互联网服务平台,依托云计算、物联网、移动互联网等的快速崛起和不断普及,在国际旅游商品的互联合作交易及信息化服务中大胆探索。与此同时,不断加快国际旅游商品交易及国际旅游商贸活动信息资源整合的速度,不断提升网络信息平台和配套服务的智能水平,使中蒙俄"一带一路"沿线的更多国家和地区通过网络信息平台,共同参与国际旅游商品交易和国际旅游商贸活动及互联合作,使其成为增进中国同蒙古国和俄罗斯乃至跟欧洲各国建立友谊、拉动国际旅游商品交易和国际旅游商贸活动的新的经济增长点。另外,内蒙古积极参与国内旅游产品生产商与蒙古国和俄罗斯及"一带一路"沿线其他国家间的交往合作,国内相关企业也积极研发具有东北亚文化特色的高质量旅游产品,进而形成了旅游商品品牌优势,带动内陆地区相关产业的升级发展,使中蒙俄经济走廊真正成为三国及沿线国家共同受益的亚欧经济文化通道和加深友谊的桥梁。

4. 进一步强化民间活动的交流与国际合作

为了更好地搭建旅游商品交流平台,使蒙古国和俄罗斯及欧洲各国游客更好更全面了解内蒙古,以及进一步增进中蒙俄边境地区的民间交往与交流,三国先后举办中蒙俄国际羽毛球赛、国际冷极冰雪马拉松赛、中蒙俄国际服装服饰艺术节、诺门罕战役遗址之旅等名目繁多、精彩纷呈、引人入胜的国际旅游文化和文化交流活动。其中还包括,"丝绸之路游""友好中国游""友好城市游""生态文化游""草原牧区游""改革开放游""红色旅游"等内容。毫无疑问,所有这些不仅有效推动了中蒙俄国际旅游事业,更是强有力地推动了中蒙俄国际旅游商品交易和国际旅游商贸活动。另外,还积极协调蒙古国和俄罗斯旅游产品制作企业,同内蒙古及内陆地区相关企业进行合作,根据我国国际旅游商品消费需求、消费心理、消费理念开发新的旅游产品。此外，中俄两国旅游主管部门在宣传展览、旅游投资、旅游保险、旅游教育等方面开展了一系列交流与合作，由此进一步促进了民间交往与交流，使中蒙俄"一带一路"国际旅游商品交易和国际旅游商贸活动开展得有声有色，更有活力。

从内蒙古国际旅游商品交易和国际旅游商贸活动来看，区位优势以及便利的交通网络优势，为中蒙俄"一带一路"国际商贸往来创造了良好的发展环境。正如前文所述，内蒙古与蒙古国之间有九个口岸，西部四个口岸属于对蒙能源资源战略通道及加工和储备基地，中部两个口岸是集商贸流通及综合加工、国际物流、人文交往等为一体的对蒙经济合作示范区，东部三个口岸主要开展对蒙跨境旅游及生态产业合作区。中蒙两国间拥有健全的公路和铁路交通体系，还有与蒙古国通航的内蒙古包头、呼和浩特、阿尔山、海拉尔、满洲里等城市国际机场。内蒙古对俄罗斯开放的口岸有 6 个，主要以满洲里、黑山头、室韦 3 个口岸为重点，集商贸流通、综合加工、国际物流、跨境旅游、人文交往为一体，对俄开展各方面的国际合作。另外，中蒙俄边境地区自然景观、历史人文景观、非物质文化遗产等资源比较丰富，国际商品及商贸往来有很强的互补性，民间旅游和不断改善优化的民间日用品交易环境，为中蒙俄国际旅游合作及国际旅游商品交易和国际旅游商贸活动增添了强大活力和动力。近年来，内蒙古接待的国内外游客量逐年上升。就以二连浩特和满洲里为例，每年接待国内外游客在 600万人次到 800 万人次之间，从而获得上百亿元的旅游收入。这使中蒙俄口岸城市的旅游从业人员不断增加，旅游业也自然而然地成为支柱性产业。这其中，国际旅游、国际旅游文化商品、国际旅游日用商品、国际旅游互补性商品、国际旅游民族特色商品和品牌商品，包括国际旅游商贸活动发挥着越来越重要的作用。

## 第四节 中蒙俄"一带一路"建设及 旅游畜产品国际合作

畜牧业是内蒙古地区经济社会发展的重要组成部分，也是在中蒙俄"一带一路"建设中发挥重要作用的产业之一。内蒙古地区以鄂尔多斯系列羊绒制品、伊利和蒙牛乳制品系列商品、内蒙古牛羊肉系列商品等牵头的畜产品，在中蒙俄"一带一路"国际商贸交易中，以它们的品牌优势，使其市场地位越来越稳固和越来越高，进而成为人们所青睐而抢手的国际商品交易中的畜产品。内蒙古紧紧抓住中蒙俄"一带一路"建设带来的新的发展机遇，与"一带一路"沿线的俄罗斯和蒙古国及欧洲各国，积极主动建立双边和多边畜产品国际合作，不断整合资源、高效配置、提升效益，强力推进内蒙古地区畜产品产业可持续长期健康发展。

### 一 中蒙俄"一带一路"畜产品合作共赢的基础

在历史进程的各个阶段，内蒙古畜牧业表现出完全不同的经济社会及市场价值。中华人民共和国成立之前基本上是属于自给自足的内部经营、内部供给、内部消耗的产物。其中，只有部分畜产品进行粗加工后，同草原丝绸之路上的内陆商人作为易货买卖或商品交易。甚至有的粗加工的畜产品作为副食品供给清军，或者作为纳税品上交清政府。中华人民共和国成立以后，内蒙古地区畜牧业得到快速发展，畜产品的按计划开发与按计划市场运作，在当时的特定历史条件也产生了应有的积极影响，也对本地区经济社会发展发挥了应有作用。改革开放以后，内蒙古地区的畜产品很快进入市场化运作，像深加工、高质量、美味可口而精包装的肉、奶、毛、皮畜产品，很快占有了国内外大中小畜牧业商品市场，使内蒙古的畜牧业产值连年得到提高，产品种类和样式日益丰富，进而逐渐壮大为内蒙古草原牧区支撑经济的重要产业之一。改革开放的40余年，内蒙古畜牧业发展得越来越好，"一带一路"沿线国家蒙古国和俄罗斯及欧洲各国出口的畜产业也占有相当大的比例。与此相关，经"一带一路"由蒙古国和俄罗斯及欧洲各国进口的畜产品，不论在品种还是在数量上同样不断增多。而且，这些国家的畜牧业商品，经内蒙古经营到我国内陆地区和沿海地区，进一步繁荣了我国畜牧业产品市场。

自从习近平总书记提出"一带一路"倡议之后，内蒙古作为我国畜牧产业的重要基地，对于我国草原牧区畜产品开发、草原牧区旅游畜产品市场化运营、草原牧区旅游畜产品的国际化合作，包括一系列具有代表性的品牌产品的国际化经营等发挥了举足轻重的作用，进而很大程度上加快了内蒙古草原牧区旅游文化产业及其经济社会的发展。从2001年到2015年，内蒙古畜牧业的肉类产量从149.6万吨增加到245.7万吨，增长了96.1万吨，年均复合增长率为3.6%；同期牛奶产量从106.2万吨，增长到803.2万吨，增长了697万吨，年均增长率为15.5%；毛绒产量从11.7万吨，增长到23.9万吨，年均增长率为5.2%。而且，像牛奶、牛肉、羊肉、细羊毛、山羊绒等畜产品产量分别占全国的21.4%、7.6%、21%、52.4%、43.5%。其中，像牛奶、羊肉、绒毛等畜产品产量居全国第1位，用牛肉制作的畜产品产量排第3位。这些成绩的取得，同内蒙古草原牧区改革开放的新环境、新思想、新政策、新规定、新举措，以及对外开放、对外贸易、对外经济等有其必然的因果关系。毫无疑问，这也和内蒙古开放式的草原牧区旅游文化、对外大力宣传草原牧区畜产品等有必然的内在联系。改革开放以后，内蒙古富美的自然环境和辽阔富饶的草原牧场及规模庞大的畜牧业产业，很快在国内外市场中凸显出独占鳌头的优势地位，以及中蒙俄"一带一路"畜产品国际合作方面的强有力发展趋势。与此相关，蒙古国也是一个以畜牧业为主的国家，畜牧业同样是他们经济社会发展的根本基础。近年来，受内蒙古草原牧区旅游文化及畜产品不断走向国际市场的影响，中蒙互利互惠且合作共赢的畜产品国际合作，使蒙古国的牲畜养殖量比重和畜产品出口比重开始逐年持续上升，2018 年蒙古国肉类出口总量达到 5.5 万吨，为近 20 年来最好、最实惠、最理想的数据，且其畜产品主要出口到中国和俄罗斯。另外，俄罗斯的畜牧业主要包括养牛业、养羊业、养鹿业等，涉及中部的养牛业、伏尔加河下游和南部的养羊业、北部的苔原带和森林带的养鹿业和养马业等地区。毋庸置疑，这些地区也是畜产品制作和开展国际合作的重要基地，同样是我国游客或旅游社团去俄罗斯旅游的必选之地，更是我国同俄罗斯开展国际旅游畜产品交易和国际畜产品商贸活动的重要场所。为了进一步加快中俄两国畜产品制作国际合作，我国在俄罗斯建立了"畜牧养殖 + 初级产品回运 + 国内加工"的合作模式。

随着中蒙俄"一带一路"畜产品国际合作不断向深度和广度推进，与此相关的旅游产业也有了快速发展。也就是说，以中蒙俄"一带一路"畜产品互利共赢的国际合作为前提，并在成功合作的基础上，内蒙古草原牧区和内陆地区，包括蒙古国和俄罗斯的经营畜产品的各路商家、游客、旅游团体，相互间的旅游往来，内容丰富而各具特色的草原牧区旅游文化，以及草原牧区畜产品国际合作和国际商贸活动变得更加活跃、更加频繁、更加繁荣发展。

## 二　不断改善中蒙俄"一带一路"旅游畜产品合作环境

这些年蒙古国政治经济环境和人文环境一直保持稳定发展趋势，加上不断强化政策法规方面的科学对接，使内蒙古和蒙古国间的国际旅游、畜产品国际合作、畜产品国际贸易及投资环境不断得到优化，使层次高、投资集中、有战略性的大中型畜牧业产业和畜产品国际合作项目不断增加。特别是，内蒙古畜产品制作产业下大力气，不断改善和提高畜产品生产标准，不断提高畜产品加工技术和质量，不断丰富和发展畜产品种类。此外，根据蒙古国地广人稀的实际情况，在内蒙古地区与蒙古国的畜产品国际合作中，尽量生产数量少而精、品种多、味美可口、保存期较长的产品。同时，不断更新加工设备，优化生产环境，完善水电电力通信系统建设，提高空陆交通运输水平，这使内蒙古及我国内陆地区的畜产品产业企业将更多的资金投入蒙古国的畜牧业发展上，进而推动了"一带一路"背景下的我国与蒙古国的畜牧业国际合作。因而使近年来，内蒙古和我国内陆地区在畜牧业方面的投资合作也变得日渐密切。正如前文所述，他们之间在畜产品国际合作领域，已初步建立了"畜牧养殖＋初级产品回运＋国内加工"模式。

自从实施中蒙俄"一带一路"建设以来，三国间开展了草原牧区旅游文化、草原牧区旅游畜产品开发利用，以及草原牧区旅游畜产品的国际合作，不断保护和优化自然环境、社会环境及人文环境，积极提倡人与自然环境及生态环境的和谐共存，草原牧场社会环境和人文环境的不断优化。其中也包括不断改良牛、马、羊等禽类品种，提升科学养殖和强化动物防疫措施等方面的先进做法。毋庸置疑，所有这些举措，不仅对于保护环境和提高畜产品原材料质量等产生了积极影响，同时对于更加扎实稳妥地推进中蒙俄畜产品加工环境的优化，乃至"一带一路"沿线欧洲各国间的畜产品国际交流合作环境的优化等方面都发挥了积极作用。尤其是内蒙古地区有思路、有计划、有成效地不断加快旅游畜产品"走出去"与"引进来"的战略步伐，借鉴国外优势资源，吸纳世界先进技术，统筹国内外两个旅游畜产品资源及市场，推进内蒙古草原牧区的旅游及其畜产品国际合作。

草原牧区旅游文化、草原牧区旅游畜产品的开发利用，以及草原牧区旅游畜产品的国际合作，是内蒙古"一带一路"建设的重要组成部分，甚至促进了"丝绸之路经济带"及"草原丝绸之路"发展战略的科学对接。为了更好地抓住中蒙俄畜产品国际合作带来的巨大发展机遇，三国政府在改善和优化与畜牧业发展密切相关的自然环境、生产环境、营销环境和市场环境等方面做出了求真务实而富有成效的努力，并在畜牧业及畜产品合作发展方面进行了多层面、多角度、多范围的沟通。2015 年 11 月在内蒙古兴安盟还举办了中蒙俄职业院校发展论坛，针对草原牧区旅游环境及畜产品流通领域的《东北亚牲畜疾病预防、治疗及控制》等问题进行了深入探讨。2018 年 8 月 23 日，蒙古国总统巴特图勒嘎在乌兰巴托国家宫会见中国国务委员兼外交部长王毅时，双方商议了加强旅游和畜牧业等方面的基础设施建设等领域合作，加快商签自贸协定进程等问题。由于二连浩特口岸承担着内蒙古对蒙古国畜产品货运量的 95%，政府相关部门不断改进升级畜产品进出口通道及其环境，组织优势企业与蒙古国和俄罗斯的进出口畜产品企业进行有效对接，协调检疫部门签署牲畜屠宰场卫生环境协管协议，为中蒙俄"一带一路"畜产品企业国际贸易合作提供便捷的通关服务和优质环境。

众所周知，中蒙两国接壤边界线达 4676 公里，具有显著的地缘优势，改革开放以来一直保持良好稳定的草原牧区旅游及畜牧业贸易合作关系。特别是，习近平总书记高瞻远瞩地提出"一带一路"倡议之后，内蒙古和蒙古国间的畜产品跨境国际贸易，迈入了快速发展的历史阶段。而且，在蒙古国的畜产品国际贸易合作中，我国已成为最大的合作伙伴，占据着蒙古国国际贸易领域不可忽视的重要地位。就如前面所说，蒙古国是传统意义上的畜牧业国家，畜牧种类齐全、畜牧头数十分庞大，具有十分雄厚的畜牧业发展资源和基础。再说，蒙古国环境优美的天然牧场产出的畜产品，脂肪含量低、营养质量高、肉质口感好，符合我国内蒙古及内陆地区消费者饮食习俗和消费理念。这使仅在 2018 年，由蒙古国经二连浩特口岸出口的健康的熟制牛羊肉畜产品就达到 2.4 万吨，比上一年同期增加了 23 倍。反过来讲，内蒙古草原牧区景色宜人、交通方便、环境优雅，畜产品加工环境卫生、安全、环保，加工精细、包装精美、种类繁多、口味各异，这是向蒙古国出口的内蒙古畜产品逐年扩大规模的根本原因。另外，为了改进和优化熟制牛羊肉产品加工，我国与蒙古国还签署了《关于中国与蒙古国进出口熟制牛羊肉食品安全合作备忘录》》①，这使内蒙古在卫生、安全、环保的加工环境中生产的熟制畜产品深得蒙古国消费者的青睐，进而内蒙古畜产品对蒙古国的出口数量不断增加。由内蒙古向蒙古国出口的畜产品种类比较多，除了精细加工的熟制畜产品及各种优质饲料之外，还有冷冻马肉、冷冻坨肉、冷冻牛羊肉，以及各种乳制品等。在这里，还应该提到的是，为符合受西方饮食文化影响而出现的禽类肉产品的需求，近几年内蒙古和内陆地区向蒙古国出口的猪肉、鸡肉、鸭肉产品数量不断增加。到 2019 年，我国向蒙古国出口的鸡肉等禽类肉产品金额为 1000 多万美元。当然，这也和内蒙古及内陆地区禽类肉加工环境卫生、安全、环保，加工流程科学规范等有必然联系。总体来看，我国与蒙古国的畜产品国际贸易合作环境非常理想，进而不断向深度和广度推进两国间草原牧区的旅游文化，在此基础上不断打造民心相通的生活环境和人文环境，进而把民心相通作为中蒙俄"一带一路"畜产品国际贸易合作的重要前提，这不仅是我国同蒙古国和俄罗斯乃至欧洲各国间开展畜产品国际贸易合作的心灵纽带和力量源泉，更是顺利推进中蒙俄"一带一路"建设的坚实民意基础和社会根基。

### 三　不断提升中蒙俄"一带一路"畜牧业及畜产品合作优势

首先，应该不断提升区位优势。从区位地理环境来看，蒙古国是一个典型的内陆国家，处在我国和俄罗斯的中间地段，国内能够开发利用的耕地面积十分有限，草原牧场占国土面积的一半以上，但其牧草丰美、牧场辽阔，这为中蒙两国开发和发展国际畜牧业合作和畜产品合作提供了天然优厚的环境和资源。而且，内蒙古与蒙古国之间的边境线长达 4710 公里，边境口岸多达 10 个，与蒙古国接壤的我国内蒙

---

① 2015 年 11 月 10 日，中蒙双方签署了《关于中国与蒙古国进出口熟制牛羊肉食品安全合作备忘录》，并于 12 月 25 日将蒙古国熟制牛羊肉产品加入了进口肉类产品准入名单，随后国家质检总局下发了《蒙古熟制牛羊肉卫生证书样本及签字兽医官信息》，正式允许蒙古国熟制牛羊肉产品进入国内市场。

古边疆地区同样辽阔富饶，有水草丰美的草原牧场，以及已进入现代化生产方式的畜牧业经济及高科技加工的畜产品加工手段。所有这些，都是内蒙古地区在"一带一路"中蒙畜牧业及畜产品国际合作方面具有的区位优势。蒙古国作为"一带一路"建设沿线通往俄罗斯和欧洲各国的必经之国，其具有的特定、特殊、特有的区位，也在中蒙旅游往来、畜牧业国际合作、畜产品国际贸易活动中体现出不可替代的地位优势。另外，内蒙古与俄罗斯之间，同样有长达4300余公里的边境线，从而形成了相当明显的地缘优势和区位优势。正如前文所述，内蒙古与俄罗斯间的相互往来和旅游文化商品及畜产品方面的国际合作有其相当长的历史，并在政府层面和民间层面都已建立了长期可持续发展合作关系。特别是，近年来，伴随中蒙俄"一带一路"建设的不断深度推进，内蒙古同蒙古国和俄罗斯充分发挥区位优势，加快推进相互往来、相互合作，共同协调提高畜牧业现代养殖技术，很大程度上有力推动了畜牧业及畜产品国际合作。

其次，在畜牧业及畜产品开发利用方面，有思路、有计划、有步骤地发挥了各自具有的资源优势及互补性作用。比如说，虽然蒙古国在牧养牛、马、羊及骆驼等生产过程中积累了丰富经验，且牧养数量也十分庞大，但在蒙古国内畜产品销量则不是十分理想。而且，农产品市场在蒙古国并不十分发达。这恰巧符合了我国内蒙古和内陆地区，对牛羊肉及羊绒制品的大量需求。所以，经蒙古国各口岸进口的蒙古国牛羊肉等畜产品，包括各种各样的羊绒制品的进口数量逐年增多。同时，向蒙古国出口的粮食制品、谷物以及蔬菜水果等的数量也逐年增多，由此实现了互利互惠的优势资源的互补与共享。并且，中国内蒙古地区作为中蒙合作的桥头堡，区内企业与蒙古国已建立起较好的牛羊肉和饲草产品国际贸易关系。在此基础上，通过标准化技术示范等方式不断深化国际合作力度。另外，针对目前中蒙两国畜牧业各自具有的互补性发展特点，两国在实际合作过程中充分发挥蒙古国具有的畜牧业资源优势，并依托我国内蒙古地区具有的完善而先进的畜产品加工高科技手段，不断高效率拓展畜牧业及畜产品加工领域的国际合作。我国内蒙古虽然也是畜产品的生产大区，但面对国内外数量庞大的消费需求，在肉制品和乳制品等畜产品供给方面也出现了紧张现象。因此，从俄罗斯进口的牛羊肉及奶粉数量不断增加。与此同时，"一带一路"沿线的内蒙古及我国内陆地区，通过中欧国际班列从俄罗斯进口的小麦、亚麻油、西式食品等的数量也在互补性地增多，进而充分体现出内蒙古在畜牧业及畜产品的国际合作方面的互补性优势。

最后，中蒙俄"一带一路"畜牧业及畜产品的国家合作，表现出了极强的互利互惠、合作共赢的政策对策优势。为了摆脱国内相对落后的畜牧业经济，蒙古国和俄罗斯都推出一系列国际合作优惠政策，鼓励国外企业在蒙古国和俄罗斯西伯利亚及远东地区进行投资建设，并对国外投资商权益采取最大化的保护措施，尽最大努力为投资者营造宽松、舒适、安全的经商环境。蒙古国甚至制定，对在该国从事畜牧业产业和畜产品加工的国外企业，其以生产为目的而所需要进口的原材料，在5年内免收一切关税的优惠政策。另外，俄罗斯方面也对国外企业的所得税及进出口关税制定了倾斜性政策。由此可以看出，蒙古国和俄罗斯对畜牧业及畜产品加工产业的国际合作，包括我国内蒙古及内陆地区企业，在指定相关优惠政策的同时努力营造良好的投资环境。毫无疑问，这对我国内蒙古及内陆地区企业在内的国外企业，在中蒙俄"一带一路"畜牧业及畜产品国际合作方面起到了积极推动作用。

总之，"一带一路"倡议为中蒙俄三国畜牧业发展和畜产品国际商贸往来注入了强大活力，蒙古国作为中蒙俄"一带一路"沿线的重要国家之一，是我国同俄罗斯、欧洲其他国家进行旅游往来和贸易活动的陆上重要枢纽。蒙古国具有的得天独厚的自然环境、草原牧区、地理区位优势及资源优势，为蒙古国与我国"一带一路"建设对接提供了重要保障。中蒙俄从战略合作、互利互惠、合作共赢的高度出发，利用"丝绸之路经济带"与"草原丝绸之路"对接带来的大好机遇，不断改进和优化相互间的畜产品国际贸易及投资环境，使中蒙俄畜产品国际合作成为战略对接的新亮点。进而，畜产品精深加工已发展成中俄在俄罗斯远东地区国际贸易投资合作的重要项目之一，为此中俄两国政府积极推进《中国东北地区和俄罗斯远东及贝加尔地区农业发展规划》的实施，切实优化升级我国畜产品加工企业在俄罗斯的投资环境。与此同时，加大投入兴建信息资源网络，集中产业、行业、企业、产品、市场、交通、制度、园区、招商等有价值的信息，直接、便捷、客观、详细、全面满足各国各地畜产品企业的信息需求与互通。另外，内蒙古与我国内陆地区与俄罗斯的畜牧业及畜产品国际合作中，也涉及以上提到的畜牧业饲草种植基地建设、饲料深加工、饲料营销环境的优化、饲料市场的国际化运营等内容。在此前提下，实现了畜产品市场和饲料市场的一体化发展，充分发挥了内蒙古地区在畜产品市场环境和饲料市场环境的优势地位，高效提升了畜产品卫生、安全、环保深加工技术，进而科学有效地带动了我国草原牧区的旅游产业，草原牧区畜产品加工产业国际化经营，强有力地推动了中蒙俄"一带一路"畜牧业和畜产品的国际贸易合作。

# 第三章

## 中蒙俄"一带一路"与
## 呼和浩特市旅游文化

呼和浩特市是连接草原与中原，以及东方与西方的草原丝绸之路交通要道上的重要枢纽。同时，对于草原丝绸之路的形成与发展，包括人们的旅游往来和旅游商品交易等，做出过极其重要的贡献。而且，在当今中蒙俄"一带一路"建设的关键时期，呼和浩特市对于内蒙古国际旅游及不同国家和地区的旅行者、旅行团的相互走动及友好往来，人们之间的相互交流与沟通，旅游商品交易及国际商贸活动的开展，同样发挥着不可忽视而举足轻重的重要作用。

众所周知，呼和浩特市从明清时期开始，就成为草原丝绸之路上的政治、经济、文化中心之一，也是通往漠北的交通要道。在早期丝绸之路上的旅游者及旅蒙商的共同不懈努力和友好合作下，呼和浩特发展成为我国北方草原重要商品集散地，以及连接北方草原地区与中原地区旅游往来及商贸交易的中心区。当今的呼和浩特市，也是游牧文化与文明同农耕文化与文明相互交融、和谐共处、共同繁荣发展的交汇点，是草原丝绸之路上东西方文化与文明相互接触、互相学习、取长补短、互利互惠、合作共赢、共创人类美好未来的重要连接点。

内蒙古自治区于1947年成立时首府设在乌兰浩特，1950年至1954年其首府在河北省张家口。1954年1月，中央政府通过《绥远省与内蒙古自治区合并的报告》后，同年6月将已成立有20余年的绥远省撤销，其辖区归属于内蒙古自治区，随后内蒙古首府从张家口迁往归绥城,并将归绥城改名为呼和浩特市。所以说,呼和浩特市在历史上被称为归绥,是绥远省省会。呼和浩特市是华夏文明的发祥地之一,呼和浩特一词的蒙古语是"huhuhota",意为"青色的城市",简称为"青城"。呼和浩特市位于内蒙古中西部,是内蒙古政治、经济、文化、科教和金融中心,占地面积为17224平方公里,辖区内有新城、赛罕、玉泉、回民四个市区,还有武川、托克托、和林格尔、清水河四个县以及土默特左旗,拥有1个国家级经济技术开发区和1个国家级出口产品加工区。呼和浩特市以蒙古族为主体,汉族人口占多数,还有回族、满族、朝鲜族、达斡尔族、鄂温克族、鄂伦春族等41个少数民族。

呼和浩特市有通往蒙古国首都乌兰巴托市的国际列车和航班,呼和浩特拥有国家历史文化名城、著名的草原旅游文化城市、国家森林城市和创新型试点城市、中国经济实力百强城市和连接西北与华北的桥头堡及中国乳都等美誉。呼和浩特市除了这些荣誉和称呼之外,还被誉为引领内蒙古经济社会及旅游业快速发展的中心城市、国务院批复确定的中国北方沿边地区重要的中心城市、国家主体功能区规划"呼包鄂榆重点开发区"① 中心城市、呼包鄂旅游经济圈中心城市、中国十大避暑旅游城市、中蒙俄重要开放中心城市等。2018年,呼和浩特市还入选中国大陆最佳100强商业城。

改革开放以来,呼和浩特市从50多万人的城市,很快发展成为常住人口达到340万以上的大城市,经济社会以惊人的速度快速发展,综合经济实力年均增长率为4.3%。在经济总量不断扩大的基础上,呼和浩特市人均GDP水平稳步提高,从2015年的68708元/人,增加到2019年的89138元/人,比"十二五"时期增加了20430元/人,2016

---

① 这里说的"呼包鄂"是呼和浩特市、包头市及鄂尔多斯市三市的缩写。"呼包鄂榆地区"包括内蒙古自治区呼和浩特市、包头市、鄂尔多斯市和陕西省榆林市的部分地区,而"呼包鄂榆重点开发区"是我国于2011年6月8日公布的全国性国土空间开发规划《全国主体功能规划》中提到的18个重点开发区域之一。

年至 2019 年，人均 GDP 年均增长 4.6%。① 在"十三五"期间，呼和浩特市以把首府建成服务全区、辐射西北、面向蒙古国和俄罗斯的区域服务中心为目标，以大力发展旅游文化、旅游文化产品，以及与国内外旅游密切相关的现代服务业集聚发展工程为主抓手，着力推进"十大专项行动"②、加快建设"五个中心，四个基地"，使旅游服务的各项服务业的实际作用和社会功能不断凸显。2019 年，第三产业增加值比 2016 年增长 28.0%，从 2016 年到 2019 年的四年间第三产业对经济增长平均贡献率达到 79.9%。"十三五"期间，呼和浩特市旅游服务在内的服务业增加值年均增长 5.0%，高于全市 GDP 增速 0.7 个百分点，进而成为该市经济增长点在"十三五"期间全区排名进位的最为重要的因素。

## 第一节　呼和浩特市旅游资源

呼和浩特市有四通八达的高速公路、现代化铁路、高铁及交通枢纽。另外，还有"白塔国际机场"，拥有连通国内各地机场的航线，通往国内的各大旅游城市。呼和浩特市也是华北、东北、西北等地区间旅行往来和旅游货物运送的必经之地。在我国旅游业快速发展，并对旅游交通具有巨大需求量的前提下，呼和浩特市四通八达的陆路交通和航空公路，给国内外旅游者和旅游商品的流通提供着便捷理想的服务，进而强有力地推动着呼和浩特市的旅游事业和产业。得天独厚的自然环境、独具特色的人文环境和社会环境及文化环境、四通八达而

---

　　① 以上数据资料来自呼和浩特市统计局于 2021 年 5 月 19 日发布的《呼和浩特市"十三五"时期经济发展状况及"十四五"趋势展望》。

　　② 2021 年 7 月 21 日，呼和浩特市发布创建全国文明城市"十大专项行动"。其中包括，测评反馈问题"大整改"、城市卫生"大整治"、生态环境"大保护"、广告牌匾"大清理"、交通秩序"大整顿"、群众满意度"大提升"、文明创建"大开展"、安全稳定"大排查"、农贸市场"大改进"、养犬管理"大规范"等内容。

高度发达的陆路和航空交通、方便快捷而热情周到的服务体系、旅游服务网络技术高科技人才队伍及熟练掌握汉蒙俄英语的优秀向导队伍和设施平台、求真务实而高效运作的政府部门及协调管理部门与服务机构，能为旅游者提供丰富多样的旅游活动内容及休闲娱乐场所，满足供应旅游商品和旅游消费的旅游商店和国际商贸旅游区等。内蒙古地区经济社会的快速发展，以及经济建设方面取得的辉煌成绩，决定了呼和浩特市及中蒙俄"一带一路"建设水平的高低，开发适宜本地经济消费的旅游目的地才是正确的发展道路。呼和浩特市在中蒙俄"一带一路"建设中，在旅游资源及其旅游业发展方面展现出了最大优势。除此之外，还有如下诸多方面的旅游资源。

## 一　美丽的自然环境与旅游景区

呼和浩特市是内蒙古辽阔草原的首府，在其周围有着极其美丽而富饶的自然景观，以及大自然馈赠的蓝天白云、青山绿水、辽阔草原、茂密森林、鸟语花香，走进她的怀抱，使人尽情领略自然界与人的和谐相处，产生源自心灵深处的快感，以及无与伦比的精神享受。呼和浩特市有许许多多人与自然和谐相处、互敬互爱、共享幸福与快乐的传说与故事。或许正因为如此，呼和浩特有许多充分展示大自然魅力，在大自然的怀抱里，以大自然的美丽景观为依托，开发兴建的旅游景区。

### 1. 哈达门国家森林公园

位于呼和浩特市大青山北麓武川县，距呼和浩特市 27 公里。占地面积 38 平方公里，森林覆盖率达到 82.5%。森林公园里，有白桦树、落叶松、杨柳、杨树、灌木等多种树类。而且，森林公园内清泉飞瀑、古木参天、沟壑纵横、怪石林立、峰峦叠嶂，还有双驼峰、莲花峰、松鼠峰、小峡谷、水帘洞、顽石潭、三叠瀑、瀑布泉、一线泉等独树一帜而优美的自然风光。也有斑羚、狍子、梅花鹿、狼、狐狸、青羊及啄木鸟、百灵、画眉等许多野生动物。在这里，游客们还可以同自然界野生斑羚、狍子、梅花鹿、獾子、狐狸、野鸡、野兔等近距离接触，亲自感受大自然万物的和谐共处与大爱无疆。另外，森林公园的工作者，为旅行者精心打造了与森林公园合为一体的避暑山庄、游泳池、溪流小桥、蒙古包、888级登高台阶等自然舒适的避暑胜地和游玩场所。在历史上，这里曾是十分有名的狩猎区，因此这片森林深处又向游客展示出探索人类远古文明的神秘感。根据这里特殊的季节变化来讲，从每年初春的5月至深秋的10月期间，可以说是哈达门国家森林公园最佳的旅游季节。这里的春天，阳光明媚、春风和煦、细雨绵绵、万物复苏、小草嫩芽、鸟语鹿鸣、风光宜人，是旅游的美好时光。这里的夏天，绿树成荫、花草满园、郁郁葱葱、泉瀑淙淙、彩蝶飞舞、空气清新，是避暑的美好季节。这里的秋天，金色满园、秋波荡漾、秋高气爽、天高云淡，还有清静、凉爽、多情的秋风，是旅行者享受秋色的好季节。这里的冬天，一片洁白、千里冰封、万里雪飘、银装素裹、松枝银花、风花雪月，是旅行者感受冬天美景的好去处。总之，这里是在大自然的怀抱里，享受大自然馈赠的一切美好，是最为理想的自然旅游景区之一。

2. 敕勒川草原文化哈苏海牛轭湖旅游区

位于呼和浩特市西70公里的土默特左旗境内，总面积100平方公里。这里提到的牛轭湖历史上也叫陶思浩西海子，也被称为后泊儿等。据说，哈素（hasu）之说源自蒙古语，是蒙古语合成词哈拉乌素（hara usu）的缩写形式。这里的哈拉（hara）是形容词，主要表示"黑的"之意，但很有意思的是在蒙古语里哈拉（hara）则用于表示"白的"之意。比如说，hara arhi "白酒"、hara edur "白天"、hara xibag "白莲蒿"、hara jod "白雪灾"等。也就是说，把"哈拉乌素"（hara usu）直译的话，应为"黑水"，意译的话就会变成"清澈透明的白水"，在这里可以意译为"清澈透明的湖水"，该湖名也是由于湖水清澈透明而得名。再后来，人们就把哈拉乌素（hara usu）缩减成"哈素"，后面又增加了"海"一词，就成为了今天所说的"哈素海"这一湖名。不过，也有人说，哈拉乌素（hara usu）就是因为湖水受黄河水影响，出现混浊现象，所以人们就叫它为"黑水"。不论怎么说，现在的湖水十分清澈透明，随风荡漾而来的湖面碧波，确实给人们带来无尽的美感与享受。该湖水的面积有32平方公里，水深约2米左右，不过也有超过2米的深水区。水源主要来自黄河支流，整个湖面两头窄、中间宽，南北长度有9.5公里、东西宽度有5.3公里，湖岸线长24.1公里。由于湖水清澈透明而水质优良，所以湖底长有茂盛的各种水草，盛产草、鲢、鲤、鲫、团头鲂、武昌鱼等淡水鱼类及河虾蟹。湖岸还长满了芦苇，芦苇荡内繁衍栖息着各种鸟类。湖的北面是高高的大青山，而东、南、西三面分别是辽阔无边的草原牧场和农田。从远望去自然景观十分美丽。过去，哈素海是纯天然的美丽湖泊，由于其位置在呼和浩特市土默特左旗陶思浩村西，过去曾称"陶思浩西海子"，俗称"后泊儿"，也被誉为"塞外西湖"。哈素海与大青山之间的辽阔的草原牧场，已有悠久的游牧文化与文明，在历史上被称为敕勒川，是北魏民歌《敕勒歌》所描绘的美丽的地方。该景区依托"敕勒川，阴山下"诗中所描绘的古代游牧生活的壮丽图景，通过不断修复还原远古时期具有的万亩敕勒川美景，进而勾勒出蒙元时期古老草原的自然景观，给游客们奉献了以哈苏海牛轭湖旅游区为主题，游览美丽富饶的自然景观，以及感触和体验蒙元时期远古文化与文明的精神享受。与此同时，还给旅游者或旅游团提供了以观光旅游、休闲度假为核心，依托哈素海国家湿地公园打造集休闲度假、文化体验、商务会议、观光娱乐、康体养生等为一体的综合旅游区。景区内还拥有"阴山、草原、湿地、湖泊、温泉、气候"等多种旅游自然资源及旅游活动场景。作为国家5A级旅游自然景区，在这里充分展示出以内蒙古草原游牧文化为脉络，以"草原文化休闲度假"为旅游项目，以草原自然美景旅游、草原湿地旅游、草原文化旅游、草原休闲旅游为主题的"草原、文化、生态湿地"特色旅游。近年来，呼和浩特市旅游业持续兴旺，在这里修建了不少与自然景观相配套的幽静、安宁、舒心的亭台水榭、度假村等。

再者，因为地处京包铁路和 110 国道旁边，其给往返的游客创造了极其方便的交通，由此也自然成为呼和浩特市土默川地区与美丽的自然界合为一体的旅游宝地。

3. 神泉生态旅游风景区

神泉生态旅游风景区位于呼和浩特市托县城东南 11 公里处的黄河岸边，整个景区包括园林、黄河、沙漠，体现了托县厚重的历史文化，充分展示了呼和浩特市幅员辽阔、丰富多样的地貌特征。在生态旅游风景区内，有一个常年喷涌清澈天然泉水的泉眼，人们把它美称为"神泉"，同时把大自然怀抱中的这一景区称为神泉生态旅游风景区。该神泉生态旅游景区于 2007 年开始兴建，2009 年第一期工程顺利完工，第二期工程于 2010 年底完成，同年年底对外开放，开始接待国内外宾客和旅游者及旅行团。该旅游区由黄河两岸的自然美景组合而成，其左岸为古典园林景区，景区占地面积 0.42 平方公里，其中翡翠湖 0.18 平方公里，其他主要景点有神泉、喷泉、珍禽观赏园、黄河母亲广场、黄河大舞台及游乐场等。其右岸属于库布齐沙漠游乐园，旅游项目有凤鸣谷、胡杨林、沙漠游乐区、沙漠的深度体验游、沙雕区、沙漠冲浪、滑沙、沙漠骑骆驼旅游等。而且，在左右两个自然景观和景区，由两个横跨黄河的 840 多米长的古朴、自然、刺激、优美的索道连接，游客可以利用景区索道，从空中横渡黄河。这里还有与景区融为一体的传统的黄河漂流活动及乘坐豪华游轮游览黄河两岸景观等旅游内容。风景区内还呈现具有自然地域风貌和古典韵味浓重的园林景色，以及极具地方特色和历史文明内涵的六角亭、佛阁、许愿池、映月池、风味茶楼、酒楼、沙漠餐饮店、戏台、旅游商品店、沙漠越营、沙漠卡丁车、野外野营俱乐部、君子津渡口等丰富多样而特色鲜明的消遣旅游场所，进而给中外游客提供了自然、优美、舒心的旅游环境。神泉生态旅游风景区自然景色优美，由于受黄河流水长年累月的精湛打磨，形成了集连绵起伏的山梁、植被茂盛的湿地、纵横交错的河流、浩瀚热情的沙漠为一体的天然生态风景区。这里也是舒适理想的度假休闲场所。

4. 太伟滑雪场

位于呼和浩特市小井沟生态风景区，整个滑雪场依山而建，占地面积为 16736 平方米，雪道长约有 500 米。这里的冬日，白雪皑皑、千里冰封、万里雪飘、风光秀丽、空气清新，是大自然馈赠的自然、舒心、快乐、幸福而充满冬日温和柔情阳光的滑雪游乐世界。目前的滑雪场拥有高级、中级、初级雪道，而中高级雪道长约 1 公里，雪道有高低起伏坡度、曲线鲜明而恰到好处的弯道。初级雪道，配置 2 条魔毯，登顶安全便捷，深受滑雪者们的赞美。这里也是滑雪爱好者们学习滑雪技巧，享受滑雪快乐的滑雪游乐场。滑雪场背对雄伟壮丽的大青山，面对冬日柔和多情的阳光，使滑雪的游客在严寒的冬日感受暖意融融的阳光。此外，大青山脚下的特殊气候，使滑雪场的白雪呈现出美丽的颗粒状，进而为滑雪的游客们提供了天然、舒服、烂漫、快活的滑雪场景。太伟滑雪场是呼和浩特市最大的，冬季风光最美，各种滑雪配套设施最全，交通又最为便利的旅游滑雪场。另外，滑雪场还拥有先进的娱乐设施，以及满足不同层次滑雪爱好者的功能分区。雪场拥有 4 条拖牵，能够满足 500 名滑雪爱好者同时滑雪，滑雪场还备有各种各样的滑雪用具、滑雪圈、滑雪板、滑雪摩托等。在功能分区，还配备有适合儿童的戏雪乐园、冰雪家庭乐园、初学者滑雪区、单板滑雪区、雪上自由娱乐区、雪地美味享受区、雪雕艺术欣赏区等。滑雪场在配套服务设施方面，提供雪场全程电脑刷卡消费系统、VIP 储物柜、滑雪服装和头盔及雪镜销售区、滑雪用具专卖区、雪场停场位、滑雪旅游者冰雪餐馆、五星级客房等，使人们在体验冰雪乐趣的同时，享受严寒的冬季最为热情周到的服务。

除了以上谈到的景区之外，还有像大青山避暑山庄、南天门森林公园、哈大门公园、小井沟生态旅游、白二爷沙坝等一系列在美丽大自然怀抱中的旅游景区。

## 二　丰厚的历史文化与旅游景区

### 1. 内蒙古博物院

1957 年兴建，位于呼和浩特市东二环与新华东街交汇处西北侧，坐西朝东，主楼高大，两侧廊略低，楼顶有腾跃白马标志，主体建筑面积 5 万余平方米，造型独特、设备先进，与内蒙古乌兰恰特建筑毗邻。由面积 3500 平方米陈列展厅区、文物库房区、观众服务区、业务科研区及多功能厅等各部分组成。博物馆分为 4 部分：（1）内蒙古革命文物陈列；（2）内蒙古古生物和古人类陈列；（3）内蒙古民族文物陈列；（4）内蒙古历史文物陈列。匈奴、东胡、乌桓、鲜卑、突厥、契丹、女真、党项、蒙古等少数民族文物占有重要比重，其中匈奴王冠饰和带饰、鲜卑贵族步摇冠饰、汉代鎏金及玛瑙马饰具、珍珠团龙袍等文物，属罕见珍品。馆内文物具有鲜明的民族特色和地方特色。博物院集合了强烈的现代元素、地域表征与民族特色，是浓缩了中国北方亿万年来生态变迁史与草原文明发展史的一部"百科全书"，也是自治区经济社会发展水平和文明程度的标志。内蒙古博物院立足自治区丰厚的古生物化石、现生生物、历史文物、民族文物等资源优势，以"草原文化"为主题思想贯穿全部基本陈列和专题陈列，形成"草原文化系列展览"，分布于博物院三个展厅，计为 14 个陈列，并在注重观众流线的前提下构建层区风格统一和逐层步步升高的感观态势。其中，二层有"远古世界""高原壮阔""地下宝藏""飞天神舟"四个基本陈列，介绍草原文化的生成之地，景物交融，栩栩如生；三层有"草原雄风""草原天骄""草原风情""草原烽火"四个基本陈列，以板块串珠形式展示草原文化从古代—近代—现代的纵向发展线条，简明生动，通俗易懂；四层有"草原日出""风云骑士""草原服饰""苍穹旋律""草原华章""古道遗珍"六个专题陈列。

### 2. 昭君博物院

该博物院位于呼和浩特市城南郊 9 公里的大黑河南岸，占地面积

205 亩，由一系列纪念建筑设施组成，属于国家重点文物保护单位及国家 4A 级景区。该博物馆是在原来的西汉王昭君的陵墓基础上改建而成，该墓用蒙古语称为"temur uruh"（"特木尔乌尔虎"），直译的意思是"铁垒"，可以意译为"青冢"。昭君墓始建于公元前西汉时期，当时人们为了纪念为汉族和蒙族友好相处和往来做出贡献的昭君，用人工积土夯筑而成。墓体形状犹如覆斗，南北长 300 米、东西宽 162 米、墓高达到 33 米左右、占地约 73 亩。从远处看墓地呈青黛色，由于昭君墓从春天到深秋季节都是青草茂盛，这也是人们后来称其为"青冢"的重要因素。墓前有平台及阶梯相连，与中原地区陵墓形制颇近。其中，一些亭园的建筑距今已有 2000 余年的悠久历史。昭君陵墓是我国最大的汉墓之一，也是一座象征民族团结、各民族相互交融、共同发展的历史丰碑。

王昭君，名嫱，字昭君，西汉时南郡秭归[①]人。公元前 37 年，王昭君被选入后宫，为汉元帝待诏。公元前 33 年，为了汉族和北方民族和睦相处、团结友好，作为"和亲使者"出嫁到塞北，为巩固和加强当时的民族团结做出了应有的贡献，并对以后汉族与北方各民族的友好相处产生了一定的积极影响。昭君去世后，远近的人们闻讯赶来送葬，用土垒起了昭君的土墓。昭君墓是民族团结的象征，也是民族友好的历史记忆。

1964 年，内蒙古政府把昭君墓列为自治区重点文物保护对象。后来，经过呼和浩特市人民政府多次修缮，1981 年正式对外开放，现在的昭君墓已成为一座规模宏大的陵园。走进陵园，首先映入眼帘的是一座高 3.95 米、重 5 吨的呼韩邪单于与王昭君阏氏并辔而行的大型铜铸雕像，再往北行就会看到朝阳耸立的用蒙汉两种文字镌刻的国家副主席董必武题咏的："昭君自有千秋在，胡汉和亲识见高。词客各抒胸臆愫，舞文弄墨总徒劳。"的高大石碑。这里还有陈列着清代以来有关

---

①　西汉的南郡秭归指的是现在的湖北省宜昌市兴山县。

昭君墓的碑刻,陈列汉白玉昭君雕像等历史文物的陈列厅。陵墓游园内有青冢牌楼、和亲铜像、嫱云石雕、幽静的草亭、松青柳秀、花圃相拥、芳草重生、碧绿如茵、姹紫嫣红、曲径通幽、巍峨壮观,真是景色宜人、别有情趣,使人流连忘返。特别是,伴随内蒙古的对外开放,面貌一新的昭君墓,以其独特的人文景观和优美的旅游环境,成为著名旅游景点。1981 年建造了昭君博物馆,1995 年被呼和浩特市人民政府确定为爱国主义教育基地,1996 年被确定为内蒙古"爱国主义教育基地",2006 年昭君博物馆更名为昭君博物院,2009 年被评为国家级旅游景区,2016 年被评为"全国民族团结进步教育基地",2017 年被评为内蒙古"社会科学普及基地",2017 年 8 月 5 日呼和浩特市昭君旅游文化区建成开放,2020 年被国家文物局认定为"国家三级博物馆"。也就是说,昭君墓旅游已发展为博物馆、陵寝、游园相结合的旅游胜地。每年到此参观的游客达到 20 万人左右。前来参观的游客,可以通过浏览古迹、观看陈列、听取讲解,从另一个角度进一步了解内蒙古悠久文化和灿烂历史。昭君墓旅游不仅宣传了民族团结,同时也宣传了丰富多样的内蒙古旅游文化。昭君墓也成为内蒙古青少年接受爱国主义教育基地。另外,从 1999 年开始,呼和浩特市市委市政府已在这里前后两次举办昭君文化节,产生了相当理想的旅游文化影响和效益。昭君墓的旅游开发,以及昭君旅游文化区扩建工程的完工,也一定程度上推动了周围地区的旅游经济发展。昭君墓被评为国家 4A 级旅游景区,以及内蒙古自治区重点文物保护单位之后,在历史文化旅游方面发挥的作用越来越大。

3. 大召寺旅游景区

大召寺的蒙古语叫法是"yehe joo"("依克召"),似乎是由蒙藏语相结合的合成名词,表示寺庙之意。其中,"yehe"("依克")是蒙古语里表示"大"之意的形容词,"joo"("召")包含有"喇嘛庙"的意思,"joo"("召")一词来自藏传佛教的宗教术语。那么,"yehe joo"("依克召")的直译应该为"大的喇嘛庙",简称为"大庙"。然而，因寺庙内供奉一座大银佛，又称"银佛寺"。不过，现在的人们，习惯上都称其为"大召寺"，该庙用汉语原来叫"弘慈寺"，后又改称为"名无量寺"。这一以寺庙为主建起来的旅游景区，位于呼和浩特市旧城区。据说，在明代隆庆年间（1567—1572），土默特蒙古部主阿勒坦汗[①]受封为顺义王后，与夫人三娘子共同主持归化城和弘慈寺。万历八年（1580 年）寺庙才建成。清康熙年间（1662—1721 年），扩建该寺庙规模，大殿上方改为黄色琉璃瓦。佛殿内有高 2.55 米的银铸释迦牟尼像，像前有一对金色木雕巨龙，盘于木柱之上，做双龙戏珠状。殿前汉白玉方形石座上，有明代天启七年（1627 年）铸造的一对空心铁狮，昂首仰视，形象别致。寺庙内另有山门、过殿、东西配殿及九间楼等建筑。寺庙前还有玉泉井一口，泉水清冽，被誉为"九边第一泉"。大召寺占地面积约 3 万平方米，寺庙院坐北向南，沿中轴线建有牌楼、山门、天王殿、菩提过殿、大雄宝殿、藏经楼、东西配殿、九间楼、厢房等建筑。附属建筑有乃琼庙、家庙等。大召寺的珍藏品极为丰富，有被誉为"三绝"珍藏品的银佛、龙雕、壁画。而被称作银佛的珍藏品是供奉在佛殿内的释迦牟尼像，距今已有 400 多年的历史，是我国现存最大的银佛之一。景区里有规模宏大而独特的寺庙建筑和制作精美的珍贵文物及艺术品，以及神秘而深奥的恰木舞蹈和佛教音乐，已成为独具特色的"大召寺文化"。以上所说，使大昭寺旅游景区成为一处闻名中外的旅游胜地。

4. 喇嘛洞召旅游景区

汉名广化寺，位于呼和浩特土默特左旗毕克齐北 8 公里的大青山里，原是一个普通的天然山洞，后来由于喇嘛教僧人常在洞里修行居住，所以人们就叫它为"喇嘛洞"。后来人们在洞前就建了一个寺庙，称其为"喇嘛洞召"。这里曾经是内蒙古喇嘛教的发祥地，迄今为止有 400 多年的历史。这里前后有两个寺院，前院有天王殿、经堂、佛典、

---

① 阿勒坦汗在明代译作"俺菩"。

护法神殿及八角楼建筑，后院有佛爷府、配殿、禅房，在这里还珍藏有博格达活佛的禅杖、石刻佛雕版及西藏唐卡等珍贵遗物。在佛寺两侧的悬崖峭壁上有100多平方米的大大小小的岩刻画，包括佛、菩萨、金刚、度母、罗汉及黄教创始人宗喀巴等佛教造像，有用蒙文、藏文、梵文等文字刻的佛经、咒语和造型优美的藏式佛塔等。是呼和浩特市最精美的岩刻之一，具有较高历史文化宗教艺术价值，寺庙内保存的众多文物，对研究呼和浩特地区历史文化与文明，包括宗教、艺术都有帮助。

5. "盛乐古城"旅游景区

位于呼和浩特市和林县，紧邻209国道，是著名的旅游胜地，也是国家重点保护的文物区。景区内有不同历史时期的墓葬76座，其中包括56座"战国大型墓葬群"，还出土了质地不同的随葬器物100多件，有很高的历史文化研究价值，引起了广大游客的极大兴趣和专家学者的普遍关注。这里除了有战国时期的遗址及墓群之外，还有大批"春秋、汉、北魏、唐、辽、金、元、清"等不同历史年代的墓地，由此展现出极其丰厚的历史文化底蕴，是游客们进行游览、欣赏、享受和了解我国丰厚历史文化与文明的旅游景区。为了更好地开展旅游展示活动，以这里的出土文物为代表兴建了"盛乐博物馆"，使游客的旅游活动、旅游项目、旅游内容、旅游收获变得更加丰富。

除了以上提到的历史文化旅游资源及旅游景区之外，还有位于呼和浩特市新城区赛罕路街11号的公主坟旅游景点。它建于清代康熙年间，古建筑面积4800平方米，有60余间清代古建筑群，占地1.8万平方米，已有300多年的历史，具有较高的历史、文化、艺术、宗教价值。在这里，还常年举办民俗史展、民俗文化展及名人古画展和书法展等。另外，还有呼和浩特市新城西街，展示呼和浩特、乌兰察布、伊克昭盟及统领大同、宣化等地驻兵办公衙门的清代绥远将军衙署，内有清代蒙古八旗、将军衙署复原陈列展览等。还有具有一定历史文化价值的大窑文化遗址和飞来寺等旅游景点。

### 三 新的历史发展阶段的新型旅游景区

1. 黄河麦野谷生态休闲旅游区

位于呼和浩特市托克托县黄河岸边，是国家 4A 级旅游景区。景区是集戏水游玩、生态旅游、绿色食品、采摘旅游活动和青少年农村生产生活体验于一体的大型旅游休闲地。也就是说，呼和浩特市属于华北温带大陆性气候，适合于种田种粮开展农业生产，正因为如此，该市辖区除了有辽阔草原牧区之外，还有现代化农业生产基地和保存传统农业生产的农村，或者是现代化与传统紧密相结合的农家乐旅游园区。到此旅游的中外旅客，首先游览黄河麦野谷生态休闲旅游景区的农田、农村、农家美景，其次还体验实实在在的农村生活。游客们以农村休闲文化为理念，以观光现代和传统相结合的农业文明为亮点，以农家乐养生为目的，在麦野谷生态园休闲安逸的环境中，体验旅游园区浓重的华北温带大陆农业文化与文明的同时，还能够体验休闲旅游景区的特意构建的异乡风情，让游客们远离繁华城市的喧嚣，在热带雨林、南国风情、江南水乡中享受农村天然的农家美食。黄河麦野谷生态休闲旅游区是集旅游戏水、旅游娱乐、旅游餐饮、休闲采摘、室内造景影视基地、童游乐园、创意农业基地于一体的大型综合性娱乐休闲场所。这里还有麦田游乐园、梦幻水上世界、花海及嘉丰休闲农业园等不同的游园景点。尤其是儿童游乐园可以让孩子接触农业文明和文化及自然和生态环境，并通过一系列体验农村生产生活和社会活动、农村民俗工艺手工制作活动等，增加他们的相关知识，提升孩子动脑动手能力，让他们更加热爱生活和劳动。黄河梦幻水世界是托克托县第一家科技与文化相结合、静景与动乐相结合的大型水上乐园。当然，作为旅游内容，游客们还会观赏麦野谷、库布齐沙漠及波涛汹涌的黄河水景。

2. 盛乐百亭园

其位于呼和浩特市南林格尔县城关镇南宝贝河畔的群山之中，由国内外著名旅游和工程技术专家精心设计，石工名匠精心制作，因势筑园，就势造景，尽显华北地区古色古情，结构形状各异的亭子文化与文明，具有很高的建筑艺术价值和旅游欣赏价值。这里山峰竖立、山岭拥翠、山清水秀、松涛荡漾、沟谷环绕、鸟语花香，环境十分优雅而绚丽迷人。这里集山野风光、百亭游玩、休闲旅游、自然娱乐为一体。其中，高标准、高质量、高品位建造的大型历史文化园区，占地面积为8平方公里。园内景点有各种结构和各具特色的天下名亭、民族民俗文化乐园、动物天地乐园、中华钱币欣赏、晨钟暮鼓、北魏建都、宗教文化及西洋管窥等八大景区。由于园内有精美设计而精心打造的各式各样各个朝代的名亭，所以其也被誉为"中国最大的名亭文化景观园林"。另外，到此游览名园名景名亭的国内外游客，在亲历塞外古镇风貌之后，还可以沿塞上古道游览明代长城。

呼和浩特市除了有上述新的历史发展阶段的新型旅游景区之外，还建有3000平方米的水池和水上闯关娱乐设施孔雀聚义山庄水上娱乐场，以及呼和浩特市孔雀聚义山庄、香村园度假村、万家赛水库、草原快乐赛马场等。

### 四　红色旅游文化景区

呼和浩特市不仅有厚重的历史文明和丰富多彩的民族文化，而且也有令人倾慕而感动的红色历史、红色文明、红色文化、红色记忆、红色旅游、红色之美。这些红色旅游文化，融入大的旅游文化世界里，使这里的旅游文化变得更加完美，更有吸引力、更有感染力和生命力。

1. 大青山红色文化公园

该公园是"敕勒川草原旅游文化景观带"重要红色景点，3A级景区。大青山红色文化展厅共三大部分：（1）"大青山革命英烈展"，主要介绍新民主主义革命时期大青山地区革命英烈；（2）"大青山革命前辈展"，介绍从大青山地区走出，以及在大青山地区战斗过的革命前辈的故事；（3）"大青山革命历史展"，重点展示1919年到1949年中国共产党领导大青山地区人民开展革命斗争的历史。

2. 乌兰夫纪念馆

该馆坐落于呼和浩特市植物园内，占地 3 万平方米，建筑面积 2100 平方米。整个纪念馆布局合理、宏伟壮观。乌兰夫纪念馆由主馆、纪念广场、塑像平台、升旗台、碑亭、牌楼 6 个部分组成。整个展览共分为 6 个部分 12 个单元，共设置 8 个展厅，生动翔实地展现了乌兰夫等老一辈无产阶级革命家，为争取民族解放、祖国统一，为中国革命和建设建立的不朽功勋。在乌兰夫纪念馆内，全面、系统、详细而完整地展现了他革命的一生和为人民服务的一生。乌兰夫同志于 1906 年 12 月 23 日出生在呼和浩特市土默特左旗塔布赛村的一个蒙古族农民家庭。乌兰夫同志是深受人民爱戴的第一位内蒙古自治区主席，一生戎马生涯、充满传奇色彩，是中国历史上的功臣，更是内蒙古人民的骄傲。中华人民共和国成立后，乌兰夫历任内蒙古自治区党委第一书记、自治区人民委员会主席、内蒙古军区司令员兼政治委员、内蒙古自治区政府主席、内蒙古大学校长、中共中央华北局第二书记、中共中央统战部部长、中华人民共和国副主席，第四届、第五届、第七届全国人大常委会副委员长、第五届全国政协副主席等等。1955 年，他被授予上将军衔。1988 年 12 月，乌兰夫同志因病在北京逝世。他是我国少数民族中，献身共产主义事业的先驱者之一。在半个多世纪的革命生涯中，为中华民族的解放振兴、为内蒙古的繁荣富强做出了伟大的贡献，他为人民倾尽毕生心血，不愧为中华骄子、民族精英。

3. 多松年烈士纪念馆

该馆位于呼和浩特市新城区呼伦北路北郊公园东侧 500 米处。多松年烈士纪念馆，依托多松年烈士故居，于 2012 年 10 月建成。多松年于 1905 年出生在归绥县麻花板村蒙古族贫苦农民家庭，蒙古语名叫乌力吉图。他从小时候起，就接受了进步思想的深刻影响，以及爱国主义教育。1923 年秋，他考入北京蒙藏学校，进一步接受革命思想，还参加了当时的革命组织。1924 年，加入中国社会主义青年团，担任蒙藏学校团支部负责人。1924 年秋，加入中国共产党，担任蒙藏学校党支部负责人及中共北京西城区委宣传员，参加过纪念"二七"大罢工及声援上海爱国反帝群众示威游行等革命运动。1925 年，与乌兰夫、奎壁创办蒙古族第一份革命刊物《蒙古农民》，宣传中国共产党的反帝反封建思想。1925 年，受中共北方区委派，多松年赴苏联莫斯科中山大学学习共产主义思想理论。1926 年，因工作需要从苏联回国，担任中共察哈尔特别区工委书记，负责领导察哈尔地区革命斗争。在他的领导下，察哈尔地区前后建立了 82 个村农会、4 个区农会和一个县农会，发展农协会会员近千人。1927 年，他作为热河、察哈尔、绥远 3 区唯一代表，参加了共产党第五次全国代表大会。之后，回到张家口和绥远等地继续开展革命运动。然而，1927 年 8 月，仅 22 岁的他，在张家口不幸被捕就义。多松年烈士纪念馆分烈士故居和陈列区两部分。2004 年多松年故居正式对外开放，2006 年被授予"呼和浩特青少年法制教育基地"称号，2009 年被新城区授予"党员干部廉政教育基地"称号，同年授予"呼和浩特市爱国主义红色教育基地"称号。纪念馆内展示有他的生平及事迹，藏有革命文物 372 件，并配有影像资料播放内容。据说，多松年烈士故居是清末民初的民居传统建筑，由正房和东厢房及南房组成，也是他出生成长的地方。烈士纪念馆共有三个展厅，中间是面积为 90 平方米的主展厅，南北两个展厅展示面积均为 60 平方米。其中，北展厅是他的革命生活、革命斗争、革命岁月的宣传陈列室，南展厅是通过影像资料的播放、展示、展览进行爱国主义革命精神的宣传教育课堂。

4. 青城公园

该公园位于呼和浩特市区中部，占地面积 48 公顷，园内建筑面积 1.5 万多平方米，园内杨柳参天、繁花似锦、百鸟啼鸣，是市内主要游览地之一。公园里有"人民英雄纪念碑""包钢开炉纪念钢锭"等，用以纪念我们历史上发生的重大事件。据说，现在的青城公园始建于 1931 年，在当时叫龙泉公园。这是因为，公园内有一座叫"卧龙岗"

的小山岗,"卧龙岗"脚下还有一眼被称为"老龙潭"的小涌泉,一年四季细水长流。不过,也有人将该泉眼叫"名龙泉"。后来,经过多次修建,园内树木成荫、花草茂盛,湖水水流清澈、波光潋滟,湖畔柳暗花明。这里还有荷花池和养鱼塘,以及饲养的一些野生动物,是游客们休闲游玩的好地方,也是进行红色教育、爱国主义教育的重要场所之一。

从以上美丽的自然旅游景区、历史文化与旅游景区、新的历史发展阶段的新型旅游景区及红色旅游文化景区中,我们完全能够感受到呼和浩特市的美丽自然景观,以及厚重历史文化与文明,还有极其丰富的旅游文化资源。而且,还关系到许多历史朝代,以及不同民族的不同风俗习惯、不同宗教信仰文化等。从这个意义上讲,呼和浩特市是一座历史文化宝库。这些年,伴随改革开放,特别是"一带一路"倡议的提出,呼和浩特市的知名度越来越大,发挥的作用越来越显著,到此来旅游的国内外游客也越来越多。尤其是,在2021年5月19日的第11个中国旅游日期间,呼和浩特市"美丽青城 草原都市"首届旅游发展大会在敕勒川草原千人会议中心召开,来自全国各地旅游管理部门的领导、专家、学者、业界人士、媒体记者等齐聚这里,共商美丽青城文化与旅游大开发、大融合、大发展的美好前景,共谋草原都市旅游文化发展的宏伟蓝图。所有这些,对于内蒙古旅游业的发展、旅游产业的壮大和不断走向国际市场,乃至对于内蒙古地区经济社会的崛起,发挥着越来越重要的推动作用。

## 第二节 中蒙俄"一带一路"与呼和浩特市旅游文化事业建设

在这一节里,主要讨论呼和浩特市的旅游文化事业建设,以及呼和浩特市在旅游文化方面充分体现出的开放包容、多元等独特优势。

**一 呼和浩特市的旅游文化事业建设**

正如前文所述,呼和浩特市有极其丰富的旅游资源,其中就包括美丽如画的自然界馈赠的旅游文化资源,也有千百年的人类文明的进程中创造的旅游文化资源,当然还有中华人民共和国成立以后及改革开放之后创建的全新意义的旅游文化,以及纪念革命和战争时期英勇牺牲和立下丰功伟绩的英雄和伟人的红色旅游文化资源。除此之外,还有民俗文化、本土文化、城市文化、牧区文化、农区文化、科技文化、现代文化等方面的旅游资源。所有这些,自然成为呼和浩特市构建旅游文化活动,打造旅游文化品牌、繁荣发展旅游文化事业的根本原因及基本前提。呼和浩特市有着悠久的历史和光辉灿烂的文化,是我国文明的发祥地之一。市内有距今 70 余万年的古人类石器遗址"大窑文化",有始筑于公元前 4 世纪战国时代的"赵长城",有公元 1 世纪作为"民族团结"象征的昭君墓,有世界上唯一用蒙古文字刻写的天文图金刚舍利宝塔,有被誉为"佛教建筑典范"的席力图召,更有代表鲜卑拓跋的龙兴地北魏"盛乐"古城遗址。呼和浩特市作为草原丝绸之路的核心地域和中转之地,同时也是草原文化与黄河文化及中原文化交汇、融合的前沿。正因为如此,呼和浩特市拥有各具特色、多种多样、丰富多彩的旅游文化资源。据不完全统计,现在展示在世人面前的,包括我们在前面所说的具有广泛影响力和品牌效益的旅游景点中,就有地文景观类景点 13 种、水域风光类景点 7 种、生物景观类景点 6 种、古迹建筑类景点 32 种、游玩消闲类景点 11 种、旅游购物类景点 5 种。

呼和浩特市作为我国优秀的旅游城市,旅游业不仅在中蒙俄"一带一路"建设中发挥着重要的推动作用,同时也对本市的经济社会的繁荣发展发挥着不可忽视的积极的推动作用。特别是,改革开放的到来,以及新时代文化强国及文化强区和文化强市的提出,使草原都城呼和浩特市更加充满了活力,更加生机盎然、朝气蓬勃、活力四射地投身于旅游文化强市的建设当中，并取得了鼓舞人心的辉煌成绩。在这里，草原文化、自然文化、地域文化、历史文化、民族文化、民俗文化、本土文化、现代文化及外来文化相互交融、交相辉映、相得益彰、珠辉玉映。

为了更好地满足国内外游客和旅行者的美好愿望，以及提供舒适、安逸、理想的服务，呼和浩特市不断强化旅游行业的服务接待工作，不断优化和提升旅游环境、旅游景区、旅游设施，不断提高服务质量、服务水平、服务意识、服务理念及服务设施、服务平台。经过这些年的不断努力，现在的呼和浩特市已有了国家 A 级景区 41 家，其中 4A 级景区 17 家，3A 级景区 17 家；星级酒店 25 家，其中五星级 5 家，四星级 8 家；旅行社 274 家，其中国际旅行社就有 37 家，旅行社服务网点 148 个；持证导游共有 4855 人，其中包括部分掌握汉语、蒙古语、俄语、英语、日语、韩语及各种少数民族语的导游和各类高端工作人员；旅游商品销售企业有 118 家，旅游运输企业 10 家；乡村旅游示范村 7 家，其中星级乡村旅游专业户达到 100 家以上。呼和浩特市旅游业的不断壮大、旅游景区的不断扩大、旅游项目及内容的不断丰富、现代化旅游设施和高质量服务优秀人才队伍的持续完善和不断巩固健全，强有力地拉动和促进了该市的旅游事业，不断提升游客和旅游者们的满意度，不断得到他们的好评、表扬和赞美。毫无疑问，这一切都是国内外游客络绎不绝、纷至沓来的根本前提。这也是这些年来，呼和浩特市旅游业呈现出欣欣向荣、蓬勃发展的主要因素。同时，呼和浩特市旅游业产生的经济效益，在本地区的经济社会发展中发挥的作用越来越明显，旅行者和旅游团队不断增多，旅游人数也不断攀升。仅在 2019 年全年接待游客将近达到 4823 万人次，实现旅游总收入 1040.4 亿元（见图 3-1）。

总而言之，呼和浩特市具有极其厚重而灿烂的历史文化，也有极其丰富而雄厚的旅游文化资源。中华人民共和国的成立，改革开放新时代的到来，尤其是中蒙俄"一带一路"建设以及文化强国战略的提

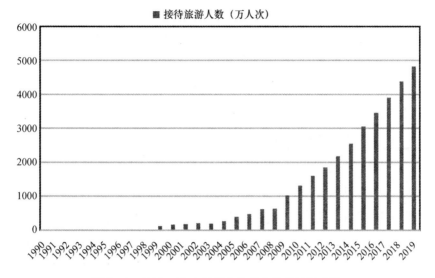

**图3-1　1990—2019年呼和浩特市接待旅游人数**

出，使呼和浩特市的旅游事业突飞猛进，迈入了健康、快速、全面、理想发展的美好时代。另外，近年来在呼和浩特市成功举办的中蒙俄三国旅游博览会、中国少数民族旅游文化艺术节、呼和浩特少数民族旅游文化艺术节、呼和浩特市草原文化节、呼和浩特市草原那达慕节、呼和浩特市敕勒川花季旅游文化节、呼和浩特市昭君文化节、呼和浩特市国际民间艺术节、呼和浩特市大青山冰雪文化节等名目繁多、形式多样、内容丰富、热闹非凡的旅游文化节庆活动，深深地吸引了来自中蒙俄"一带一路"沿线，以及四面八方、五湖四海、世界各地的游客。特别是，来自蒙古国和俄罗斯的游客及旅游团逐年增多。这使呼和浩特市旅游业的影响力、感染力和生命力不断提升，进而牢靠地树立了蜚声海内外的"美丽青城"和"草原都市"之旅游品牌形象。尤其是，现代高科技通信设备，包括高科技人工智能等的不断开发利用，使呼和浩特市旅游景点和旅游业的宣传力度变得越来越大，宣传的内容也变得越来越丰富，从而不断提升呼和浩特市旅游业的美誉度和知名度，这使呼和浩特市的旅游业发展得越来越好，游客也变得越来越多。

## 二 中蒙俄"一带一路"与呼和浩特市旅游文化特色

呼和浩特市具有悠久的历史文化，也是中蒙俄"一带一路"建设的重要节点城市，在中蒙俄"一带一路"建设方面，呼和浩特市具有开放包容、多元文化的显著特点，以及依托极其丰富的历史文化遗迹、遗址兴起的旅游文化特色。

### （一）呼和浩特市是中蒙俄"一带一路"重要节点城市

从西汉时起，草原丝绸之路不断延伸和拓展，并很快成为亚欧大陆上的交通要道。而且，在土默川平原考古发现的东罗马金币、波斯萨珊王朝银币、东罗马商人的墓葬等，都无可怀疑地证明唐代北方草原上的东西方文化交流的远古历史。在当时，呼和浩特作为草原丝绸之路的枢纽和重镇，对于东西方旅行者的相互往来，以及文化交流产生过深远影响。在明朝，土默特部首领阿拉坦汗在北靠大青山及南临黄河的草原上，兴建了一座名叫归化的商城，蒙古语就叫呼和浩特。后来，伴随游客、商人、宗教人士的不断相互往来和来回走动者的不断增多，该草原城市的规模变得越来越大，这里的易货买卖、商品交易、商业活动、贸易往来也变得越来越活跃。也就是说，呼和浩特市在草原丝绸之路的形成与发展中一直扮演着重要角色，成为牧区和农区、边疆地区和内陆地区、东方和西方游客和旅行者相互交流与交往的核心，以及各方货物集散、商贸交易的中心。商人们在这里交易内地的布匹、丝绸、茶叶、瓷器、粮食，并把牧区的马匹、牲畜、皮毛运到内地销售，互市贸易十分繁荣。1954 年，呼和浩特市正式成为内蒙古草原的政治、文化、教育、科技中心，也变成旅游文化中心城市。这使历史上的草原丝绸之路，逐渐被后来的公路、铁路、航空取而代之。中华人民共和国的成立和改革开放新时代的到来，尤其是"一带一路"倡议和文化强国战略的提出，加上内蒙古强力推动的文化强区建设，使作为内蒙古首府的呼和浩特市发挥的功能作用越来越显现。呼和浩特市具有悠久、多元、丰富、厚重、灿烂、辉煌的历史文化与文明，由此被国务院批准为中国历史文化名城。这使该市以丰富多样的自然环境、民俗风情、历史文化、本土文化、民族文化为依托，大力开展丰富多样的旅游活动，使这里的旅游业得到蓬勃发展。作为全方位对外开放的草原城市，以及中蒙俄"一带一路"建设的重要节点城市，呼和浩特市的公路、铁路和航空自然成为通往蒙古国及俄罗斯乃至欧洲各国的重要通道，以及国内外游客相互往来的重要线路和游牧文化交流的大动脉。这对于呼和浩特市更好地发挥区位旅游文化资源优势，统筹发展国内外旅游文化市场，优化旅游文化市场资源配置，向深度和广度推进旅游文化建设，深化国内外旅游文化合作，均有十分重要的现实和长远的经济社会发展意义。同时，也可利用历史文化优势，不断强化国际国内旅游文化转型升级，不断深化与蒙古国和俄罗斯乃至欧洲各国间的国际旅游产业，努力构建面向全国和面向世界的呼和浩特市旅游文化新格局。

呼和浩特市所具有的厚重而灿烂的历史文化焕发出强大的生命力，对于本地区的文化强市建设，历史文化与文明的对外宣传与开发，打造文化名城和旅游名城发挥着极其重要的作用。而且，伴随人类文明的发展，人类命运共同体意识的不断强化，中华民族多元一体的思想理论不断深入人心，呼和浩特市的旅游文化事业借此盛世蓬勃发展。在这里，还应该提出的是，2015年3月国家发改委、外交部、商务部联合发布了《推动共建丝绸之路经济带和21世纪海上丝绸之路的愿景与行动》，内蒙古成为直接参与"一带一路"建设的18个省市之一。再者，呼和浩特市作为国家历史文化名城和草原丝绸之路重要节点城市、"一带一路"建设的关键城市和重要因素，以及作为著名草原旅游文化城市、中国十大避暑旅游城市和内蒙古的首府，在中蒙俄"一带一路"建设中发挥着不可替代的重要作用。特别是，对于构建草原丝绸之路旅游文化绿色通道，"一带一路"文化交流和旅游往来及国内外旅游业的不断向深度和广度推进，使呼和浩特市能够更好、更全面、更理想地发挥自身富有的区位优势，统筹开发推动国际国内旅游市场，不断优化和提升旅游市场，科学配置丰富多样的历史文化资源，推进旅游文化事业的繁荣发展。特别是，呼和浩特市紧紧抓住旅游文化事业快速崛起的势头，秉持求真务实、互利互惠、合作共赢的原则，不断深化同蒙古国和俄罗斯乃至欧洲各国的文化交流与旅游往来。

（二）呼和浩特市是中蒙俄"一带一路"建设的重要开放型城市

严格意义上讲，呼和浩特市属于环渤海经济圈、西部大开发、振兴东北老工业基地三大战略区，也是连接黄河旅游文化经济带、亚欧大陆旅游文化线路、环渤海旅游文化区域的重要组成部分，更是我国向蒙古国和俄罗斯乃至欧洲各国开放的重要边疆省区中心城市，同时又被誉为我国东部地区连接西北与华北的桥头堡。如前文所述，呼和浩特市属于内蒙古旅游资源极为丰富的核心区域，其旅游文化项目内容涉及方方面面，完全能够满足不同国家和地区、不同旅行者和旅游团体的不同需求和兴趣爱好。尤其是，呼和浩特市作为中蒙俄"一带一路"文化交流和旅游往来的重要开放型城市之一，同蒙古国和俄罗斯的国际旅游开发、国际旅游往来显示出强大活力。甚至，对于欧洲各国的国际旅游开发，以及国际旅游往来也显示出相当好的发展势头。那么，随着这里的城市轨道交通、城际铁路和高铁线路的不断完善和优化，由此形成的四通八达的高速公路、高速铁路、航空航路，为呼和浩特市的旅游文化和旅游文化产业的广泛开展提供了极大便利，使中蒙俄"一带一路"国际文化交流和国际旅游业以惊人的速度向前推进，不断取得鼓舞人心的新的进展和新的成绩。这使到此旅游的各国和各地的旅游者们能切身地感受到旅途中的方便快捷的交通，以及旅途中的安全舒适的交通服务设施和高质量服务。同时，也为国内跨省区旅游和国内旅游业的发展奠定了坚实基础。

作为中蒙俄"一带一路"建设的重要开放型城市，呼和浩特市一直在强化对内对外开放，服务于国际国内旅游事业，迎送国内外友人和旅游者及旅游团队的，四通八达、方便快捷、安全舒适、快乐幸福的陆空交通网建设。他们深深地懂得，伴随当今人类社会的进步、不同国家和地区间的距离感的不断缩短、国际国内的旅游业的不断繁荣发展、国内外旅行者和旅游团队相互走动和往来的不断频繁，不论是对某一个国家或地区，还是对某一个城市来讲，发达的交通发挥着极其重要的作用。呼和浩特市经过这些年的努力，已经发展成为交通十分发达的旅游城市之一，并被国家批准为45个公路主要枢纽城市之一。不包括现在正在建设中的高速公路和铁路，呼和浩特市的对外完全开放型高速公路有8条、高速铁路有5条。另外，呼和浩特市白塔国际机场，已经开通40余条国内、国际航线，实现了直通蒙古国和俄罗斯，甚至有了通往欧洲的国际交通线。这就是说，呼和浩特市服务于中蒙俄"一带一路"的航空通道已经形成，并为中蒙俄"一带一路"国际文化交流和国际旅游提供了很大方便。特别是为了更好地满足中国和蒙古国旅游者和旅游团队的迫切需求，也为了更好地为中蒙两国旅游事业服好务，呼和浩特和乌兰巴托之间飞行的航线由3班增加到4班。与此同时，还开通了呼和浩特和俄罗斯伊尔库茨克之间的国际包机航线，由此呼和浩特市航空公司向北开放的"空中走廊"已初步形成。在更好地服务国内外旅游者旅游团，也是为了更大限度地满足国内外游客托运体积超大或大批量的购物行李的要求，呼和浩特市白塔航空口岸申请获得国际快件C类出口资格，开通了内蒙古地区唯一的国际快件入境通道，以及国际快件蒙古国及俄罗斯出口通道，为国内外旅游者和旅游团队的批量购物及旅游商品的流通提供了极大的便利。

2015年10月，国务院批复的《环渤海地区①合作发展纲要》中，把内蒙古作为主要合作对象列入其内。更为重要的是，在该发展纲要里，将内蒙古首府呼和浩特市列为环渤海内陆地区进行合作的中心城市。其目的就是，作为我国西部现代城，在环渤海内陆地区的建设中更好地发挥作用。随着京呼高铁的顺利通车及快速运营，呼和浩特市

① 环渤海地区包括北京、天津、呼和浩特、石家庄、青岛、大连、沈阳、太原、济南等城市。

已成为京津冀旅游文化圈不可或缺的主要内容，并直接同天津港①产生对接，进而为蒙古国打通出海口，使洲际间的国际旅游文化及其交流变得更加丰富多彩，为不同国家和地区的游客相互交往、互相理解、民心相通提供更为广阔的空间。

呼和浩特铁路枢纽是国家《中长期铁路网规划》"八横八纵"高速铁路网中呼南通道、京兰通道的重要节点。该高速铁路交通枢纽西接包头、东连集宁，是呼和浩特市与华北、东北人流物流的必经之地，也是我国通往蒙古国和俄罗斯乃至欧洲各国的重要通道，更是中蒙俄"一带一路"上人们来回走动和友好往来及开展旅游活动的重要线路。作为内蒙古草原首府和最大开放型城市，呼和浩特为本市和本地区旅游文化的不断丰富、旅游资源和项目的不断开发利用、国际国内旅游业的不断发展壮大，产生着越来越重要的影响和作用。

（三）"一带一路"背景下呼和浩特市旅游业多元文化的融合发展

呼和浩特自然环境优美，气候宜人，有群山绿水和牧场及农田，冬季防风避寒，夏季雨水充沛，是人们生活的理想宝地。有开展生产活动的肥沃土壤，不论是从事畜牧业生产，还是在这里开耕种田，都会获得理想的收成。正因为如此，这里在历史上就成为南来北往的游客或人们所青睐的土地，是他们安家落户的理想家园，也是不同地区、不同民族、不同文化相互接触、相互学习、相互影响、相互交融而和谐共处、幸福生活的地方。这里也传承着蒙古族和汉族互敬互爱、互相帮助、共同进步的历史文化与文明。另外，这里一直以来是草原丝绸之路上的内陆地区的旅行者、走南闯北的商人和西来东去的传教士的必经之路，也是农耕文化与文明同草原牧区游牧文化与文明相互交

---

① 天津港位于天津市滨海新区，地处渤海湾西端，背靠雄安新区，辐射东北、华北、西北等内陆腹地，被誉为京津冀地区的入海港口。天津港在东北亚与中西亚地区的相互交往中发挥着重要作用，也是新亚欧大陆桥的重要节点，还是 21 世纪海上丝绸之路的战略支点。

流与交融的地带，进而创造了牧业和农业人类早期两大文明和谐和睦相处，共同繁荣发展的光辉灿烂的、本土特有的文化与文明及其历史，留下了包含有多元文化与文明基因的厚重的文化遗产。毫无疑问，这跟北方民族具有海纳百川、开放包容、豁达爽朗的性格与生活理念，南方民族勇于探索、敢于开创、执着坚韧的性格与生活理念等，有其必然的内在联系。这也是呼和浩特能产生极其丰富而灿烂辉煌的历史文化文明的根本因素，也是呼和浩特具有的深厚的历史文化与文明，以及极其丰富而取之不尽、用之不竭的旅游文化资源。1986 年，呼和浩特被国务院正式命名为历史文化名城，之后这里的历史文化与文明如同雨后春笋般生机盎然地展现在世人面前，由此连年不断地迎来国内外慕名而来的宾客、旅游者和旅游团队，这里也成为名声在外的国际国内旅游草原大城市。

正如前文所述，呼和浩特市拥有世人感叹而倾慕的蒙古族文化草原牧区游牧文化、中原地区汉族农耕文化、西北文化、黄河文化、长城文化、山区文化、蒙商文化、晋商文化、昭君文化、佛教文化、外来文化和谐融合、多元一体、丰富多彩、灿烂辉煌的地域文化。还拥有新旧石器时代的遗迹，有战国以及秦、汉、金、明等朝代修筑的长城遗址遗迹，有昭君为代表的蒙古族和汉族团结友爱的传统文化，有北方游牧民族鲜卑族建立都城的历史文化。这里还有北魏重镇武川，素有云中城、敕勒川、丰州滩及土默川的美称。所有这些，勾画出各具特色、五彩缤纷、交相辉映、如梦似幻的多元文化家园，使呼和浩特市在整个北方地区的旅游开发、旅游事业的发展中发挥着不可忽视的重要作用。在改革开放后的 40 余年时间里，尤其是"一带一路"倡议的提出，以及中蒙俄"一带一路"建设和内蒙古文化强区规划的强势推进，呼和浩特市以其厚重的历史文化自然成为旅游热点城市，成为旅游者旅游团争先选择的旅游胜地，是他们享受不同历史朝代、不同地区、不同民族、不同风俗习惯、不同宗教信仰、不同形式和内容的文化与文明的精神家园。那些来自蒙古国和俄罗斯乃至欧洲各国的旅行者和旅游团，带着对于东方古国灿烂辉煌的历史文化的仰慕与膜拜的心理来旅游，又带着对东方古国多元一体、和谐共处、融合发展的现代文化与文明的感叹、赞美、倾慕的美好心情恋恋不舍地离开。这使呼和浩特市多元一体、融合发展的国际国内旅游市场变得更加红红火火、热闹非凡，更加充满活力和生机。

（四）通过非物质文化遗产保护传承发展旅游文化

根据我们的实地调研，这些年来呼和浩特市紧密结合国内外旅游市场，大力实施优秀传统文化的挖掘整理、抢救保护、传承传播、发扬光大的历史性巨大工程。特别是，我国正式颁布《中华人民共和国非物质文化遗产法》[①] 以后，呼和浩特市非物质文化遗产保护工作更加充满了活力和生命力。在各级政府的大力支持下，有计划、有步骤、有安排地开展了本市所辖范围内的历史文化的保护工作，以及对用他们的生命和信仰世代相传的非物质文化遗产，包括传统的美学艺术、书法字帖、音乐舞蹈、戏剧曲艺，以及民间神话传说、传统礼仪、民俗习惯、节庆活动等展开挖掘整理、抢救保护工作。尤为可贵的是，呼和浩特市将非物质文化遗产的保护工作，同物质文化遗产的保护工作，以及与文化强市建设和中蒙俄"一带一路"旅游文化建设工程紧密联系，不断加大人力、物力、财力方面的投入力度，进而取得了鼓舞人心的辉煌成绩。同时，对于推动呼和浩特市中蒙俄"一带一路"旅游文化事业产生了深远影响。

呼和浩特市在下大力气不断强化非物质文化遗产的保护工作的同时，着力推出一批优秀文艺作品，努力打造优秀传统文化品牌与国际国内旅游文化事业相互作用、相互促进、共同繁荣发展的新局面。非物质文化遗产的挖掘整理和抢救保护工作，确实给呼和浩特市的旅游文化注入了新的内涵，提升了旅游文化的品位和魅力。反过来讲，"一带一路"倡议的提出和文化战略的实施，特别是中蒙俄"一带一路"

---

① 《中华人民共和国非物质文化遗产法》由第十一届全国人民代表大会常务委员会第十九次会议于 2011 年 2 月 25 日通过并公布，自 2011 年 6 月 1 日起施行。

国际旅游事业的不断向深度和广度推进，包括国内旅游业的不断繁荣发展，同样很大程度上促进了呼和浩特市的非物质文化遗产的保护工作，给其带来了千载难逢的发展机遇。这使该市的非物质文化遗产的保护工作按部就班地顺利推进，他们在不断强化非物质文化遗产的挖掘整理和抢救保护工作的同时，根据此项工作具有的特殊性能和特定需求，不断加大力度完善和建立健全非物质文化遗产名录和数据库。经过这些年的努力，呼和浩特市已经拥有了97项市级非物质文化遗产名录，其中第一批入选12项、第二批入选15项、第三批入选11项、第四批入选15项、第五批入选14项、第六批入选30项、第七批入选51项，涵盖民间文学、传统音乐、传统舞蹈、传统戏剧、传统曲艺、传统体育、传统游艺与杂技、传统美术等非物质文化内容。尤为可贵的是，呼和浩特市多次围绕非物质文化遗产和"一带一路"与文化强市工作、中蒙俄"一带一路"国际文化、国内旅游文化紧密相结合，积极开办非物质文化遗产传承人培训班和研修班，以及以非物质文化遗产及传统工艺保护与振兴为题的研讨会等。2021年4月，呼和浩特市举办了"人民的非遗·人民共享"全民推进"万里茶道"申报世界文化遗产暨呼和浩特"万里茶道"非遗传习基地展示活动。这不仅有利于呼和浩特市丰富多样的非物质文化遗产的对外宣传，而且也为国际国内的旅游文化事业增添了新的品味、新的内蕴、新的思路和平台，从而更加凸显了呼和浩特市富有的厚重的历史文化价值，进一步提升了中蒙俄"一带一路"旅游文化的国际国内的影响力。

为了强化非物质文化遗产区域性整体保护与宣传工作，以及将其同中蒙俄"一带一路"国际旅游文化紧密相结合，呼和浩特市图书馆还举办"呼和浩特市与'一带一路'访谈和文化"项目，充分利用演播室访谈和文化专题片，将茶叶之路、万驼之城、金融之路、谋生之路、文化之路同"一带一路"紧密相联系，全面展现呼和浩特与草原丝绸之路及"一带一路"的历史变迁。同时，也展现出了呼和浩特市在草原丝绸之路及"一带一路"的建设中，为促进中外历史文化的交流，为国际国内的旅游文化的繁荣发展做出的重要贡献，以及在此过程中所处的重要地位。实施该项目的过程中还创建了"呼和浩特与'一带一路'"网站，并以此为平台，将这些非物质文化遗产的名录和数据资源整合成多媒体资源库，进而实现了对呼和浩特市历史文化资源的长期保存。另外还有一种新平台，是通过访谈、专题栏目等形式，不断有计划、有步骤、有安排地播放访谈片和文化专题片。所有这些，对于呼和浩特市文化强市、文化振兴、旅游文化建设，包括中蒙俄"一带一路"国际旅游文化建设等，均产生了预期的积极影响和作用。

在这里还应该提到的是，2014 年申报成功的第六批国家级文化产业示范基地大盛魁文化创意产业园，现已发展成为向国内外游客积极宣传呼和浩特悠久历史文化，充分展现"万里茶道"和中蒙俄"一带一路"建设的全新平台。有着近三百年历史的大盛魁文化，为促进我国历史的文化交流、人们的相互走动和旅行往来发挥过积极作用。在园区内开设的餐馆、茶社、饮茶文化、相声表演，以及大盛魁博物馆、辽金元老窑瓷博物馆和世界报纸杂志馆等，还有 33 家非物质文化遗产保护框架下打造出的民族用品手工艺室工作室，以及 12 个盟市特色手工艺品主题店等，对于中蒙俄"一带一路"旅游文化建设，以及国内外的游客旅游观光活动，增添了新的色彩、新的视角、新的收获。除此之外，也为更好地保护本地区独具特色的非物质文化遗产的保护、传承、发展产生了积极影响。

## 第三节 中蒙俄"一带一路"与呼和浩特市旅游文化产业的繁荣发展

本节主要分析呼和浩特市旅游文化产业建设及发展，以及呼和浩特市旅游文化产业的迅速崛起和取得的成绩，包括在中蒙俄"一带一路"旅游文化产业国际合作方面获得的丰厚经济效益及其未来发展道路的新的探索。

**一　中蒙俄"一带一路"建设与呼和浩特市旅游产业的发展**

旅游文化产业已经成为影响当今人类社会发展的重要因素之一，尤其是对于经济社会的发展起着日益重要的作用，欧美许多国家旅游业及旅游产业的收入占国家总收入的 10% 以上，甚至在一些国家达到 30% 或 40% 。我国的旅游业及旅游产业的收入也占国家总收入的 10% 以上，而呼和浩特市的旅游业及旅游产业的收入占本地区年度总收入的 11% 左右。伴随"一带一路"倡议和文化强国战略的强势推动，以及中蒙俄"一带一路"旅游文化事业的顺利推进，该市的旅游产品、旅游产业、旅游商贸快速崛起。另外，呼和浩特市是除天津和石家庄市之外，距离首都北京最近的省会城市。呼和浩特市作为内蒙古地区政治、经济、文化中心，对于中蒙俄"一带一路"经济建设和本市的旅游产业的发展有其特定区位优势。尤其是伴随越来越发达的城市轨道交通、城际铁路及高铁线路，这里已经拥有了以公路、铁路、航空为主体的综合性立体交通网络，进而对本地区的国际国内旅游事业的发展，包括国际国内旅游商品的快速流通，以及国际国内商品交易和商贸往来，发挥着不可忽视的重要作用。作为国家 45 个公路主枢纽城市之一，呼和浩特市有纵横交错、四通八达、快速便利、畅通无阻的高速公路及铁路和航空通道。特别是沿中蒙俄"一带一路"沿线兴建的直通蒙古国和俄罗斯，乃至通达欧洲各国的陆路国际交通和国际航线，为"一带一路"及文化强国建设，为进一步拓宽中蒙俄"一带一路"旅游文化交流，以及旅游商品的国际国内流通和国际商贸往来产生着越来越重要的影响力。如前文所述，2015 年 10 月国务院批复《环渤海地区合作发展纲要》，把呼和浩特市作为合作伙伴和战略中心城市纳入环渤海地区合作框架内，随后呼和浩特被纳入京津冀"两小时经济圈"，并为蒙古国和俄罗斯旅游产品进入国际市场开辟了新的通道和国际商贸活动线路。可以看出，这使中蒙俄"一带一路"旅游产品的国际交易，包括国际商贸活动变得更为活跃、更加频繁、更有实效。

根据国家《中长期铁路网规划》，呼和浩特铁路枢纽是"八横八纵"①的主动脉，呼和浩特站也是呼南通道和京兰通道的重要节点。也就是说，呼和浩特市包括高速铁路在内的铁路枢纽西接包头，东连集宁，是宁夏、蒙西与华北、东北，在这一广泛地区内开展旅游旅行活动及旅游商品及国际贸易货物流通的必经之地，也是我国通往蒙古国和俄罗斯及欧洲各国的重要通道，还是中蒙俄"一带一路"旅游商品国际交易重要线路。呼和浩特市根据新时代"一带一路"及文化强国战略，以及中蒙俄"一带一路"国际国内交流与交往及旅游文化事业的发展需要，新规划的铁路枢纽建设方案于 2020 年 1 月获得批复。这预示着未来呼和浩特铁路枢纽将以呼和浩特市为龙头，对包括包头市、鄂尔多斯市、乌海市等内蒙古经济发达地区，还有陕西省的榆林市等之间的协同发展将发挥关键性作用。毫无疑问，更为重要的是为中蒙俄"一带一路"旅游文化国际交流及旅游商品国际交易提供更广阔的发展空间。在这里还应该提到的是，伴随呼和浩特市中蒙俄"一带一路"旅游事业和产业的快速发展，对于各类人才的需求变得更加迫切、更加实际、更加多元，其要求与标准也变得更高。作为内蒙古首府呼和浩特市的各大院校②及各类科研机构，针对本地区中蒙俄"一带一路"和文化强市建设，以及国内外旅游文化产业发展的实际需求，源源不断地培养和输送各方面急需的优秀人才，进而对呼和浩特市经济社会的发展，以及对外开放和中蒙俄"一带一路"建设，包括对旅游事业和产业的深度推进，都发挥着极其重要的作用。

---

① 八横八纵是指我国高速铁路网络，其中八横高速铁路网包括绥满通道、京兰通道、青银通道、陆桥通道、沿江通道、沪昆通道、厦渝通道、广昆通道，八纵高速铁路网包括沿海通道、京沪通道、京港（台）通道、京哈—京港通道、呼南通道、京昆通道、包（银）海通道、兰（西）广通道。

② 呼和浩特市是内蒙古科教中心，这里拥有全区 70% 的高等院校和 40% 的科研机构。也就是说，内蒙古地区 36% 的高新技术企业和 25 所高等院校在呼和浩特市。而且，在校的大学生和研究生达到 30 余万人。

　　呼和浩特是一座具有悠久历史文化的古城，也是草原丝绸之路和茶叶之路的核心区域。正因为如此，归化城在当时属于草原丝绸之路和茶叶之路的重要的易货买卖、商品交易、商贸往来的货物集散地，更是属于对外开展国际商贸活动的内陆各路商人及旅蒙商号的大本营。清代中期，随着驰名中外的"大盛魁"等旅蒙商号的兴起，呼和浩特成为草原丝绸之路上连通南北的政治、经济、文化中心，通往漠北的交通要道，成为北方草原地区重要的旅游商品集散地和连接北方草原地区与中原地区商贸交易的重要纽带。清代时期一度出现游人和旅蒙商云集，到处是琳琅满目、丰富多样、特色各异的旅游商品和生活用品的繁荣景象。当时的这些情景，人们完全可以通过大盛魁总号旧址、元盛德、麻花板村旧址、阴山白道等遗址，包括对草原丝绸之路和茶叶之路的展览馆、大盛魁文化创意产业园等体现出来。

　　草原丝绸之路的开拓，与早期草原民族的游牧生产生活方式有关。因为游牧民族一年四季在辽阔无边的草原上从事游牧生产活动和迁移式生活，他们并没有形成大范围、大规模的群居性生活，因而缺少易货买卖、商品交易、商贸往来的市场。在生产生活物资短缺的情况下，他们不得不拓展新的生存空间，寻找新的生物资料，因此出现了相互需求、相互补给、相互依靠的经常性的接触和往来的社会关系。再后来，就逐渐出现了从小到大的集聚性生活，同时也有了不同文化与文明的相互接触与交流，进而孕育出进行各种易货买卖、商品交易的市场，也迎来草原丝绸之路上东西方文化的友好往来与交流及国际商贸活动。换言之，在早期的草原丝绸之路上，草原文化和中原文化通过草原丝绸之路传到西方，同样西方文化也通过草原丝绸之路来到草原和中原地区。众所周知，草原丝绸之路是保存最久、辐射面最广、影响力最深远的文化之路，也是因为不同地区和国家的旅行者和旅蒙商，包括各路商人在这条路上不屈艰辛、勇敢探索、前仆后继、一往无前，开辟了新的发展道路，走向了未来，终于走出了一条穿越草原和欧亚大陆的旅行旅游和商贸往来大通道。这其中，作为草原丝绸之路上的重要枢纽，草原城市呼和浩特发挥过并一直发挥着不可替代的重要作用，自从它诞生至今走过的 2400 多年历程，见证着草原丝绸之路经历的从无到有、曲折艰辛、风云变幻的历史岁月。

呼和浩特市在明朝就叫归化城，清代中期随着"大盛魁"等旅蒙商的兴起和不断壮大，这里就成为我国各路商人开展各种易货买卖和商品交易及商贸活动的重要商城。到了 16 世纪中叶，也就是从明朝万历年间开始，呼和浩特所在的土默川平原就发展成漠北与中原地区人员相互旅行往来和商品交易的重要通道和交易场所。尤其是来自山西的旅蒙商紧紧抓住各种商机，来到归化城从事多种形式的商品交易活动，同时将该城作为一个商品交易基地，不断沿草原丝绸之路向漠北草原深处拓展旅游线路和商贸活动路线，甚至经漠北草原丝绸之路延伸至俄罗斯和欧洲相关国家和地区，主要开展茶叶、丝绸、布匹、陶瓷及手工制作的日用品等旅游商品及生活必需品的贸易。在商贸比较繁荣的历史时期，这里会聚了来自山西、湖北等地的游客和商人，也有来自俄罗斯或欧洲相关国家和地区的国际友人和商人。所以在这里的大街小巷呈现出车马骆驼商队川流不息，各种旅游商品及生活用品南来北往、东去西来、来来往往的繁忙运货现象。长此以往，不少商人和手工匠，先后在这里安家落户，也有一些随商人到此来旅行或游玩的内陆地区的人，也因这里的生活舒适安逸而定居下来。这使归化城人口逐年增多，各种旅店和商铺也变得越来越多。其中，规模大而经营品种丰富的商户为大盛魁，总部设立于归化城，鼎盛时期人数达到 7000 余人，贩运的商品有砖茶、绸缎、陶瓷、布匹、生烟、蒙古靴子、糖果等旅游商品及生活用品，还经营来自俄罗斯或欧洲一些国家的旅游商品和日用品等。现今，在呼和浩特市依然还能看到与当时的草原丝绸之路及万里茶道兴盛期的相关文物遗存，曾经的大盛魁文化创意产业园就是其中的一处旅游景点，园内还保持着当时的雕梁画栋以及早期文化，所有这些都成为呼和浩特市旅游开发的丰厚资源。

呼和浩特市由 16 世纪建城之初的塞外旅行旅游和商贸活动的小城，

现已发展成了人口超过 340 万的现代化大都市，进而成为内蒙古旅游文化中心，同时也成为中蒙两国草原旅游特色民族品牌商贸中心，以及中蒙俄"一带一路"草原特色的旅游商品和国际商贸交流中心。呼和浩特市以品牌商场、商城、商街、商贸活动中心为依托，将草原旅游商品、草原生活用品、草原服饰、草原特色艺术品等源源不断地畅销到全国各地，以及蒙古国和俄罗斯及欧洲各国。这其中，各地的旅行家、旅游者、旅游团体及各路商家发挥着极其重要的宣传、推介、推销作用。来自蒙古国、俄罗斯及欧洲相关国家和地区的旅行家、旅游者、旅游团体及其各路国外商人，也源源不断地沿中蒙俄"一带一路"来到内蒙古呼和浩特市，在开展各种旅游观光活动的同时，购买称心如意的内蒙古草原旅游文化产品及内陆商家出售的名贵丝绸、茶叶、陶瓷及各种电子日用品等。其中，种类繁多而琳琅满目的草原旅游商品、旅游消费品、旅游工艺品、旅游纪念品及旅游文化创意商品等，同样占有相当大的市场份额。而我国内陆地区或沿海地区来的游客或旅游团则主要购买草原旅游商品、旅游消费品、旅游工艺品、旅游纪念品，以及俄罗斯及欧洲的旅游商品和独具特色的欧式风格的家庭用品等。在呼和浩特市的市场上，由于内蒙古草原旅游商品种类繁多，占比又比较高，所以有的游客将呼和浩特市的旅游产品商城或商业街美称为"蒙古族商品城"或"蒙古族旅游商品市场"。

我国内蒙古地区草原旅游商品的更新换代、创新升级、市场化运营功能非常强，所以这里往往被誉为属于世界最为繁华的国际草原旅游文化商品市场。在内蒙古以呼和浩特为引领的草原旅游商品的生产加工业，已经成为该地区不可忽视的可持续发展的一大产业，像呼和浩特市的蒙亮公司等生产并经营各种旅游工艺品的企业，其产品中包含的内蒙古草原文化内涵极其突出，甚至达到引人入胜、令人迷恋、爱不释手的程度。这些草原文化色彩浓重的旅游产品的文化品位、文化风格、文化特征、文化品牌，无疑都源之蒙古族草原牧区纯粹意义上的游牧生活、游牧生产、游牧文明。同时，他们还把草原牧区游牧文化具有的艺术感染力，淋漓尽致地用艺术手段雕刻在蒙古旅游文化商品的刀器、容器、乐器，以及牛角等骨制、皮制、木制用品、餐具、艺术品等上面。尤其可贵的是，为了充分发掘蒙古族草原牧区游牧文化，用他们精湛的技术和精巧的手艺打造出一个个精美的雕刻艺术品、彩绘艺术品、绘画艺术品、刺绣艺术品和金银工艺饰品等内蒙古草原牧区旅游文化商品，以及具有蒙古草原文化特色的民族手工艺旅游市场系列产品。呼和浩特市还通过充分利用各种现代高科技宣传工具、宣传媒体、宣传平台，充分展现蒙古族独具特色的旅游文化工艺品、蒙古族旅游文化服饰、蒙古族旅游文化餐饮的魅力。当然，由于呼和浩特长期与内陆地区进行深度接触交流，因此我们也可以看到许多与内蒙古草原旅游文化商品融为一体的内陆地区的旅游文化商品。所有这些，使呼和浩特市的草原旅游文化市场到处洋溢着草原旅游文化的浓厚气息，使人们更加具体、更加切身、更加全面、更加深入地了解到内蒙古草原文化的丰富内涵，以及弥足珍贵的旅游文化商品价值。目前，呼和浩特的旅游文化产品已达到一万多种，包括有民族特色的旅游工艺、皮艺、服饰、食品、各种民族的礼品等。毫无疑问，这些旅游商品深受国内外旅游者和收藏家的喜爱，使其不仅走入国内广阔市场，还沿着中蒙俄"一带一路"走到蒙古国、俄罗斯及欧洲各国市场，并为内蒙古旅游业带来十分丰厚的市场效益和经济效益。

## 二 中蒙俄"一带一路"与呼和浩特市旅游产业的崛起

随着中蒙俄"一带一路"建设的实施，作为内蒙古首府的呼和浩特同蒙古国和俄罗斯乃至与欧洲各国国际交流与合作不断向深度和广度推进，这使传统意义上的草原旅游文化及草原旅游产业也进入了快速发展的轨道，从而进一步强化了民心沟通、民心互通、民心相通，以及文化交流、经济合作、政治互信。所有这些充分证明，习近平总书记2013年在纳扎尔巴耶夫大学的演讲中提出的，通过加强政策沟通、道路联通、贸易畅通、货币流通和民心相通，"以点带面，从线到片，逐步形成区域大合作"的新局面在这里已经基本形成。也就是说，呼和浩特各级政府下大力气，拿出专项经费，狠抓落实"一带一路"和文化强国战略思想，以及中蒙俄"一带一路"建设和文化强区建设，不断提升、优化、创新发展国际国内旅游业及其旅游产业，不断加快加速呼和浩特市国际草原旅游文化以及呼和浩特市的国际化进程。2013年，在没有对外直接对接的陆路口岸的前提下，呼和浩特市接待入境旅游人次在全区位列第三（见图3-2），由此极大地促进了呼和浩特的国际旅游和旅游文化产业。目前，已经形成莫尼山非物质文化遗产小镇、古驼道茶马驿站、万里茶道国际文化创意之都等旅游文化项目，先后多次开展"中国·内蒙古国际草原文化节""中国绿化博览会""万里茶道国际茶博会"等会展品牌，以及"中蒙博览会""中蒙俄智库国际论坛""昭君文化节""中国·呼和浩特少数民族旅游文化艺术活动"等系列活动。其中，"昭君文化节"已经连续举办21届。所有这些，已成为展示呼和浩特市多民族融合发展的地域文化特色，塑造呼和浩特历史文化名城的品牌工程，在打造首府民族特色文化品牌、促进旅游文化产业发展、不断提升呼和浩特对外影响力等方面发挥着越来越多的作用，进而为呼和浩特市旅游文化及旅游产业的崛起注入了强盛的活力。

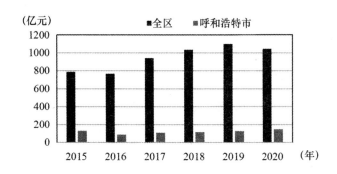

图3-2　2015—2020年呼和浩特市与内蒙古自治区全区进出口额比较

　　此外，呼和浩特市旅游业及旅游产业的崛起有赖于这两点。首先，从旅游业的角度，不断提高旅游资源的科学有效开发，不断优化旅游设施，不断提升旅游服务质量和水平；其次，从旅游产业的角度，为了更好地拉动旅游消费和旅游产业的发展，努力营造食、住、行、游、购、娱为一体的综合性、互动性、连贯性、多功能、高质量的服务体系。与此同时，呼和浩特市为了更好地扎实推进中蒙俄"一带一路"建设，以及与此密切相关的旅游业和旅游产业，紧紧抓住自身具有的地缘优势，举办了一系列国际国内文化交流活动。其中，就包括2014年召开的中蒙俄三国五地①旅游联席会议、2015年的"茶叶之路——和平之旅"中蒙俄自驾环线探查活动、2017年中蒙俄"一带一路"中外电影交流研讨会、2019年中蒙俄"一带一路"传统医疗技术高峰论坛及中蒙俄"一带一路"马球公开赛等。

　　每两年举办一届的"中蒙博览会"，是中蒙两国乃至东北亚地区国际旅游合作和国际商品交易及贸易往来的新平台，在呼和浩特市就已经先后成功举办三届"中蒙博览会"，届时通过举办不同主题的论坛和展览，积极宣传本地丰富多样的旅游文化，积极推介中蒙俄"一带一路"旅游产品，不断探索旅游文化产业企业对外发展及科学对接合作的新途径，不断提升其国际国内旅游市场的影响力。例如，2015年在呼和浩特市，为成功举办"首届中蒙博览会"，首先圆满完成主会场展区规划、展位设计、布展搭建等任务，其次成功承办了中蒙肉业合作洽谈会、中蒙跨境电子商务合作洽谈会、国际马业论坛3项活动，共签署包括国际旅游及旅游商品合作等在内的各类国内外合作协议166项，协议投资额达到1485.9亿元。2017年，以"建设中蒙俄经济走廊，面向全球合作共赢"为主题的第二届"中蒙博览会"，同样在呼和浩特市举办。由于本次博览会上有40多个国家的1500多家企业参加，所以内部分为"四大板块"及23项国际国内商贸活动具体内容。而且，来自

----

　　① 这里指的三国是指中国、蒙古国、俄罗斯，五地是指我国的内蒙古、俄罗斯的外贝加尔边疆地区、俄罗斯布里亚特共和国、俄罗斯伊尔库茨克州、蒙古国的乌兰巴托市。

相关国家旅游文化方面的负责人、专家学者、企业家、商业界代表等达 2500 多人。呼和浩特市具体承办了"国际旅游商品展""国际马产业展""2017 年草原与草业创新发展国际论坛"三项活动内容。2019年，第三届"中蒙博览会"分别在呼和浩特市和乌兰察布市召开，共计约 450 家企业参展。在呼和浩特举办的蒙古国商品展是中蒙博览会的重要组成部分，也是促进中蒙两国开展国际旅游和商贸合作的重要平台之一。

呼和浩特市有效组织文化与旅游方面的龙头企业参加区域性合作高峰论坛和品牌产品的展览展示活动，以及投资贸易推介会、主题论坛、专题讨论、文化交流等活动。特别是在中蒙俄"一带一路"旅游文化合作方面成绩显著。此外，2017 年，呼和浩特市还承办"一带一路"国际艺术巡展·中国站展览暨庆祝内蒙古自治区成立 70 周年展，并以开展民间交流活动为主题，进一步推进中蒙俄"一带一路"沿线国家的民心相通、文化融通与共享工程；2018 年，在呼和浩特市政府的大力支持下，各有关部门及相关企业负责人组团参加了"2018 第三届乌兰巴托、中国内蒙古商品展览会""2018 中国内蒙古、蒙古国投资贸易推介会"和俄罗斯"贝加尔之旅"国际展览会等活动。通过这些有影响力的展览会和推介会，呼和浩特市进一步拓展了旅游业及旅游商品交易渠道和市场，加快了同蒙古国和俄罗斯乃至欧洲相关国家间的国际商品交易和经贸合作。2019 年，由内蒙古食品商会和内蒙古名优产品促进会发起的"'一带一路'国际食品城"成功落户呼和浩特市，目的就是通过这些实体购销平台，对具有竞争力企业的优质产品进行线上线下创新整合，开展多渠道、多方面、多层级的国际食品交易。其中，就包括创新型开发的个性化、特色化、便携带、即食性、保质期长、味美可口、环保卫生的旅游食品、休闲食品和快餐食品。这使该食品城不仅成为内蒙古草原绿色优质产品的"集结地"，也成为中蒙俄"一带一路"沿线国家名优食品及旅游商品的"进出港"。该食品城还努力打造实实在在的"内蒙古草原味道"和"内蒙古草原品牌",并以"政府＋市场＋社会"三位一体有效推动草原风味品牌食品畅销世界各地,最终呈现出"立足呼市、走向世界、奉献人类"的美好局面。

我们还看到,2019 年 8 月,在呼和浩特市成功举办了首届国际音乐夏令营活动。前来参加本次音乐夏令营的各国和各地艺术青少年的友好接触和交流,他们所欣赏到的丰富多彩而美丽感人的草原歌舞表演,在他们的心灵中留下了无限美好记忆,给他们在未来的岁月里相互友好接触和交流及往来打下了坚实的思想基础。尤为可贵的是,通过艺术青少年们在不同国家和地区进一步宣传我国改革开放的美好时代,以及"一带一路"和文化强国建设,包括中蒙俄"一带一路"旅游文化交流与合作取得的辉煌成绩等,将会产生积极而深远的影响和作用。与此相关,2020 年在呼和浩特市和林格尔举办的国际文化创意大会,以及"一带一路"敕勒川文创奖作品征集活动,对于打造和林格尔文化创意生态具有深远影响,同时对该地区的经济社会高质量高水平的发展,以及旅游业和旅游文化产业的崛起发挥了积极推动作用。

还有,在前面的有关章节里提出的一系列高规格、高层级、高质量的国际国内草原旅游节和草原旅游商品博览会、展览会、交易会、展销会等,均很大程度上提升了呼和浩特市旅游业和旅游产业的国际国内影响力,促进了呼和浩特市草原特色、地方特色和本土特色旅游文化事业的快速崛起。为了使中蒙俄"一带一路"国际旅游品牌成为旅游亮点,中蒙两国于 2016 年 2 月签署了国际旅游与文化交流合作协议,这进一步夯实了中蒙两国跨境旅游合作。这些协议的顺利履行,不仅强有力全面地推动了中蒙关系,同时为中俄关系注入了新的动力,也为呼和浩特市国际旅游文化事业的繁荣发展赋予了新的使命。在这里,还要指出的是,被誉为中国和俄罗斯共同打造的"万里茶道"及中蒙俄"一带一路"国际旅游品牌之举的,呼和浩特至俄罗斯西伯利亚伊尔库茨克旅游包机于 2016 年成功开通,这使中俄两国游客的相互往来、旅游观光变得更加方便和理想。俄罗斯方面参观游览"万里茶道"及中蒙俄"一带一路"自然风光和人文环境,充分体验我国各具特色而丰富多彩的风土人情的机会变得越来越多。相反,对于中国游客来讲,乘坐旅游包机前往伊尔库茨克市,参观西伯利亚最大的民族建筑博物馆"塔利茨",以及西伯利亚的乌兰乌德市内独具风采而含有浓郁历史文化内涵的历史博物馆,前往贝加尔湖观赏美丽诱人的自然环境,包括亲身深度体验俄罗斯民族及布里亚特民族在寒冷地带创造的冰雪文化等均提供了极大方便。当然,所有这些,为中蒙俄"一带一路"旅游业和旅游产业的崛起同样注入了新的活力。

### 三　中蒙俄"一带一路"建设与呼和浩特市旅游文化国际合作及展望

人类文明的进程中,不论对哪个国家和民族来讲,游牧生产生活及其文化都曾经发挥过举足轻重的作用。那么,在游牧生产伴随四季牧场牧草的变化与需求,长年累月无止境四处迁徙、游牧的运动式、动态式、活动式、游动式生产背景下出现的草原丝绸之路,对草原人民的生产生活产生过很大影响,为他们寂静安详的生活带来了热闹的市场、带来了生产生活物质、带来了农业文明、带来了西方新思想、新文化和文明。然而,进入 21 世纪的今天,古丝绸之路同样发挥着应有的作用,尤其是改革开放以来,习近平总书记提出的"一带一路"倡议和文化强国战略的具体实施,中蒙俄"一带一路"及草原文化强市建设紧密相关的旅游业和旅游产业取得了鼓舞人心的辉煌成绩。习近平主席在 2017 年 5 月 14 日出席"一带一路"国际合作高峰论坛的主旨演讲中明确指出,"古丝绸之路绵亘万里,延续千年,积淀了以和平合作、开放包容、互学互鉴、互利共赢为核心的丝路精神。这是人类文明的宝贵遗产"。就如习近平总书记所说,当今人类文明的进程在源远流长的丝绸之路精神感召下,以及"一带一路"思想理论的引领下,不同国家和地区的人们不断缩小差距、凝聚共识、继往开来,走向更加美好的未来。

　　"十三五"期间，呼和浩特市积极投入中蒙俄"一带一路"建设，主动发挥在京津冀旅游文化建设中的作用，不断强化旅游文化及旅游商品的区域合作，为营造草原旅游文化良好环境创造有利条件。尤其是，强有力地推动旅游产业事业的国际合作，广泛开展国际旅游和旅游商品交易及商贸往来，积极有效地推动草原旅游商品国际博览会、展览会、交易会、展销会，不断强化相互间诚信合作，使民心相依、民心相通、民心相融成为中蒙俄"一带一路"建设的坚实基础。毫无疑问，这使中蒙俄"一带一路"沿线国家间的旅游交往日益频繁，入境游客持续大幅度攀升（见图 3-3）。通过国际旅游和友好往来带来的强大影响力、感染力和感召力，不断促进蒙古国和俄罗斯及欧洲各国间的国际交流，持续深入推进各种富有成效、互利互惠、互利共赢的国际经贸投资合作，并与中蒙俄"一带一路"沿线的 106 个国家建立了国际贸易往来关系。其中，在蒙古国投资的国内企业就有 43 家，在俄罗斯投资的国内企业有 6 家，在中蒙俄"一带一路"沿线国家投资的中国企业已经达到 54 家。而且，与旅游和旅游产品的开发制造相关的企业也占有一定的比例。在此基础上，呼和浩特市不断优化国际国内营商环境，并对国际贸易活动中出现的繁杂手续进行多证合一的改革，全面施行外商投资准入前国民待遇加负面清单管理制度，积极协助外商投资企业设立备案和变更备案工作。同时，还出台了《呼和浩特市加快发展对外文化贸易实施方案》《呼和浩特市发展服务贸易的实施方案》《对外贸易重点企业包保服务责任制工作方案》，为外贸企业发展壮大努力创造良好的经营环境和发展环境。

　　随着不断完善开放型基础设施建设，补齐参与"一带一路"建设的硬件短板，目前，呼和浩特市已经建成我国中西部物流网络和向北开放国际物流枢纽平台，国际国内旅游产业和商贸服务型产业发展远景逐渐显现。在不断优化国内外营商环境的前提下，强力推动国际旅游和旅游产品的便利化服务，已成为呼和浩特市国际旅游市场和国际旅游商品交易市场，向蒙古国和俄罗斯乃至向欧洲各国主动开放、积

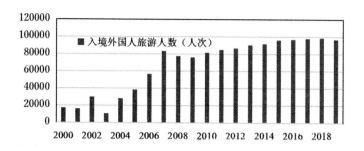

**图 3 - 3　2000—2018 年呼和浩特市入境外国人旅游人数统计**

极合作、互利共赢的重要载体和驱动引擎。特别是依托鄂尔多斯羊绒集团、蒙牛乳业集团股份有限公司、伊利乳业有限责任公司、呼和浩特市草原食品有限责任公司、呼和浩特市草原嵘穆牛业有限责任公司等品牌公司企业，充分利用全球现代高科技电商大数据平台，不断强化包括草原品牌旅游产品在内的各种国际商贸活动。呼和浩特市还充分利用综合保税区政策红利，有思路、有计划、有步骤推动出口退税、商品关税下调和减免等工作，并取得实质性进展。2018 年 9 月，伴随呼和浩特中欧班列的开通，该市海关制定出台支持中欧班列安全高效运营的 22 条举措，围绕优化通关监管作业模式、保障通关时效等方面给予鼎力支持和提供一系列通关便利措施，及时快速解决在中欧班列沿线国际商贸交易中遇到的通关等问题，全力保障国际商品交易和贸易往来的畅通无阻。同时，不断加大与"一带一路"沿线国家 AEO 互认合作力度，支持中欧班列运输跨境旅游商品、旅游电商、旅游快件、旅游邮件业务，还不断加大国内旅游、旅游商品及特色食品及农产品的进口，以此扩大和丰富回程中欧班列的各国各地区的商品种类。经过这几年的不断努力，已初步建立同蒙古国和俄罗斯及欧洲相关国家，包括我国内陆地区和沿海各省市间的联动发展机制，从而形成资源共享、政策互惠、优势互补的国际国内合作机制，携手打造经由呼和浩特市联通蒙古国和俄罗斯及欧洲各国的合作共同体。呼和浩特市还紧紧抓住创新体制机制，探索区域经济高质量增长的发展模式。

2019 年 6 月在上合组织峰会期间，中蒙俄三国元首在会晤中就推进三国发展战略对接、各领域务实合作、中蒙俄经济走廊建设等主要议题展开了求真务实、富有成效的广泛讨论，释放出中蒙俄"一带一路"建设及区域性经济合作即将进入高质量发展时代的积极信号。如何高标准、高质量、高效率地推动呼和浩特市旅游文化业发展，实现文化旅游业提档升级，是呼和浩特市在"十四五"期间需要完成的重要任务和使命。众所周知，呼和浩特市不仅是草原旅游商品交易的中心，同时也是内蒙古最为主要的旅游城市，是内蒙古的旅游服务中心和旅游交通中转枢纽，也是我国东北地区旅游城市同蒙古国和俄罗斯开展各种旅游活动及旅游商品交易的重要口岸。呼和浩特市积极响应中蒙俄"一带一路"与文化强市建设，以及京津冀协同发展、黄河流域生态保护和高质量发展、呼包鄂榆城市群与呼包鄂乌合作发展、呼包银榆经济区等战略，不断深度开发和培育旅游文化及旅游文化产品国际合作的新动能，不断拓展国际旅游文化事业发展的新空间，努力将国际旅游资源及旅游文化产品资源优势转化为自身发展的有力条件和强大优势。呼和浩特市在自治区"两个屏障""五个基地"和"一个桥头堡"①的战略定位引领下，立足自身具有的各方面的优势，不断探索国际国内旅游业及旅游产业的高质量长期可持续发展。

呼和浩特市旅游业和旅游产业的发展进程充分彰显出自身具有的竞争力，对全区产生了巨大带动力和辐射力，特别是强有力地弘扬了历史文化、草原文化、黄河文化、红色文化等多元一体的本地区优秀文化、优势文化及特色文化，打造出整体的城市文化现象，以及行之有效的品牌推广营销模式，这使文化和旅游资源的双重价值得到充分

---

①  这里所说的"两个屏障"是指努力把内蒙古建设成我国北方重要的生态安全屏障，以及祖国北疆安全稳定屏障；"五个基地"是指保障首都与服务华北及面向全国的清洁能源输出基地、全国重要的现代煤化工生产示范基地、有色金属生产加工和现代装备制造新型产业基地、绿色农畜产品生产加工输出基地、体现草原文化和独具北疆特色的旅游观光及休闲度假基地；"一个桥头堡"是指努力把内蒙古建设成为我国向北开放的重要桥头堡。

释放。而且，科学、有效而广泛地深度开发利用历史文化遗迹和传统民风民俗，以及草原牧区的游牧文化、节庆文化、服饰文化、饮食文化、建筑文化、婚庆文化、民族文化、交通用具文化和马文化等特色文化来不断促进旅游业的发展。与此同时，把这些草原文化及本土文化因素、文化内涵、文化形式、文化特征、文化现象无可保留而淋漓尽致地融入丰富多样、各具特色、形态各异、五颜六色的草原旅游文化商品之中，从而深得国内外游客的青睐、好感与极大兴趣，刺激了他们的消费心理，获得了十分广阔而理想的市场。这使呼和浩特市在与"一带一路"沿线国家的贸易往来中位居前列，在与蒙古国和俄罗斯的旅游合作及其旅游产业的合作中，其自身具有的优势地位，包括国际商贸合作领域的区位优势均充分彰显了出来。其中，以旅游文化与购物周、旅游文化与购物月、旅游文化与购物季节等一系列将旅游、休闲、度假、购物融为一体活动，以及期间举办的琳琅满目的草原旅游文化产品展览、不同形式和内容的草原文化交流与论坛、丰富多样而精彩纷呈的文艺演出等强有力地带动了国内外游客间的相互交流与沟通，提升了旅游购物的文化内涵和文化氛围。也就是说，呼和浩特市作为中国向北开放的桥头堡，在"万里茶道"及中蒙俄"一带一路"国际旅游合作和旅游产品的国际合作中，不仅在过去和现在发挥过或者说发挥着越来越重要的作用，且在未来的发展进程中同样会发挥举足轻重的作用。

　　呼和浩特市作为内蒙古自治区首府，有其健全完善的航空、铁路、公路交通网络系统，并借助自治区多年来在文化、教育、人才等方面取得的辉煌成绩，不断发挥中蒙俄"一带一路"及文化强区建设中的重要作用。同时，通过地区特点和草原特点的文化产业发展塑造新的城市文化氛围，努力建设丝绸之路及中蒙俄"一带一路"上的草原名城。因此，呼和浩特市立足首府城市、现代化区域性中心城市、向北开放枢纽城市的定位，通过国内外旅游文化和文化交流及草原旅游文化产品的国际化经营，以及不断强化呼和浩特城市品牌产品建设等，有效提升自身具有的战略地位，发挥呼包银榆经济区及呼包鄂榆城市群的中心城市作用，以及中蒙俄"一带一路"向蒙古国和俄罗斯及欧洲各国开放的重要节点城市的带动引领作用。

我们认为，推动"一带一路"旅游文化建设长期可持续稳定发展是"一带一路"沿线国家和地区的共同愿景。"一带一路"建设项目的背后，是不同国家和地区间的扎扎实实、互利互惠、互利共赢的诚信合作。在此基础上，我们经过共同努力建立一个利益共同体和责任共同体。通过"一带一路"建设，不断加强民心沟通、人心相通和人文互通的，各国各地区人民友好快乐幸福相处的和平安宁的生活局面，为构建人类命运共同体注入了强大生命力。古丝绸之路推动了人类文明的进步，使人们通过旅行方式和相互交流与交往，把不同国家和地区及其不同民族的文化和文明融合到一起，推动了不同国家和地区及不同民族的文化与文明，使其获得了新的刺激、新的内涵、新的生命和新的发展。在中蒙俄"一带一路"建设和文化强市建设中，呼和浩特市紧紧抓住自身发展优势，积极主动地开展草原旅游文化和草原旅游文化产品的国际合作，同时积极主动地学习和借鉴国内外旅游业和旅游产业的先进经验，不断挖掘整理、开发利用历史文化遗产，加大合作开发中蒙俄历史文化的古迹遗址旅游和以民族文化为特色的传统旅游文化。那么，在中蒙俄三国之间建立的旅游行政主管部门、旅游企业及旅游消费者权益保护机构的信息交互平台，已经形成符合国际旅游规范的市场化管理机制，进而为推动中蒙俄"一带一路"旅游业及旅游文化产品的国际化、市场化运营，不论现在或未来都将会发挥安全保障和积极推动作用。

呼和浩特市有众多科研院校，所以在新的历史发展阶段的新型旅游业和旅游产品的创新发展方面，有其扎实的科研和人才支撑。呼和浩特市以现有的文化交流平台为机制，丰富机制框架下的文化合作内容，培育和完善新的国际国内交流平台及国际合作机制。而且，围绕以"一带一路"为主题的国际艺术节、博览会、国际峰会、论坛、研讨会、博览会、交易会等，尤其是"中蒙博览会"，搭建起呼和浩特市对外开放的国家级平台，不断扩大、提升、优化本市的对外开放水平，提高首府地区在中蒙俄"一带一路"建设中的参与能力和国际国内影响力。此外，也依托"中蒙俄智库国际论坛"，设立中蒙俄"一带一路"文化交流板块，建立健全国内外高端智库合作机制，实现常态化国际交流，扩大对内对外交流渠道，持续生成新的旅游文化及旅游文化产品科研成果。在此基础上，逐步建立"丝绸之路"及中蒙俄"一带一路"旅游文化交流数据库，建立激励机制，促进产业转型升级，实现旅游文化产业向现代化、规模化和专业化方向发展并通过旅游文化产品创新、市场化运营来带动旅游文化产业的繁荣发展。我们相信，草原首府呼和浩特市会紧紧抓住新时代赋予的新的发展机遇，积极主动而自觉地适应新的发展需求，以首府责任、首府标准、首府担当，不断向深度和广度推进旅游业及旅游文化产业的高品位、高规格、高质量发展。同时，要准确定位和发挥好带头引领作用，把草原城市呼和浩特建设成国内外游客纷至沓来的旅游文化乐园，进而为中蒙俄"一带一路"建设和文化强市建设及旅游业与旅游文化产业的繁荣发展，为内蒙古经济社会建设美好未来发挥更大作用。

# 第 四 章

# 中蒙俄"一带一路"与呼伦贝尔市旅游文化

呼伦贝尔市属于内蒙古的地级市,地处内蒙古东北部边疆,东邻黑龙江省、南有内蒙古兴安盟和蒙古国,西侧和北侧与蒙古国和俄罗斯接壤,边境线总长 1733.32 公里,中俄边境线是 1051.08 公里,中蒙边境线为 682.24 公里。呼伦贝尔位于中蒙俄三国的交界地带,有 8 个国际级一类和二类国际商贸通道口岸,而满洲里口岸被誉为我国最大的陆路口岸。

呼伦贝尔市的地理位置在东经 115°31′—126°04′、北纬 47°05′—53°20′,土地总面积为 26.3 万平方公里,占内蒙古土地总面积的 21.2%,地属温寒带大陆性气候。呼伦贝尔市西部是海拔 550—1000 米的大草原地带,中部是海拔 700—1700 米的山林地带,东部为海拔 200—500 米的大兴安岭东麓及平原地带。据说,该市的称呼是因呼伦湖和贝尔湖而得名。这里是驰名中外的草原旅游文化胜地,也是历史上的草原丝绸之路上的关键地带,以及中蒙俄"一带一路"建设中的核心组成部分。截至 2021 年,呼伦贝尔市已连续举办 16 届中蒙俄旅游商品交易会,以及各种形式和内容的中蒙俄文化旅游、文化交流、文艺演出、学术讨论会等。通过以上活动,呼伦贝尔市强有力地宣传了中蒙俄"一带一路"合作发展的理念,以及同蒙古国、俄罗斯乃至欧洲各国间建立双边或多边友好合作机制,借助一切有效的区域性合作平台,高举和睦相处、和谐共处、和平发展的旗帜,主动发展与中蒙俄"一带一路"沿线国家间的友好往来、旅游文化、旅游文化商品交易等诸多方面的合作伙伴关系。在此基础上，经过共同努力，打造出政治互信、经济融合、文化包容，以及诚信合作、互学互鉴、互利共赢的中蒙俄"一带一路"利益共同体、命运共同体和责任共同体，与沿线各国在国际旅游和旅游商品交易等领域迎来共创共享的新时代。而且，在国际旅游和旅游商品交易方面，呼伦贝尔市发挥着越来越重要的作用。

呼伦贝尔市共有14个旗市区，其中有2个市辖区、4个旗、3个自治旗，5个市。2个市辖区为海拉尔区和扎赉诺尔区；4个旗为阿荣旗、陈巴尔虎旗、新巴尔虎左旗、新巴尔虎右旗；3个自治旗为莫力达瓦达斡尔族自治旗、鄂伦春自治旗、鄂温克族自治旗；5个市包括满洲里市（含扎赉诺尔区）、牙克石市、扎兰屯市、额尔古纳市和根河市。

呼伦贝尔地区生活着汉族、蒙古族、回族、满族、朝鲜族、达斡尔族、俄罗斯族、白族、黎族、锡伯族、维吾尔族、壮族、鄂温克族、鄂伦春族、赫哲族等32个民族。1978年，呼伦贝尔常住人口213.35万人中，汉族人口为190.9266万人，占89.48%；蒙古族人口为10.3009万人，占4.82%；其他少数民族人口为12.1225万人，占5.7%。2010年，呼伦贝尔常住人口中，汉族人口为209.84万人，占82.31%；蒙古族人口为23万人，占9.02%；其他少数民族人口为22.087万人，占8.66%。到了2019年，呼伦贝尔常住人口中，汉族人口为202.9264万人，占79.7%；蒙古族人口为25.1万人，占9.85%；其他少数民族人口为26.5736万人，占10.45%。由此可见，自改革开放以来，呼伦贝尔地区的少数民族人口比例逐年提高，少数民族人数不断增加。而且，少数民族在投身于中蒙俄"一带一路"建设中，充分发挥自身具有的独特地域优势、自然景观优势、草原牧场优势、畜牧业经济优势、本民族文化优势等，开展丰富多样的民族特色旅游业及旅游服务业、民族特色旅游产品营销，经营国际国内旅游业及旅游产品交易、参与国际商贸活动的人也越来越多。由此，为中蒙俄"一带一路"建设做贡献的同时，也获得了相当可观的经济效益和经济收入。

# 第一节 中蒙俄 "一带一路" 与呼伦贝尔市 旅游文化优势资源

呼伦贝尔有美丽富饶的大草原、大山林、大湖泊，这些都是呼伦贝尔地区丰厚的旅游文化自然资源。本节从整个呼伦贝尔市的角度，讨论该市范围内的自然环境和旅游文化，以及丰富多样的民族文化和开展国际旅游业及旅游商贸合作优势、呼伦贝尔市与国际旅游业及旅游商贸合作优势、呼伦贝尔市丰富多样的民族文化与国际旅游业及旅游商贸合作优势，以及呼伦贝尔市旅游文化取得的鼓舞人心的成绩。

## 一 呼伦贝尔自然环境及旅游文化

呼伦贝尔草原是世界四大草原之一，有世界最著名的天然草牧场，被称为世界上最美丽富饶的草原。这里的草牧场又可分为山地草牧场、山地草甸草原、丘陵草甸草原、平原丘陵干旱草原、沙地植被草地、低地草甸草场。呼伦贝尔市位于内蒙古高原东北部，北部和东部有大兴安岭的山林地带，年降水量很高，四季变化十分明显，春天风和日丽而空气湿润，夏季花草茂盛而炎热多雨，秋季风大温差也大，冬季寒冷而雪大。这里有纵横交错的河流和泉流，还有大山、大森林、大湿地、大湖泊、大水系、大冰雪等极其丰富的自然资源。也就是说，这里有美丽的草原、茂密的森林、上下起伏的山地、蜿蜒曲折的河流、星罗棋布的湖泊、湿地等多种类型的空间要素递次转换，大部分区域的地势地貌和植被仍旧保持着自然界原有的风貌。其中，就包括以莫尔道嘎国家森林公园和红花尔基樟子松国家森林公园为代表的大森林，辉河大湿地自然保护区，呼伦湖和嫩江及额尔古纳河等大湖大江大河，还有呼伦贝尔草原典型的自然生态景观以及冬季冰雪风景。

改革开放以后，由于退耕还林、退牧还林及停止采伐等森林保护政策的实施，呼伦贝尔的森林面积不断得到扩大，并于 2012 年被入选为国家森林城市，而呼伦贝尔大草原以其美丽如画的自然生态，以及极具代表性而独特的自然景观，成为旅游自然资源最为富有的国家级森林旅游和草原旅游重点开发区，也成为中蒙俄"一带一路"沿线最具吸引力的国际旅游自然景观之一。呼伦贝尔市因有多样性、多类型、多结构的完美自然生态系统等重要因素及优势条件，强烈吸引着中蒙俄"一带一路"沿线国家和地区，以及包括国内各地的旅游者或旅游团，进而也成为国家旅游局认定的我国六大重点旅游开发区之一。

众所周知，呼伦贝尔市境内有林地面积 1.90 亿亩，占呼伦贝尔市土地总面积的 50%，占内蒙古林地总面积的 83.7%；呼伦贝尔市森林覆盖率达到 49%，森林活立木总蓄积量 9.5 亿立方米，全市森林活立木蓄积量占自治区的 93.6%，占中国的 9.5%；林区的主要树种有兴安落叶松、樟子松、白桦、黑桦、山杨、蒙古柞等。多年生草本植物是组成呼伦贝尔植物群落的基本生态性特征，野生植物资源相当丰富，现有野生植物 1400 多种，有经济价值的野生植物达 500 种以上，主要有野生药用植物、经济植物、油料植物、纤维植物、淀粉植物、果品植物等。这些都是开发旅游的丰厚的自然资源，或许正因为如此，呼伦贝尔的自然景观，被誉为全国旅游 20 个最优美的风景之一。那么，呼伦贝尔这一地广人稀、美丽富饶的大草原、大森林、大湖泊中，同样有种类繁多、数量可观的野生动物。据不完全统计，这里的野生动物种类为 6 纲 36 目 144 科 513 种。在这些种类和数量繁多的野生动物中，受国家保护的一类、二类、三类野生动物和受自治区保护的野生动物品种就有 30 余种，其中有些是珍稀兽类和禽类。它们主要分布在大兴安岭森林、呼伦贝尔草原和江河湖泊一带。呼伦贝尔的野生动物占全国野生动物种类总数的 12.3%，占内蒙古野生动物种类的 70% 以上。毫无疑问，在整个内蒙古地区，这里的野生动物种类占居第一位。

例如，呼伦贝尔的野生动物中主要有黑熊、貂熊、狼、狐狸、沙狐、紫貂、貉、猞猁、马鹿、驼鹿、驯鹿、麝、狍子、黄羊、水獭、旱獭、黄鼬、赤狐、香鼠、伶鼬、獾、艾虎、水貂、松鼠、兔子、兔狲、雪兔、草兔及野骆驼、野马、野牛、野驴等。这里飞禽的种类也有313种，其中国家级重大保护鸟类丹顶鹤、白鹤、白头鹤、白枕鹤、蓑羽鹤、灰鹤、大白鹳、黑鹳、天鹅、小天鹅、大天鹅、凤头麻鸭、白琵鹭等就有60多种。该市的江河湖泊中共有73种鱼类，其中主要经济鱼类有鲤鱼、贝尔湖鲤鱼、鲫鱼、高背鲫、彭泽鲫、狗鱼、红鳍鲌、红尾鱼、白鱼、黑鱼、鲢鱼、鳙鱼、鲚鲅鱼、鳊花鱼、铜罗鱼、雅罗鱼、哲罗鱼、蒙古红鲌、草鱼、麦穗鱼、泥鳅、餐条、团头鲂、鲇鱼和额尔古纳河银鲫鲇鱼、淡水白鲳等。但这里的人们说，这些统计数字并不十分准确，事实上的呼伦贝尔的野生动物，包括飞禽种类及淡水鱼的种类可能比上面统计的数字还要多。总之，这里是飞禽走兽及各种淡水鱼自由、幸福、快乐生活及繁殖的天然家园，也是旅游者观赏各种野生动物，同它们近距离接触，人与自然和谐相处的旅游胜地。

根据我们的调研资料，呼伦贝尔市各旗市区的气候现象、地貌特征、土质结构，包括河流的分布等自然资源的拥有情况都有所不同。如表4-1所示。

表4-1 　　　呼伦贝尔市属各市区旗自然环境及自然旅游资源分布情况

| 自然环境<br>区市旗 | 气候 | 主要地貌 | 主要土质 | 主要河流 |
|---|---|---|---|---|
| 海拉尔区 | 温寒带大陆性气候 | 内陆断陷盆地 | 黑钙土/灰色森林土 | 海拉尔河 |
| 扎赉诺尔区 | 温寒带大陆性气候 | 新生代准平原地貌 | 栗钙土/草甸土 | 克鲁伦河 |
| 阿荣旗 | 温寒带山区气候 | 低山/丘陵 | 黑土/暗棕壤 | 阿伦河/格尼河 |
| 莫力达瓦达斡尔族自治旗 | 温寒带大陆性气候 | 山丘/丘陵/平原 | 草甸土 | 嫩江/甘河 |

续表

| 自然环境<br>区市旗 | 气候 | 主要地貌 | 主要土质 | 主要河流 |
|---|---|---|---|---|
| 鄂伦春自治旗 | 温寒带山林性气候 | 平原 | 淋溶土/红壤 | 甘河/诺敏河/欧肯河 |
| 鄂温克族自治旗 | 温寒带草原气候 | 高原 | 灰色森林土 | 伊敏河 |
| 陈巴尔虎旗 | 温寒带草原气候 | 低山/丘陵 | 黑钙土 | 臭日格勒河/海拉尔河 |
| 新巴尔虎左旗 | 温寒带草原气候 | 山地/丘陵 | 微酸性有机土质 | 额尔古纳河/海拉尔河 |
| 新巴尔虎右旗 | 温寒带草原气候 | 低山/丘陵 | 森林土 | 克鲁伦河/乌尔逊河 |
| 满洲里市 | 温寒带大陆性气候 | 丘陵 | 暗栗钙土 | 海拉尔河/达兰鄂罗河 |
| 牙克石市 | 温寒带山林性气候 | 山地 | 棕色针叶林土/沼泽土 | 嫩江/额尔古纳河 |
| 扎兰屯市 | 温寒带山林性气候 | 高原/平原 | 黑土/黑钙土 | 雅鲁河 |
| 额尔古纳市 | 温寒带大陆性气候 | 丘陵 | 棕色针叶林土灰色森林土 | 额尔古纳河 |
| 根河市 | 温寒带山林气候 | 山地 | 黑钙土 | 根河 |

那么，根据以上表格及相关资料反映的情况，呼伦贝尔市各市区旗自然资源的分布，或者说充分利用各自具有的丰富的自然资源开发的自然景观，以及同中蒙俄"一带一路"建设相配套的旅游项目主要有，海拉尔的草原旅游景区、海拉尔国家森林公园旅游区、中蒙俄国际冰雪乐园；扎赉诺尔的猛犸旅游景区、美丽呼伦湖旅游景点；阿荣旗的索尔奇湿地公园旅游区、乌兰泡美人湖旅游景区、圣水山庄旅游风景区、浩饶山旅游风景区；莫旗的达尔滨湖国家森林公园旅游景点、

尼尔基湖自然风景区、龙岩山自然风景旅游区;鄂伦春旗的阿里河国家森林公园旅游景区、嘎仙洞自然风光旅游区、达尔滨湖自然景观旅游区、拓跋焘森林公园旅游;鄂温克旗的红花尔基森林公园旅游景区、巴彦呼硕山草原旅游区、阿尔山矿泉水森林公园休闲旅游区、辉河湿地旅游景区、鄂温克草原旅游景区;陈巴尔虎旗的莫尔道嘎国家森林公园、呼和诺尔湖草原旅游区、金帐汗草原旅游景区;新巴尔虎左旗的呼伦湖自然景观旅游区、克鲁伦河自然景观旅游区、七山世外桃源自然景区、双山草原旅游风景区;新巴尔虎右旗的呼伦湖金海岸旅游景区、贝尔湖旅游景区、巴尔虎草原黄羊自然保护区、洪湖自然景观旅游景区、阿敦础鲁石洞自然景观旅游区;满洲里市的淡水一字湖景区、天然草原旅游景区;牙克石市的绰源国家森林公园旅游区、云龙山自然景观旅游区、图里河森林景观旅游区、巴林山国家森林公园、图里河国家湿地公园;扎兰屯市的柴河森林公园旅游景区、卧牛山修水自然风景区、鹿鸣山自然生态旅游景区、雅鲁河风景旅游区;额尔古纳市的莫尔道嘎国家森林公园旅游区、黑汕头旅游景区、额尔古纳河乌兰山自然生态旅游景区、额尔古纳河原生态景区、额尔古纳河湿地旅游景区;根河市的大兴安岭国家湿地公园旅游景区、伊克萨玛旅游风景区、敖鲁古雅森林驯鹿自然保护区、蛙鸣山自然景观旅游区、白桦树森林自然景观旅游、奥克里堆山冰雪生态旅游区、大兴安岭汗马国家级自然保护区等。当然,除此之外还有许多驰名中外的中蒙俄"一带一路"沿线的自然景观及旅游胜地。所有这些,对于国内外游客的相互走动、相互接触、相互交流、相互了解,发挥着积极作用。特别是,内蒙古呼伦贝尔地区在同蒙古国和俄罗斯乃至同欧洲各国间,沿中蒙俄"一带一路"开展国际旅游往来,包括开展国际旅游商品交易等同样发挥着十分重要的推动作用。

## 二 呼伦贝尔市国际旅游业及旅游商贸合作

呼伦贝尔市作为中蒙俄"一带一路"建设中的一个重要组成部分,

充分发挥自身具有的地缘优势、口岸优势、资源优势，以及经济社会方面的优势，积极投身于这一历史性而造福人类的伟大建设工程。尤其是，在国际旅游及国际旅游商品交易及国际商贸往来中发挥的作用更加显著。那么，这些工作按部就班地顺利推动，跟自身经济社会的发展，以及由此带来的稳定、安全、舒适、温馨、高效、快速发展的人文环境、社会环境、投资环境、营商环境等无法分开。从这个意义上讲，改革开放以来，尤其是我国迈入中国特色社会主义新时代的历史发展阶段之后，呼伦贝尔市紧紧抓住与中蒙俄"一带一路"建设密切相关的国际旅游文化及旅游文化商贸往来，不断强化与此相配套的经济社会建设，使该地区的经济社会取得可持续平稳高效发展，使综合经济实力逐年增强。

　　1978 年，也就是改革开放之初，呼伦贝尔地区的生产总值仅为 8.621 亿元，人均地区生产总值也仅为 410 元，三次产业比例为 38.4：41.9：19.7，第三产业比重明显较低。在当时，呼伦贝尔的国际旅游业及其国际旅游产业处于还未起步阶段。然而，到了 2015 年，呼伦贝尔地区的生产总值达到 1595.96 亿元，可比价同比增长 8.1%。同 2010 年末相比，经济总量增长了 72.1%，年均增长 10.8%，分别高于同期全国年均增速 0.8 个百分点。与此同时，产业结构不断得到优化，三次产业结构为 26.6：33.1：40.3，第一、第二、第三产业的年均增速分别为 5.6%、14.4% 和 8.8%。可以看出，这其中第一产业比重不断缩小，第三产业的比重不断扩大。2015 年，呼伦贝尔人均地区生产总值为 63131 元，比 2010 年年均增长 10.9%，比 1978 年增长 154 倍。2015 年，呼伦贝尔市人均地区生产总值突破一万美元大关，标志着呼伦贝尔市经济发展达到中等发达水平。2016 年，呼伦贝尔市地区生产总值 1620.86 亿元，可比价同比增长 7.0%，第一产业增加值 248.43 亿元，同比增长 3.5%；第二产业增加值 724.02 亿元，同比增长 5.7%；第三产业增加值 648.40 亿元，同比增长 9.9%。三次产业比重为 25.2：32.3：42.5。到了 2019 年，呼伦贝尔地区生产总值达到 1193.03 亿元，

可比价增长 2.7%，人均地区生产总值47116 元，增长 2.6%。在全国
经济发展处在新常态背景下，增速有所放缓。分产业看，第一产业增
加值279.07 亿元，增长 0.7%；第二产业增加值332.56 亿元，增长
2.2%；第三产业增加值581.40 亿元，增长 4.1%，第三产业的增速是
最快的，三次产业结构比例为 23.4：27.9：48.7。第三产业比重较
2015 年进一步提升。

由此可见，呼伦贝尔市场化运作的产业结构不断得到优化，第三
产业比重不断增加，高质量发展理念不断深化。那么，作为呼伦贝尔
地区第三产业重要组成部分的旅游业、旅游服务业、旅游产业的发展，
以及由此带来的经济效益和社会效益越来越突出地表现了出来。其中
就包括国际国内的旅游及旅游产业。尤其是，中蒙俄"一带一路"沿
线国家和地区国际旅游和旅游服务业，包括国际旅游产业快速崛起，
甚至占有了不可忽视的重要地位，进而为内蒙古同蒙古国和俄罗斯乃
至欧洲各国间的国际旅游、国际旅游服务、国际旅游产业的深度合作
奠定了坚实的经济基础。表4-2 对 1978 年到 2019 年的 41 年里，呼伦
贝尔地区第一产业总产值、第二产业总产值、第三产业总产值、呼伦
贝尔生产总值、人均 GDP、城镇人均消费水平、人均可支配收入情况
作一全面介绍。

表4-2 　　　　　呼伦贝尔地区主要经济指标（1978—2019 年）

| 年份＼经济指标 | 第一产业总产值 | 第二产业总产值 | 第三产业总产值 | 呼伦贝尔生产总值 | 人均 GDP | 城镇人均消费水平 | 人均可支配收入 |
|---|---|---|---|---|---|---|---|
| | 亿元 | 亿元 | 亿元 | 亿元 | 元 | 元/年 | 元 |
| 1978 | 3.61 | 3.31 | 1.707 | 8.621 | 410 | — | — |
| 1980 | 5.0231 | 2.9066 | 2.7053 | 10.635 | 476 | — | — |
| 1985 | 10.4433 | 6.1359 | 6.2883 | 22.8675 | 971 | 636 | 763 |
| 1990 | 17.8809 | 15.1203 | 13.6214 | 46.6226 | 1823 | 1004 | 1203 |
| 1995 | 26.1355 | 41.6480 | 31.6451 | 99.4286 | 3706 | 2258 | 2762 |
| 2000 | 36.5742 | 55.3671 | 76.7547 | 168.696 | 6321 | 3577 | 4679 |

续表

| 年份＼经济指标 | 第一产业总产值 | 第二产业总产值 | 第三产业总产值 | 呼伦贝尔生产总值 | 人均GDP | 城镇人均消费水平 | 人均可支配收入 |
|---|---|---|---|---|---|---|---|
| | 亿元 | 亿元 | 亿元 | 亿元 | 元 | 元/年 | 元 |
| 2005 | 63.0342 | 89.1266 | 107.2491 | 259.4099 | 9976 | 5787 | 8228 |
| 2010 | 186.1529 | 166.8061 | 243.5171 | 596.4761 | 23379 | 11877 | 14857 |
| 2015 | 320.8882 | 258.1115 | 391.0049 | 970.0046 | 38370 | 18565 | 26844 |
| 2019 | 332.5589 | 279.0741 | 581.3965 | 1193.0295 | 47116 | 21472 | 35482 |

资料来源：表格数据主要来自1978年到2019年的呼伦贝尔统计年鉴。

从表4-2可以看出，改革开放初的1978年到1980年是旅游业还未兴起的年代，第三产业总产值要低于第一产业和第二产业总产值。从1985以后，伴随改革开放的不断深入，以及以旅游业、旅游服务业和旅游产业等为主的第三产业的不断发展，呼伦贝尔地区的生产总值和人均GDP，包括城镇人均消费水平及人均可支配收入等，均有了明显提高。反过来讲，这一以国际国内旅游业和旅游服务业及国际国内旅游产业等为主的第三产业的不断发展和壮大，包括由此产生的社会经济效益，为更好地推进国际旅游往来和国际旅游商贸合作打下坚实基础。

从另一个角度来讲，改革开放以来，呼伦贝尔地区按照国家和自治区的各项发展规划、发展指标、发展要求，不断调整、完善、强化经济社会发展思路、发展理念、发展步伐，从各方面营造经济社会发展所需要的社会环境、人文环境、政治环境、投资环境、经商环境以及旅游环境，不断完善和提升各行各业及各有关行政管理部门的服务意识、服务水平、服务质量、服务设施、服务功能。与此同时，为了更快、更好、更加理想地推动中蒙俄"一带一路"建设及本地区的经济社会建设，打造出了四通八达的现代公路交通网，重新改造升级或新建的国际国内机场多达6个，包括呼伦贝尔国际机场、满洲里国际机场、扎兰屯机场、莫旗尼尔基机场、根河机场和加格达奇嘎仙机场。

其中，呼伦贝尔国际机场，也就是海拉尔东山国际机场的运营航空公司达到 16 家，通航城市 33 座，开通航线 34 条，国际航线 3 条，地区航线 2 条，国内航线 29 条，集中通航东北、华北、西北、华东、华南、西南地区重要枢纽城市和重要旅游客源地航线，以及俄罗斯西伯利亚的赤塔和蒙古国的乌兰巴托。该机场现已跃升为百万级空港。另外，满洲里国际机场，于 2015 年全年包括 6 条国际航线在内共开通 26 条航线。呼伦贝尔市内共 10 条铁路线，总里程 2040.4 公里，运营里程 2027 公里，复线率 27.3%，铁路网密度达到 80.1 公里/万平方公里。在这里还应该提到的是，呼伦贝尔铁路局还新开通了"呼伦贝尔号"草原森林旅游列车。这是集旅游观光、餐饮住宿、休闲娱乐为一体的草原森林旅游专列。列车上还有高级商务车厢、高级软卧车厢、高级软座车厢、儿童娱乐主题车厢、多功能车厢、休闲娱乐车厢、民族文化餐车厢和文化品味车厢等。由此，被美誉为填补国内温寒带草原森林地区铁路高端旅游市场空白。

毫无疑问，所有这些，为呼伦贝尔地区经济社会的发展，为中蒙俄"一带一路"建设的服务，为该地区的旅游业和旅游服务业及其旅游产业的快速崛起奠定了坚实的基础，提供了可靠的保障。

### 三 呼伦贝尔市民族文化与国际旅游业及旅游商贸合作

呼伦贝尔除了有丰厚的自然资源、自然环境、自然风光，以及可持续稳步发展的经济社会环境之外，还有极其深远而厚重的历史文化资源。这些历史文化资源关系到不同年代、不同历史事件、不同历史人物、不同民族文化、不同宗教信仰，以及红色革命等。所以，具有了很高的旅游文化、旅游活动、旅游观光、旅游商品开发价值。同样，对于中蒙俄"一带一路"建设、呼伦贝尔文化强市建设、呼伦贝尔旅游业及旅游产业建设，均有十分重要的现实意义和推动作用。例如，海拉尔有中国北方新石器时代的哈克遗址、成吉思汗广场景区、清代呼伦贝尔古城旅游景区、呼伦贝尔民族博物馆、世界反法西斯战争海拉尔纪念园及达尔吉林寺旅游景区；扎赉诺尔有远古时期的历史博物馆；阿荣旗有东光朝鲜族民俗村、鄂温克族民俗旅游村、抗联英雄园；莫旗有金长城遗址旅游景区、腾克霍日里绰罗达斡尔部落景区、达斡尔族曲棍球家园、达斡尔族风情园、达斡尔族民俗文化博物馆及萨满博物馆；鄂伦春旗有拓跋鲜卑历史文化园、鄂伦春民俗博物馆、鄂伦春民俗旅游景区；鄂温克旗有蒙古汗国巴彦乌拉古城城址、清代索伦部家园、鄂温克民俗旅游景区、鄂温克民俗文化园、鄂温克族博物馆；陈巴尔虎旗有巴尔虎蒙古部落景区、金帐汗蒙古部落旅游景区、巴尔虎蒙古部落民俗文化园、陈旗民族博物馆等；新巴尔虎左旗有清代甘珠尔庙景区、诺门罕战役遗址旅游景区、新巴尔虎左旗博物馆；新巴尔虎右旗有阿日哈沙特口岸景区、新巴尔虎右旗博物馆、达西朋斯格庙旅游景区；满洲里市中俄边境旅游区、满洲里国门景区、满洲里套娃景区、满洲里市中俄互市贸易旅游区、满洲里红色旅游景区；牙克石市有图里河鹤祥园度假村、凤凰山滑雪场；扎兰屯市有清末吊桥遗址公园、中东铁路博物馆、雅鲁河畔秀水山庄旅游景区；额尔古纳市有室韦魅力名镇景区、蒙古之源·蒙兀室韦旅游文化景区、元代古城黑山头遗址景区、额尔古纳俄罗斯民族博物馆；根河市有敖鲁古雅使鹿部落景区、根河木屋度假村、根河民俗文化村等。在这里，我们只是例举了其中的一小部分。毋庸置疑，这些弥足珍贵的历史文化资源、民族文化资源、地方文化资源的挖掘整理、开发利用和发扬光大，对于呼伦贝尔地区经济社会的繁荣发展，为中蒙俄"一带一路"服务，不断向深度和广度推动旅游文化及其产业，均有不可忽视的重要战略意义。

呼伦贝尔地区除了春节、元宵节、清明节、端午节、中秋节、重阳节、腊八节、小年等一系列的共有节日之外，还有蒙古族、达斡尔族、鄂温克族、鄂伦春族、俄罗斯族等少数民族的敖包节、那达慕节、草原丰收节、夏至节、冬至节、米阔鲁节、帕斯克节、祈福节、瑟宾节、天神节、火神节、圣诞节、祭月节、复活节、洗礼节、灯节、冰

灯节、冰雪节、桦树节、情人节、昆毕勒节、黑灰节等诸多节日。现在又新增加了中蒙国际文化节、中蒙国际旅游文化节、中蒙国际旅游及商贸节、中俄国际文化节、中俄国际旅游文化节、中俄国际旅游及商贸节、中蒙俄国际文化节、中蒙俄国际旅游文化节、中蒙俄国际旅游及商贸节等名目繁多的新的节日活动。在这些名目繁多、形式多样、内容丰富、五彩缤纷、灯火辉煌、人来人往、热闹非凡、歌舞升平的节庆活动期间，不论是本地区的或来自国内各地的游客，还是来自蒙古国和俄罗斯及欧洲各国的国外游客，都会沉浸在快乐、幸福、美好的节日气氛中。他们参加各种娱乐活动，观看各地各国各民族文艺演出、文化艺术表演、文化传承人高超的手艺和精妙绝伦的制作艺术。他们会购买各自喜欢的不同国家、不同地区、不同民族的旅游产品，甚至会直接参与各种各样的群众性文体活动。所有这些节庆活动，进一步推动了呼伦贝尔地区文化强市建设，以及进一步深化了中蒙俄"一带一路"建设。

2017 年，呼伦贝尔市被纳入国家"十三五"旅游发展规划，从国家的层面谋划布局呼伦贝尔市的旅游发展。作为国家生态建设示范区，在中蒙俄"一带一路"建设的伟大进程中，呼伦贝尔地区深入践行文化强市和国际国内旅游文化强市建设的高质量可持续发展理念。同时，将生态文明建设与旅游文化的繁荣发展规划紧密相联系，发布并实施了《呼伦贝尔国家级生态旅游目的地区域发展规划》，加快推进高端旅游产业，统筹规划区域内各类旅游资源，创建区域旅游品牌，打造一乡一品、一村一格局的特色旅游产业，将旅游、民俗以及其他产业相互科学融合。积极有效开展山林草原农庄及各旅游景区的四季旅游，借助自己的地理位置优势，与"一带一路"上的蒙古国和俄罗斯乃至欧洲一些国家和地区合作开发多元文化融合的旅游景观、旅游胜地、旅游文化乐园、旅游文化交流活动。例如，中蒙俄"万里茶道"国际旅游文化交流活动，结合独特的人文、生态、地理环境，营造丰富多样的地方特色、本土特色、民族特色旅游产品，并紧密结合丰富多彩的文化演艺节目、冰雪那达慕、冷极节、美食节等旅游节庆活动，成功地塑造了呼伦贝尔市的旅游文化品牌。呼伦贝尔市政府通过开发拓展政府与农户合作、公司与农户合作的经营模式，积极推出了农家乐、民族特色美食、特色服饰、草原篝火晚会、摔跤等特色旅游方式，增添了国内外旅游文化的新形式、新内容、新项目，增强了农村旅游文化活动，拉动了农区的经济活力。

就如考古学家和历史学家所说，在两三万年前，被称为古人类的扎兰诺尔人的先民就繁衍生息在远古时期的呼伦湖一带，并用辛勤的劳动和聪明的智慧创造了呼伦贝尔的原始文化。自西汉时期到清朝的2000多年的漫长历史岁月里，呼伦贝尔用美丽富饶的森林草原，以及丰富的自然资源孕育了我国北方诸多游牧民族，被誉为"中国北方游牧民族成长的历史摇篮"。例如，像东胡、匈奴、鲜卑、室韦、突厥、回纥、契丹、女真、蒙古等几十个游牧部族的先民，都是在这一北方游牧民族生活的摇篮里长大而又在这里厉兵秣马，或在此转徙、征战，创造了灿烂的游牧文化及草原丝绸之路。这就是说，呼伦贝尔的历史文化与文明十分久远，走过了十分漫长的人类发展历程。呼伦贝尔大地孕育了具有原始性、独特性、创造性、未来性的民族文化与文明。这些文化与文明代代相传、生生不息，一直延续到今天。那么，对于其中包含的丰富而深刻的内涵，我们完全可以从作为该地区原住民的蒙古族、达斡尔族、鄂温克族、鄂伦春族，包括巴尔虎蒙古人、布里亚特蒙古人和厄鲁特蒙古人用生命和信仰传承的历史文化与文明中感受到。他们正是用这样的历史文化与文明，建设着自己美丽的家园，为今天的中蒙俄"一带一路"建设，为文化强市建设和旅游文化建设做出新的贡献。今天，那些深厚的历史文化积淀和独具魅力的民俗风情已成为呼伦贝尔旅游业及旅游产业发展的重要依托，这也是呼伦贝尔成为"中国最佳民族风情魅力城市"的不可或缺的组成内容。

### 四　呼伦贝尔市旅游文化取得的成绩

呼伦贝尔市充分利用和发挥地缘优势，在中蒙俄"一带一路"建设中，不断强化同蒙古国和俄罗斯乃至欧洲各国间在不同层面、不同角度、不同领域、不同形式和内容的务实合作，进而与不同国家和地区的政府间已形成定期互访机制。在此基础上，与不同国家和地区间的友好往来日益频繁，这使得在诚信合作、互利互惠、互利共赢、共同繁荣发展原则下打造出的旅游业、旅游产业、国际商贸、口岸贸易，以及文化艺术等方面的交流逐年升级。特别是，以中蒙俄"一带一路"建设为主题的各种国际商贸洽谈、学术交流、专题讨论、学术研讨会、圆桌会议等，强有力地推动了中蒙俄"一带一路"建设，以及呼伦贝尔边境地区的经济繁荣和社会发展。而且，主要体现在以下几个方面：

一是，到 2021 年初，呼伦贝尔地区同 19 个国外城市建立了国际友好城市关系。其中，包括蒙古国的 10 个城市、俄罗斯的 7 个城市、匈牙利的 1 个城市、韩国的 1 个城市。呼伦贝尔依托这些国际友好城市关系及平台，不断开展不同层面、不同角度、不同领域、不同形式和内容的友好交流和务实合作，进而取得了鼓舞人心的可喜成绩。尤其是，在旅游文化、旅游产业、国际商贸往来及合作中取得的成绩十分突出。由此，2011 年中国国际友好城市联合会授予呼伦贝尔市"2011 年百城论坛城市科学发展奖"，2016 年海拉尔区获全国友协、国际友城联合会授予的"国际友好城市交流合作奖"。

二是，主办或承办了形式多样的国际旅游活动和经贸洽谈及商品展销会。到 2021 年初，呼伦贝尔市成功举办了 16 届中蒙俄经贸洽谈暨商品展销会、9 届绿色食品交易会、8 届中俄界河大舞台互动演出、15 届中蒙新春联谊会，以及中蒙俄"一带一路"旅游节、中蒙额布都格—巴彦呼舒跨境经济合作创新发展论坛、呼伦贝尔国际绿色发展大会、2019 中国国际生态竞争力峰会等一系列富有成效的大型国际活动，进一步增进了中蒙俄"一带一路"沿线国家和地区间的相互往来、互相沟通、相互了解，加深了感情、加深了友谊、加深了团结友好相处，强有力地促进了各友好城市之间的诚信合作与经济社会共同繁荣发展。2019 年 4 月 11 日，在内蒙古自治区领导的亲切关怀和大力支持下，

2019 年"'一带一路'光明行"蒙古国行动推进会暨内蒙古"光明行"社会公益活动在呼伦贝尔举办。以此为动力，呼伦贝尔市红十字会与蒙古国东方省红十字会共同组织，为蒙古国东方省、肯特省、苏和巴托省 59 名白内障患者免费实施手术治疗，为他们带来光明和美好幸福的生活。

三是，人文领域开展了形式各样的务实合作。呼伦贝尔市与蒙古国和俄罗斯毗邻，依托地缘优势在教育领域开展了互派留学生，高校间"2 + 2"联合培养本科生、硕士研究生和博士研究生项目。同时，还举办了一系列富有成效的学术交流，聘请外教开讲专题课、研究生课及国际合作项目等科研内容。另外，在国际文化交流领域，组织开展了互邀互派文化艺术代表团，开展国际文艺演出活动，还抓住重大节庆活动进行文化团体、学术团队互访，与蒙古国和俄罗斯等国家和地区的友好城市共同举办国际文博展览、非物质文化遗产国际展览、美术创作艺术品国际展、图书资料国际合作编印、文献资料互相交换、国际图书日、手工艺品国际展览、民族特色旅游文化商品展等系列文化交流活动。此外，在国际体育交流活动中，同国外友好城市合作举办了青少年柔道、拳击、冬泳、摔跤、乒乓球、篮球、足球、羽毛球国际比赛，以及体育舞蹈大赛、"和平跑"火炬接力赛、国际冬泳邀请赛、健身气功交流比赛等多项国际体育比赛及友谊赛。从 2015 年以来每年举办一次的中蒙俄"一带一路"国际青少年足球邀请赛，已成为呼伦贝尔与蒙古国和俄罗斯毗邻地区青少年一年一度的体育盛会。该项赛事每年由呼伦贝尔市、俄罗斯赤塔市、蒙古国东方省三地轮流举办，这使中蒙俄青少年的相互交流、友好相处、团结友爱、互相学习、共同进步产生了深远影响，取得了十分显著的成绩。

四是，呼伦贝尔充分利用中蒙医疗资源，以及高超的蒙医医疗技术，获得蒙古国医学界的高度评价，并在共同合作开展国际医疗工作的基础上，在蒙古国成立了国际合作性质的协作医院。与此同时，呼伦贝尔医学界，围绕提高蒙古国医疗技术水平、互派医疗团队、开展医学专题学术交流、接纳对方派遣的医疗卫生领域的进修、实施合作义诊、宣传和推广呼伦贝尔蒙医传统医术等方面开展多项国际合作。2013 年，呼伦贝尔市四家医院与蒙古国医疗卫生部门建立了一对一的国际合作关系。还以呼伦贝尔蒙医医院作为试点医院，对蒙古国住院患者实行免费治疗，每年还派 1—2 支医疗队赴蒙古国东方省开展国际义诊活动。在前期大量行之有效的医疗卫生方面的国际合作基础上，于 2015 年在蒙古国东方省正式成立了"中国呼伦贝尔市蒙医医院与蒙古国东方省传统医药中心协作医院"。另外，还成功举办了中蒙俄"一带一路"民族医药国际论坛，以及第三届中蒙俄蒙医药学术交流会等。

　　五是，旅游领域的国际合作，正如前面的有关章节里所述，呼伦贝尔机场开通了多条国际航线。目前，呼伦贝尔与蒙古国和俄罗斯的旅游主管部门和旅游企业间已建立了可持续长期发展的国际合作关系，充分利用国际公路、国际铁路和国际航线等多条跨境旅游线路，不断加大中蒙俄"一带一路"国际旅游及旅游商贸往来，开展多种形式内容的国际旅游节和商品展销会等活动，积极有效组织双方或三方的旅游企业间进行工作对接。例如，组织旅游企业赴俄罗斯伊尔库茨克市参加"贝加尔之旅"国际展览会，赴俄罗斯新西伯利亚市及叶卡捷琳堡市开展旅游推介活动。还联合浙江卫视《高能少年》剧组，邀请蒙古国和俄罗斯青少年在呼伦贝尔举办"万里茶道"冰雪那达慕真人秀节目，进而有效提升了呼伦贝尔旅游在中蒙俄"一带一路"沿线国家，包括国际友好城市间的知名度。另外，还派团随国家文化和旅游部及内蒙古自治区旅发委，共同参加在蒙古国乌兰巴托召开的第三届中蒙俄三国旅游部长会议。会议期间，呼伦贝尔代表团成员参加了中蒙俄"一带一路"旅游部长会议、省边界治理会议和旅游运营商会议等。此外，还就共同打造中蒙俄"万里茶道"国际旅游品牌，合力开发中蒙俄跨境旅游产品等，与蒙古国和俄罗斯的旅游部门及旅游文化企业代表进行了座谈，广泛开展了诚信、务实、高效的交流。为了深入推动对蒙古国和俄罗斯乃至欧洲各国间的国际旅游合作和国际旅游商贸活动，呼伦贝尔经过努力，与蒙古国和俄罗斯合作开通了呼伦贝尔的海拉尔—蒙古国的乔巴山—蒙古国的乌兰巴托、呼伦贝尔的满洲里—蒙古国的乌兰巴托、呼伦贝尔的海拉尔—俄罗斯的赤塔、呼伦贝尔的海拉尔—俄罗斯的伊尔库茨克、呼伦贝尔的满洲里—俄罗斯的乌兰乌德—蒙古国的乌兰巴托等国际航线，进而为中蒙俄"一带一路"沿线开展国际旅游合作提供了极大的方便条件和保障。

六是，呼伦贝尔与蒙古国建立了森林草原防火联防机制。这些年来，呼伦贝尔市防火部门在自治区林业厅的指导下，与蒙古国及蒙古国东部三省突发事件应急指挥部多次会晤，协商森林草原防火工作，进而在两国边境线上建立了"森林草原防火联防五项联防机制"。这对两国边境地区森林草原防火及扑火等方面的务实合作，更好地开展跨国境国际防火工作提供了有利条件。另外，呼伦贝尔同俄罗斯的边疆毗邻地区，也建立了富有成效的相关防火机制。所有这些，有效保护了呼伦贝尔同蒙古国及俄罗斯边境地区人民的生命和财产安全，为边境地区人民带来了更多福祉。

# 第二节　中蒙俄"一带一路"与海拉尔旅游文化

海拉尔区是隶属呼伦贝尔市的一个市辖区，是呼伦贝尔市政府所在地，是呼伦贝尔市政治、经济、文化中心。这里夏季气候清新凉爽，是避暑的胜地；冬季银装素裹，是开展冰雪活动的极佳场所。海拉尔区有26个民族，包括达斡尔族、鄂温克族、鄂伦春族、俄罗斯族四少民族。各民族都有自己沿袭下来的一些传统习俗，风味饮食及生产、生活用具，这些都可以开发成旅游资源，并争取创出品牌，吸引旅游者参与其中，亲身体验。

海拉尔的东山国际机场是国家4C级机场，已经开通与北京、呼和浩特、哈尔滨、沈阳、南京、杭州、深圳、秦皇岛、广州、石家庄、天津、上海、大连、宁波、郑州、厦门、武汉、香港、台北、三亚等多个城市的航线,以及俄罗斯赤塔、蒙古国乔巴山和乌兰巴托、韩国首尔、日本熊本等地的航线。1993 年海拉尔航空口岸对外开放,成为国内外游客青睐的国内航线之一。海拉尔也是历史上草原丝绸之路的重要驿站,是今天中蒙俄"一带一路"上的重要组成内容。

海拉尔区是呼伦贝尔旅游集散地,以海拉尔区为中心辐射周边 300公里半径区域被自治区确定为东部旅游发展核心区,被评为"中国优秀旅游城市"。海拉尔区及周边地区旅游资源富集、风格独特,优美的自然资源及风光同独特的民俗文化、悠久的历史文明相得益彰,形成了以草原、森林、湖泊、冰雪为自然主题和以民俗历史文化为人文主题的特色品牌,每年都吸引着国内外大量的游客前来观光旅游、休闲度假。市内景区主要有以樟子松林为主体的西山国家森林公园、东山乐园滑雪场、索伦古城、二战纪念断桥等。每年还有诸多国际商贸洽谈会、国际旅游商品交易会、国际旅游学术会议,以及相关学术讨论会在这里召开。海拉尔现代商业区内还有呼伦贝尔特色商贸城、民族文化特色商城、温州城步行街及俄罗斯商城和友谊步行街。海拉尔至今保留着早期极具特色、具有历史年代记忆的清代古城建筑、地方特色的建筑、民族特色的建筑,以及俄罗斯式建筑和欧式风格及日式建筑等。所有这些,给国内外游客带来了旅游观光的极大兴趣和丰富内涵。

海拉尔在中蒙俄"一带一路"旅游文化合作及旅游产业发展方面具有广阔的发展空间,以及独特的地缘优势。据不完全统计,2005 年海拉尔共接待国内外旅游者 97.4 万人次,旅游收入达 7.29 亿元。到了2019 年,海拉尔生产总值达到 174 多亿元,其中相当一部分收入来自于旅游业及旅游商品市场。

从历史的角度来讲,海拉尔既有 5000 年前新石器时代灿烂的哈克文化的细石器,又有近现代特色的重要代表性建筑。现已作为旅游景点开发的历史文物遗址有 55 处,包括古遗址 15 处、古墓遗址 3 处、近现代重要史迹及代表性建筑 37 处。其中，还有文物保护项目 13 个，国家级文物保护项目有哈克遗址、谢尔塔拉墓地遗址、团结墓地遗址 3 个，自治区级保护项目有公署大楼、市委一号楼、海浪车站、海拉尔日军工事及万人坑遗址、西山遗址、文庙、成德公故居 7 项，呼伦贝尔市级保护项目有苏联红军烈士塔和苏联红军烈士陵园 2 个，海拉尔区级保护项目清真寺 1 个。还有哈克遗址博物馆、海拉尔要塞遗址博物馆、副都统衙门博物馆 3 个博物馆。

为落实中蒙俄"一带一路"建设工程，海拉尔以极力打造国际化"草原音乐名城""冰雪运动名城""生态旅游名城"为目标，借助海拉尔作为内蒙古东部地区旅游集散中心城市和国际航空港的区位优势，整合海拉尔丰富的旅游文化资源，不断加大与俄蒙的合作力度。

一是，积极推进边境旅游业发展。改革开放新时期的到来，以及强有力实施的一系列边疆口岸地区优惠政策，使海拉尔顺利获得外国人口岸签证签注及边境游护照异地制证三项政策，为中蒙俄"一带一路"国际旅游业及国际旅游商贸往来的开展提供了便利条件。海拉尔机场作为国家一类航空口岸，是海拉尔区东部规模最大、业务最繁忙的机场之一，共有国航、海航等多家航空公司参与运营，旅游旺季开通国内外航线近 60 余条。其中，有与俄罗斯西伯利亚地区及蒙古国通航的国际航班。特别是，海拉尔至赤塔航线，每周往返四架次航班。经过近几年的运营，解决了大多数俄罗斯游客需要从北京转机至秦皇岛、大连、三亚等滨海城市的中转问题，经呼伦贝尔市和海拉尔区两级政府的不懈努力，将北京—海拉尔、海拉尔—赤塔航线优化整合，中国国际航空公司于 2012 年 3 月正式开通运行北京—海拉尔—赤塔国际航线。

二是，不断加大中蒙俄"一带一路"国际旅游及国际商贸往来工作的宣传推介力度。2014 年 10 月 23 日至 27 日，海拉尔旅游局和外事办及相关旅行社前往俄罗斯伊尔库茨克、赤塔两地，就海拉尔至伊尔库茨克航线复航、海拉尔国际四日游及开展国际旅游商贸活动，以及国内主要旅游目的地和中俄边境旅游发展等问题，举办了诚挚友好而富有成效的旅游推介会和座谈会。同时，制作海拉尔俄语宣传片和宣传折页发放给与会者、相关部门领导和各有关旅行社，受到俄罗斯旅游界同行的高度认可和评价。经过宣传推介工作，俄罗斯旅游管理部门、旅行社、旅游者纷纷表示希望到海拉尔来开展工作或到海拉尔来旅游，更加渴望经海拉尔到我国各地旅游观光。另外，2013 年海拉尔至蒙古国乔巴山和乌兰巴托市的航班开通，为边城旅游及中蒙两国间的国际旅游和国际旅游商贸往来提供了许多好处和方便。2015 年 5 月底，蒙古国航空公司和旅行社负责人来到海拉尔，同海拉尔口岸和旅游部门及旅行社负责人进行对接洽谈。在此基础上，于 2015 年 6 月，海拉尔区口岸办和旅游局及相关旅行社负责人前往蒙古国乌兰巴托市，就海拉尔及国内主要旅游资源的开发、国际旅游产品交易及国际商贸往来，海拉尔与乌兰巴托间开展旅游业务等具体问题，与蒙古国旅行社和航空公司负责人进一步深入、细致、全面而坦诚交流、沟通和洽谈，取得十分理想的实质性进展，很快实现了双方互派旅游团队的美好愿望。近年来，为进一步提高宣传效果，针对海拉尔游客及内地游客赴蒙古国和俄罗斯乃至欧洲各国开展国际旅游和国际旅游商贸活动，海拉尔通过各种媒体和信息网络加大宣传力度，广泛宣传俄罗斯赤塔、伊尔库茨克、后贝加尔及蒙古国乌兰巴托等地的风光游、购物游等多种旅游胜地及独特旅游产品。尤其是，通过开通蒙古国和俄罗斯的旅游包机，举办对外交流活动、规划境外游、边境旅游线路等形式，拓展与中蒙俄"一带一路"沿线国家和地区的深度交流合作。在这里，还应该提到的是，海拉尔蒙兀文化传播有限公司，原创性设计的"呼伦贝尔四季的邀请"磁贴荣获全国旅游文化产品三等奖，向国内外强有力地宣传了海拉尔的旅游资源、旅游文化、旅游胜地、旅游产品。

三是，深度推进中蒙俄"一带一路"沿线国家和地区间的国际合作、区域合作及友好城市间的合作交流。通过举办中蒙俄国际旅游及国际旅游商贸活动，包括国际商贸洽谈会及交流会等，不断加强、规范、提升国际旅游往来、国际旅游商品交易、国际商贸活动交流与合作。到 2020 年，中国·海拉尔中蒙俄经贸洽谈暨产品展销会已连续举办 16 届，已成为中蒙俄毗邻地区国际经贸洽谈、文化交流、旅游及旅游商贸合作的知名展会。2020 年 9 月 4 日—9 月 9 日为期 6 天的展会期间总客流达 22.6 万人次。本届展会首次采用线上"云展览"平台，云展览、云直播、资讯中心、便民服务、商家入驻及项目招商5 大核心板块页面。在此活动期间，累计首页页面浏览量达到 11.12 万人次。"云展览"板块搭建了中国馆、俄罗斯馆、蒙古国馆及"'一带一路'馆" 4 个线上展厅，涵盖中国、俄罗斯、蒙古国、日本、韩国等国家 300 余个知名品牌的 5000 余款商品。另外，还搭建了中蒙俄"一带一路" 4 个展商集合商城，现场拍摄、制作、上传各类产品 918 款。海拉尔中蒙俄经贸洽谈暨产品展销会，为海拉尔主动融入造福人类"一带一路"伟大建设工程，打造"中蒙俄合作先导区"和推动中蒙俄三国毗邻地区国际旅游合作、国际旅游商贸合作、文化交流作出了重要贡献。

为了加强与蒙古国和俄罗斯乃至欧洲各国间的多方面的交流与合作，早在 1992 年，海拉尔与俄罗斯的赤塔市就建立了国际友好城市关系，在海拉尔和赤塔两地分别举办了 20 周年纪念系列活动，城市间友谊得到进一步深化。这使海拉尔同俄罗斯的后贝加尔边地区和伊尔库茨克市及乌兰乌德市等地的国际合作交流也日益增多，每年都互相参加双方举办的大型文化、商贸、旅游等多领域活动。2007 年是中俄友好"俄罗斯中国年"，又是"中国海拉尔—俄罗斯赤塔"建立友好城市关系 15 周年。这一年的 8 月，在海拉尔的成吉思汗广场成功举办"首届中蒙俄国际青年艺术节"大型旅游文化活动。艺术节期间，陆续举办了艺术节开幕式大型文艺晚会、民族民俗文化巡游、中蒙俄三国艺术作品展、中蒙俄三国青年艺术论坛、青年艺术节主题焰火晚会等丰富多彩的活动。来自中蒙俄三国的 3000 余名青年艺术家与当地数万名群众参加了一系列的国际文化交流活动。本届艺术节，对于建设具有无限生机和活力的中蒙俄经济、文化合作新区域将起到促进作用。与此同时，海拉尔各大品牌旅行社，分别同蒙古国和俄罗斯的旅行社签订了一系列互利互惠、互利共赢、相互信任、诚挚友好的框架合作协议，在共同开发旅游资源、旅游文化、旅游产品，以及共同协商开发合作互派旅游团队等方面达成高度共识。还成功举办了"中国·海拉尔中蒙俄边境旅游论坛"大型旅游文化活动。所有这些，不仅充分彰显了中蒙俄三国人民的友好往来、友好情谊、友好心愿，成为连接中蒙俄三国人民友谊的桥梁，更是成为中蒙俄"一带一路"建设的成功范例。

四是，积极探索多种形式和内容的边境旅游项目，积极开发各具特色、品种多样、琳琅满目的边境地区本土旅游产品。近年来，由海拉尔旅游管理部门同俄罗斯西伯利亚及远东旅游管理部门共同协商推出的"海拉尔三日游""俄罗斯赤塔三日游""俄罗斯伊尔库茨克七日游"，以及经海拉尔到我国内陆地区及沿海地区各大旅游城的国际旅游活动，深受国内外游客们的欢迎，与这些旅游活动配套推出的保质保量、物美价廉、丰富多样的旅游产品同样得到国内外游客们的青睐。与此同时，还陆续开发了针对俄罗斯游客来海拉尔的草原游、森林游、乡村游、民俗文化游、度假游、休闲游、节日游、购物游等旅游种类。针对国内游客赴蒙古国乌兰巴托旅游购物和俄罗斯赤塔旅游购物及俄罗斯风情体验游等方面的需求，着力打造出中蒙俄"一带一路"沿线国家和地区的诸多旅游加购物的国际旅游活动。还有，充分利用冬季严寒加冰雪的自然景观，先后举办多次名目繁多而热闹非凡的中蒙俄国际冰雕邀请赛、中蒙俄国际冬泳邀请赛、中蒙俄国际冰雪节等冬季旅游活动，以此搞活了冬季的边境旅游互动活动，增加了冬日里的旅游生活、旅游活动、旅游商品交易和国际商贸活动的新亮点，提升和强化了海拉尔同蒙古国和俄罗斯乃至欧洲各国间的旅游合作的功能作用及实际效益。

# 第三节　中蒙俄"一带一路"与满洲里旅游文化

满洲里隶属内蒙古呼伦贝尔市，是县级市及内蒙古计划单列的准地级市，位于呼伦贝尔市西北部，所属地理经纬度为西起东经117°12′至117°53′，南起北纬49°19′至49°41′之间的草原温寒带地区，东边有新巴尔虎左旗及大兴安岭、南临新巴尔虎右旗和呼伦湖、西面是新巴尔虎右旗和蒙古国、北部同俄罗斯接壤。包括扎赉诺尔区在内的满洲里全市总面积为732平方公里，总人口为32余万，有汉族、蒙族、朝鲜族、达斡尔族、鄂温克族、鄂伦春族、满族、回族、俄罗斯族等20多个民族在这里居住生活。在历史上，这里是草原丝绸之路的重要通道之一，也是我国同蒙古国和俄罗斯乃至欧洲各国间开展易货买卖、商品交易、商贸活动的重要商埠之一。所以说，满洲里是一座拥有百年以上历史的口岸城市，还被誉为"东亚之窗"。改革开放以后，伴随满洲里经济社会的快速发展，包括国际旅游业及旅游商贸往来不断扩大，该市很快成为我国最大的陆运口岸城市。尤其是，习近平总书记"一带一路"倡议的提出，以及中蒙俄"一带一路"建设的强有力推动，满洲里国际口岸所肩负的使命越来越重，所发挥的作用也越来越大，进而对于蒙古国和俄罗斯乃至欧洲各国的友好往来、国际商贸合作，包括相互间的沟通和交流，相互间开展国际旅游及国际旅游商品交易等作出了十分重要的贡献，由此2010年国务院正式批准将满洲里市纳入试验区建设实施方案，随后被提升为国务院确定的国家重点开发开放试验区。

从地理位置上讲，满洲里市位于中蒙俄三国交界处，具有得天独厚的对外开放的地理优势。所以，改革开放之后，该市的国际旅游业和国际旅游产品交易及国际商贸往来快速崛起。满洲里口岸是我国通往俄罗斯、中亚和欧洲的重要陆路通道。它北邻俄罗斯的后贝加尔边疆区,西连蒙古国的东方省。而且,对外沿俄罗斯西伯利亚大铁路,可直通西伯利亚腹地,具有很强、很优厚、很实际的地理位置优势,进而成为中蒙俄"一带一路"建设及开展国际旅游合作和国际旅游商贸往来的理想通道。2005 年 6 月,在满洲里市召开的内蒙古政府同俄罗斯赤塔市政府等共同主办的首届中俄区域合作论坛,以及第四届中蒙俄三国交界地国际旅游节,使改革开放以后启动的中蒙俄三国的国际合作交流,很快迈入健康、安稳、高效发展的历史阶段。我们的研究表明,自 20 世纪 80 年代至 21 世纪初的历史发展时期,以满洲里为中心的中蒙俄三国间的边境贸易从小规模的易货买卖及旅游商品交易,很快发展壮大为国际上有一定影响力的国际旅游产业、国际旅游食品产业及国际商贸交易活动。2013 年,经满洲里走出国门的旅游购物商品收入达到 0.98 亿美元。这其中,民营企业成为主体,对中蒙俄"一带一路"国际旅游产业及国际旅游商品交易发挥了十分重要的推动作用。从我国出口到蒙古国和俄罗斯乃至欧洲相关国家的旅游商品中,除了有工艺美术品、文物及仿制品、陶器瓷器、风味土特产、民族特色艺术品、旅游纪念品、旅游日用品、地方土特产品、方便食品、烟酒茶叶及观光旅游产品、度假旅游产品、专项旅游产品等具有纪念性、艺术性、收藏性、实用性、即食性的琳琅满目的旅游商品之外,还有为满足游客需求而提供的各种旅游服装、旅游箱包、旅游帐篷、旅游轻便交通工具、旅游体育用品等。在这种快速发展背景下,2016 年满洲里接待国内外游客人数达到 682 万人次,旅游业对 GDP 的贡献率提升到 15.6%,旅游从业人员占城市总从业人数的比重为 27.5%,旅游业自然已经成为满洲里市中蒙俄"一带一路"建设中的支柱性产业之一。在 2017 年上半年,满洲里陆路口岸进出境人数达到 83.1 万人次,比 2016 年同期增长 31.8%。自 2016 年至 2020 年,满洲里市通过中蒙俄"一带一路"通道茶叶出口达到 36 万吨以上,而蒙古国就是我国茶叶的主要进口国之一。

近些年,电子商城作为满洲里中蒙俄"一带一路"建设及国际旅游商品交易市场的重要组成内容，以及作为满洲里与蒙古国和俄罗斯乃至欧洲各国间的开展国际商贸活动的重要形式，为国际旅游业和国际旅游产业的发展产生了深远影响。应该提到的是，2015年满洲里市政府出台《关于促进满洲里市跨境电子商品产业发展的扶持办法》，并紧密结合旅游产品市场需求，加大力度鼓励和支持跨境电子产品产业园建设。由于满洲里口岸铁路沿中蒙俄"一带一路"一直延伸到欧洲各国，这使跨境电子产品产业园的具有国际旅游产品内涵的电子产品，源源不断地运往蒙古国、俄罗斯及欧洲各国。这一国际市场的大批量需求，反过来强有力地刺激了满洲里跨境电子产品产业园的诸多企业，使这些企业的电子产品产业迅猛发展。这些企业或跨境电子产品公司，按照各有关规定将具有浓郁的旅游产品内涵的跨境电子产品与相关产业相结合，创新性开发联营、融合、多渠道发展，突出"出口＋进口"双轮驱动，引导国内外企业积极参与，发展"互联网＋外贸""跨境电子商品＋旅游""跨境电子商品＋中欧班列""跨境电子商品＋互贸出口""跨境电子商品＋展会"等创新模式。

与此同时，满洲里作为边境口岸城市，伴随市场经济的不断繁荣发展，中蒙俄"一带一路"建设的不断向深度推进，国际旅游市场和国际旅游市场服务及国际旅游商贸活动的不断成熟、不断活跃、不断壮大，使得蒙古国和俄罗斯乃至欧洲各国的相关企业纷纷到满洲里经商或开展各种业务活动。其结果，这里的国外商场商品数量逐年增多，包括国际旅游市场和国际旅游市场服务及国际旅游商贸活动在内的各种国际贸易活动十分活跃。其中，旅游纪念品及旅游消费品的种类数量明显增多，像俄罗斯的各种艺术品、俄式餐具及多种蜂蜜、面包、奶制品、巧克力、咖啡、速食品、酒类、调味品等之外，还有俄罗斯特色旅游针织品及天然保健品，其种类多、数量大且供应充足。满洲里的免税商场、口岸集团商业区、发达广场等大型俄罗斯商品销售区，不仅占地面积大，而且客流也多。另外，这些国外商场、商店、咖啡屋、宾馆，也自然成为我国各地到此旅游的人们常去常往旅游、购物的理想去处。此外，还有一些直播销售的俄罗斯商品商场。在满洲里，中俄互市贸易区公布数据显示，该贸易区 2019 年累计进出口额超过 5 亿元人民币，进出口交易货物 3.34 万吨，其中免税交易区 1.75 亿元人民币，进口交易货物 3.02 万吨。俄罗斯背包旅游者出口交易额达到 3.39 亿元人民币。毫无疑问，这其中占有相当数额的收入是从旅游业、旅游产品及国际贸易活动中获得的经济效益。

如上所述，满洲里市作为重要的口岸城市，在中蒙俄"一带一路"建设中，包括在蒙古国和俄罗斯及欧洲各国的国际旅游往来和国际旅游商贸活动中，一直发挥着不可忽视的重要作用和影响。那么，满洲里市从自身可持续长远发展角度出发，在充分考虑旅游业、旅游服务业及旅游产业发展之实际需要的同时，紧密联系中蒙俄"一带一路"建设之宏伟工程，制定了一系列行之有效的对外开放政策、不断优化投资环境、开通方便快捷的旅游和旅游商品通道、加速提升国际化的文化氛围等。

## 一 优厚的政策与旅游业及旅游文化产业

满洲里为了促进旅游业及旅游文化产业的发展，出台了许多优厚政策，其中包括优化出入境管理制度，实施出入境游客"一站式作业"通关模式，设置"一日游"团队游客通关绿色通道，这使边境游客通关速度大幅度提高。俄罗斯游客留宿互贸区 3 日政策，以及互贸区内免税购物政策等也很快得到批准。经国家各有关部门批复，满洲里开办了领事认证代办业务，以及外国游客丢失护照或相关证件可申请签证延期业务等，进而全面提升了对国外游客的综合服务效率和功能。尤其是，给自驾旅游购物的游客出入国门提供了诸多便利条件，实施了预约预录、优先放行等措施。还专门开辟了赴俄"一日游"专用通道，以及合并相关查验步骤，将 6 条自助查验通道由过去"两次申报、两次查验"转变成"一次申报、一次查验、一次放行"。还利用"一机双屏"技术实现了海关与边检共享 X 光机和"钴–60"系统查验图像资源,每名旅客平均减少 25 秒行李查验时间。另外,对自驾游者及旅游团一次性办理完成旅客、员工和车辆 3 种边防检查手续,实现了 10 分钟快速完成边防检查手续的办理。为减轻公路口岸通关压力,满洲里政府与俄方就推动"赤塔—满洲里"铁路客运管理部门多次磋商,最终得以十分理想的解决。另外,着力打造中小旅游企业服务体系建设,打造扶持中小微旅游企业创业平台,引导充满创新活力的旅游中小企业和旅游创客,形成"以大型集团为龙头、中小企业活力充沛、新兴业态持续涌现"的旅游企业格局。举办一系列中小企业转型升级、云计算、大数据、电子商务发展与创新培训班。充分利用现有资金渠道,支持试验区进一步完善景区基础服务设施,旅游公共服务等项目。2018 年,拨付全域旅游资金 500 万元,旅游厕所补贴奖励 121 万元,红色秘密交通线教育基地国门景区基础设施 334 万元。2019 年,拨付旅游发展资金 200 万元。与此同时,积极探索实施旅游发展用地政策,有效落实了旅游重点项目新增建设用地。按照节约集约用地原则,与土地利用总体规划、城乡规划等相关规划衔接。对符合相关政策及规划的旅游项目及时安排新增建设用地计划指标,加快用地审批,新增建设用地积极组织上报,安排专人办理。积极组织实施土地供应,全面保障并促进旅游新业态发展。尤其是,支持使用未利用地、废弃地等土地建设旅游项目,出让底价可按不低于土地取得成本,严格按照"谁投资、谁受益"的原则,制定支持政策。而且,还制定了创新旅游人才培养引进机制,以及建立旅游专家智库,积极与各方旅游专家积极对接,并通过市场化方式引进了优秀和具有创新性的旅游管理人才。

## 二 良好的投资环境与旅游业与旅游文化产业

满洲里不论在地理位置条件、景观地域组合条件、环境容量条件,还是在客源市场条件、投资条件等方面都占一定优势,尤其在中蒙俄"一带一路"建设中,都表现出这些优势带来的生态效益、社会效益和经济效益。正是由于这些优势,丝路基金和亚洲基础设施投资银行,对满洲里不断加大投资，为该地区旅游业发展提供了优厚条件。随着中蒙俄"一带一路"建设的不断深度推进及中蒙俄经贸合作的持续升温，满洲里相继启动了多个项目建设，为中蒙俄"一带一路"建设发挥了极其重要的作用。

在中俄互贸区方面，早在1992年5月就已经开始建设，其中涵盖了加工物流园区、仓储物流区和配套的综合服务以及旅游度假区等。其辖区范围共138.8平方公里，主要功能有：国际贸易、出口加工、物流仓储、旅游观光等，目前已发展的较为完善，成功带动了满洲里旅游产业发展多元化进程。2015年，满洲里综合保税区获得国务院的正式批复，第二年综合保税区顺利通过国家正式验收，进而成为内蒙古首家综合保税区，成为满洲里市新增的重要的开放平台之一。截至2016年年底，综合保税区通过协议引进项目17项，总投资约4.1亿美元，其中与德国帕希姆国际机场（保税区）建立了互联互通联系，达成了战略合作协议。此外，还引进VR芯片一体机及可穿戴设备加工，跨境电子商品等一批高新技术项目。在这一时期，还启动了进口资源加工园区建设，在俄罗斯后贝加尔地区还开建了多个进出口旅游产品加工项目。近些年，满洲里以极具优势的地理区位，得天独厚的边境地区投资环境，加上"一带一路"倡议的引导，积极树立"对外经贸及旅游贸易窗口"的优良形象。满洲里充分发挥这些资源优势和区位优势，以中蒙俄国际旅游节、国际冰雪节暨中蒙俄国际选美大赛等为契机，不断扩大国际商贸市场与交流平台，依托国际间旅游交流与合作不断向深度和广度拓展不同层级、不同形式和内容的国际商贸活动。根据调研，2002年起，中蒙俄三国交界地区旅游节每年举办一次，以此不断推动地域性、区域性、本土性、民族性经济社会建设工程。2008年，满洲里与俄罗斯后贝加尔外联旅游局建立了区域旅游协调会议制度，定期协商解决旅游发展中存在的问题，实现"优势互补、资源共享、市场共拓、客源互流、共同发展"。2010年5月，满洲里还承办组织召开高层次、高级别、高规格的中俄旅游国际合作交流会，很大程度上积极推动了满洲里旅游产业建设与发展。

满洲里市在加强俄蒙旅游合作的同时,十分重视跟周边城镇及旗县的旅游合作,旅游资源的共同开发与利用。在此基础上,2010年初满洲里与周边地区旅游管理部门共同签署了《满洲里市区域旅游协作联合宣言》,共同推进更广泛意义的区域间旅游产业及国际商贸往来,进而不断推进以旅游为依托的国际商贸交流与合作。2012年,满洲里还组织承办了"区域旅游协作恳谈会",组建了"六市四旗一区"旅游商贸联合体,使满洲里旅游景区与周边地区的旅游景点连成一片,达到在更广泛区域开展旅游和国际商贸交流活动的目的。

### 三 方便快捷的交通运输与旅游业和旅游文化产业

满洲里机场开通蒙古乌兰巴托—中国、满洲里—俄罗斯乌兰乌德等国际航线,成为开通第五航权的机场。另外,满洲里除了与蒙古国没有铁路连通之外,航空及公路都实现了与蒙古国和俄罗斯的互联互通。也就是说,经过改革开放40余年的努力,尤其是在中蒙俄"一带一路"建设的鼓舞下,满洲里航空、铁路、公路立体旅游交通格局已经形成,国际航空港可达国内20多个城市和俄罗斯、蒙古国的6个城市,年进出港旅客超过50万人次,进而成为欧亚大陆桥上我国境内重要的快捷交通枢纽。铁路开通了满洲里至北京、呼和浩特、哈尔滨、大连等20多个城市的旅客列车和42条中欧班列线路,辐射国内外180多个城市。公路口岸年通过能力达1000万人次、100万辆次,并开行了至18个国内外城市的客运班车。满洲里交通便利,边境交通条件优越,主要类型是公路铁路运输,再加上航空运输,形成了立体交通网络体系。公路运输主要有301国道,中途经过哈尔滨、大庆、海拉尔等城市。航空客运,有3C级支线机场。其中,满洲里口岸地处亚欧第一大陆桥的交通要冲,环渤海港口通往俄罗斯和欧洲的最经济、最便捷、最重要的"陆海联运"大通道,承担着中俄贸易60%以上的陆路运输任务。毫无疑问,所有这些,给国内外旅游者及旅游商品交易及国际商贸往来提供了极大方便,进而对于中蒙俄"一带一路"建设发挥了积极推动作用。

### 四 丰富多样的民族文化与旅游业和旅游文化产业

满洲里具有浓厚的蒙古族文化积淀。历史上,这里是东胡渔猎和游牧之地,成吉思汗的弟弟合拙·哈萨尔的封地,清代时巴尔虎和布里亚特蒙古族和鄂温克族、鄂伦春族、达斡尔族的自然猎场。所以,该地区充分利用浓郁的草原民族远古文化特征,开展丰富多彩的旅游文化活动。其中,包括:(1)敖尔金旅游区是满洲里市代表性的蒙古族旅游文化景区,据传当年成吉思汗在这里迎娶翁吉剌部的孛儿帖,当地人民为纪念孛儿帖,将附近的一座山峰命名为"孛尔金山",而"孛尔金"之说是由"敖尔金"演化而来。今天的敖尔金草原仍然流传着关于成吉思汗迎娶孛儿帖的故事,敖尔金草原现在保存有长约八公里的"成吉思汗边壕"。目前,敖尔金景区内的蒙古族牧场度假村主要依托蒙古族牧民家庭建立,当地政府引导牧区中散居的、有条件、有意愿的蒙古族牧民家庭开展住宿、餐饮、骑马、放牧等旅游接待。牧民家庭游为游客提供多种民族民俗特色活动,让游客体验游牧生活,为游客表演传统歌舞,为游客举办传统婚礼等。他们还采取"互联网+旅游文化"方式,通过网络直播进行草原"云旅游",推介本民族文化,推销自家的民宿和旅游产品。(2)扎赉诺尔文化是中华远古文明的重要组成部分,扎赉诺尔也是满洲里的重要旅游胜地。1932年,我国考古队首次发现距今约11400年扎赉诺尔人头盖骨化石。同头盖骨化石一起出土的还有用动物化石、石髓、玛瑙、碧玉等原料制作的生产生活工具。1980年,在扎赉诺尔又发现许多旧石器晚期的人工打击痕迹的石器。(3)满洲里市在发展旅游业的进程中,科学有效地开发本地区巴尔虎蒙古族、布里亚特蒙古族及达斡尔族、鄂温克族、鄂伦春族等东北人口较少民族及其族群的古朴、传统、优秀的草原文化,不断丰富发展本地区民族民俗优秀传统旅游文化事业。(4)通过建设以扎赉诺尔区、新开河镇为主的满洲里草原生态旅游区,不断完善和提升草原生态文明旅游文化。像二子湖、二卡湿地、查干湖等水域,确保生态环境不受破坏的前提下有序开发旅游业。做到了旅游开发与生态保护并重,以开发促保护,以保护带开发,营造一个美丽富饶、环境优雅、生态平衡、草美花香、蓝天白云、生机盎然、充满梦想的大草原。(5)满洲里具有俄罗斯风情旅游文化的优势,如在满洲里有很多颇具俄罗斯风情装饰的餐厅,像金碧辉煌的马克思西餐厅、生意红火的喀秋莎西餐厅等俄式西餐厅,经营俄罗斯啤酒、红肠、面包和酸黄瓜等的俄式餐饮。满洲里城内也有许多俄式建筑,步行街中有很多俄式风情雕塑。满洲里拥有高度融合并相互作用的中西独具特色的草原边疆口岸小城文化,是一座具有浓重的中蒙俄三国风情,中西文化彼此交融的草原边境对外开放的小城。中俄异域风情旅游区对满洲里市的文化产业、商贸往来、经济社会发展产生了深刻影响,强有力地带动了旅游和地方旅游产业的快速崛起。这不仅充分展示了草原边贸小城具有的特殊地位及中蒙俄"一带一路"贸易通道的特殊作用,同时也充分张扬了我国开放包容和谐文明的国际化发展战略思维。

## 五　红色旅游资源与旅游业和旅游文化产业

伴随中东铁路的正式运营及俄国十月革命的胜利,满洲里成为中苏两国革命者相互交流往来、传播革命火种的重要据点之一,自此被赋予中苏革命的红色记忆。其中,有:(1)内蒙古满洲里红色国际秘密交通线,它见证了李大钊、陈独秀、刘少奇、周恩来、瞿秋白、李立三等中国共产党早期领导人赴苏联学习马克思主义,加强与共产国际联系,引导中国革命走向胜利的足迹等重要历史事件。这条交通线掩护共产党人从满洲里进出中苏国境,使满洲里在国际共产主义运动和中国革命的历史上留下了光辉的一页。2005年满洲里红色国际秘密交通线被评为全国100个红色旅游景点景区之一。(2)满洲里边境气势恢宏的国门、界碑,以及国门周边红色旅游资源已成为国家荣誉感和民族自豪感的精神产物，成为青少年研学游及红色旅游、红色文化等旅游线路之一。

总之，满洲里作为中蒙俄"一带一路"建设的关键节点城市，在对外开放和对内搞活的经济社会的发展进程中，在国内外的旅游业及旅游产业的繁荣中，发挥的作用越来越显著、越来越大。尤其是，2018年国务院同意设立满洲里边境旅游试验区之后，该市着手建设中俄异域风情旅游区、口岸历史文化旅游区、草原生态旅游区三个特定旅游功能区。同时，积极融入中蒙俄"一带一路"建设，全面释放对外开放活力，进一步拓展开放空间、提高开放质量，加快向北开放的桥头堡建设。打造出独具特色的草原边疆口岸旅游小城。如前所述，满洲里市拥有融自然环境、草原文明、民族文化、红色传统、异域风情为一体的口岸小城文化，是一座城景一体、中西合璧、特色鲜明的魅力城市。以呼伦贝尔大草原、红色国际秘密交通线遗址、国门景区、套娃景区、冰雪节等旅游胜地享誉盛名。满洲里市已建成音乐喷泉广场、体育馆、博物馆、红色旅游展馆、拓拔鲜卑历史生态陈列馆等一批基础文化观光旅游场所。向旅游者免费开放满洲里市博物馆、俄罗斯艺术博物馆、套娃广场、欧式婚礼宫等，均对满洲里市的文化产业、商贸往来、经济社会发展产生深刻影响，强有力地带动了旅游和地方旅游产业的快速崛起。

旅游业是满洲里的重要支柱产业，也是满洲里"贸游立市"战略的重要组成。近年来，满洲里深入践行创新、协调、绿色、开放、共享发展理念，紧紧围绕"开放、活力、美丽、美好、幸福、满意"满洲里发展定位，以创建国家全域旅游示范区、国家边境旅游试验区和跨境旅游合作区为目标，全面做好绿、红、蓝、金、银、环六篇大文章。也就是说，要不断提升草原品牌形象，保持绿色底色；挖掘红色历史内涵，丰富红色旅游产品；抓好呼伦湖治理和保护性开发，留住蓝天白云，守住生态底线；开发春秋季游，实施城市亮化和牌匾改造，塑造金色满洲里形象；立足银色冰雪资源，补齐冬季旅游短板，建成一批"全天候"景区景点，推动旅游实现四季四景、均衡发展；大力发展中蒙俄跨境旅游，全力推进旅游产业提档升级，加快建设国际化高端旅游目的地，努力把满洲里打造成为"壮美内蒙古，亮丽风景线"上的最美名片。

满洲里市作为我国中蒙俄"一带一路"大通道上对外开放重要口岸城市，借助改革开放的大好形势和强劲发展势头，紧紧抓住难得的发展机遇，经过40多年的努力奋斗，依托草原边疆丰厚的自然环境和人文环境优势，大力开发本土文化、地方文化、民族文化、特色文化资源，该市的经济社会发生了根本性的和革命性的变化与发展。毫无疑问，这使地方经济从小到大、从弱到强、从虚到实、从实践到理论，地方特色的民族产业和旅游产业不断扩大规模的同时，不断拓展国际商贸往来，进而在包括中蒙俄在内的欧亚大陆"一带一路"通道上不断发挥作用、不断提升知名度。与此相配套的城市基础设施及服务功能也不断得到完善，城市现代化建设水平不断得到强化。尤其是，在改革开放的40多年的实践中，伴随满洲里市国际贸易市场的不断成熟，国家重点开发开放实验区的设立，以及满洲里市中蒙俄"一带一路"通道功能和作用的不断提升，地方民族特色旅游业、旅游产业、旅游经济日益凸显实际效益和国际效益，进而在我国东北草原边疆口岸小城绽放出独特光彩。

正如前文所述，满洲里是我国最大的陆路口岸，也是我国优秀旅游城市及全国文明城市和国家重点开发开放试验区，是我国向北开放的重要窗口和"桥头堡"，更是融汇中蒙俄三国风情的魅力之都。随着人们相互走动的越来越多、越来越频繁，以及大众旅游时代的到来，尤其"一带一路"建设的提出和顺利实施，使满洲里旅游迎来千载难逢的新的发展机遇。在这里还应该提到的是，伴随国际旅游业的发展，中蒙俄"一带一路"建设中，文化交流发挥的作用也越来越显著。例如，我国东方歌舞团、总政歌舞团、中国音乐家协会、中国演出家协会、中国戏曲研究院、少林武术表演团、内蒙古无伴奏合唱团、北方少数民族服饰展演团等各大专业团体多次来到满洲里，参加中蒙俄国际旅游节、国际艺术体操大奖赛、中蒙俄美食文化节、国际观光旅游节及国际文艺会演，同蒙古国和俄罗斯的文艺演出团队同台表演丰富多彩、五彩缤纷、醉人心脾的文艺节目，充分展示了中蒙俄三国文化交融的特色，以及独特风韵的旅游文化盛典和凝聚人气、推动合作、共促发展的国际盛会，更是成为推动中蒙俄文化交流合作与繁荣发展的重要平台，由此产生广泛的国际影响力和知名度，对于推动中蒙俄"一带一路"建设及中蒙俄经济走廊建设，带动中蒙俄及毗邻地区的共同友好发展，起到了积极的促进作用。同时，映射出了满洲里口岸城市、文明城市的独特魅力，促进了三国文化交流。这些活动，不仅丰富了满洲里的国际旅游文化生活，还有效带动了满洲里市经济、贸易、旅游、文化等产业的发展，促进三国毗邻地区互利共赢发展，并极大地丰富了满洲里本土文化的内涵，形成了品牌效应。此外，满洲里利用冬季得天独厚的冰雪资源，不断深度开发冬季旅游产业，从1999年开始成功举办20届冬季冰雪节，并于2006年和2007年两次评为我国十大自然类节庆活动。还有，自2003年至今，已连续举办了16届满洲里中蒙俄美丽使者大赛，来自俄罗斯赤塔、克拉斯诺亚尔斯克、哈巴罗夫斯克、符拉迪沃斯托克、克孜勒、乌兰乌德、鄂木斯克、伊尔库茨克、新西伯利亚、海参崴、克麦罗沃等州市，以及蒙古国的乌兰巴托、南戈壁省、肯特省等地区的国外美丽使者，同来自我国北京、上海、天津、杭州、苏州、成都、沈阳、哈尔滨、大连、呼和浩特等城市的近千名入围总决赛的选手，齐聚满洲里参加"白雪公主"桂冠的争夺。赛事实况多次在内蒙古电视台和蒙古国乌兰巴托市电视台及俄罗斯布里亚特共和国电视台同步现场直播。这些文化艺术交流活动，极大地丰富了满洲里冬季旅游活动，展现了边城冰雪美女的优雅。通过大赛的平台，中蒙俄三国选手密切配合、通力合作、友好竞争，通过美丽的使者增加了解、增进感情，加强了中蒙俄三国毗邻地区的交流与合作。

2016 年，满洲里被确定为国家全域旅游示范区创建城市，中俄边境旅游区获批国家 5A 级景区，中俄互贸免税区正式开放运营。独特的区位优势和丰富的旅游资源，使满洲里的旅游魅力和发展优势凸显。这里集口岸、草原、湖泊、界河、湿地于一体，中蒙俄三国文化交融，形成了城市观光、红色记忆、异域风情、草原民俗、访古文化、界河生态、节庆会展、冬季冰雪等众多特色旅游产品。满洲里市积极融入中蒙俄"一带一路"建设，大力发展跨境旅游，开通了万里茶道"满洲里—西伯利亚号"中俄跨境旅游专列、满洲里赴俄罗斯"红色丝绸之路"旅游专列，开展了"友谊·和平·年轻使者"中蒙俄三国五地青少年茶叶之路夏令营、"茶叶之路—和平之旅"中蒙俄环线自驾游等活动，为中蒙俄经济走廊建设充实了丰厚的内涵。目前，正在全力推进查干湖国际旅游度假区、世界木屋博览园、呼伦湖旅游度假区、蒙根花布拉格夏宫、中俄边境旅游区 5A 级景区提升工程、老城记忆历史文化街区、博物馆群及国门景区红色旅游提升工程等一系列项目开发建设，不断完善旅游基础服务设施，构建全域旅游发展新格局。

满洲里已深度融入中蒙俄"一带一路"建设，围绕"建设亮丽内蒙古，共圆伟大中国梦"，率先探索、先行先试，推动经济发展质量变革、效率变革、动力变革。坚持开放引领，统筹国际国内两个大局，用好两个市场、两种资源，形成内外联动、双向互济的发展格局。在坚持创新驱动中，不断发挥市场在资源配置中的决定性作用，加快转变发展方式、优化经济结构、转换增长动力、提升发展质量，不断科学有效地激发旅游业及旅游产业发展活力。同时，以打造旅游精品产品建设为主线，推动旅游文化的特色化、国际化、全域化进程，提升本地区旅游业具有的整体竞争力。2019 年，满洲里市共接待游客 912 余万人次，同比增长 9% 以上，出入境旅游人数大约 169 万人次，同比增长 3% 左右。其中，从俄罗斯入境旅游者达到大约 60 万人次，同比下降 13%。同一时期，国内到满洲里旅游的人数将近达到 745 万人次，同比增长进 11%。而且，旅游创汇也达到 3.76 亿美元，旅游总收入为

157.63 亿元，同比增长 9% 以上。可以说，满洲里以极其丰厚而独特的地方民族特色文化，同蒙古国和俄罗斯乃至欧洲各国市场文化、人文环境等科学合理地融合为一体，进而强有力地带动了该地区经济社会的发展与满洲里人文旅游的繁荣昌盛，为满洲里旅游文化产业的发展增添了浓墨重彩，为中蒙俄"一带一路"建设不断增加新的活力和生命力。

# 第 五 章

# 中蒙俄"一带一路"与
# 锡林郭勒盟旅游文化

　　锡林郭勒盟属于内蒙古，位于内蒙古的中部，我国的正北方，所处地理位置是东经 115°13′—117°06′，北纬 43°02′—44°52′，北与蒙古国接壤，西边是内蒙古乌兰察布市，南面同河北省毗邻，东边有内蒙古的赤峰市和通辽市及兴安盟。另外，锡林郭勒是中国东北、华北、西北交汇地带，具有对内连接东西及内陆地区，对外贯通欧亚的重要作用，是我国向北开放的窗口，是通往蒙古国的北大门，同蒙古国的边境线长达 1103 公里。

　　锡林郭勒盟辖区内有 12 个县级行政区，包括锡林浩特市和二连浩特市 2 个县级市，有多伦县 1 个县及苏尼特左旗、苏尼特右旗、阿巴嘎旗、东乌珠穆沁旗、西乌珠穆沁旗、镶黄旗、正镶白旗、太仆寺旗、正蓝旗 9 个旗。另外，还有 1 个乌拉盖管理区和 1 个锡林郭勒经济技术开发区。锡林浩特市是中共锡林郭勒盟委、锡林郭勒盟行政公署所在地，是锡林郭勒盟政治、经济、文化中心。该地区除了作为主体民族的蒙古族之外，还有汉族和满族、回族、朝鲜族、达斡尔族、鄂温克族、鄂伦春族、锡伯族、东乡族等 21 个少数民族。据 2020 年统计数据显示，该盟的总人口为 110.71 万人，主要居住在 2 个县级市及 9 个旗政府所在地。二连浩特市是隶属于锡林浩特的单列市，是通往蒙古国和俄罗斯及东欧各国的大通道。该盟的北面与蒙古国的口岸城市扎门乌德隔界相望，两个市的相隔距离有 4.5 公里。此外，锡林郭勒盟还有珠恩嘎达布其口岸，该口岸位于中蒙边境 1046 号界碑处，与蒙古国的毕其格图口岸遥遥相望。该地区，在历史上被称为"蒙马处"①，也是我国对蒙古国开放的重要陆路口岸之一，是早期草原丝绸之路上的旅行通道和通商要道，以及重要的易货买卖、商品交易、商贸往来的交通枢纽。

锡林郭勒盟的地理区位十分独特，历史文化积淀深厚，有很长的中蒙边境线，口岸旅游文化的历史年代又十分悠久，特别是以元大都遗址为代表的历史文化旅游资源非常丰富。正因为如此，这里被誉为蒙元历史文化的重要发祥地之一。另外，这里也是蒙古族长调的故乡，蒙古族摔跤健将的摇篮，蒙古族传统文化服饰之都。还有，这里不仅将草原蒙古族的马文化保存得很完美，同时也将这种马文化资源的开发和利用、弘扬和发展表现得淋漓尽致。因此，这里的马文化驰名国内外，也被美称为"中国的马都"。毫无疑问，所有这些使锡林郭勒盟成为草原旅游、草原文化旅游、草原休闲旅游、国内旅游及国际旅游的胜地。也就是说，锡林郭勒盟有极其丰富的旅游文化资源和草原生态旅游资源，具有特色鲜明的自然草原、沙地草原、林木草原和河谷湿地生态系统景观，以及有淳朴纯真纯情的民风民俗、民间歌舞、草原牧区生活和由蒙元时期传承来的传统文化。正因为如此，这里成为国内外游客纷至沓来、络绎不绝、川流不息的旅游家园。

我国于 2003 年发布的《中国国家标准——旅游资源分类、调查和评价》② 显示，其中关系到锡林郭勒盟的旅游资源共有 180 余处，分属 8 个主类，27 个亚类和 67 个基本类。可以看出，该地区的旅游资源及其结构类型确实很丰富，在全国同类地区和内蒙古各盟市中都占有重

---

① "蒙马处"是指 20 世纪 70 年代中蒙两国工作人员，在这里交换因各种原因跑到对方国家的牛马羊骆驼等牲畜，并解决一些突发事件的地方。"蒙马处"也称"珠恩嘎达布其"，该词是蒙古语地名，表示"东门坎"之意。

② 《中国国家标准——旅游资源分类、调查和评价》于 2003 年由国家质量检验检疫总局发布，于 2003 年 5 月 1 日实施，其中主要包括旅游资源分类、旅游资源调查、旅游资源评价三个核心内容。

要地位。现在，已经开发利用并充分发挥旅游文化经济效益的著名景区和景点就有 23 个，包括锡林郭勒大草原旅游和元上都遗址旅游 2 个重大旅游景区，金莲川草原、汇宗寺和善因寺 2 个四级旅游场景，以及 19 个三级旅游景区和景点。在这里，还有必要提出的是，像二连浩特市伊林驿站遗址、多伦县的山西会馆、关帝庙等旅游景点及其古建筑遗址等，都属于"万里茶道"上的重要的历史性标志和遗址。不远万里来到这里的国内外旅游者们，通过旅游和游览的方式，深深地感受并领悟到锡林郭勒盟的元上都遗址、汇宗寺和善因寺、蒙古汗城、赛汉塔拉旅游娱乐园、贝子庙、查干敖包庙、山西会馆、宝格都乌拉等旅游景区和景点具有的强大吸引力、生命力和影响力，以及独具特色的蒙古族草原文化、蒙古族草原文明、蒙古族草原历史及草原丝绸之路文明、蒙古族草原走向未来的美好梦想。

## 第一节 中蒙俄"一带一路"与 锡林郭勒盟旅游文化

锡林郭勒盟有诸多旅游文化方面的合作优势，本节主要从锡林郭勒盟旅游文化与区域合作、旅游文化与交通网络合作、旅游文化与经济贸易合作、旅游文化与地方特色文体活动合作等角度整体上讨论该盟的旅游文化优势。

### 一 锡林郭勒盟旅游文化优势

锡林郭勒盟有诸多方面的旅游文化合作优势，并主要表现在旅游文化及其区域合作优势、旅游文化与交通网络合作优势、旅游文化与经济贸易合作优势、旅游文化与地方特色文体活动合作优势等。

（一）旅游文化与区域合作优势

锡林郭勒盟于 2007 年在东乌珠穆沁旗首次召开"中蒙六地区构筑

欧亚新通道战略论坛",在此战略论坛上,各有关方的代表及与会专家学者经过讨论,共同提出锡林郭勒盟和辽宁省的锦州市与阜新市,同蒙古国苏赫巴托省、东方省、肯特省之间构筑欧亚新通道战略伙伴关系。在此基础上,还签署了战略合作框架协议书。锡林郭勒盟的东乌旗还与蒙古国苏赫巴托省签署了友好协作备忘录。第二年,也就是于2004年中蒙两国签署《中华人民共和国政府和蒙古国政府关于中蒙边境口岸及其管理制度的协定》,确定锡林郭勒盟东乌珠穆沁旗的珠恩嘎达布其口岸同蒙古国的毕其格图口岸为国际性常年开放口岸。2007年1月实现临时常年开放,这为欧亚新通道的贯通提供了重要的前提条件。所有这些,为我国同蒙古国和俄罗斯乃至为欧亚各国,在更广泛的领域开展旅游往来及旅游商贸交流及合作创造了更加便捷的通道。

2011年,锡林郭勒盟为进一步加大对外开放,出台了《锡盟与蒙古国互联互通总体规划(2015—2035)》及《关于深化锡盟与蒙古国交往合作的意见》等近20年的总体规划和合作意见,从而充分展示了在未来更长时间里,锡林郭勒盟和蒙古国的相关省市之间,不断深度开展旅游往来和商贸往来的基本思路和友好合作的诚意。2015年7月,中国·内蒙古三盟市与蒙古国三省区域合作会议在锡林郭勒盟召开,会议共同讨论在加强互联互通基础设施建设,提升边境口岸功能,加强文化、旅游、商贸流通等方面建立诚信、完善、可持续长期发展的合作机制。2015年10月23日在呼和浩特召开的首届"中国—蒙古国博览会"期间,锡林郭勒盟紧紧抓住这一机遇,与蒙古国毗邻地区代表合作召开洽谈会,现场成功签署了包括跨境旅游、建立友好城市关系、中蒙边境互市贸易区等11项合作协议。这对于锡林郭勒盟建立健全口岸联检机构,以及进一步完善经常性协调机制提供了有力保障。同时,为了更好地按计划顺利实施以上提到的各项协议,锡林郭勒盟与呼和浩特海关、内蒙古出入境检验检疫局、边防总队达成了高度共识和长期联系合作机制。尤为可贵的是,锡林郭勒盟充分利用旅游文化与区域性旅游文化产业合作优势,积极落实《锡林郭勒盟沿边开发开放第十三个五年规划》，以及《关于加强向北开放加快口岸发展的实施意见》，强力推动该地区国内外旅游业及旅游文化产业，为中蒙俄"一带一路"旅游文化建设作出了应有的贡献。

（二）中蒙俄"一带一路"及锡林郭勒盟立体交通网络优势

锡林郭勒盟的中蒙口岸是我国对外开放的重要陆路国际通道之一，也是开展国际旅游和国际旅游产业及对外交往的重要桥梁之一。改革开放以后，特别是习近平总书记提出"一带一路"倡议以来，锡林郭勒盟大力推动中蒙俄"一带一路"旅游文化建设，以及同国际国内旅游文化发展密切相关交通网络基础设施建设。那么，随着二连浩特、珠恩嘎达布其口岸交通网络基础设施的有效升级改造，迅速崛起的中蒙俄"一带一路"旅游事业及产业所需的交通网络综合承载能力得到快速提升，口岸为国际旅游及旅游文化产业发挥的功能作用更为突出地显现出来。近些年来，二连浩特等口岸累计投入 20 多亿元，同立体交通网络基础设施建设相配套，有计划、有步骤、有成效地推进对外开放旅游试验区、中蒙跨境旅游文化产业合作区、边民旅游购物互市贸易区等工程建设。而且，基本上实现铁路、公路、航空三个口岸的立体开放。自从 2014 年开通中欧班列以来，在 3 年时间里经二连浩特口岸出入境中欧班列达到 359 列。其中，包括出境中欧班列 221 列，以及入境中欧班列 138 列。毫无疑问，这些成绩的取得，同锡林郭勒盟不断优化立体交通网络基础设施，以及不断发挥立体交通网络优势与互联互通功能和作用有关。尤其是加快铁路连通、高等级公路贯通和机场功能提升，更加体现出了立体交通网络的优势地位。在这里还应该提到的是，锡林郭勒盟的两个口岸同锡林浩特市、周边重点旅游城市和旅游文化产业区、环渤海重点港口实现高等级公路及铁路的成功连接，还有 11 条国道高等级公路和 5 条国家高速公路的建成，加上多丰和锡乌及锡二铁路的顺利通车，珠恩嘎达布其口岸铁路并入东北铁路网联通至锦州港，都充分展示出锡林郭勒盟立体交通网络的优势。再加上，锡林浩特和二连浩特两个 4C 级机场改扩建工程的圆满完成，包括东乌、上都支线机场的开工建设，都强有力地说明锡林郭勒盟同蒙古国和俄罗斯之间形成的立体交通格局，以及锡林郭勒盟在立体交通网络方面具有的优势地位。

（三）中蒙俄"一带一路"与锡林郭勒盟旅游业及旅游产业合作优势

正如前文所述，锡林郭勒盟具有丰厚的旅游文化资源，有非常广阔的旅游业及旅游产业发展前景。进入 21 世纪，习近平总书记"一带一路"倡议和文化强国战略的提出，特别是 2014 年 1 月习近平总书记在锡林郭勒草原调研时提出的"把祖国北疆这道风景线打造得更加亮丽"指示精神的鼓舞下，锡林郭勒盟的对外开放和文化建设，包括旅游文化及旅游文化产业建设进入了更快、更好、更加理想的发展阶段。这些年，锡林郭勒盟紧紧抓住自身具有的对外开放优势地位，以及国际国内旅游业和旅游产业合作优势，积极主动地融入中蒙俄"一带一路"建设，深化与蒙古国和俄罗斯之间的多领域合作，向北开放暨口岸发展取得相当可观的阶段性成果。其中就包括，锡林郭勒盟在蒙古国的乌兰巴托市和西乌尔特市等地设立的驻蒙商务代表机构及旅游文化联系部门，以及锡林浩特市、东乌珠穆沁旗、正蓝旗与蒙乔巴山市、西乌日特市、成吉思汗市分别对等建立友好城市关系等。还举办了"中蒙博览会·2016 珠恩嘎达布其口岸发展论坛"和包括旅游产业在内的"二连浩特中蒙俄经贸合作展洽会"，以及"'一带一路'酸马奶研讨交流会"。另外，锡林郭勒盟还分别同蒙古国乌兰巴托文艺团体、戈壁松贝尔省歌剧院合作，在锡林浩特市成功举办了锡林郭勒中蒙文化交流等旅游文化交流及文艺晚会，锡林郭勒职业学院陆续与蒙古国国际大学、农业大学、科技大学等 20 余所院校建立了长期合作关系，建立了对蒙教育培训基地。这使中蒙边民旅游往来、旅游购物、旅游商贸交流、旅游产业合作变得更加频繁，使中蒙两国的旅游、文化、教育及商贸等领域的国际交流合作得到全面深化。

锡林郭勒盟的奶食品有悠久的历史文化，该地也有极其发达的奶食品文化，对于本地区旅游业及旅游产业的发展发挥着十分重要的作用。更加令人赞叹不已的是，正蓝旗察哈尔地区至今仍然完美保存和传承元代传统奶食品文化，以及制作奶食品的精湛工艺。所以，被国内外旅游者美誉为草原最美的奶食品。他们的奶食品种类繁多、味道鲜美、营养丰富、益于养生，由此创造了"蓝旗奶食甲天下"的草原美食文化世界，自然也成为国内外旅游者争相购买的旅游食品，成为旅游产业中不可或缺的上等饮食产品。据这里的导游讲，早在元代和清代，这里就是皇室的奶食品供应基地。正蓝旗为了更好地弘扬本地区、本民族特色的奶食品文化，也为了更好地发展以奶食品为主的旅游文化及旅游文化产业，从2006年开始连续举办十一届"察干伊德①文化节"，向国内外游客广泛宣传、推介、推销了精心制作的奶食品，也签订了国内外有关奶食品生产合作或商品交易协议；2007年，锡林郭勒盟的正蓝旗被内蒙古评为"内蒙古察干伊德文化之乡"，2011年6月，被中国民间文艺家协会命名为"中国察干伊德文化之乡"和"中国察干伊德文化传承基地"；2013年12月，"正蓝旗奶豆腐"和"正蓝旗奶皮子"获国家地理标志保护；2014年8月，正蓝旗察干伊德制作工艺被列入国家非物质文化遗产名录。这也正说明，该地区的奶食品，在我国传统食品加工产业历史上占有独特的优势地位；2020年，正蓝旗被内蒙古自治区确定为全区抓好民族奶食品发展试点工作旗之一。所有这些，为锡林郭勒盟的旅游业及旅游产业注入了一定活力，对于推动中蒙俄"一带一路"旅游产业及旅游文化商品发挥了应有的作用。

锡林郭勒盟还紧密结合国际国内的文化旅游和文化交流，积极开展丰富多样的以体育为主题的旅游文化活动，进而也成为该地区具有很强影响力、感染力、作用力及优势地位的活动内容。其中，主要包

---

① 察干伊德（chagan idege）为蒙古语，其中察干（chagan）表示"白色的"，伊德（idege）指"食物""食品"，两个字合起来表示"白色食品"，指的就是"奶食品"和"乳制品"。

括以下四个方面工作：

一是，2017 年 12 月 19 日，锡林郭勒盟和内蒙古弘钜实业有限公司在多伦县联合举办第一届世界冰上龙舟赛。该冰上龙舟赛上，除了我国哈尔滨腾翔和郑州大学两支冰上龙舟队参加之外，还有来自美国、英国、德国、意大利、芬兰、匈牙利、俄罗斯、韩国、新加坡、马来西亚、菲律宾、加纳、伊朗、孟加拉、亚美尼亚、老挝、白俄罗斯、尼日利亚、加拿大、荷兰以及中国香港、中国台湾等共计 23 个国家和地区的 27 支参赛队 300 余名运动员参加。在这次的世界冰上龙舟赛上，国际龙舟联合会、国际冰上龙舟联合会、国际皮划艇联合会龙舟委员会及国际大学生龙舟联合会共同发布了"多伦宣言"。而且，锡林郭勒盟多伦县第一届世界冰上龙舟比赛举办得十分成功，为世界范围内推广与发展冰上龙舟项目，让人们参与、欣赏、享受冰上龙舟比赛，以及更好地开展该地区冬季冰雪旅游注入了活力。

二是，锡林郭勒盟充分发挥辽阔草原、美丽草原以及草原古丝绸之路和中蒙俄"一带一路"建设的优势。2007 年和 2008 年先后举办"铁木真国际山地车挑战赛"，以及"国际草原马拉松挑战赛"。在为期三天的比赛中，来自蒙古国、俄罗斯、美国、德国、韩国等 18 个国家和地区的中外选手参加。到 2021 年，已经分别连续举办了 14 年和 13 年。这两项运动不仅深受山地车选手和长跑运动员及爱好者欢迎，同时它们也是集旅游性、享受性、娱乐性、群众性为一体的旅游和体育相结合的文化活动。由此这也成为锡林郭勒盟一年一度的重大国际旅游活动、国际旅游项目及国际体育活动。在该项具有旅游文化形式和内容的群众性体育活动，主要将山地车耐力赛和草原马拉松跑步紧密相结合，有 3 天山地车比赛和 1 场马拉松跑步比赛。能够完成全部 3 天长距离山地车比赛，以及能够坚持跑完马拉松全程的选手和参赛人员，将获得"草原王"或"草原女王"的称号。参赛或参加这两项以旅游为主题的体育活动的人们，在其过程中可以进入草原深处，尽情享受延绵起伏的大草原的壮美景色。据不完全统计，从 2013 年以来，先后已有40多个国家和地区的选手参加了这两项以旅游为主题的体育活动，有时参赛人数达到上千人。

三是，近几年，在锡林郭勒盟举办的"一带一路"国际青少年足球夏令营活动。从2016年至今，已经累计有30多个国家和地区的爱好足球运动的国内外青少年参与此项活动，参加运动的足球队也从最初的20多支增加到119支，运动员和教练员人数也由400多名增加到2300多名。在5—7天的国际青少年足球夏令营活动中，来自俄罗斯、蒙古国、朝鲜、韩国以及我国各个省市自治区的青少年足球爱好者及运动员，经过参加充满友好、快乐、激情、幸福的国际足球友谊赛，不仅加深了他们之间的友谊，同时也让他们在旅游观光和快乐的游玩中充分领略了锡林郭勒草原的美景。另外，对于增进国际和国内兄弟省市间的旅游往来、旅游文化交流及以旅游为主的国际体育运动、体育文化交流也起到了积极推进作用。该项同旅游文化紧密相结合的"一带一路"国际青少年足球夏令营活动，已经发展成为内蒙古自治区的品牌体育活动之一。

四是，我们在前面提及，锡林郭勒盟有其悠久而极其丰厚的马文化及马文化产业。锡林郭勒盟不断向国内外宣传和推介他们的马文化，将马文化变成本地区中蒙俄"一带一路"旅游文化建设及旅游文化产业建设的一个重要组成部分，并取得了相当好的阶段性经济效益。比如说，锡林郭勒盟以蒙古马产业为基础，于2009年8月在锡林郭勒大草原成功举办了"首届国际马术耐力赛"。这也是严格按照国际马术耐力赛的相关规定，以及国际马联举办马术耐力赛的基本要求，举行的国际马术耐力比赛。而且，俄罗斯、蒙古国、英国、阿根廷等国家，以及国内各大马术俱乐部优秀骑手参加了该项体育运动。由于具有一定国际旅游活动内容的"首届国际马术耐力赛"获得圆满成功，得到国内外参赛团队、运动员、旅游光观者、马术俱乐部及国际马联的很高评价，在此往后的第二年和第四年，也就是于2010年和2012年在锡林郭勒又相继举行了第二届和第三届国际马术耐力赛。更加鼓舞人心的是，赛事规模越来越大，参赛马匹和队伍也越来越多，马术耐力赛越来越接近国际水平，与国际马术耐力赛相配套的各项旅游文化活动和交流变得越来越丰富。到 2014 年，在锡林郭勒盟举办第四届马术耐力赛的时候，其开幕式及歌舞晚会变得更加盛大、隆重而热烈，不仅有精彩纷呈、美妙绝伦、高潮迭起、扣人心弦的马术表演，还有热情洋溢、令人陶醉的民族歌舞。该运动是一项以弘扬"蒙古马精神"为文化内涵的体育赛事。此外，在国际马术耐力赛期间，还举办了十分精彩而引人入胜的马术骑射表演、马背摄影大赛、马术音乐营地评选、参观多伦马具博物馆、忽必烈足迹"多伦—元上都—锡林浩特"三日马背穿越游等一系列具有独特影响力和感染力的旅游文化活动。毫无疑问，所有这些很大程度上提升了国际马术耐力赛的旅游文化内容，丰富了国际马术耐力赛的独具特色的本地区、本民族的马文化内涵，同时也充分展示了锡林郭勒盟具有的马文化优势，为中蒙俄"一带一路"建设及其包括马文化产业在内的旅游文化产业发展注入了新的活力。

## 二　锡林郭勒盟旅游业和旅游文化产业发展道路

中蒙俄经济走廊是"一带一路"建设的重要组成部分，锡林郭勒盟两个口岸正处于这一经济走廊的关键地理位置，所以被称为处在"咽喉"要道。由此，锡林郭勒中蒙俄"一带一路"建设，包括旅游业在内的国际旅游文化的推进、国际旅游商品交易、国际旅游商贸往来都处于相当突出而鲜明的优势地位，进而发挥着越来越重要的作用。锡林郭勒盟紧紧抓住其在中蒙俄"一带一路"建设中所处的优势地位，以及中央和自治区出台的一系列对外开放、对内搞活的优惠政策法规，强有力地推动了中蒙俄国际旅游及国际旅游商贸往来。特别是，根据国际旅游产业及国际旅游商品交易自身发展的实际需要，及时有效地出台相关政策规定，不断加强对于两个口岸的基础设施建设，以及旅游环境、投资环境、社会环境、人文环境等方面的建设，有目的地积极培育竞争力强的外向型旅游产业等措施，以此战胜在发展道路上遇到的一些问题和困难，并在较短的时间里取得了十分显著的成绩。

（一）中蒙俄"一带一路"与锡林郭勒盟为旅游业发展采取的措施

改革开放以来，特别是习近平总书记提出"一带一路"倡议和文化强国战略以后，紧密结合锡林郭勒盟旅游业及其旅游文化产业快速崛起和发展道路上遇到的一系列问题，因地制宜、因势利导、不失时机而科学有效地挖掘、开发、发展、弘扬自身具有的本地区、本民族极其丰富的旅游文化资源，不断推动旅游业和旅游文化产业。那么，在其发展过程中，锡林郭勒盟积极主动、求真务实、行之有效地采取了以下几个方面的措施。

一是，根据中央和自治区各有关文件精神，不断强化旅游业的市场化运营、开放式发展、国际化推进的思想意识，积极提倡大家参与、共谋发展、共享旅游开放政策红利的思想理念。锡林郭勒盟在整个内蒙古来讲，在旅游业的发展方面也是排头兵之一，并对其他一些地区的旅游业发展已产生积极影响和作用。锡林郭勒盟不失时机地抓住对外开放和对内搞活的政策规定，大力开发并发展地域特色、地方特色、自然环境特色、本土文化特色、本民族特色及浓厚的时代特色的旅游业，积极采取以点带面、以面带全、示范引领、整体推进、全域旅游开放的发展措施。同时，打造全盟一盘棋，上下联动，以旅游开放及旅游业的发展和崛起，不断促进经济社会的繁荣发展的新理念。反过来讲，用本地区经济社会的发展，强有力地推动旅游开放，共享全域旅游开放的政策规定带来的利益和好处。锡林郭勒盟按照"共享旅游开发"的旅游业建设和发展原则，紧密结合优秀、先进而科学有效的政策规定，把开放型发展、创新性发展、国际化发展的旅游业及旅游文化产业推广至全盟。与此同时，全力加快、加大、加强两个口岸的旅游开发试验区建设、跨境旅游及旅游文化交流、旅游商贸往来合作区和互市贸易区建设。由此，比较理想地发挥了两个口岸和旅游文化商贸产业园区的经济互补功能，提升了进口旅游商品及原产品落地包装加工承接能力。在此基础上，针对自身发展中遇到的一系列新问题和实际问题，不断强化锡林郭勒中蒙俄经济走廊研究院的平台作用和实际功能，积极做好增强旅游文化调查研究相关课题的针对性、实效性、科学性工作，进而为解决本地区旅游业面临的问题，对外旅游开放工作不断向深度和广度顺利推进发挥科学指导和智力支持作用。

二是，借助自治区和本地区重点旅游项目开发及优先试点的一系列优惠政策，强力推动了对外旅游文化交流工作及相关课题。而且，为了更有效地推动这些项目工程，以及更好地落实相关措施和步骤，紧密结合国家先后出台的《关于支持沿边重点地区开发开放若干政策措施的意见》《推进东北地区等老工业基地振兴三年滚动实施方案(2016—2018 年)》和《关于支持沿边重点地区开发开放的实施意见》等一系列文件精神，以及 2017 年自治区针对这些文件配套出台的《关于加快满洲里、二连浩特国家重点开发开放试验区建设的若干意见》《深入实施开放带动战略全面提升开放发展水平的决定》等政策规定和思路，锡林郭勒盟在两个口岸先后设立与旅游业及旅游文化产业发展密切相关的重点开发开放实验区。很快，这些试验区，被国家和自治区列为重点试验区。这些措施的实施，使该地区的旅游业及旅游文化产业的对外开放，包括同蒙古国和俄罗斯及欧洲各国间的国际旅游往来与国际旅游文化产业发展注入新的活力，以及政策规定方面的可靠保障。事实上，在前期的口岸旅游开发和发展过程中，我国政府及自治区方面出台的一系列优惠政策，都十分显著地表现在具体实施的举措、方法、步骤上面。也就是说，锡林郭勒盟牢牢把握这一千载难逢的历史性发展机遇，求真务实、实事求是、科学有效地利用各有关优惠政策，根据旅游文化产业等新兴产业试验区的实际需要，不断完善、改进和强化、深化、优化及提升相关政策措施。同时，不断改善和优化旅游业及旅游文化产业投资、开发、发展的自然环境、社会环境、人文环境和市场环境。在此基础上，积极主动引进资金和实用性高端人才。更为可喜的是，依据市场化运作的旅游业及旅游文化产业资金运作规律，依据实用性高端人才能够发挥作用的实际需求，不断调整财税体制及投融资改革，不断积极主动地优化科研工作环境、科研工作设备、科技创新功能和作用及科研管理工作的改革。毫无疑问，这些行之有效的措施，为本地区旅游业及旅游文化产业的发展营造了好的环境，提供了好的经验和做法，也为锡林郭勒盟的旅游业及旅游文化产业的崛起和繁荣提供了政策支撑和保障。

三是，牢牢抓住海关入驻锡林浩特的发展机遇，不失时机地优先培育旅游文化产品出口生产，积极开发并拓展国际市场，主动参与国际旅游市场及国际旅游文化产品来带动本地区的旅游业及旅游文化产业。也就是，旨在通过扩大旅游文化产品出口，不断增加外汇收入。在此外向型旅游产业的开发和发展方面，锡林郭勒盟具有很强的地方特色、民族特色的旅游文化产品出口创汇能力，可以充分利用各方面的投资投入，包括引进并吸收国内发达地区和国外的先进技术及经营管理方法，在国际国内广阔的市场范围内拓展旅游业及旅游文化产业。2018年8月20日，按照锡林郭勒盟政府提出的"关于推进全盟全域对外开放工作总体部署"，以及"海关通关执法作业前推后移，联检部门逐步向中心城市集中，带动地区外贸企业发展"的工作思路，首先在东乌海关正式对本地区的外贸企业注册年审和进出口货物报关等工作，提供国家对外贸易相关政策方面的更加便利、更加快捷、更加全面、务实、理想的服务。这使国内外旅游文化企业及旅游文化产业企业，纷纷来这里投资办厂，甚至将企业扩大至蒙古国和俄罗斯。尤其重要的是，锡林郭勒盟鼓励相关旅游文化产品制造企业，在境外初步加工一些旅游文化产品，然后拿到国内进行深加工和精包装，再发往世界各国和各地。还利用国内外市场，积极培育并购、参股、联合投资、技术和旅游文化品牌产品投资等多种方式，富有成效地推动了国际旅游文化产品的经营活动。锡林郭勒盟还积极发挥海关特殊监管区作用，及时为符合条件和政策规定的外贸企业旅游文化产品办理保税、减税、退税手续，由此在一定程度上提升了外贸企业的利润空间。另外，锡林郭勒盟向外企、向涉外企业及参加国际商贸活动的企业，不断深入开展国家相关政策法规及规定的宣传工作，引导各有关企业在严格遵守国家政策法规有关规定的前提下，有计划、有步骤、有思路地扩大国际旅游业及国际旅游文化产品的经营规模，顺应市场自身具有的发展规律及时有效地调整旅游文化产品的进出口贸易结构，这使他们为中蒙俄"一带一路"国际旅游业及国际旅游文化产业的发展做出了重要贡献。

四是，狠抓落实口岸基础设施建设，有效提高了旅游业、旅游文化产业建设和发展所需的互联互通的功能作用。口岸作为对外开放的重要节点，其进出口及通关便利化水平，高能量、高水平、高质量、高速运转而全范围的服务功能，以及互联互通密切相关的基础设施建设程度，均直接影响该口岸地区对外开放进程。锡林郭勒盟将不断提升和强化口岸地区对外开放的能力和作用作为工作重点，在全面、系统、整体、科学规划和设计各项建设项目的基础上，不断加大资金投入力度。同时，将一些重点工程，纳入国家或自治区的中蒙俄"一带一路"口岸建设的重大项目，申请专项项目经费并积极争取各级财政配套经费。由此，强有力地提高和强化了边境口岸的基础设施建设标准和水平，以及保证了口岸高质量快速运转和口岸联检设施的正常化维护。这些项目的顺利实施，不仅加快了二连浩特至乌兰巴托跨境公路的升级改造和铁路的电气化升级改造，还进一步促进珠恩嘎达布其跨境公路和铁路建设，以及珠恩嘎达布其铁路口岸的建设项目。更为重要的是，这些行之有效而整体推进的建设方案和措施，对于我国旅游者及旅游文化产品及商贸货物经珠恩嘎达布其口岸通关过境进入蒙古国东部三省，以及经珠恩嘎达布其口岸通关过境进入俄罗斯的远东地区，将会发挥十分重要的推动作用。在此基础上，进一步有效强化中蒙俄"一带一路"经济走廊的新通道建设。

五是，有目的而针对性地积极培育了旅游文化产品的特色产业、优势产业和重点产业，持续提升口岸旅游业、旅游购物业、旅游服务业、旅游文化产业具有的影响力和拉动力。伴随口岸旅游经济的不断深度推进，锡林郭勒盟的两个口岸进出口旅游文化商品及旅游贸易货运量不断增加。而且，连续几年一直保持着良好的发展趋势，进出口货运量仍保持较高增长水平。为了更加健康、更加长期、更加有效地开展本地区特色的优势产业，锡林郭勒盟着力打造以本土特色、草原特色、蒙古族特色为主的各种旅游文化产品。其中，就包括草原特色乳制品、草原特色绒毛制品、草原特色马旅游文化产品、草原特色旅游生活用品、草原特色牧区生产用品等。更为重要的是，锡林郭勒盟狠抓落实，与这些本地区优势产业深度开发和可持续长期发展密切相关的产业园区建设，从而有效提高了工业园区国际旅游业及国际旅游文化为中心的对外旅游贸易经济的支撑和拉动作用。并且着力培育和发展地方优势特色的外向型产业，不断推进中蒙两国口岸本土化、本地区国际旅游业及国际旅游文化产业进口货物向毗邻旗市落地加工转化功能和作用。锡林郭勒借助中蒙俄国际区域产能合作契机，不断深化同蒙古国和俄罗斯乃至欧洲各国间的旅游文化商品与旅游经贸合作，从蒙古国毗邻地区延伸至俄罗斯西伯利亚及远东地区间的旅游商贸交流与合作，有力推动了中蒙俄国际区域旅游产能合作取得实质性进展。

（二）中蒙俄"一带一路"与锡林郭勒盟旅游文化建设

我们在前面分析锡林郭勒盟，在中蒙俄"一带一路"旅游文化建设方面采取的一系列行之有效的措施时，也都不同程度地涉及该地区旅游业及旅游文化产业方面所做的努力和基本建设。锡林郭勒盟的确在中蒙俄"一带一路"文化建设，尤其是在旅游文化建设中占有不可忽视的重要地位。该地区着力于草原牧区优秀而传统的旅游文化资源的开发，以及重点培育和打造以本地区旅游文化资源为主的旅游品牌和旅游文化品牌。另外，还着力提升旅游文化产品质量，根据客户、合作方和市场营销需求，不断强化旅游文化产品的制作、包装、宣传和市场交易竞争力，不断完善各环节和各有关部门的服务职能和质量。

尤其是，为了更好适应国际旅游业快速发展和崛起的良好环境，对于偏远草原牧区和乡村具有潜力的旅游景区的开发，包括交通设施、通信设施、接待设施等方面都给予了大力扶持，由此带动了涵盖整个区域的旅游业及其旅游文化产业的协调、融合、互补性、互动性可持续发展。在此过程中，盟市旗县政府从宏观上不断整合不同地区的旅游资源，牢牢抓住新型旅游产业及旅游消费者所需的短平快而实用的旅游文化产业，不断开发休闲、舒适、方便、养生、新鲜、独具特色的新的旅游文化产品。其中，就有完全源自草原游牧生产生活，以及具有很强的本土性、代表性、纪念性和文化性的旅游文化及其产品。除了这些旅游文化建设内容之外，在他们的这些具有很强的经济社会发展功能和作用的工程中，还有下大力气推进的旅游文化节庆活动建设。其中就包括，"中国·元上都"旅游文化节、"乳食品"文化节、马文化旅游节及"草原长袍"挑战赛旅游节等系列重大节庆活动和文体旅游活动等。所有这些，已经成为促进中蒙俄"一带一路"旅游文化建设重要的组成部分。

尤其是，从 2015 年以来，锡林郭勒盟同蒙古国的有关省市签订了旅游文化产业发展框架协议，以及相关城市签署了建立友好关系意向书和备忘录。为了更好地在中蒙俄"一带一路"旅游文化建设中发挥自身具有的优势作用，锡林郭勒盟积极投入内蒙古锡林郭勒盟、赤峰市、通辽市同蒙古国苏赫巴托省、东方省、肯特省之间的"3＋3"区域合作平台建设，秉持和信守中蒙两国"相互尊重、相互支持、互惠互利、合作共赢"的原则，加强互联互通基础设施建设和跨境旅游文化产品合作区建设。在此基础上，继续加强国际旅游文化建设。为了更好地打造本地区蒙古族具有历史文化内涵的品牌旅游文化产品，广泛深入挖掘蒙元时期的历史文化这一优势资源，并将这一切优秀传统文化要素科学有效地融入快速崛起的旅游文化的方方面面，强力推动旅游文化产业中的"游购娱"向着更加精细化、更加特色化、更加市场化发展，由此进一步促进了旅游文化与文化创意、休闲娱乐、健康养生、快乐购物、全程服务等融合发展，形成强有力的国际竞争力。他们在实施"旅游+文化""旅游+创新""旅游+发展"的旅游文化产业建设中，不仅深入发掘历史文化中包含的旅游文化内涵，而且将其融入并提升为旅游文化的整个产业链及其旅游文化发展的全新模式与发展途径。为此他们还制定实施了《全域旅游发展总体规划》和《旅游景区生态环境保护办法》等，全面规范城镇和草原牧区的旅游景区景点和"牧人之家"旅游点的经营管理，有效加强了大小旅游景区的生态环境保护整治。他们还为了更好、更具特色、更有吸引力而更加理想地提升城镇旅游文化品位，把最具代表性的历史文化和民族特色文化贯穿到城镇规划建设中，努力构建旅游文化特色城镇，使其同旅游文化名胜古迹、旅游文化景区和景点、旅游文化产业交相辉映，共创繁荣昌盛的中蒙俄"一带一路"旅游业及旅游文化产业。

锡林郭勒盟还以千里草原风景线为主旋律，全面挖掘整理、开发利用、发扬光大本地区丰厚的旅游文化资源，创新地发展从草原牧区到城镇的旅游文化产业，不断完善和丰富以历史文化、草原文化、本土文化、蒙古族传统文化为特色的旅游产品。并借助二连浩特口岸具有的优势地位，将锡林郭勒盟打造成具有国际影响力和吸引力的草原旅游文化地。该地区还充分利用"互联网+旅游文化"资源共享服务平台等现代技术，持续加快旅游业及旅游文化产业的信息化建设与进程。

总之，锡林郭勒盟强有力地推动了本地区旅游文化及其旅游文化产业的开发和建设工作，并出台了相关政策规定。他们以两个口岸及重点开发试验区为中心，以中蒙俄经济走廊研究院为载体，及时把握蒙古国和俄罗斯旅游业及旅游文化产业发展变化的新动态，积极响应国家和自治区下发的有关国际旅游业及旅游文化产业建设等方面的文件精神，在经费拨付、课题立项、土地开发、开工建厂、对外贸易等工作中，因地制宜而实事求是地制定出台配套政策，积极努力地发展本地区的旅游文化建设，从而逐步形成具有本地区鲜明特色的旅游文化及旅游文化产业，一定程度上促进了包括口岸地区在内的整个锡林郭勒盟地区的经济社会的发展，以及中蒙俄"一带一路"旅游文化建设。

### 三 中蒙俄"一带一路"与锡林郭勒盟旅游业和旅游文化产业取得的成绩

锡林郭勒盟地域辽阔，是内蒙古富饶美丽的天然草原之一，这里有得天独厚的草原旅游文化资源，这里也是闻名中外的蒙元文化发祥地。众所周知，锡林郭勒草原被誉为"中国最美草原"，是目前世界上温带草原植被保存最完好、草原牧区地理结构类型丰富多样、牧草植被种类繁多的天然草场。在锡林郭勒盟的20.3万平方公里的上地上，草原牧场就占有97%的面积，所占总面积达到19.7万平方公里。这里的浑善达克沙地，是我国十大沙漠沙地之一，但这里一年四季不缺水，沙层下面有丰富的水资源，所以这里也长有绿草和树木，景观十分奇特，风光有其特有的秀丽，被到这里旅游的人们美称为"塞外江南"或"花园沙漠"。锡林郭勒盟美丽如画的国境线孕育了独特的旅游景色、旅游风光、旅游文化风情以及悠久的历史文化与文明，使得这里的旅游业及旅游文化产业变得更加红火和有影响力、感染力和生命力，进而给这里的草原旅游文化赋予了极其丰厚的内涵，为草原旅游文化注入了强大的活力，使这里的草原旅游文化及其旅游文化产业成为地方经济社会发展的重要组成内容，也为中蒙俄"一带一路"建设作出了应有的贡献。

改革开放以后，锡林郭勒盟就顺应经济社会的快速发展，按照中央和自治区各有关指示精神，循序渐进、按部就班地从上到下、从点到面、从局部到全面开展旅游业和旅游文化产业建设。从2000年以来，锡林郭勒盟的旅游业的发展成果显现了出来，旅游人数和旅游收入开始稳步提升（见图5-1）。到了2005年的时候，全盟共接待游客156.6万人次，其中国内游客118万人次，国外游客38.6万人次，旅游业务

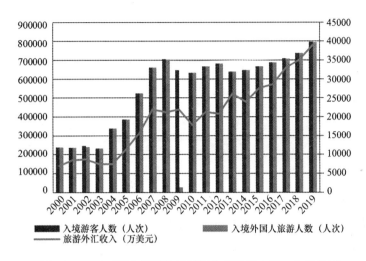

**图 5 – 1　2000—2019 年锡林郭勒盟入境游客人数、入境外国
旅游人数及旅游外汇收入统计**

收入是 17.8 亿元。2017 年，锡林郭勒盟已按计划实现旅游总收入
369.98 亿元。其中，国内旅游收入为 348.47 亿元，旅游外汇收入是
3.29 亿美元。全年旅游接待总人数达到 1547.94 万人次，包括国内旅
游人数 1477.01 万人次，入境旅游者 70.93 万人次。2019 年，全年接
待旅游者已达到 1937 万人次，实现旅游收入 424 亿元。其中，入境国
外旅游人数为 79.57 万人次，旅游外汇收入达到 3.89 亿美元。由于旅
游业取得了鼓舞人心的成绩，因而，在此方面做出突出贡献的二连浩
特市和多伦县于 2016 年分别入选第一批、第二批国家全域旅游示范区
创建单位。锡林郭勒盟上下一起动员，紧紧抓住这一千载难逢的旅游
业及旅游文化产业发展机遇及黄金期，不断拓展和提升旅游业及旅游
文化产业，与时俱进地改进、完善、优化旅游景点景区、旅游服务质
量、旅游服务设施、旅游文化产品质量，以及旅游业的综合性全面
发展。

锡林郭勒盟重点打造的草原旅游风景线，引起国内外旅游者的极
大兴趣和热情，他们闻名而来、满意而归，充分领略了具有现代化草

原旅游交通设施、草原品味旅游接待设施、草原旅游服务功能和特征、草原旅游文化内涵的美丽草原的旅游风景线。为了更好地宣传草原旅游风景线及千里草原风景大道，2018 年 5 月 8 日由锡林郭勒盟政府主办的"锡林郭勒千里草原风景大道"主题推介会在北京举行。除了锡林郭勒盟旅游发展委员会代表参加之外，还有来自北京昌平区旅游委员会、北京大兴区旅游委员会、京津冀地区旅游文化产业企业、国内相关重点旅游景区负责人和旅游商品企业也参加了本次推介会，此次推介会得到与会者们的高度评价，会上还签署了相关意向性合作协议，对于锡林郭勒盟的草原旅游风景线及千里草原风景大道的进一步开发建设产生深远影响。这也自然成为锡林郭勒盟产业链以文化建设的成功典范，以及该地区的旅游业在草原旅游文化建设方面取得的辉煌成绩之一。很值得一提的是，锡林郭勒盟将草原旅游风景线及千里草原风景大道，同本地区具有的丰厚历史文化旅游资源、自然景观景区旅游资源、草原优秀传统旅游文化资源、草原优美动听而热情洋溢的歌舞、草原琳琅满目而丰富多样的旅游文化产品和谐理想地融合到一起，给旅游者们留下终身难忘且回味无穷的美好印记。同时，把本地区的草原旅游文化根据不同地方的不同地域结构和自然环境、不同历史文化特点，以及不同民俗风情，划分为中部草原民俗旅游区、北部边境旅游区和南部旅游文化区三大旅游区。而且，各旅游区相辅相成、相互配合、相互作用、相得益彰。毫无疑问，这也是草原旅游风景线及千里草原风景大道的旅游文化建设取得的成绩。

根据 2020 年印发的《锡林郭勒盟草原旅游发展专项规划（2020—2025）》，在未来 5 年的草原旅游文化建设中，该地区以保护草原生态为基本点，依托自身具有的优越的草原自然环境和丰厚的历史文化游牧资源，在前期工作取得成绩的基础上，着力打造与大自然融为一体的自然景观游、美丽草原游、生态文化游、历史文化游、草原风土人情游、草原游牧文化游、休闲度假游、健体文化游等一系列独具特色的活动。通过进一步完善和优化草原旅游风景线及千里草原风景大道，形成全域旅游业及旅游文化产业联动综合发展格局，将锡林郭勒盟建设成为我国标志性的草原生态旅游文化胜地。尤其重要的是，进一步强有力带动草原牧区乡村的旅游业及旅游文化产业，不断创新性开发和建设旅游包括乡村在内的旅游文化，着力完善和提升旅游产品种类、质量和品牌，有效推进草原生态文明建设，将锡林郭勒盟打造为具有国际影响力和吸引力的高品质草原生态旅游目的地，建设成为草原生态保护示范区、国家全域旅游示范区、国家生态文明示范区。

作为该地区旅游文化建设中占有优势地位的锡林浩特市，在改革开放以后，尤其习近平总书记提出的"一带一路"倡议和文化强国战略之后，该地区紧密结合中蒙俄"一带一路"旅游文化及旅游文化产业建设规划，有计划、有步骤、有力度地完善旅游服务设施和旅游基础设施建设。而且，对于具有代表性和影响力的景区景点持续强化投入力度，有效提升了接待蒙古国及俄罗斯乃至欧洲各国旅游者的功能、水平和能力，进而取得一定阶段性丰硕成果。

一是以草原生态自然旅游及牧区牧场牧村牧户民俗风情游、草原人文旅游景观及内蒙古四大庙宇之一的贝子庙和蒙元文化园游、蒙古族特色民族服饰之都游、蒙古长调之乡和游牧文化游等对外开放的旅游胜地。还有，白音锡勒国家级草原自然保护区、灰腾锡勒天然植物园、扎格斯台天然湖、平顶山奇观、蒙古汗城、蒙元文化园、成吉思宝格都乌拉、锡林九曲度假村、乌里雅斯太度假村、牧人之家度假村、乌珠穆沁游牧部落、草原游牧文化保护区、英纯血马场、贝子庙、白音查干敖包等20余个著名旅游观光景区和景点。

二是在锡林郭勒盟的南部地区旅游业及旅游文化产业的建设中，主要以正蓝旗和多伦县为中心，包括太仆寺旗、镶黄旗和正镶白旗在内，充分利用距北京直线距离仅为180公里的优势地位及早期历史文化留下的丰厚资源，不断加大原创性开发草原历史文化旅游，从而构建了以草原丝绸之路为底蕴的辽代古墓群、金代的侍郎城遗址游、元代上都城遗址游、蒙元历史文化游、清代丝绸之路商业文化和察哈尔部落民俗风情游、清朝皇家御马场和塞外商业古城多伦诺尔游、浑善达克沙地景观游等著名旅游文化胜地及旅游文化产业。在这里的历史文化旅游景区和景点还有滦河源头漂流、洪格尔高勒和汗海日罕山、南沙梁景区、金莲川草原、成吉思汗度假村、忽必烈夏宫、山西会馆、多伦汇宗寺、清真北大寺、普因寺、兴隆寺等20余处。

三是锡林郭勒盟的北部旅游区以二连浩特口岸为中心,包括苏尼特左旗和苏尼特右旗在内。积极开展以国际旅游合作、国际旅游文化交流、国际旅游文化产品交易、国际旅游商贸往来为一体的综合性旅游产业。在这里还有精心打造的恐龙石盆地旅游景区、古人类遗迹旅游景观、洪格尔岩画群和宝德尔楚鲁石林游、玄石坡与立马峰游、沙漠草原景观旅游、蒙古国异国风情旅游、蒙古国扎门乌德游等独具特色的旅游文化内容,以及恐龙博物馆、国门与界碑、中蒙旅游文化产品交易市场一条街、赛汉塔拉旅游娱乐园等旅游文化场所及景点。在这里,还可观赏到苏尼特草原"金驼"风景等。在跨境国际旅游中,人们不仅能够观赏蒙古国自然美丽的草原风景及民俗文化,还能够到俄罗斯欣赏异域风情和美景。

随着中蒙俄"一带一路"旅游文化建设的不断深入,中蒙俄三国间的旅游往来、旅游文化交流、旅游文化商品交易变得越来越频繁,其成果越来越明显。而且,中蒙俄三国领导人相互签署了一系列共同推动中蒙俄"一带一路"建设及旅游文化建设方面的协议。例如,2014年9月11日,习近平主席在出席中蒙俄三国元首会晤时明确提出,可以把丝绸之路经济带同俄罗斯跨欧亚大铁路、蒙古国"草原之路"计划进行对接,打造"中蒙俄经济走廊"。随着"中蒙俄经济走廊"建设和"一带一路"建设不断向深度推进,中蒙俄三国间包括旅游文化产业合作在内的经济文化教育等合作也进入具体历史阶段。锡林郭勒盟牢牢抓住这一自身发展的良好机遇,多方面多次同蒙古国和俄罗斯开展互访考察活动,并合作举办了中蒙俄区域性旅游产业和企业及马文化旅游业发展交流合作论坛。在此基础上,还签订了《中国二连浩特市与蒙古国戈壁松布尔省旅游合作意向书》《中蒙俄区域马业发展合作协议书》《乌兰巴托与二连浩特两地旅游合作意向书》《中蒙跨境旅游合作协议》等合作协议，有力推动了中蒙俄"一带一路"国际旅游及国际旅游文化产业的发展。

对于锡林郭勒盟来讲，强力推进的中蒙俄"一带一路"旅游文化建设，不仅更快地缩小了区域之间存在的经济社会发展中出现的差异，更为重要的是更有力地促使区域经济实现了全面而均衡可持续发展。从这个意义上讲，中蒙俄"一带一路"旅游文化建设使锡林郭勒盟的不同地区都同样获得了空前的发展机遇，使各市旗县镇积极投身于该项建设。大家从各自的角度和站位出发，采取切实可行的各种措施、工作方法、各种思路、各种步骤，不断挖掘、探索、传承和弘扬本地区丰厚的历史文化与文明，着力打造具有历史性、传承性、代表性、感染力和影响力的旅游文化品牌，共同促进和发展本地区旅游业和旅游文化产业。与此同时，下大力气狠抓落实旅游业及旅游文化产业的转型升级和多元化发展，使锡林郭勒盟的旅游业及旅游文化产业成为新经济增长点。并且，主要体现在以下几个方面。

首先是改革开放以后，尤其是习近平总书记提出"一带一路"倡议及文化强国战略实施后的这些年，伴随中蒙俄"一带一路"旅游文化进程的不断深度推进，锡林郭勒盟的旅游文化产业得到快速、稳步、可持续发展，其取得的成绩十分显著。例如，从"十三五"规划实施以来，锡林郭勒盟的旅游文化重点项目累计完成投资近 70 亿元，进而有力推动了全盟的旅游业和旅游文化产业及其升级优化。锡林郭勒盟现已有 6 家 4A 级旅游景区，3 家 3A 级景区，19 家 A 级景区。也就是说，这里的 A 级景区比"十二五"末期翻了一番。2019 年旅游接待总人数比 2015 年增长 44.5%（图 5 - 2），旅游业总收入比 2015 年增长50.3%（图 5 - 3）。包括特色旅游文化建设、旅游环境建设、旅游基础设施、旅游服务设施建设取得了鼓舞人心的成绩。

其次就涵括"一带一路"旅游文化建设务实合作基础，为了更好

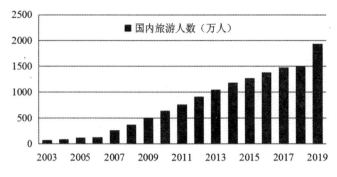

图5-2 2003—2019年锡林郭勒盟国内旅游人数统计

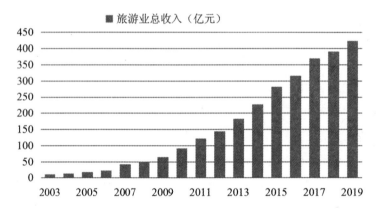

图5-3 2003—2019年锡林郭勒盟旅游业总收入统计

地适应国际国内旅游文化产业发展趋势、发展规律、发展要求，锡林郭勒盟不断科学有效地调整和改进、优化发展思路。在此基础上，不断深挖蒙元时期的悠久历史文化和草原游牧独具特色的文化精髓。并将这一切，科学有效地融入以"天堂草原——锡林郭勒"为主题的本地区草原旅游文化建设中，由此打造出一系列闻名国内外的草原旅游文化品牌。其中，就包括草原那达慕旅游文化节、国际草原游牧文化节、乌珠穆沁冰雪旅游文化节、草原皇家御马文化旅游节、元上都旅游文化节等旅游节庆活动。锡林郭勒盟还借助旅游文化产业的发展，同蒙古国和俄罗斯乃至欧洲各国，不断扩大相互间的旅游往来及旅游文化产业合作。例如，锡林郭勒盟先后多次举办国际丝绸之路旅游活动。从 2009 年以来，这里举办了十余次以国际马术耐力赛为主题的旅游文化活动；2014 年，举办首届中国新丝绸之路·锡林郭勒草原畜牧业创新品牌展示交易会；2015 年 1 月 7 日，二连浩特市与蒙古国扎门乌德市签订包括旅游文化产业在内的跨境经济合作协议；2009 年创办的"中国二连浩特中蒙俄经贸洽谈会"于 2016 年升格为国家级国际性展会及旅游文化交流活动，现已成为连接中蒙俄三国旅游文化交流、旅游文化产品交易、旅游经贸活动的重要纽带之一，也成为开拓蒙古国和俄罗斯及欧洲各国旅游文化市场的重要窗口和桥梁。锡林郭勒盟牢牢抓住新一轮旅游业及旅游文化产业振兴战略机遇，借助草原丝绸之路、草原茶道、中蒙俄"一带一路"及经济走廊建设等平台，集思广益、群策群力、通力合作、共同努力，通过不同形式和内容的国际文化交流、国际学术活动、国际学术论坛、国际洽谈会等，科学有效地不断拓展国际国内旅游文化市场和旅游文化产业及跨境旅游合作区建设。这使该地区的国际国内游客人数逐年增多，旅游收入也逐年提高，不断突破旅游创汇纪录。这使该地区的旅游业实现了可持续健康快速发展，旅游产业成为经济社会发展的重要支柱产业之一，尤其是旅游服务贸易创汇能力及旅游服务贸易竞争力的不断提升，对锡林郭勒盟的旅游服务贸易创汇与旅游贸易产品出口创汇产生了重要作用和影响力。

　　锡林郭勒盟以二连浩特和珠恩嘎达布其国际口岸为中心，不断强化边境地区民间旅游活动，这使蒙古国和俄罗斯及欧洲各国的游客日益增多，国际民间交往交流也变得日益密切，相互间的民间跨境旅游及民间合作不断深化，中蒙俄民间旅游往来的格局及社会氛围已经基本形成。在旅游业及旅游文化产业顺利发展的这些年，锡林郭勒盟同样紧紧抓住各种民间旅游往来、民间交流活动，包括民间文化交流、文艺演出及群众性体育活动，不断促进中蒙俄边境地区的民间交往和交流，进而有效推动了中蒙俄"一带一路"民心相通工程，为中蒙俄旅游业发展创造了良好的人文环境及民心基础。毫无疑问，这些民间旅游、民间旅游文化交流、民间购物旅游、民间旅游文化交易活动等，自然成为中蒙俄"一带一路"旅游业及旅游文化产业合作开发与发展中不可忽视的重要力量和推动力。

## 第二节　中蒙俄"一带一路"与锡林浩特市旅游文化

锡林浩特市位于内蒙古中部，是锡林郭勒盟政府所在地，是该盟的政治、经济、文化、教育、交通和旅游中心。这里的地理坐标为北纬43°02′—44°52′，东经115°18′—117°06′。地处中纬度西风气流带内，属中温带半干旱大陆性气候，年平均降水量294.9毫米，无霜期110天。可利用草场面积2068万亩、林地47万亩、耕地25.5万亩，动植物资源丰富而多样。市境南北长208公里，东西长143公里，地势结构特征为南高北低，南部为低山丘陵，北部为平缓的波状平原，平均海拔高度988.5米。该市占地总面积为14785平方公里，其中市区面积是37.5平方公里。该市的常住人口是34.9万多人，有蒙族、汉族、回族、鄂温克族、达斡尔族、朝鲜族、藏族、维吾尔族、布依族等17个民族。锡林浩特市先后荣获"中国优秀旅游城市""全国科技先进市""全国双拥模范城""国家卫生城市""中国西部百强县市""全区文明城市""全区园林城市""中国马都"等称号，素有"草原明珠"的美誉。这里是蒙古族历史文化及民俗风情保留最为完整的地区之一，也是蒙古族人文特色最为鲜明的草原旅游胜地。这里有通往二连浩特、多伦县、桑根达来、乌兰浩特的国家一级铁路，并已开通向呼和浩特、包头及乌兰浩特的往返快速旅客列车。而且，进京快速客运铁路正在大力推进中。锡林浩特还有通往北京、天津、呼和浩特、西安、沈阳、大连、广州、上海等地的 4C 级机场。该市境内公路总里程达 1367 公里，包括 207 号和 303 号国道及 514 号省道。这里还有通往张家口、北京、丹东的高速公路，以及辐射通往二连浩特和珠恩嘎达布其两个对蒙一级陆路口岸。这里的公路交通还延伸到内蒙古的呼包鄂，以及东北三省和京津唐等地区，由此已经基本形成了十分发达的陆路、铁路和航空交通网络系统。

　　锡林浩特市充分利用交通便捷和区位优越，以及距北京、呼和浩特、沈阳之间分别为 460 公里、470 公里、620 公里的直线距离等优势，加上日照充足、气候温凉、年均气温为 0—3℃ 及盛夏日均气温为 19℃ 左右的优厚自然条件，一年四季积极开展名目繁多、丰富多样的旅游活动。为了更好地发展锡林浩特市旅游文化资源优势，不断加大草原旅游、文化旅游、名胜古迹旅游等项目的投资力度及招商引资力度，锡林浩特市有思路和有计划地根据市场需求，发展不同季节、不同文化、不同游客、不同市场所需的不同旅游文化产品。在此基础上，进一步强化旅游文化产品的精品战略，不断拓展具有本地区、不同文化及民族文化特色旅游产品的国内外销售渠道和市场，进而不断激发该市的中蒙俄"一带一路"旅游业及旅游文化产业。

## 一　中蒙俄"一带一路"与锡林浩特市依托自然资源开发的旅游景区

　　锡林浩特市从地理位置、自然环境、历史文化、草原牧区、民俗习惯、风土人情等诸多方面，均有十分丰富的旅游文化资源。但从自然环境、生态环境、草原牧区丰美的生活环境来讲，这里确实有很多值得开发利用，打造与大自然和美丽诱人的自然景观融为一体的旅游文化景区之自然资源。这些自然资源中，有美丽如画的山水、森林、草原、沙漠等自然景色。改革开放以后，尤其是文化强国战略及"一带一路"倡议的提出，锡林浩特市在强有力地实施退耕还牧、退耕还林、保护自然、保护生态、保护环境的政策规定的前提下，有计划、有步骤地开发建设与大自然和美丽诱人的生态环境科学和谐融为一体的旅游景区，从而为本地区旅游业及旅游文化产业的发展，为中蒙俄"一带一路"及国际旅游产业的建设产生了深远影响。下面，本文将列举具有一定代表性和影响力，有其独具特色而风光秀丽的自然资源和自然景观，以及在此基础上开发建设的著名旅游景区。

（一）白音锡勒自然保护旅游区

该景区是目前世界上仅存不多的原生态草原，总面积10多万平方公里，位于锡林浩特市东南70公里处。1987年被联合国教科文组织接纳为国际人与生物圈（MAB）保护网络成员，是我国境内仅有的以单纯草原为完整生态系统的国家级自然保护区，被国际植物界誉为欧亚大陆的样板草原，每年都有国内外专家学者前来从事科研，也有很多国外旅游者到此旅游观光。保护区内水草丰美、植被繁茂，保存有十分完整完美的植被系统和种类，以及相当丰富的野生动物资源。中国科学院在此还设有"草原生态系统定位研究站"，定点对于这里的动植物及原生态自然草原开展科研工作，对于白音锡勒自然植被、自然现象、自然景观的保护进行科学指导，进而产生非常积极的效果。更为重要的是，很大程度上提升了自然旅游资源的科学开发、科学保护、科学管理、科学有效的经营管理。2001年，该自然保护旅游区被内蒙古列入"五大王牌旅游精品"之一。这里的主要自然资源及旅游景观有扎格斯苔淖尔湖、杨桦林区、沙地云杉林区、哈布其拉峡谷、熔岩台地、英纯血马场、卧龙泉旅游景区、草原赛马场等，是集自然资源保护、自然景观游览、度假休闲旅游为一体的草原绿色旅游景区。

（二）灰腾锡勒植物园自然资源旅游区

该旅游区位于锡林浩特市52公里处，总面积为224平方公里，属于优质天然大草场和典型的草甸草原。园内天然植物物种资源特别丰富。例如，有线叶菊、地榆、羊草、大针茅等草类植被，有柳兰、干枝梅、山丹、黄花等观赏植物和黄芪、知母、防风等药用植物共千余种。还有，每年夏季雨过天晴后，茂盛的草原味美喷香的白蘑菇圈。

由此，这里还成为著名的"草原白蘑"产地，也成为国内外游客最喜欢购买旅游的产品之一。植物园的自然资源及旅游项目中，还有柳兰沟、黄花坡、天然寒冰洞、鲜卑古墓遗址、宝格达图敖包、陨石坑等景观。

（三）锡林河九曲湾自然资源旅游区

锡林河是锡林郭勒大草原上的内陆河，属乌拉盖水系，发源于克什克腾旗海尔其克山俄伦伯，流经锡林浩特市区 120 公里。锡林河是锡林郭勒及锡林浩特的母亲河，"锡林河"事实上就是蒙古语"锡林郭勒"（xilingool）中的"郭勒""河"（gool）汉语说法。锡林河两岸自然资源丰美、风景秀丽、景观迷人，其中观赏的最佳地段是锡林浩特市南 15 公里处。这一段的河道弯弯曲曲，宛若一条长长的银色飘带在微风中飘动，登高远眺，景致更美，被称为"九曲湾"。锡林河九曲湾的美丽风光吸引了众多国内外游客，也吸引了许多影视界人士及摄影爱好者。历史巨片《马可·波罗》《成吉思汗》都在这里拍摄了大量外景，进而被评为草原风光的形象代表而走向国内外。

（四）锡林郭勒草原火山地质公园自然资源旅游景区

该景区位于锡林浩特市区南 38 公里，美丽又独具特色的群山自然资源及自然景观之中。这里不仅有景色迷人的草原火山地质，同时还可以站在山头平台，观赏红彤彤的太阳从东方升起的美景，以及缓慢落入草原怀抱的景观和晚霞染红的辽阔草原。2010 年 8 月，南京大地旅游资源策划研究发展中心、国土资源部南京地质矿产研究所地质公园规划组，以及上海大华律师事务所组成的考察小组，对锡林浩特市的白音库伦及平顶山火山群进行了初步考察，认为平顶山地貌是火山熔岩台地构造，并在 30 公里以外的白银库伦牧场境内找到了火山群，该火山群规模大，保存非常完好，是一处天然地质自然资源旅游公园。火山地质自然资源公园西边的平顶山景区是该火山地质自然资源及旅游景区的重要组成部分。这里的自然资源中，有各具特色、大大小小排列整齐的美丽群山。很有意思的是，每座山的山顶都像用利剑削过般平整，规模十分宏大而壮观，进而勾勒出一幅奇特、有趣、神秘、引人入胜的自然景观和旅游景色。据地质学家考证，它是由火山喷发和地壳运动造成的自然奇迹，具有很高的观赏价值、生态价值、科学价值和旅游价值。锡林浩特市草原上的这一火山地质公园旅游景区内，还有许多阶熔岩台地、火山喷气锥、火山渣堆、火山口等自然资源及火山地貌和遗迹景观。另外，锡林浩特市周边山区分布有相当面积的，以平顶山和鸽子山为代表的，各具特色而世界罕见的火山群地质遗迹等自然资源。2018 年 4 月，国土资源部办公厅发布的《国土资源部办公厅关于批准湖南宜章莽山等 31 处国家地质公园资格的通知》中，把这里的火山地质自然资源及旅游景区列入了国家级地质公园。由此，更多地吸引了来自国内外旅游者，自然也成为名声在外的旅游胜地。

### （五）阿尔善矿泉自然资源旅游景区

锡林浩特市阿尔善宝力格镇①中，有一个远近闻名的矿泉，且一年四季不间断地向外喷涌矿泉，其泉水包含微量元素、放射性元素和有机矿物质，因而具有很高的营养价值。同时，还具有止痒、消肿、消炎等功效，也可用于各种皮肤病、风湿性关节炎、胃病等的治疗，由此被人们美誉为"圣泉"。每逢夏季来临的时候，有许多游客到此来旅游，甚至有从蒙古国或俄罗斯西伯利亚地区来的旅游者到这里休闲旅游，顺便用"圣泉"水治疗以上提到的相关病情。为了满足国内外旅游者吃住玩的问题，这里还精心搭建了集吃住和休闲旅游为一体的近百顶现代化蒙古包，以及 600 ㎡ 的洗浴中心，还充分利用周边自然资源和民俗文化资源，配套设计了阿尔善宝力格自然景观旅游、草原民俗旅游文化、草原美食旅游文化等旅游项目，年接待量达到 8 万多人次。

除此之外，还有位于锡林浩特市东南国家级自然保护区的锡林河谷自然资源生态旅游区、位于锡林浩特市白音锡勒牧场扎格斯台湖自

---

① 阿尔善宝力格镇的"阿尔善"表示"矿泉水"之意，而"宝力格"表示"泉眼"的意思。那么，很显然，"阿尔善宝力格"是表达"矿泉"之概念。

然资源生态旅游度假区、占地面积 20 平方公里的锡林河峡谷地段野生动物园旅游景区等一系列充分利用丰富多样、各具特色的自然资源开发利用的旅游景区和景点。

## 二 中蒙俄"一带一路"与锡林浩特市依托人文资源开发的旅游景区

锡林浩特市有许许多多的极其丰富的旅游文化人文资源,并涉及遥远的历史文化与文明,还有厚重而博大的蒙元文化。当然,也有人们虔诚而不离不弃地用生命和大爱传承的草原牧区文化与文明、民俗习惯、风土人情等。还有奶茶、奶酪、奶豆腐、奶油、白奶油、奶皮子、奶酒、马奶、手把肉、血肠、肉血肠、肥血肠、包油肝、涮羊肉、烤全羊、干肉包子、黄油卷子及各种肉干等草原独具特色的蒙古族传统风味美食。也有草原白蘑菇、黄花、沙葱、蕨菜等美味且营养丰富的饮食文化;有以蒙古长调、顶碗舞、马头琴和美丽如画的民族服饰表演为主的民族歌舞艺术及服饰文化;有以摔跤、赛马、射箭、蒙古象棋和马术为主的民族体育活动文化;以辽阔牧场、四季游牧、蒙古包、勒勒车、草原马车、骆驼雪橇、套马杆等为代表的传统游牧生活及其民生风俗文化;以草原那达慕、草原节庆活动、草原婚礼、敖包祭祀等为主的民俗活动文化。因此,所有这些,都自然而然成为锡林浩特市开发建设旅游文化产业中不可忽视的重要人文资源。为此,该市紧紧抓住自身发展的良好机遇,紧密结合中蒙俄"一带一路"旅游文化建设,不断开发利用和发扬光大本地区独具特色而极其丰厚的人文资源、社会资源、文化资源,富有成效地推动了本市旅游业及旅游文化建设,使该地区的经济社会快速、健康、稳步而可持续长期发展。由此也吸引了来自蒙古国和俄罗斯乃至欧洲一些国家旅游者和旅游团。尤为可贵的是,伴随旅游业及旅游产业的不断发展壮大,旅游景区服务设施、旅游服务功能、旅游文化产品质量的不断强化和提高,国外游客及国内各地旅游者人数不断增加,使这里的旅游业和旅游文化产业更加具有了人气、盛气和旺气。下面，举一些有一定代表性和影响力的人文资源和人文景观，以及在此基础上开发建设的著名旅游文化景区。

### （一）锡林浩特市的那达慕

这是锡林浩特市草原牧区古朴纯情的那达慕文化，同当下丰富多彩的旅游文化融为一体的盛大节庆活动。或者说，这也是草原传统文化资源的深度开发，以及打造现代草原旅游文化品牌及文化场景的主要内容。该市举办那达慕的场所位于市中心 30 公里处，是锡林浩特市草原牧区最为热闹、最为欢乐、最为特色、最为传统和最为盛大的牧区牧民节庆活动，一般都在每年 7 月中旬草原最美的季节举行。根据惯例，每次的那达慕要举办 3 天，当然也有举办 2 天或 4 天的现象。在草原那达慕期间，要举行摔跤、赛马、射箭草原三项运动，或者说草原三项比赛，每一个比赛场景都非常激烈、激扬、激动人心。除此之外，还有草原牧区亮丽迷人的服饰表演和展销、丰富多彩而醉人心脾的草原歌舞表演、精彩绝伦而扣人心弦的马背马戏马术表演、草原非物质文化遗产制作表演，还有琳琅满目而各具特色的草原旅游文化产品展销等，有诸多极其丰富的活动内容。更加可贵的是，锡林浩特市草原那达慕，现已演化为具有一定国际旅游文化特色的重大节庆活动。在此节庆活动中，从蒙古国和俄罗斯西伯利亚地区来的诸多旅游者，不仅能够观看游览草原那达慕的各项娱乐活动和娱乐节目，还能购买草原牧区特色的旅游文化产品。甚至，蒙古国或俄罗斯相关部门或民间组织或合资企业，派来有关人士参加那达慕的相关活动。草原夏季那达慕节庆活动场景，基本上都由草原三项运动活动区、草原民俗礼仪文化活动区、草原五畜祈福活动区、乌兰牧骑歌舞表演区、草原特色传统游牧文化游乐区、草原的马文化活动区、草原旅游文化产品展示及参观购物区、国内外游客服务区等 8 个不同区划内容组成。很有创意的是，这里的草原那达慕，除在夏天这一最美季节举办之外，到了严寒的白雪皑皑的冬季，还要举办具有浓重的草原冬季文化特色的那达慕。此外，锡林浩特的草原夏季那达慕或草原冬季那达慕，常常跟锡林郭勒盟的那达慕联合起来举行，这使其规模变得更加盛大、场景更是热闹。在这里，还应该提到的是，2014年1月27日上午，在内蒙古调研的习近平总书记还参加了当时举办的草原冬季那达慕，同牧民们一起观摔跤、看赛马、听长调、赏歌舞，参加"草原五畜祈福"仪式，并提出了"弘扬蒙古马精神"，"把祖国北部边疆打造得更加亮丽"的指示，使这里的那达慕变得更有活力、更有影响力和生命力。据这里的老人讲，在远古的草原丝绸之路时期，在这里就经常举办草原那达慕，进而为早期的草原丝绸之路增添了许多快乐、许多情感、许多内涵和许多希望，也给早期的丝绸之路留下许多美好的记忆。那么，人类的文明迈入21世纪的今天，草原那达慕同样为中蒙俄"一带一路"旅游文化建设，以及为该地区的经济社会发展发挥着极大能量和作用。

**（二）锡林浩特市的锡林广场**

该广场是以旅游、休闲、娱乐为一体的人文资源及旅游文化广场。该广场建于1999年，位于市区南部，总面积为22万平方米，是内蒙古最大的广场之一。该广场具有浓重而鲜明的现代生活特色，使国内旅游者们在喧哗城市中能够获得宁静、快活、休闲和享受。由此，自然也成为到锡林浩特市来旅游的国内外游客们，必须到此一游的场所。该城中旅游文化广场，主要由以下6项旅游景观内容组合而成：（1）铺装景观——指的是全部用精美的花岗岩和彩砖铺设装潢的6.5万平方米的地面；（2）照明景观——指的是用不同颜色、不同光线、不同角度、不同形状的369盏灯具组合而成的灯火通明的夜色景观；（3）喷灌景观——指的是采用现代化全自动升降喷灌装置，覆盖整个广场绿地；（4）绿色景观——广场内有雪松、油松、松树、白皮松、云杉、白桦树、垂柳、柳树、灌木等各种树木2250株，还有绿茵茵而平坦的草地和花卉，绿化面积达到11万平方米；（5）音响景观——不间断播放处处能够听到的，使人感到舒心、享受、快乐、喜悦的，具有优美旋律的蒙古草原音乐及音响景观；（6）工艺景观——建有下沉式广场、美丽的人工湖、彩色喷泉和园林小品等艺术景观。更加令人感到喜悦、自然、快活、惊奇的是，该旅游文化广场内还有自然放养的梅花鹿和马鹿。该广场不仅给市民和国内外游客提供一个优美的文化、休闲、娱乐场所，也给人们带来许多和睦相处、温馨交流、品味美好生活的心灵感受和审美情趣。这里也是锡林浩特市争创国家优秀旅游城市，以及丰富草原旅游文化内涵的标志性旅游景色和城中亮丽风景线，从而给该城市增强了边疆草原城市知名度及人文景观。广场四周还有与此相配套的文化活动中心、温馨酒吧、华丽宾馆、俄罗斯小木楼、欧式楼房等各不相同、各具特色的美丽建筑及休闲娱乐场所。作为草原城市广场，锡林广场更加注重民族旅游文化特色与草原传统文化有机相结合，将自然生态与现代生活相互科学融合，所以在这里还举办一些草原牧区服饰表演、草原传统文化产品展览、草原歌舞表演等活动。所有这些，给包括国内外旅游者在内的游园的人们，营建了一个集草原城市旅游、草原城市文化、草原城市艺术于一体的草原城市自然生活景观。

（三）锡林浩特市的文化苑

该文化苑位于市区西部，占地面积 38 万平方米。文化苑内有蒙元文化博物馆、蒙元历史人物雕塑群、民族歌舞剧院、会议中心、多功能演出中心、数码影院及 25 万平方米的绿化带等。文化苑的南面是辽阔美丽的草原，东面还有锡林湖的美景。文化苑中，尤其引人瞩目的是，仿照成吉思汗时期的建筑结构特征设计建造的，集历史性、民族性和时代性融为一体的独特构造的建筑群。毫无疑问，这里也是一座全面反映蒙元时期历史文化的景区，蒙元时期的建筑群同蒙元文化博物馆、蒙元历史人物雕塑群、民族文化展示中心等相辅相成、交相辉映、互相衬托，不仅很有韵味，而且有感染力和吸引力。当然，这里更是来此旅游的国内外游客必到之处。在这里，还经常举办蒙元时期的历史文化展览、蒙元时期的历史文化国际学术交流活动，以及锡林浩特草原旅游文化交流活动、锡林郭勒草原旅游文化产品展览会和展销会、锡林浩特草原历史文化展览、锡林浩特草原国际学术交流会、锡林浩特草原服饰表演、锡林浩特草原歌舞表演等活动。特别是，在民族歌舞剧院演出的顶碗舞、民族婚礼节目、草原好来宝、马头琴演奏、长调民歌等深受国内外旅游者们的欢迎和喜爱。另外，在占有 2.3 万平方米建筑面积的蒙元文化博物馆内，还藏有蒙元时期的石雕、陶瓷、绘画、印章、符牌、金银器、兵器及服饰等 7000 多件珍贵文物，涵盖了蒙元时期政治、经济、文化、军事和科技等诸多领域，通过文物见证蒙元时期的辉煌文明，以及对世界文明做出的伟大贡献。该博物馆内，还有蒙元时期的纳石失织金锦和各类丝织品和毛织品等珍藏品，极大丰富了我国馆藏服饰纺织品的种类，填补了包括草原丝绸之路在内的早期历史阶段服饰纺织品收藏的空白，进而为草原丝绸之路的研究及中蒙俄"一带一路"建设提供了强有力的历史依据。

（四）贝子庙景区

该景区位于锡林浩特市北部，额尔敦陶力盖敖包山南坡下。这一以历史文化、宗教信仰、社会制度、民风民俗合为一体的人文景观及旅游文化景区，始建于清乾隆八年（1743 年），其占地面积为 1.2 平方公里，内有朝克钦、明干、却日、珠都巴、甘珠尔、丁克尔、额日特图 7 座大殿，建筑布局合理、规范、有序，具有相当壮观而神奇的建筑气势，并坐北朝南以"一"字型排列。另外，还有十几座小殿和两千多间僧舍。据说，这里的寺庙由"贝子旗"第四代与该寺庙的第一世活佛共同主持兴建，由此称为"贝子庙"，乾隆时期叫"崇善寺"，历史上也被称作著名佛教学府，以及内蒙古地区藏传佛教四大圣地之一。这里的建筑结构及特色，几乎综合了当时汉、蒙、藏等民族的宗教信仰圣地古色古情而极其神秘的艺术建筑内涵，寺庙内还存有大量反映蒙古族早期历史文化及生活内容的壁画，是研究蒙古族社会历史、文化教育、民俗习惯、文学艺术及宗教信仰的宝贵史料。所有这些，从另一个侧面向世人展示出该地区，包括早期草原丝绸之路在内的近 300 年的历史文化，以及不同民族、不同文化、不同宗教信仰间的和谐友好的接触、交流与交融。2006 年，由于该景区拥有的特殊特定特别的历史文化价值，被国家文物部门列为文物保护单位。在这美如诗歌而令人心旷神怡的锡林山水间，在锡林浩特风光绚丽而山清水秀的大自然的怀抱里，旅游者们不仅能够领略远古的精神生活和物质生活，同时还能够体验草原游牧文化和生态休闲养生度假，可以亲自参与射箭、骑马、放牧、挤马奶、喝奶茶、吃手把肉、听长调、赏歌舞、住蒙古包等原生态的牧民生产生活及民俗文化活动。还可以观赏这里的优美的生态景观和自然环境，感受大自然馈赠的靓丽草原风景。2008 年，贝子庙景区因其具有的草原旅游文化景观，以及具有的重要旅游文化价值，加上在本地区的旅游业和旅游文化产业发展方面发挥的积极促进作用，被国际旅游管理部门命名为国家 4A 级旅游景区。我们完全可以说，自从贝子庙建成以后，这里就成为草原丝绸之路上的一个标志性宗教圣地，也自然成为草原丝绸之路旅行者们的旅游胜地。直到今天，这里同样为中蒙俄"一带一路"旅游业的发展，发挥着应有的积极作用。特别是近些年来到这里旅游的蒙古国和俄罗斯乃至欧洲一些国家的旅行者变得越来越多，这里也成为国内外旅行者纷至沓来的旅游景区。

（五）草原马文化景区

锡林浩特市是驰名中外的我国马都，是蒙古族历史上马文化保存最好，包括其文化形式和内容的文化要素保存最完美的地方，位于该市的南区。这里有各种跑式的赛马，以及马肉、马奶、马鬃、马毛皮、马骨头等精心制作的各种旅游文化产品；马背马戏艺术表演、杂技表演、射箭表演、套马表演等娱乐活动；骑马、坐单套双轮小巧玲珑的精品小马车、坐两套四轮豪华型旅游马车、坐两套双轮精美设计的马篷车等休闲旅游活动为一体的综合性马文化旅游景区及马文化产业发展园区。这里的马旅游文化产业涉及马文化旅游业、草原马文化传统畜牧业、马肉马奶旅游文化食品加工业、马服饰文化产业、马文化教育及马戏和马背文化技能培训教育中心、马文化艺术表演、马文化美术展览、各种跑马式比赛场所、马文化娱乐基地及马匹繁育基地等诸多马文化旅游、马文化产业、马文化享受等内容。这里现已形成马文化旅游中心,是最具权威的马文化基地和马文化产业园。该马文化旅游景区,占地面积有 15 平方公里,项目总投资达到 15 亿元。这里还建有国内外游客接待服务中心、蒙古马鉴定测试中心、良种马培育基地、室内马戏表演场、马文化休闲旅游度假村、马文化旅游产品商业、马文化草原酒吧一条街、马术培训学校、马产品产业园、名马苑(百马苑)、马文化体验园、马文化博物馆、马文化旅游广场等。鉴于这里对于内蒙古有史以来传承的马文化的挖掘整理、保护传承、发扬光大、宣传推介等方面做出了特殊贡献,我国马业协会于 2010 年 4 月 25 日正式授予内蒙古锡林郭勒盟"中国马都"称号。2014 年,习近平总书记来这里视察,鼓励草原人民要发扬"蒙古马"锲而不舍的精神,同心同德建设好祖国美丽富饶的北疆,强有力地鼓舞和激励了从事马文化旅游业和马文化旅游产业的人们。

锡林浩特市凭借得天独厚的马文化资源优势,正在按照国家 5A 级旅游景区建设标准要求,全力优化升级"中国马都"比赛场馆和配套基础设施建设,以及其他各有关旅游项目和旅游活动区域的基本建设。他们还充分利用节庆活动、电视网络和新媒体、多媒体进行宣传推介,充分彰显锡林浩特马文化旅游的独特魅力和旅游文化品牌。锡林浩特市还围绕"中国马都"旅游活动,不断推动本地区草原旅游文化和四季旅游文化事业的蓬勃发展。同时,每年举办"中国·锡林浩特国际游牧文化节""锡林河之夏"、冬季那达慕旅游及牧民祭火传统民俗旅游活动等,强有力地展示该地区古朴纯真而具有丰厚历史底蕴的民俗文化风情。锡林浩特市依托丰富的马文化资源,大力发展草原旅游文化,加快中蒙俄"一带一路"马文化旅游建设,推动旅游与文化产业深度融合发展,不断满足国内外游客对于马文化的观赏、欣赏、娱乐和享受的要求。在这里还有必要提出的是,锡林浩特市依托极其丰富的蒙古马文化旅游及马文化产业旅游资源,成功举办多次有浓重草原文化、草原品位、草原品牌的旅游季活动，以及"中国马都"文化广场旅游狂欢活动、马文化草原休闲观光旅游活动、马都文化旅游产品交流及马文化国际商贸交易活动等，由此不断增强"中国马都"的城市品牌与影响力。此外，锡林浩特市有力发挥"中国马都"品牌优势，连续举办17届国际游牧文化节，承办8届"中国马术大赛"和7届"中国马都大赛马"等，并以赛马和马术表演及马文化商品交易、马文化国际商贸活动和国际购物旅游为主的国际马文化旅游活动。这使马文化旅游及其产业，对于本地区旅游文化业中的影响力和知名度不断提升。更为重要的是，有力促进了中蒙俄"一带一路"旅游文化建设工程。

事实上，除了我们在这里讨论的，开发利用丰厚的自然资源建设的锡林浩特草原的旅游景点和景区，以及开发利用丰富的社会资源和人文资源打造出的城市或城市周边具有浓重草原风味的旅游景点或景区之外，还有许多具有深厚的历史文化旅游内涵，以及草原牧区旅游文化特点的内容，在这里没有展开讨论。不论怎么说，锡林浩特市的旅游业及其旅游文化产业，伴随改革开放的不断深度推进，借助中蒙俄"一带一路"旅游文化建设的快速崛起，对于本地区的经济社会的发展产生的影响力、作用力和推动力越来越明显。由此，到这里来旅游的国内外游客越来越多，尤其是蒙古国和俄罗斯的国际旅游者逐年增多，进而为本地区独具特色的草原旅游业，不断注入新活力和新能量。

### 三 锡林浩特市旅游文化产业及其取得的成绩

锡林浩特市的旅游业及旅游文化产业，在改革开放以后的40余年时间里取得了鼓舞人心的辉煌成绩。特别是，文化强国战略的提出，以及"一带一路"倡议的强有力实施，以及贯彻落实习近平总书记对于内蒙古经济社会发展方面的一系列重要讲话，锡林浩特市以建设草原牧区特色旅游为中心，深入实施草原牧区旅游文化发展战略。在全市上下的共同努力下，包括国际国内在内的旅游业及旅游文化产业，一直保持快速健康发展的良好态势，这些年该市的旅游收入年均增长15%左右，到此旅游的国内外游客人数逐年增加。截至目前，全市建成的旅游景区和景点有很多，包括国家4A级和3A级旅游景区，还有许多达到星级服务标准的大饭店，还有几百家宾馆旅店和"牧人之家"草原旅游点。另外，还有26家旅行社和2家旅行社服务网点，以及有近百家旅游商品企业等。所有这些，为锡林浩特市的旅游业及旅游文化产业的发展发挥了极其重要的服务作用和功能。

锡林浩特市已经打造了多项各具特色的旅游文化节庆活动。其中，就有"草原敖包旅游节""草原那达慕旅游节""草原冰雪那达慕旅游文化节""草原国际游牧文化节""草原马文化旅游节""'草原马都'旅游文化节""蒙元历史文化旅游节""锡林浩特市文化苑旅游文化节""草原自然风景旅游度假文化节""草原民俗节庆活动旅游购物节""锡林浩特市广场旅游文化节""贝子庙景区旅游文化节""锡林浩特旅游文化商品展销节"等一系列重大而重要的品牌旅游活动。甚至，其中的具有品牌效益的节庆旅游活动已连续举办多年，有的旅游文化活动及旅游文化节活动或旅游文化产品展销活动同时进行或同年举办多次，由此产生了十分积极而可观的旅游文化效益和经济效益。2017年，锡林浩特市以迎接内蒙古自治区成立70周年为契机，成功举办了第六届中国马术大赛、第四届中国马都大型比赛、吉祥草原锡林郭勒那达慕、中国·第十四届锡林浩特国际游牧文化节、大型马文化全景式综艺演出、锡林浩特冰雪那达慕系列活动、锡林浩特地区大型牧民祭火传统民俗活动、锡林河生态旅游摄影主题赛、"四季锡林"手机摄影大赛等名目繁多而极其丰富的旅游文化活动，为国内外的旅游者奉献上了一场丰富多样、琳琅满目、气氛热烈、富有草原文化特色的旅游文化盛会。

锡林浩特市在打造草原特有的旅游文化产业及草原旅游文化品牌产品方面，同样也取得了十分突出的成绩。他们投入相当可观的专项资金,不断加大草原牧区以乳食品和肉食品为主的畜牧业旅游文化产品。在过去的一些年里,像大庄园、中蕴马业、伊利安慕希等一大批重点项目投产运营,进而很大程度上激发草原牧区绿色畜产品向科学开发、精细加工、精美包装、集约高效、优质高端方向健康、快速、可持续发展。其中,中蕴马业创新性开发的酸马奶、"活益健"活性益生菌马奶、马奶啤酒、极马力饮料等各类马奶品牌产品,开启了国内外旅游马奶饮料产品新时代。这使该地区的马奶旅游文化产品,自然成为深受国内外旅游市场欢迎,深受国内外旅游者青睐的名牌饮料和消费品。当下在马文化旅游产业不断成熟和壮大,产业基础设施不断改造升级,产品质量不断提升并不断焕发新活力的理想发展时期,锡林浩特市积极同草原马文化和马文化旅游深度融合,进而探索出具有本地区草原文化特色的系统的、完美的、整体性及综合性质的马文化旅游产业。

锡林浩特市围绕建设草原旅游文化名城目标,牢牢抓住本地区草原特色旅游文化资源,不断创新性地丰富发展草原旅游文化及其相关产业。尤其是,着力发挥国际旅游文化的品牌效应。例如,从2004年开始举办"中国·锡林浩特国际游牧文化节",到2018年已连续不间断成功举办十四届。由此,锡林浩特市的国际游牧文化节已发展成为,蒙古国和俄罗斯乃至欧洲相关国家旅游者或旅行团积极参与的,以草原旅游、草原自然景观游、草原牧区民俗文化游、草原度假休闲游、草原节庆活动购物游为一体的旅游文化及旅游购物活动,也成为,国内外游客进行友好交流的桥梁和纽带,成为招商引资、扩大开放的理想平台,树立和宣传了"中国马都"品牌形象。2019年,围绕"新中国成立70周年"庆祝活动,在这里还举办了一系列丰富多样的草原旅游文化活动,很大程度上提升了70周年盛大节庆活动的内涵,极大地丰富了节庆活动内容,也让国外游客充分享受到了我国各民族国庆佳节美好节日氛围。锡林浩特市不失时机地紧密结合各种重大节庆活动,包括举办中蒙俄文化节等节庆活动,不断扩大同蒙古国及俄罗斯乃至欧洲相关国家间的旅游文化交流与合作，并通过不断发展壮大的国际旅游文化及其强势发展的旅游文化产业，按照国际旅游文化发展规律及其规则，不断科学合理而因地制宜地调整本地区旅游业及旅游文化产业，更好地推动了该市的草原旅游文化及草原旅游经济快速发展。另外，在过去的那些年，锡林浩特市始终没有放松自然环境和生态环境的保护意识，不断强化生态文明建设思想理念，坚持走以生态优先、绿色发展为导向的高质量建设草原旅游文化产业的新路子，进而在生态文明建设方面取得了十分显著的成效。

锡林浩特市积极、科学、有效地整合四季旅游资源，合理协调和高效设计各个景区和景点的精品旅游线路，其中就包括：（1）吉祥草原锡林浩特"三都"旅游线路，即元大都（北京）—元上都（正蓝旗）—中国马都（锡林浩特）。这是一条双向旅游通道，具有连接带动其他旅游线路的重要作用。也就是从北京中轴线出发一路向北，从繁华都市到大漠草原，从皇城帝都到蒙元帝国，再到"中国马都"锡林浩特。在其旅途中不仅能够领略到美丽草原景观，还可以观赏世界文化遗产元上都遗址、锡林浩特灰腾锡勒天然植物园、锡林郭勒草原火山地质公园、锡林九曲、"中国马都"等重点旅游景区；（2）锡林浩特市—西乌珠穆沁旗—乌拉盖的三日游旅游线路，即从锡林浩特市出发，沿途欣赏贝子庙景区、额尔敦十三敖包、锡林郭勒牧民传统那达慕景区、蒙古汗城度假区、游牧部落、乌拉盖兵团小镇、狼图腾拍摄基地、锡林浩特农牧风情园及马文化景区；（3）锡林浩特市—正蓝旗—多伦县—克什克腾旗两日游旅游线路，即从锡林浩特市出发，沿途欣赏贝子庙景区、额尔敦十三敖包、灰腾锡勒天然植物园、平顶奇观、元上都遗址、多伦县山西会馆、白音锡勒国家自然保护区、达里湖、克什克腾世界地质公园阿斯哈图石林及中国马都核心区景区；（4）锡林浩特市—阿巴嘎旗—苏尼特左旗—二连浩特三日游旅游线路，即从锡林浩特市区出发，沿途欣赏贝子庙景区、蒙元文化苑、白银库伦遗鸥国家自然保护区、锡林郭勒草原传统那达慕景区、白音查干敖包、阿旗宝格都山、蒙古国边境、二连浩特国门、恐龙地质公园等旅游文化景区;(5)锡林浩特市—东乌珠穆沁旗—蒙古国毕其格图口岸二日游旅游线路,即从锡林浩特市出发,沿途欣赏贝子庙景区、额尔敦十三敖包、阿尔善天然矿泉、东乌旗、乌珠穆沁博物馆、满都宝力格苏木天鹅湖度假村、苏赫巴托尔毕其格图口岸、色楞格河等景区;(6)锡林风景线—锡林风景线旅游线路,这是将全市精品旅游资源连成一线的旅游光观活动。其中,一是中国十大沙漠沙地之一的浑善达克沙地游,二是白银库伦遗鸥自然保护区游,三是柳兰草原天然景观游,四是火山地质公园鸽子山、大敖包、杨树沟等景点游,五是大锡林九曲、百花滩、那达慕场景游等旅游观光内容。同时,还打造出千里草原风景通道旅游线路、锡林全景旅游线路、草原牧区特色文化牧人之家旅游线路等。还有效整合四季旅游资源,推出马背文化体验旅游线路、蒙元文化体验旅游线路、草原百花盛开季节旅游文化线路、生态休闲度假旅游线路、冬季蒙古马专题摄影旅游线路等旅游文化线路。所有这些,充分展示出锡林浩特市旅游业及旅游文化产业的发展及其取得的成绩。

2021年的盛夏,在这片充满生机的草原上最难忘的莫过于锡林郭勒举办的生态旅游嘉年华这一旅游文化活动。该盛大的草原文化原生态旅游活动,主要依托草原火山地质公园独特景观和"中国马都"马文化产业园,举办了丰富多彩而引人入胜的集草原歌舞、草原音乐、草原饮食、草原服饰、草原三项体育运动、马术表演、草原游牧生活体验及草原绿色食品和草原特色生态旅游产品等为一体的多种形式、多种内容的旅游文化活动。从而向世人,向国内外旅游者,向所有参加本次旅游活动的人们,全面展示了这些年在旅游业及旅游文化产业方面取得的辉煌成绩。对于这里的人们来讲,辽阔壮美的草原自然景观和丰富多彩的草原牧区民俗文化资源,不仅是进一步发展草原旅游业及其旅游文化产业最大的资本,也是最为可靠的前提条件和用之不尽的力量源泉。就如前面所说,这里是蒙古族历史文化和优秀而传统的民俗习惯保留的最为全面、系统、完好的地区，也是蒙古族早期历史文化遗产、包括草原丝绸之路在内的早期草原文明与文化保存较好的地方。所有这些，非常理想、和谐、科学而恰到好处地与当今的旅游文化及旅游文化产业融为一体，从而焕发出强大的吸引力、感染力、影响力和生命力，由此迎来了络绎不绝、纷至沓来的五湖四海的宾朋和旅游者、旅游团，也强有力地推动了中蒙俄"一带一路"旅游业的发展。

由于在本地区旅游业及旅游文化产业建设，包括在国际旅游文化交流与合作、国际旅游文化产品交易及商贸往来等方面，做出的突出贡献及取得的鼓舞人心的辉煌成绩，2010 年 4 月，内蒙古锡林郭勒盟被我国马业协会正式授予"中国马都"称号；2011 年，获得"最具魅力的节庆城市"荣誉称号；2014 年，成功举办了中国新丝绸之路草原旅游创新品牌城市；2017 年，确定为"自治区级全域旅游示范区"创建单位；2019 年，入选"2019 中国最美县域榜单""中国西部百强县市"；2020 年，命名为"国家园林城市"。这些荣誉的取得，标志着锡林浩特市全面开启全域旅游新时代，旅游业呈现出快速、健康、蓬勃、理想发展的大好势头。随着锡林浩特市旅游业及旅游文化产业不断向深度和广度推进，来这里旅游的国内外旅游者和旅游团会变得越来越多，这里的旅游业和旅游文化产业及国际旅游文化产业会发展得越来越好，这将为促进和发展中蒙俄"一带一路"旅游文化事业做出更大的贡献。

## 第三节　中蒙俄"一带一路"与二连浩特市旅游文化

二连浩特市位于锡林郭勒盟的西部，东西南三面是广阔的盆地和美丽富饶的苏尼特草原，北面同蒙古国口岸城市扎门乌德市隔界相望。

地理坐标为东经 111°58′，北纬 43°39′。二连浩特口岸距锡林郭勒盟政府所在地有 360 公里，与呼和浩特市间的距离是 390 公里，与北京的距离为 690 公里，是距北京最近的边境陆路口岸。该市与蒙古国口岸城市扎门乌德市相距 4.5 公里，距蒙古国首都乌兰巴托 714 公里。二连浩特同蒙古国的边境线长 72.3 公里，这里是我国通往蒙古国的最为重要的铁路口岸，也是我国陆路连接欧亚的最为捷近的通道和最为重要的战略枢纽。该口岸还是日本和韩国及东南亚各国同蒙古国与俄罗斯开展转口贸易的重要通道，是蒙古国的国际贸易货物经天津港海运至沿海各国的必经口岸。"二连浩特"（ereenhot）是蒙语的汉文译音写法，其中的"二连"（ereen < erien < eriyen）早期用汉字转写为"额仁"，不论是"二连"还是"额仁"，在蒙古语里均表示"朦胧"之意。而"浩特"（hot）在蒙古语中则指"城市"。很显然，"二连浩特"这一地名是合成词，直译应该表示"朦胧的城市"，意译为"海市蜃楼"。该城市是一个县级城市，辖区面积有 4015 平方公里，城区占地面积是 27 平方公里，辖区内有 8 个社区和格日勒敖都苏木的 5 个嘎查，常住人口为 7.6 万左右。二连浩特市具有得天独厚的边境旅游开发资源，以及开展边境旅游文化产品交易和边境国际贸易活动的优势。

二连浩特市有悠久的历史文化，历史上就是一条十分重要的草原丝绸之路通道，也可以称其为我国历史上正北方的一条国际通道。早在蒙元时期，二连浩特就是由大都—上都—哈喇合林—阿尔泰—黑海—通往欧洲的世界著名的草原丝绸之路上的一个重要驿站，当时被称为木邻道玉龙栈。此外，清朝时期的二连浩特是张家口、大同经草原丝绸之路通往欧洲大陆的重要站点。在那时，其一直是旅行者和旅蒙商驼队的必经之路，也是人们流连忘返、络绎不绝的易货买卖、商品交易的重要场所之一。二连浩特为使人们记住中蒙俄早期友好往来的历史，以及为了纪念中蒙俄早期通商艰辛的历史岁月，建立了反映驿站历史文化的伊林驿站博物馆。二连浩特继往开来、与时俱进地发展自身具有的草原丝绸之路旅游文化历史，牢牢紧跟历史发展的步伐，根据旅游文化市场需求，科学有效地规划发展本地区草原文化特色的旅游业及旅游文化产品，像他们创新性推出的中蒙"茶叶之路"房车旅行及其配套旅游文化产品深受国内外游客们的欢迎。2016 年 8 月，百余辆房车和自驾车国际旅游团从二连浩特出发，沿历史上的"万里茶道"，进行为期半个多月的中蒙俄国际旅行，对促进中蒙俄国际旅游事业的发展及旅游文化产业的国际交易，包括三国间的旅游文化国际交流起到积极推动作用。2018 年 3 月，经二连浩特铁路口岸到达蒙古国乌兰巴托的中欧班列开通运行，这是由河北唐山曹妃甸港出发到达蒙古国乌兰巴托市的中欧班列。现在，该铁路线已成为延伸到俄罗斯的乌兰乌德市及白俄罗斯、波兰最终抵达德国的中欧班列，成为中蒙俄"一带一路"经济走廊及国际旅游文化建设的重要线路，也是从陆路口岸直达出海口，走向沿海各国和各地的中欧班列。对此，二连浩特市口岸发挥了非常重要的作用。

二连浩特是一个典型的旅游城市，除了得天独厚的口岸、巍峨壮观的国门、庄严神圣的界碑之外，这里还有独占鳌头的玉龙栈、伊林驿、恐龙墓地等众多历史文化遗迹，有形态各异的石林景观，也有纯情朴实而令人神往的草原优秀传统文化和民族风情等极其丰富而独特的旅游文化资源。由于这里的国际旅游十分发达，从二连浩特出境旅游又十分方便快捷，因此由二连浩特开展的国际旅游自然成为最受欢迎的旅游活动。同时，二连浩特口岸也是对日、对韩、对东南亚各国开展蒙古国和俄罗斯乃至欧洲相关国家转口旅游贸易商品的主要通道。当然，也是蒙古国和俄罗斯及欧洲各国旅游者、旅游团队、旅游商品经营者或商团，走向我国内陆地区或全国各地的必经之路。目前，二连浩特已开辟边境游、国内游和国际游等十几条便利、快捷、通达、理想的旅游线路。就 2019 年而言，这里平均接待国内外游客达 229 万人次，旅游创汇额达到 4.31 亿美元。

这些年来，二连浩特市不断加大旅游业及旅游文化产业方面的投入力度，着力完善和提升口岸旅游文化产品及旅游商贸货物的通关性能和功能，使该项事业得到顺利快速发展，进而为构筑欧亚国际旅游及旅游文化交流、旅游文化产品交易大通道的畅通提供了可靠保障。与此同时，强有力推动了中蒙俄"一带一路"旅游业及旅游文化产业建设，使中蒙俄三国在旅游业及旅游文化产业领域的合作不断得到加强和深化。此外，中蒙俄三国间的旅游文化及旅游文化产业方面的各种考察、互访、协商、签约、专题讨论会、产品洽谈会、产品推销会，以及不同形式和内容的旅游文化活动不断增多。例如，在2019年4月二连浩特市举办的"中蒙俄区域性旅游企业及马业发展交流合作论坛"上，中蒙俄三国之间签署了包括《中国二连浩特市与蒙古国戈壁松布尔省旅游合作意向书》《中蒙俄"茶叶之路"旅游线路开发合作意向书》《中蒙俄旅游企业区域合作协议书》《中蒙俄旅游企业"茶叶之路"自驾车线路开发合作协议书》《乌兰巴托与二连浩特两地旅游合作意向书》《中蒙跨境旅游合作协议》等多项合作协议。为更好地开展中蒙两国旅游业及旅游文化产业等方面的合作，蒙古国驻呼和浩特总领事馆于1996年在二连浩特市设立办公室，协调解决两国间在旅游业或旅游文化产业的国际合作，以及旅游文化产品交易等方面遇到的一些问题。2005年9月蒙古国驻二连浩特市的办公室升格为常驻领事馆。此外，二连浩特口岸于2007年获准办理落地签证业务，这使入出境的第三国公民及商务考察人员可直接在该口岸办理落地签证。同时，这里还以旅游货物交接、旅游货物交易、旅游及旅游商贸往来服务、旅游信息资源共享为主，承办客商进出口旅游货物流程、开展检验检疫工作、国际旅游货物的交接等工作。所有这些行之有效的举措，使过去需要花几天时间来办理的旅游和旅游文化产品及旅游商贸活动的手续，如今仅用几个小时的时间就会公平、公正、公开而高效率地办完。在这里，还应该提到的是，二连浩特市也有集专业化、系统化、全面化、综合化、现代化、国际化服务功能为一体的商务型涉外酒店。

围绕"北疆之门、茶叶之路、千年驿站、恐龙故里"和"千年古商道、现代买卖城"旅游形象定位，以化石遗迹游、边关文化游、民族特色游、异域风情游为重点，二连浩特市将全域重新整合划分为东部、北部和南部三大旅游片区，努力构建片区各具特色、要素齐全、功能完善、紧密相连的旅游格局，力争将二连浩特市建成海外购物首选地、国际旅游目的地。其中，东部旅游片区主要以深入挖掘恐龙文化、驿站文化、盐池文化资源为主，重点推动恐龙地质公园升级为国家5A级旅游景区、伊林驿站景点提升为景区，规划建设二连盐池旅游文化景区。北部旅游片区主要以深入挖掘边关文化资源为主，重点推动国门景区升格为国家4A级旅游景区、俄罗斯商品和第三国日用品进入中蒙边民互市贸易区交易并实现游客在一定额度范围内免税购物。南部旅游区主要以展现地域奇石、民族特色、异域风情为主，重点完善奇石文化园建设，推动中蒙国际马术演艺基地提质升级，并将历史剧《成吉思汗的黑纛》打造成为与杭州歌舞剧《宋城千古情》齐名的品牌演出，加快启动国际自驾车露营地建设，精心规划民族特色村寨建设。湖北羊楼洞被认为是"万里茶道"的起点，2015年，在湖北省文物局的组织下，福建、江西、湖南、河南、山西、河北、内蒙古等8省区筹备申请"万里茶道"为世界文化遗产，并建立了与蒙俄联合申遗沟通机制。2020年3月11日，国家文物局正式通知8省区文化和旅游局及文物局，将"万里茶道"列入《中国世界文化遗产预备名单》，同时要求进一步加强对"万里茶道"的保护和国际合作。

"一带一路"倡议的目标是建立一个政治互信、经济融合、文化包容的利益共同体、命运共同体和责任共同体。它创造了新型国际产能合作模式"政策沟通、道路联通、贸易畅通、货币流通和民心相通"，为沿线国家产业合作提供了广阔的平台。由此，中蒙俄三国旅游交流合作日益加强，旅游文化合作成为推进中蒙俄经济走廊建设的重要内容和亮点，二连浩特市迎来旅游文化发展的新机遇。2020年，内蒙古自治区文化和旅游厅公布首批自治区级全域旅游示范区，二连浩特与鄂尔多斯市康巴什区、锡林郭勒盟二连浩特市、赤峰市克什克腾旗、包头市达尔罕茂明安联合旗、兴安盟阿尔山市共同位列其中。2020年12月，文化和旅游部正式公布了第二批97个国家全域旅游示范区名单，二连浩特市被认定为国家全域旅游示范区。

## 一 中蒙俄"一带一路"与二连浩特市旅游文化建设

二连浩特自古以来就有草原丝绸之路及早期"茶叶之路"上的重要驿站之美称，早在蒙元时期就有了玉龙栈，清朝时期的嘉庆年间在这里还设了"伊林"驿站。1918年，旅蒙商开通从张家口经二连浩特到达现在的蒙古国乌兰巴托市的运输线，称二连浩特为"滂北"站，成为当时一条重要的经商通道。1953年，将由马路和骆驼路形成的古草原丝绸之路建成一条铁路。1956年1月，伴随北京—乌兰巴托—莫斯科的国际联运列车的开通，二连浩特口岸及其口岸车站也随之建成。天津港经二连浩特、蒙古国的乌兰巴托、俄罗斯的西伯利亚铁路大动脉的成功接轨，以及经莫斯科到荷兰鹿特丹的亚欧大陆桥的形成，使二连浩特市成为欧亚大陆桥上一座著名的口岸城市。1986年自治区批准二连浩特为计划单列市。1992年二连浩特被国务院列为13个沿边开放城市之一，同年二连浩特到蒙古国扎门乌德①的国际旅客列车正式开通。尤其是，文化强国战略及"一带一路"倡议的提出，使二连浩特边境口岸城市文化强市及文化走出去建设，依托旅游业及旅游文化建设，包括以本地区本民族优秀传统为根基的旅游文化产品产业建设，如雨后春笋般蓬勃崛起，展现出独具特色而强大的生命力。二连浩特口岸紧紧抓住穿越蒙古国全境、直达俄罗斯莫斯科的国际铁路大通道，以及对外开放的一系列优惠政策和口岸城市的优惠条件，不断加大与蒙古国和俄罗斯及东欧各国间的国际旅游及国际旅游文化产品交易。

---

① 扎门乌德，蒙古语的"道路之门"意思是蒙古国东南部与中华人民共和国二连浩特市交界处的一座边境城市，邻近中国边境的二连浩特，是中蒙铁路自中国进入蒙古国后的第一站。

2005 年 3 月 1 日，由内蒙古呼和浩特市出发经二连浩特边境口岸开往蒙古国、俄罗斯、白俄罗斯、波兰及德国的"如意号"国际专列正式开通。该专列横跨亚欧两大洲，行程达到 9814 公里，运行周期为 18 天，单程运输比海上运输至少缩短 27 天，是属于我国途经国家最多、运输距离最长的一条亚欧陆路运输大通道。另外，还有里程长达 10399 公里，运行周期为 15 天，由二连浩特口岸出境，通往蒙古国、俄罗斯、哈萨克斯坦、白俄罗斯及德国的国际专列等。毫无疑问，这些国际专列的开通，为欧亚大陆各国旅游者们的相互往来、旅游文化的相互交流、旅游文化产品及国际商贸活动，注入了强大活力。更为重要的是，由此开启了包括国际旅游文化产品在内的国际物流产业一体化运营的先河，强有力推动了"一带一路"建设。

二连浩特口岸以它特定的地缘优势和国际国内铁路交通枢纽的优势，广泛利用从蒙古国乌兰巴托到天津港出海的铁路线、呼和浩特包头银川经济带和北京包头铁路线、集宁和通辽铁路线交叉构成的特定区域，以及向南可达京津冀和通达出海通道，不断强化同蒙古国和俄罗斯及欧洲各国间的旅游往来及旅游文化产业与转口贸易。而且，更加便捷、更加全面、更为智能化的旅游服务，为各国的旅游者和国际旅游文化交流及国际旅游文化产业合作创造了更多更好的环境和条件。尤其是应用智慧旅游功能，对全市旅游市场进行系统分析，及时全范围全面掌握旅游服务设施和质量，给旅游业的科学有效经营提供可靠依据。目前，二连浩特旅游管理部门不断深化"互联网 + 旅游"来推动旅游业高质量发展，有效推动了本地区旅游业经营形式、服务方式、管理模式的创新，拓展了旅游业市场发展空间和未来发展走向。二连浩特市还通过强化基础设施互联互通，全力打造旅游设施、旅游服务、旅游景区联通示范区。着力落实《与俄蒙基础设施互联互通规划（2014—2035 年）》，有计划地科学布局一批与旅游业及旅游文化产业快速发展相匹配的基础设施互联互通项目建设。二连浩特至蒙古国扎门乌德铁路联络线、二连浩特至锡林浩特铁路改造升级一期工程、公路口岸旅检通道自助通关一期工程相继投入使用。加上省道312线二连浩特段、省道312至国道331重载公路建成通车,二连机场改扩建项目通过验收,开通至蒙古国乌兰巴托临时航线,二连浩特—乌兰巴托—乌兰乌德双幅铁路及高速公路改造、中蒙俄跨境高速铁路中线工程等项目的实施,给这里的国际旅游业及旅游文化产业的发展注入强大活力。从这个意义上讲,二连浩特口岸已经发展成为中蒙俄"一带一路"旅游业及旅游文化产业发展的一个重要组成部分,甚至发展成为能够辐射华北地区国际旅游文化产业的一个新的增长点。

在旅游业及旅游文化产业的发展过程中,二连浩特市狠抓落实宣传推介工作,充分利用各有关媒体及中介公司,广泛开展跨区域、跨平台、跨网络、跨终端的本地区旅游宣传。同时,利用参加国际国内旅游文化交流会和旅游文化学术交流活动,国际国内旅游文化产品展销会及交易活动,对本地区的旅游业及旅游文化产业开展宣传推介活动,积极推动本地区旅游业及旅游文化产业,同蒙古国和俄罗斯乃至欧洲相关国家的旅游业及旅游文化产业间的对接和合作,进而有效提升了二连浩特市旅游文化事业及旅游文化产业的知名度。更为重要的是,该市不断创新旅游推介方式,高效利用互联网旅游平台,及时更新百度百科、搜狐百科、维基百科等网站的旅游文化信息,同时充分发挥新媒体的传播优势和力量,邀请知名旅游达人来二连浩特旅游,撰写博文、微评、游记等文章,借助其网络知名度和影响力,扩大二连浩特旅游宣传推介的"乘数效应"。这些年,在今日头条、新浪博客、凤凰播报等知名网站先后发布200余篇二连浩特市旅游宣传推介文章,引发国内外游客的广泛关注、兴趣和好评。在这里,还要提出的是,2017年4月二连浩特市还举办了旅游推介踩线活动,邀请国内各大旅行社及自驾车俱乐部的300余人,到二连浩特市重点旅游景区和景点参观踩线,深度体验这里的具有口岸特色、边疆特色、草原特色、蒙古文化特色和地区特色的二连浩特市旅游文化。同时,高效利用

"口岸号"① 国内草原旅游专列，通过制作和张贴车体广告，举办"口岸号"旅游专列迎接仪式，组织游客参观二连浩特市及蒙古国扎门乌德市旅游景区，开展本地区旅游及旅游文化的宣传推介工作，不断提高二连浩特市旅游知名度。在这里，每年利用"5·19中国旅游日"开展各种形式和内容的旅游文化宣传，以及通过"美丽二连我的家""邮寄美丽二连"和《中国恐龙》特种邮票首发签售、"文明旅游为中国二连浩特添彩"等活动，展示二连浩特旅游景区和景点、旅游文化、旅游风采、旅游形象。毫无疑问，所有这些宣传和推介工作，对于迅速崛起的二连浩特边境口岸城市的旅游及旅游业的繁荣发展产生了积极推动作用和影响。

下面着重阐述二连浩特市有影响力、有代表性以及有其独特旅游文化价值的一些名牌旅游景区与景点。

1. 二连浩特恐龙地质公园

该公园也叫"二连浩特盆地白垩纪恐龙国家地质公园"或"白垩纪恐龙国家地质公园"，位于二连浩特市区东北9公里处，占地总面积达到10471公顷，但其中的主体景观及重要的游览区域面积为29.9公顷。在这里，主要有恐龙科普馆、恐龙化石埋藏馆及矿物晶体馆等。该公园内有闻名世界的白垩纪恐龙化石群遗迹，还有星球形成及变化

---

① "口岸号"国内旅游专列是指2017年4月21日由呼和浩特出发经集宁、白音查干、赛汗塔拉抵达二连浩特的完全服务于国内外游客旅游的专列。该旅游专列分有A、B两条线，每列包括高包、软包、宿营车、餐车等7节车厢，每节车厢内还设有观光区，游客通过"口岸号"既可游览草原丝绸之路的风光，也可感受与众不同的边疆小城风貌。"口岸号"以其便捷、舒适、高端、优质的服务，为游客提供了快乐、美好而幸福的旅游旅程。"口岸号"根据旅游季节及旅游者流量的不同安排运营次数。"口岸号"旅游专列的国内外游客到达二连浩特以后，由该市铁道国际旅行社进行地接，组织开展一日游活动，分别赴二连浩特口岸国门景区和地质公园，以及蒙古国的扎门乌德市进行参观游览，充分感受独具特色的边关风光，蒙古国异域风情，品尝特色蒙古美餐。从这个角度来思考，"口岸号"的旅游还附带国际旅游的内涵。"口岸号"旅游专列的运营，在很大程度上提升了二连浩特边境口岸城市的旅游知名度，有效增加了到此旅游的国内外旅游者人数。同时，也对于二连浩特市旅游及旅游文化起到了积极宣传作用。

发展时期的地层遗迹和花岗岩石林景观，所以具有很高的旅游价值和科普及科研价值。尤其是公园内地质遗迹类型丰富多样。这里有包括世界最大的窃蛋龙在内的20多种恐龙化石，它们主要分布在公园旁边的盐池周边及苏尼特左旗的白垩纪一带的地层中。现已发现的恐龙化石涉及蜥脚类、兽脚类、鸟脚类恐龙十余个种属，主要以大型蜥脚龙、古似鸟龙、似鸡龙、阿莱龙、鹰龙、姜氏巴克龙、锡林郭勒计尔摩龙、甲龙、杨氏内蒙古龙、美掌二连浩特龙等为代表组成。不过，恐龙蛋化石也是本景区引人注目和让人感兴趣的古生物化石。令游客感到欣悦和浓厚兴趣的是，这里除了恐龙化石之外，还有大量哺乳动物化石。而且，已采集到大角雷兽、两栖犀、巨犀、付巨犀等哺乳动物化石。据说，白垩纪恐龙遗迹是20世纪90年代，由我国的古生物学家和地质学家及来自俄罗斯、美国、加拿大等国的专家组成的联合科考队，在这里进行过6次大型实地考察，进而得出该地区是6500余万年前的恐龙家园。从这个角度来看，二连浩特市的恐龙地质公园确确实实是"恐龙的家园"和"恐龙之乡"。二连浩特在建市50周年的时候，用两条巨型恐龙雕塑建造了特色鲜明的恐龙市门，在其6公里长的恐龙市门景观公路两侧还树立了97个形态各异的恐龙塑像，以此向世人展示这里是6000多万年前的"恐龙之乡"。二连浩特白垩纪恐龙化石早在20世纪20年代就闻名于世，丰富的恐龙化石吸引了众多国内外游客纷至沓来、络绎不绝。2007年底，《时代》周刊将二连浩特巨盗龙的发现评选为本年度"十大科学发现"之一刊登在其中。二连浩特恐龙地质公园中的白垩纪恐龙化石是至今保存最好、品种最丰富的恐龙化石。该公园于2006年被评为自治区级地质公园，2009年8月被评为国家级地质公园，同年被国家旅游局评为4A级旅游景区。

2. 二连浩特独具特色的草原石林景区

草原石林景区位于距离二连浩特市198公里的苏尼特左旗辖区，是一处集石林、草原和沟瀑等多种景观为一体的旅游胜地。这里有令人赞叹不已的美丽如画的石林、石墙、石丘等景观，面积约40平方公里。

这里风光秀丽、绿草如茵、繁花似锦、景色诱人。特别是，那些造型奇特而各具特色的天然石林，每一个几乎都是漂亮至极的晶体艺术，让人赞叹不已且难以忘怀。它们的造型奇特，有的像雄鹰栖息、似群龟蠕动、猎犬捕食、青蛙觅食、骆驼小栖，还有的像逼真漂亮的石蘑菇、不倒翁等。这是大自然的杰作，承载着近 2.5 亿年来星球的变迁与进化的历史。也就是说，这里的花岗岩形成于距今 2.5 亿年之前。因此，花岩石具有肉红色中粗粒黑云母特征，主要有长石、石英和少量黑云母等矿物成分。这些一根根间隔数米的石柱，时大时小、时高时低、错落有致，给国内外的旅游者美妙绝伦的自然美、艺术美、观赏美、享受美的心灵感受。

### 3. 伊林驿站博物馆

伊林驿站博物馆是依托二连浩特伊林驿站遗址及其旅游文化场景建立起来的旅游景区。而且，就建在古驿站遗址以南约 2 公里处，占地面积 9500 平方米，建筑面积包括博物馆 4300 平方米的建筑面积及饮食活动区的 2200 平方米，共有 6500 平方米。该博物馆内，以"北方草原丝绸之路、张库大道、欧亚大陆桥"[①] 历史发展轨迹为主线，用不同历史时期的一系列重大事件贯穿始终。在此基础上，系统展示了草原丝绸之路驿站制度、早期草原丝绸之路上的商贸文化和古"茶叶之路"上的盐文化，以及与早期草原丝绸之路密切相关的历史事件。这也是我国首家反映驿站历史文化的博物馆，也是内蒙古首个古草原丝绸之路驿站博物馆。那么，在前面刚刚提到的伊林驿站遗址是指古"茶叶之路"上，从张家口出发经二连浩特中蒙边境的盐池到蒙古国乌兰巴托的重要驿站。该伊林驿站是，在清朝嘉庆 25 年，也就是公元 1820 年，在距二连浩特 8 公里处的盐池边设立。当时，该驿站用蒙古语叫"伊林"，汉语的意思就是"纪元"或"初始"。该博物馆为再现早期草原丝绸之路和古"茶叶之路"历史遗迹，以及充分展示当时的二连

---

① "北方草原丝绸之路、张库大道、欧亚大陆桥"也被简称为"路—道—桥"。

浩特历史文化及房屋建构特征，所有建筑从里到外都具有古色古香的北方风格和特点，使其拥有了鲜明的北方民族古建筑特色，述说着这里曾经有过的古老文化和文明。这里还有展示古迹、展览文物、传播知识的特殊功能。展厅包括序厅、驿站文化厅、玉龙栈厅、伊林驿站厅、滂北站和盐文化厅，主要展示各种奇石、骆驼商人、早期交通工具、早期字体、晋商牌匾、早期生活场景等。由于其有很高的历史文化价值，特别是具有早期草原丝绸之路和"茶叶之路"的历史文化的丰富内涵，所以每年都会吸引来自国内外众多旅游者旅游团到这里旅游光观。

4. 二连浩特口岸的国门及界碑旅游景点

国门和界碑不仅是二连浩特边境旅游城及其边境口岸的独特旅游景点，也是这里具有代表性的旅游景点。改革开放以后，根据对外开放的政策和规定，于1984年开始兴建这里的第一个国门，也就是人们后来说的"旧国门"。2003年，旧界碑完成使命，由大型花岗岩双立同号界碑所替代。与此同时，新国门的建设也破土动工，并于2005年建成投入使用。新建的国门是跨度39m，高22.5m，长70.39m的横跨铁路双轨结构。国门下方的中蒙铁路是连接我国首都北京和蒙古国乌兰巴托及俄罗斯莫斯科的铁路交通大动脉，被誉为"欧亚大陆桥"。国门主体为钢结构的剪力墙，外墙为花岗岩板和槽钢骨架、玻璃丝绵保温组成的复合墙体，横跨铁路中间部分为玻璃幕墙结构。另外，国门在使用功能上安装了闭路监视系统，以及防御雷电的接地系统。二连浩特口岸国门的一层为旅游纪念品销售处，二层有墨宝室展示及中蒙友好关系发展史展览内容等，三层有国门博物馆及高档休息区和国门旅游影吧，四层设有国门会务室展区、眺望区、休息区等旅游观光和休闲内容。该国门气势磅礴，宏伟壮观，具有很高的边境口岸旅游价值，这里以国门和界碑及边境口岸旅游文化为主，集旅游观光、军旅体验、爱国主义教育为一体。2019年，二连浩特市的二连浩特国门旅游景区被评为国家4A级旅游景区。毫无疑问，这里也是人们慕名而来、流连忘返、记忆犹新、永生怀念的旅游胜地。

5. 二连浩特市"茶叶之路"博物馆

这是二连浩特市首家私人博物馆，坐落在二连浩特市盛通国际商贸城北侧，占地面积为 1400 平方米，于 2017 年 8 月正式开馆，由内蒙古文物收藏爱好者个人出资建造。二连浩特市"茶叶之路"博物馆内，展示了上自新石器时代下至清代晚期的 1000 多件精品文物，很多文物是从蒙古国和俄罗斯等国家的文物市场收购而来。其中，很多珍藏品属于早期"茶叶之路"上的弥足珍贵的文物，所以这里就叫"茶叶之路"博物馆。这些陈列的"茶叶之路"文物，全方位而立体化地展现了"茶叶之路"这条早期草原丝绸之路上的重要商道，以及在历史进程中不同地域和不同地区的人们相互间的接触与文化交流、文明对话，以及相互间的影响和作用。二连浩特市"茶叶之路"博物馆，也是内蒙古目前规模最大、免费开放的民间博物馆之一。那么，二连浩特市作为"茶叶之路"上的重要城市之一，应该让更多的游客更多地了解这里的"茶叶之路"历史文化与文明。在此方面，该"茶叶之路"博物馆做出了自己的贡献，尤其是该馆内的展品、文字、图画、影响资料等都从不一样的角度和视角呈现了二连浩特具有的"茶叶之路"的历史文化和发展脉络。由此，也吸引了许多国内外旅游者，到此来游览"茶叶之路"的历史文化。

除了我们在这里谈论的之外，二连浩特市还有"二连浩特博物馆""海关特检区货检大楼景区"，位于二连浩特苏尼特右旗建于 1868 年的"德王府旅游景点"，集观光农牧业与科技示范为一体的"乌苏科技园旅游景区"，以及同蒙古国扎门乌德市合作开办的"扎门乌德市异国风情游"等国内外旅游项目和旅游活动内容。也就是说，二连浩特紧紧围绕"边境特色、茶路驿站、恐龙遗迹、民族风情、异国风情"等旅游文化资源，努力打造"中国北方最好口岸旅游文化城市"，树立"对蒙黄金口岸、美丽茶路驿站"的旅游形象，将旅游业作为二连浩特市的特色产业，重点打造跨境文化游、恐龙探秘游、驿站文化游、商贸娱乐游、体育竞技游、民俗风情游、休闲度假游、节庆会展游等旅游活动，极大地丰富了口岸旅游文化内涵。而且，中蒙双方还建立了国际旅游合作机制，同时有效推动了中蒙俄重走茶叶之路自驾游、专列游、夏令营游等独具特色的国际旅游项目，从而强有力地推动了中蒙俄"一带一路"旅游业的繁荣发展，尤其对于中蒙两国的旅游文化交流做出了重要贡献。

## 二　中蒙俄"一带一路"与二连浩特市旅游产业及其发展

二连浩特市作为我国北疆的重要口岸城市，以及作为站在中蒙俄"一带一路"国际旅游文化产业建设之前沿的边境城市，矢志不渝地夯实对外开放的基本国策，牢不可破地坚持打开国门搞好建设，积极有效地推动中蒙俄"一带一路"旅游文化产品的国际交流及国际合作。特别是，在中蒙俄"一带一路"国际旅游文化产业快速发展的今天，更加注重政策沟通、设施联通、贸易畅通、资金融通、民心相通，不断提升和优化同蒙古国和俄罗斯乃至欧洲各国间，旅游文化产业的高质量、高水平、高规格、高效率的国际合作平台，不断强化互利互惠、合作共赢、共同发展的基本原则，进而迈入了十分理想的发展轨道。

根据国家在《推动共建丝绸之路经济带和21世纪海上丝绸之路的愿景与行动》① 中明确指出的"发挥内蒙古连通俄蒙的区位优势"，"建设向北开放的重要窗口"等文件精神，以及2017年内蒙古颁布的《自治区"一带一路"文化发展行动计划》中提出的要充分发挥内蒙古区位优势及草原文化优势，同蒙古国和俄罗斯及"一带一路"沿线国家加强文化交流合作的文件精神，遵循内蒙古2018年颁布的《内蒙古自治区旅游条例》中提到的旅游资源的科学保护与开发、旅游产业的科学经营与高质量服务、边境旅游产业的经济开发、加强旅游产业的安全与监督管理及法律责任等方面的规定，二连浩特也制定了旅游文

---

① 2015年3月28日，国家发展改革委、外交部、商务部联合发布了《推动共建丝绸之路经济带和21世纪海上丝绸之路的愿景与行动》。

化产业发展的政策法规。其中，就有二连浩特市政府 2014 年发布的《加快文化旅游业发展意见》及其中提到的加快旅游文化产业发展，打造极具边境特色的旅游文化产业基地等内容。与此相关，二连浩特市政府在 2016 年还颁布了《关于加快口岸文化产业发展的意见》，进一步强调大力发展本地区旅游文化产品出口服务，以及本地区民族特色旅游文化产业建设。后来，也出台了一系列繁荣发展二连浩特市旅游文化产业方面的具体文件，以及具体实施的措施、步骤、计划和规定。以上这些从上而下的政策文件及其规定，对于二连浩特这一边境城市的旅游文化产业的发展提供了政策和制度方面的可靠保障。

　　事实上，自从 1993 年经国务院批准设立二连浩特边境经济合作区之后，经过各方面的共同努力，该地区同蒙古国之间的边境经济合作区逐渐形成，虽然起初规模并不大，经济效益还不是十分显著，但还是以民间旅游购物及民间旅游商品交易的形式不断向前推进。然而，从 21 世纪初开始，二连浩特市积极主动调整对外旅游贸易策略，并提出"边境贸易、加工贸易、旅游贸易"三大支柱产业并重发展的理念。同时，充分发挥面向国内外两种旅游市场资源、两个市场具有的发展优势，在土地使用、税费征收、资金信贷等方面，给予国内外投资商提供诸多优惠政策，使他们在市场投资中得到较高利润和回报。另外，二连浩特市还拿出相当可观的专项经费，对国内外旅游商品交易市场及产业合作区，进行水、电、路、供热、通信、有线电视等方面的基础设施建设。对于商场管理和服务等软环境建设方面，也大力推行"一栋楼"办公、"一站式"审批、"一条龙"服务的模式，坚持"一事一议"，"特事特办"，努力达到"审批事项少，审批环节简，审批速度快，服务水平好"等高质量、高水平、高效率的办事水平。由此，受到国内外商家及投资企业的欢迎。所有这些措施，对于国内外旅游文化产品企业在二连浩特市安家落户、产业建设、产品的规模化经营等，都发挥了积极推动作用。我们认为，二连浩特市主要从以下几个方面，推动和发展了本地区的旅游文化产业建设。

一是，正如前文所述，二连浩特是属于通往蒙古国的重要边境口岸城市。这里除属于边境线口岸城市的优越条件以外，还具有优厚的自然地理、恐龙化石、花岗石石林、古草原丝绸之路、古"茶道之路"、伊林驿站遗址、边疆民俗文化、蒙古族历史文化、蒙古马文化等诸多方面的丰富而厚重的旅游文化资源。改革开放以后，特别是文化强国战略及"一带一路"倡议的提出，那些具有深厚的旅游文化价值的景区和景点，经过挖掘整理、开发利用、发扬光大，已成为该地区旅游文化产业发展的重要依靠和最为重要的组成部分。也是能够吸引国内外旅游者和旅游团队到此来旅游，国内外从事旅游文化产品交易或商贸活动的商人到此开展各种商业活动，以及从事国际旅游文化产业的企业家到此投资办厂的重要条件和因素。不论从哪个角度来讲，他们的到来给二连浩特带来了丰厚的经济效益，注入了强大的生命力。尤其是蒙古国和俄罗斯及东欧国家的旅游者逐年增多，这在很大程度上促进了中蒙俄"一带一路"国际旅游文化产业的建设和发展。此外，通过举办一系列国际文艺演出、群众性国际文化交流、专题性国际学术交流会等举措不断向深度和广度推动国际旅游文化产业的高效快速发展，推动了旅游业与对外文化交流有效融合，不断提升二连浩特市的旅游文化的知名度。令人鼓舞的是，旅游业的发展强有力地带动了美丽农牧区建设工程，使农牧区同旅游文化产业发展密切相关的基础设施得到进一步完善，有效开发绿色有机果蔬采摘游、休闲度假游等乡村旅游项目，有力促进了农业增效和农民增收。现在，这里的城市周边及农区私家旅游产业，已成为推动本地区经济社会发展的重要组成部分。

二是，经过二连浩特市政府坚持不懈的努力，使这里的旅游文化产业成功地向大众化方向发展，成为事实上的大众化产业链。也就是说，改革开放以后，经过这几十年的探索，人们明确认识到，国内外旅游者及其旅游文化市场所需的多样性消费、选择性消费、个性化消费、针对性消费的需求。到草原牧区或者是草原牧区城市来旅游的国内外游客，对草原牧区牧民蒙古包旅游点旅游抱有极大的兴趣，喜欢观看具有浓重草原文化特色的文艺演出甚至想亲自参与到这些文艺活动当中，还特别喜欢购买草原牧区的奶食品、肉食品，以及草原牧区旅游文化产品等。针对国内外旅游者的这种消费心理和爱好，二连浩特市努力打造水草丰美、景观宜人、美丽如画的草原牧区牧场，兴办牧场蒙古包旅游点，在每一个牧场蒙古包旅游点都用丰盛的、香味四溢的奶茶、手把肉、奶食品、马奶酒来接待国内外游客，给国内外游客们表演牧歌牧舞，甚至跟国内外游客们一起唱一起跳。这使远道而来的国内外游客们感到快乐和幸福，使他们高兴而来，满意而去。而且，这也很大程度上增加了牧民的经济收入，鼓舞了他们参与草原牧区蒙古包旅游文化产业。另外，二连浩特市努力打造具有本地区本民族特色的乳食品和肉食品旅游产品，使他们经营的草原饮食旅游文化产品种类越来越多，买卖越搞越红火，将产品推销到蒙古国和俄罗斯甚至欧洲一些国家和地区。此外，他们经营的旅游文化产品中，除了种类繁多、品味各异、唯美纯香的奶食品、肉食品、奶酒等之外，同样还有来源于牧区牧民手工制作的牛、羊、马、骆驼、牧车、蒙古包、马头琴等精美艺术品和美丽迷人的蒙古族服饰等。经营者中有牧民开办的私人小卖店、小商场和专卖店，也有地方和企业办的大中型商场，当然还有一些通过网络商场开展各种草原旅游文化商品的经营者。所有这些，强有力地推动了二连浩特市草原旅游文化商品的加工、制作、推销、市场经营等产业，进而对于中蒙俄"一带一路"旅游文化产业建设和发展做出了突出贡献。

三是，为了使中蒙俄"一带一路"旅游文化产业快速发展，使其产品的产业化、市场化、国际化通道更加畅通无阻，二连浩特市拿出相当可观的专项经费，不断扩大和优化升级旅游文化产品的国内外运输通道。改革开放以后，尤其是"一带一路"倡议提出来之后，首先是铁路口岸建设顺利推进，南路铁路线与京包、京哈、京广等铁路成功对接，北路铁路线通过二连浩特经西伯利亚铁路直达俄罗斯的莫斯科。二连浩特铁路线经过优化升级已经拥有了117条线路，站区建有仓储、转运、换装等多种功能的旅游文化产品仓储作业区。2000年，还投资426万元建成了铁路口岸联合办公大厅，实现了旅游文化产品等国际商贸业务"一条龙"服务，2001年投资3125万元建成旅游文化产品等货运列车检查系统，进一步改善了铁路口岸基础设施，提高了口岸现代化查验水平。

其次，在公路口岸建设方面，1992年开通了旧公路基础上改建的口岸通道。2000年6月，经上级批准二连浩特市启动了口岸公路的扩建工程。公路口岸新联检通道与蒙古国边境相接，新建联检区集旅游文化产品等货物的通关查验、仓储运输、生活服务于一体，可一次性完成报关报检和稽费征缴工作，从而根本上改变了老口岸功能单一、设施滞后的状况，极大提高了公路口岸旅游文化产品等货物的过货能力和通关效率，为二连浩特市的旅游文化产业建设及发展奠定了良好的基础。

最后，在航空口岸建设方面，二连浩特赛乌苏机场2008年6月开工建设，2009年10月竣工，2009年12月试航成功并通过验收，2010年4月正式通航。该机场首先开通了飞往北京和呼和浩特航班，每年定期开通蒙古国乌兰巴托航班，2013年9月，对该机场启动了改扩建工程，由此这里拥有了5500平方米的国际航站楼、1.82万平方米的站坪、7000平方米的联检楼及相应现代化附属设备设施。2017年，还开通了二连浩特至俄罗斯西伯利亚的乌兰乌德和伊尔库茨克国际旅游包机航线。另外，在原有航线基础上，国内航线新增二连浩特—呼和浩特—天津、二连浩特—乌兰察布—石家庄、二连浩特—满洲里、二连浩特—济南等航线。毫无疑问，公路、铁路、航空交通基础设施和功能作用的不断改造、优化、升级，以及服务水平和质量的不断提高，对于二连浩特市旅游文化产业建设和发展，以及其产品走向国际国内市场发挥了十分重要的作用。

四是，边境旅游城的建设。严格意义上讲，这里的旅游文化产业建设，充分表现出我国改革开放以来对外开放的新的政策、新的思路、新的态度及新的举措，也充分展示着我国"一带一路"建设的新成绩，以及中蒙俄"一带一路"旅游文化产业建设的发展道路。二连浩特作为一个边境口岸城市，在国际旅游文化产业建设方面具有独特优势，所以这些年他们一直不断强化最具特色的旅游文化产品。也就是说，二连浩特市牢牢抓住本地区本土化而具有浓重草原牧区特色的旅游文化产业建设，以及其产品国际国内市场上占有的独特优势，不断调整思路，加大开发自身具有的旅游文化产业资源，不断吸引国内外商家来这里投资办厂，使旅游文化产业及其国内外贸易活动逐渐成为二连浩特市的重要支柱产业之一。此外，他们通过开展不同形式和内容的边疆地区旅游活动，包括同蒙古国和俄罗斯间的各种旅游文化交流，打造二连浩特国门及边境线上的独具魅力的旅游黄金线等，丰富口岸的旅游文化资源，大力发展旅游文化产业及产品的推介与推销工作。另外，还充分利用边境旅游城优势地位，不断加强同蒙古国和俄罗斯的相关企业间的国际合作，进而形成边境旅游城旅游文化产业建设和发展新格局，力争为中蒙俄"一带一路"旅游文化产业建设做出更大贡献。

　　五是，口岸建设。为了更好地推动口岸旅游文化产业的发展，二连浩特市大力发展以旅游文化产业为主的边境贸易、旅游贸易、加工贸易、服务贸易四大支柱产业，并把重点搞好口岸基础设施建设及服务质量的提高等作为发展目标。我国加入 WTO 后，随着关税减让政策的实施，二连浩特口岸进出口旅游文化产品及货运量得到大幅度增长，旅游文化产品的出口及对外贸易活动变得更加活跃。中蒙俄三国首脑高层会晤及各有关部门的国际商贸洽谈，就三国间的旅游文化产业合作达成一系列共识，很有力地推动了口岸旅游文化产业的发展。为提升口岸市场旅游文化产业经营环境，还开发了"边民互市贸易区"，为中外商家和商人开展旅游文化产品提供了理想场所，这里有各具特色的旅游文化产品，由此深受国内外商家和游客及购物者的欢迎。

六是，中蒙两国间的国际旅游产业合作建设方面，在过去已有的旅游产业合作基础上，进一步加大投入扩大兴建同蒙古国扎门乌德间的中蒙国际旅游产业自由经济区。并按照"两国一区、封闭运行、自由贸易、产业多元"的运行模式互动发展两市间的旅游产业合作，重点发展国际旅游文化产业及贸易、旅游文化产品加工贸易、旅游文化产品综合保税等方面的合作。与此同时，在该国际旅游文化产业贸易区，高质量、高水平、高规格经营和加工国内出口旅游文化产品，并将一些旅游文化产品经蒙古国出口到俄罗斯及欧洲市场。

二连浩特市旅游文化产业及其产品的国际化运营，已经成为具有很大发展潜力和发展前景的产业及市场行为。而且，具有丰厚的发展基础和资源。不论在国内市场，还是在国际市场上，以其独具特色的商品价值和市场价值赢得了国内外旅游者、购物者和消费者的青睐。特别是，在二连浩特的国内外市场，包括各旅游文化产品市场上，具有浓厚的本地区草原牧区特色的旅游文化产品，占据了十分重要而不可忽视的重要地位。这使该地区的旅游业及其旅游文化，以及旅游文化产业取得了更加理想的发展，并为本地区经济社会的建设，为中蒙俄"一带一路"旅游文化及旅游文化产业的繁荣发展做出了应有贡献。

### 三 中蒙俄"一带一路"与二连浩特市旅游业取得的成绩

如上所述，改革开放时代的到来，加上文化强国战略和"一带一路"倡议的实施，使作为我国重要的陆路口岸城市的二连浩特，充分利用边境口岸城市的优势地位，以及本身具有的优美自然环境、悠久的历史文化、丰富多样的草原牧区风俗习惯优势，还有古丝绸之路和古"茶道之路"通道和驿站的优势，不断成功地开发旅游文化资源，进而在旅游业和旅游文化产业建设方面取得鼓舞人心的成绩。这里有驰名中外的恐龙地质公园、草原石林景区、伊林驿站遗址博物馆、"茶叶之路"博物馆、国门及界碑旅游景观、德王府旅游景点、星罗棋布的草原牧区蒙古包"旅游点"以及集观光农牧业与科技示范为一体的

"乌苏科技园旅游景区"等。毫无疑问，这些景区景观和景点，强有力地推动了本地区的旅游业及旅游文化产业，进而也有力促进了本地区经济生活建设，同样为中蒙俄"一带一路"注入了强大活力。这些成绩的取得，完全得益于二连浩特市政府及各有关部门及广大人民的共同努力，以及一系列优惠政策的具体落实和资金方面的大力支持。众所周知，边境地区的对外开放是我国强力推动边境经济社会建设的重要举措。自从1992年以来，经国务院批准的边境经济合作区就达到17个，对发展我国与周边国家（地区）的经济贸易和睦邻友好关系、繁荣少数民族地区经济发挥了积极作用。也就是从20世纪90年代初开始，内蒙古边疆地区的开放发展进入历史性的新转折点。特别是，伴随国家实施沿边开放政策的落实，二连浩特于1992年7月被列入对外开放的边境经济合作区，成为我国向北开放的前沿阵地，以及开拓蒙古国和俄罗斯乃至欧洲相关国家市场的桥头堡。此外，2014年6月5日，国务院还正式批准二连浩特建设重点开发开放试验区，这使二连浩特以边境经济合作区为突破口，建立与蒙古国扎门乌德自由经济区相对接的中蒙跨境经济合作区，成为内蒙古首个跨境经济合作区。正如前文的分析所述，跨境边境经济合作中旅游业及旅游文化产业占有不可忽视的重要地位，也是国际商贸合作的重要组成内容。二连浩特作为我国向北开放的桥头堡和欧亚大陆桥的重要枢纽城市，也是丝绸之路经济带及中蒙俄"一带一路"建设的重要节点，具有内引外联、借力发展的独特优势。近年来，二连浩特市口岸，在蒙古国和俄罗斯的旅游业及旅游文化产业的国际合作中发挥了举足轻重的作用。

二连浩特市牢牢抓住自身发展机遇和旅游业及旅游文化产品市场需求，不断创新性地开发旅游项目及旅游文化产品。像该地区推行的中蒙"茶叶之路"房车旅行产品深受各国旅游者的喜爱和欢迎。例如，2016年8月上旬，百余辆房车和自驾车齐聚二连浩特，他们沿着"万里茶道"路线，进行为期半个多月的跨境旅行，为促进中蒙俄三国的旅游文化交流，以及旅游文化产品交易起到了积极的促进作用。还如，

2018 年 3 月，中欧班列的开通运行，不仅有效增加了国际国内旅游人数，同时也获得了相当丰厚的经济效益。自 1978 年以来，中蒙俄三国乃至通往欧洲的公路、铁路、航空交通枢纽及其设施的不断完善、升级和提高，使国际旅游活动变得越来越频繁，二连浩特市的出入境旅游人口逐年增多，旅游文化产品的国际交易及商贸活动也变得越来越活跃。这也使二连浩特市旅游文化产品及其外贸货物的口岸过货量、进出口总额、旅游业总收入、旅游创汇等的增加值所占比重逐年得到提高，由此有效发挥了二连浩特边疆口岸城市具有的独特优势和作用。由此可见，旅游业及旅游文化产业，已成为二连浩特市经济社会发展的主导产业之一。

二连浩特市坚持旅游业与旅游文化产业融合发展，以此不断丰富和拓展旅游文化事业。他们以中蒙跨境旅游及旅游文化产品的国际合作作为抓手，从二连浩特市全域旅游业及旅游文化产业发展的实际情况出发，通过构建"一个重心、三大核心载体支撑、十五大重点旅游文化项目建设"的旅游文化产业布局，将二连浩特市打造成独具特色的中蒙俄跨境旅游文化和旅游文化产业合作基地。近年来，二连浩特市积极推动了旅游与旅游文化产品国际交流活动，通过举办旅游文化及旅游产品交流会、洽谈会、推销会，以及丰富多样的文体活动，不断推动旅游文化产业的快速发展。其中，就包括有效开展的旅游与美丽农牧区旅游文化建设深度融合，加快完善农牧区旅游文化产业发展和休闲度假庄园等乡村旅游项目，广泛动员农牧民积极开展草原牧区蒙古包游牧点和农区农家乐旅游，促进了农牧业的增效及农牧民的增收。

为了更好地落实习近平总书记对于内蒙古同蒙古国和俄罗斯广泛开展各方面务实合作的一系列指示精神，二连浩特同蒙古国乌兰巴托市、东戈壁省、色楞格省，以及同俄罗斯的伊尔库茨克市、乌兰乌德市等蒙古国和俄罗斯的 17 个省市区建立了友好合作关系。在此基础上，还成立了二连浩特市对外友好协会，建立了中蒙俄铁路沿线地区行政长官定期会晤机制，进而不断加强相互间的接触与交往，不断加深民心相通工程，不断凝聚和平共处和友好合作的共同意识，不断强化互利互惠、合作共赢的发展理念。二连浩特口岸还积极推进贸易通关便利化，在全区率先开展"三互"大通关改革，完善中蒙海关载货清单通关模式，建立完善二连浩特与蒙古国扎门乌德口岸联席会议机制，积极有效地推进同蒙古国和俄罗斯合作方面的沟通和协调，及时掌握国外市场动态，为旅游文化产业"走出去"提供政策服务。据不完全统计，现已有29家旅游文化产业及相关企业"走出去"，在境外投资办厂或合作经营旅游文化产品的加工。2015年，二连浩特市为了更有效地开展旅游文化产业合作，还同蒙古国的扎门乌德市共同签署《跨境旅游合作协议》，其中就涉及简化二连浩特市与扎门乌德市"一日游"入境手续，以及进一步完善扎门乌旅游基础设施等15项内容。以上这些工作，有力推动了中蒙俄"一带一路"旅游文化建设，同时在旅游文化产业合作方面取得十分显著的成绩。这一点，我们还可以从2013年至2019年的7年间，二连浩特市的国内外旅游人数、国外游客、国内旅客、旅游业总收入、旅游创汇收入、国内旅游收入等方面的具体数据看得出来（见表5-1）。

表5-1　　2013—2019年二连浩特旅游业创汇收入与国内旅游收入

| 人数及收入 ＼ 年度 | | 2013 | 2014 | 2015 | 2016 | 2017 | 2018 | 2019 |
|---|---|---|---|---|---|---|---|---|
| 国内外旅游人数 | 万人次 | 156 | 169 | 183.3 | 198.74 | 213.21 | 225.5 | 229.29 |
| 国外游客 | | | | 82.52 | 89.54 | 104.97 | 111.1 | 104.79 |
| 国内旅客 | | | | 100.78 | 109.2 | 108.24 | 114.4 | 124.50 |
| 旅游业总收入 | 亿元 | 27.9 | 35.4 | 40.47 | 44 | 48.95 | 53.15 | 54.72 |
| 旅游创汇收入 | | 2.54 | 3.17 | 3.40 | 3.5 | 4.3 | 4.57 | 4.31 |
| 国内旅游收入 | | | | | 21.92 | 21.73 | 22.96 | 24.99 |

资料来源：表格中的数据来自二连浩特市国民经济和社会发展方面的历年统计公报。

二连浩特市强有力地实施了"旅游＋旅游文化产业"战略，有效提高和提升了环境、社会、企业、景区、交通、基础设施及各方面的服务工作，有效加强了旅游业及旅游文化产业的市场效益、市场适应力、市场竞争力，进而很有成效地推动了本地区的旅游业和旅游文化产业。这使"万里茶道"等旅游品牌国际合作取得了阶段性成绩，旅游文化的项目也变得日益丰富。其中就包括中蒙俄民俗文化及民俗文化产品深度体验游、中蒙俄旅游景区文化及景区文化产品购物游、中蒙俄美食文化及其产品园区游等旅游内容。该地区还根据蒙古国和俄罗斯旅游者们的消费需求，积极推出了二连浩特—北戴河—五台山、二连浩特—北京—三亚、二连浩特—呼和浩特—鄂尔多斯、二连浩特—塔尔寺等入境精品旅游线路，吸引更多的国外游客通过二连浩特口岸来到我国，实现了观光旅游、休闲旅游、度假旅游、购物旅游等美好愿望。

二连浩特市作为我国通往蒙古国的唯一铁路口岸和向北开放的前沿阵地，也是开拓蒙古国与俄罗斯乃至欧洲国家市场的桥头堡和欧亚大陆桥的重要枢纽城市，更是作为丝绸之路经济带建设的重要节点，具有内引外联、借力发展的独特优势。同时，在出口旅游文化产品的深加工，积极吸引国内外客商开展多层次和多形式的国际旅游文化产品交易及贸易活动，有效开展旅游文化商品的展示和推介，有选择地重点开发和发展中蒙俄国际市场的绿色食品加工等领域，已取得了十分理想的成绩。特别是，由于二连浩特市积极参与中蒙俄"一带一路"旅游业及旅游文化建设，进而对蒙古国和俄罗斯的旅游业及旅游文化产业合作起到举足轻重的作用，并对发展我国与周边国家和地区经济贸易及睦邻友好关系，为繁荣发展少数民族地区经济社会发挥的积极作用，于 1992 年 7 月被国务院批准为全国沿边开放城市。1993 年 6 月，国务院正式批准设立二连浩特边境经济合作区。另外，二连浩特市还被内蒙古列为创建 14 个国家旅游品牌景区之一，也被国家旅游局列入全国优选旅游项目名录。2014 年 6 月 5 日，国务院正式批准二连浩特建设重点开发开放试验区。所有这些，对于二连浩特市文化强市建设，对于这里的中蒙俄"一带一路"旅游业及旅游文化建设注入了强大生命力。现在的二连浩特市，已发生了翻天覆地的历史性变化，人民生活水平有了显著提高，人均财政收入和人均可支配收入居内蒙古首位。而且，在市政府和各有关部门及大家的共同努力下，二连浩特市将走向更加美好的未来。

# 第 六 章

# 中蒙俄"一带一路"与内蒙古
# 四少民族的旅游文化

内蒙古有达斡尔族、鄂温克族、鄂伦春族、俄罗斯族四个人口较少的民族。而且，这四个人口较少的民族都分布在呼伦贝尔地区。这些民族均有各自独特而鲜明的本民族历史文化及风俗习惯，他们也都基本上属于边疆或边远地区生活的少数民族。其中，达斡尔族、鄂温克族、鄂伦春族三少民族，均有以本民族为主体的自治旗，分别是莫力达瓦达斡尔族自治旗、鄂温克族自治旗、鄂伦春自治旗。其中，像鄂温克族、鄂伦春族、俄罗斯族三少民族，还是跨境民族，除了在我国境内生活之外，还分别生活在俄罗斯、蒙古国、日本等国家。达斡尔族主要从事以农为主以牧为辅兼搞渔业的生产活动，鄂温克族主要从事畜牧业生产，鄂伦春族从事农业和林业及养殖业生产，俄罗斯族从事休闲农业及乡村旅游业。尤其是在我国强有力地推动文化强国建设，以及内蒙古地区的文化强区建设中，呼伦贝尔四少民族独具特色而丰富多彩的民族文化表现出了强盛的生命力，进而不断发挥本身具有的独特文化价值和作用。那么，在当今中蒙俄"一带一路"建设中，呼伦贝尔的这些人口较少的民族具有的独特民族文化，自然而然地成为推动本地区旅游业、旅游文化产业、旅游文化产品产业发展的重要组成部分，并为中蒙俄"一带一路"旅游文化建设，包括国际国内旅游文化事业的繁荣发展，发挥着应有的积极推动作用。这其中，鄂温克族、鄂伦春族、俄罗斯族作为跨境民族，紧紧抓住自身所有的独特文化优势，为促进和推动呼伦贝尔地区的国际国内旅游及旅游文化产业不断做出新贡献。

## 第一节　中蒙俄"一带一路"与达斡尔族旅游文化

达斡尔族是内蒙古呼伦贝尔地区的四个少数民族之一，也属于中蒙俄"一带一路"边境地区的少数民族，据 2010 年第六次人口普查，达斡尔族共有 131992 人，主要生活在内蒙古呼伦贝尔莫力达瓦达斡尔族自治旗（简称"莫旗"），其他分布在古丝绸之路上的内蒙古呼伦贝尔其他旗市及黑龙江省齐齐哈尔和新疆伊犁等地。莫旗于 1958 年 8 月 15 日成立，是全区三少民族自治旗之一，也是全国唯一的达斡尔族自治旗，辖区内有 13 个乡镇、4 个办事处、220 个行政村，总人口 34 万余人。莫旗所在地理位置为东经 124°30′、北纬 48°28′，呼伦贝尔市最东部、大兴安岭东麓中段、嫩江西岸，全境南北长 203.2 公里，东西长 125 公里，占地面积约 1.1 万平方公里。莫旗地势由西北向东南倾斜，平均海拔 400 米，旗境最高峰是位于西北部的瓦西格奇山，海拔 638.3 米。这里有山丘、丘陵、平原三大地貌特征。另外，还有 56 条大小河流。莫旗北与鄂伦春自治旗接壤，南侧和西侧有阿荣旗及黑龙江省甘南县，东边同黑龙江省的讷河市和嫩江县隔江相望。这里的自然条件十分优厚，有许多有名的自然景观和旅游景点。在莫旗，除达斡尔族之外，还有汉族、蒙族、鄂温克族、鄂伦春族、满族、朝鲜族、锡伯族、维吾尔族、回族、白族、黎族、壮族及俄罗斯族等 17 个民族。这里除有达斡尔族及其丰富的独特文化之外，还有其他少数民族的一些传统文化。所有这些，为中蒙俄"一带一路"文化建设，以及该地区的国际旅游文化增添了新的内涵。达斡尔族有本民族语言，但没有本民族文字，因此在学习和工作中，基本上都使用汉文和蒙文。为更快更好地适应中蒙俄"一带一路"建设,以及满足该地区的国内外旅游文化事业发展的需求,着力培养多语种、多功能、多方面优秀人才。伴随中蒙俄"一带一路"建设及旅游文化建设不断向深度和广度推进,莫旗达斡尔族在抓农业生产、畜牧业生产、渔业生产的同时,狠抓落实文化强旗建设及旅游产业建设,并在改革开放后的这40余年时间里取得了鼓舞人心的理想成绩。而且,主要集中表现在以下几个方面。

一是,为了更好地服务中蒙俄"一带一路"建设,以及为了更有力地推动本地区国内外旅游业和旅游文化产业,莫旗不断强化现代化高效率的交通网络建设。从改革开放初期到2013年底,包括辖区内208公里的国道、320公里的县道、343公里的乡道在内,莫旗现代化公路建设总里程达到1973公里。同时,2019年12月29日上午,莫旗至海拉尔航线正式通航。该机场位于莫旗尼尔基镇西南11公里处,机场跑道长度为1200米,道面宽23米,两侧设置1.5米宽道肩,道面厚度按照新舟60飞机的需求设计,跑道两端设置掉头坪。尼尔基机场旅客吞吐量为13000人次/年,年均起降架次为765架。跑道滑行系统等级为2B标准,跑道滑行平面属于3C标准,最大巡航速度为325公里/小时。陆路和航空交通的不断完善,给莫旗的中蒙俄"一带一路"建设和进一步扩大旅游业及国际旅游产业创造了优厚条件,这使到莫旗来旅游的国内外游客人数逐年增多。2013年,莫旗共接待国内外旅游者66.7万人次,全年实现旅游总收入4.7亿元。狩猎业曾经是达斡尔族最古老、最重要的生产活动之一。在长期的生产实践中,达斡尔人积累了许多狩猎方面的知识与经验,如下套子、设陷阱、放地箭、"打围"、鹰猎等。20世纪初,在铅子单响枪和钢子步枪等现代化武器传入达斡尔族地区之前,弓箭和扎枪是猎民们狩猎生产最主要的工具。这些工具原始、简陋,命中率不高。为了保证人身安全、提高狩猎生产的效率,达斡尔人便逐渐摸索,形成了众人集体围猎,即"打围"的狩猎生产方式。这种方式多以"哈拉"(氏族)为单位,由一名经验丰富的"阿围达"(围猎长)统一指挥进行。具体方法就是参加围猎的众人按圆形分布，把预定的猎场包围后，慢慢搜索前进，逐渐缩小包围圈，最后将被围困的貂、狍、鹿、野猪等动物射杀。鹰猎是另外一种非常有效的狩猎方式，多在雪后的清晨进行。届时猎人脚跨骏马，左臂托举猎鹰，寻游于雪野山林之中。发现野鸡、野兔等小型禽鸟动物后，便令猎鹰迅速出击，准确而有效。鹰猎的收获量虽然不大，但它既是一种生产劳动，又是一项饶有风趣的体育娱乐活动，因而深受达斡尔人的喜爱。拥有一只聪明伶俐、敏捷强悍的猎鹰也成为猎人的骄傲与自豪。

二是，达斡尔族传统节日有很多，改革开放以后，尤其是伴随中蒙俄"一带一路"建设背景下的文化强区、文化强市、文化强旗建设的有力推动，他们传统意义上的民族文化节日具有了新生机和活力，从而在本地区国内外旅游业，包括旅游产品的开发等方面发挥了极其重要的作用。例如，有极具民族文化特色的"阿涅节""卡钦节""寒稀节""霍乌都日节""库木勒节""敖包节""千灯节"等。其中，"阿涅节"和"卡钦节"及"寒稀节"相当于我国的"春节"和"元宵节"及"清明节"，"霍乌都日节"是指正月十六的"抹灰节"，"敖包节"说的是该民族在每年的6月8日为祭祀祖先神灵而举行的十分重要的节日活动，"千灯节"是在腊月二十五举行的"祈福节"，而"库木勒节"也就是每年的六月中旬过的一种采摘野生而新鲜的柳蒿芽的节日"柳蒿芽节"。在这里所说的"阿涅节"和"卡钦节"及"寒稀节"经过漫长岁月的历史发展，已同我国各民族共同欢度的"春节"和"元宵节"及"清明节"等节庆活动的形式和内容没有什么区别了。除此之外，"抹灰节""祈福节""柳蒿芽节"等是具有民族特色的节日，至今还保留本民族特有的节日文化形式和内容。例如，像"抹灰节"是在正月十六举行的节庆活动，"抹灰节"用汉语也叫"黑灰日"。到了这一天，达斡尔族男女老少一起早，都要相互往脸上抹黑灰，有的人摸木炭黑灰，也有人摸锅底黑灰，据说抹得越黑越表示吉利和吉祥，并能够避免一切黑暗和灾难。然后，大家洗掉脸上的黑灰，

共同欢庆迎来没有黑暗和灾难的光明美好生活。该节庆活动，一般都
进行一整天。"祈福节"也是该民族的传统节日，在每年农历十月二十
五日举行，到了这一天家家户户都制作各式各样的小灯笼并全部点燃，
点得小灯笼越多越能够表示吉祥如意、幸福美好。到了夕阳落山以后，
全家老少围坐在灯火辉煌的无数个灯笼下，共同祈福未来的生活平安
幸福，日子越过越红火和兴旺。最后，共进祈祷幸福的美餐，席间大
家还要一起唱歌跳舞，甚至一直活动到第二天的清晨。"柳蒿芽节"是
该民族最具代表性的传统节日之一，柳蒿芽是达斡尔族的重要文化符
号，在他们看来该野菜是他们的"救命稻草"和"救命菜"。在过去的
苦难岁月里是柳蒿芽救了他们的生命，同时也认为该野草是最为珍贵
的草本植物，不仅营养成分高还有能够防御百病的医学功能和作用。
所以他们最喜欢吃柳蒿芽，并将六月初采摘新鲜嫩绿的柳蒿芽的季节
作为本民族吉祥如意的美好的传统节日，吃柳蒿芽也成为走向美好生
活的象征。到了这一天，几乎所有达斡尔族妇女都穿上美丽的节日盛
装，欢歌笑语地去采集这一健康环保、寄托美好生活希望的柳蒿芽。
到了晚上，家家户户都要做各种各样、味美喷香的柳蒿芽菜。在感恩
上天恩赐这一美味佳肴的同时，共同祈祷未来的日子里没病没灾、健
健康康、幸福满满。

　　除以上提到的节日之外，与达斡尔族传统文化、民俗文化，乃至
同他们的农业生产生活、渔业生产生活密切相关的节日节庆活动还有
民俗旅游节、鲁日格勒节、勒勒车展览节、乌尔阔节、拉棍文化节①、
比劲力文化节、鹿棋文化节、剪纸文化节、达斡尔春播节、达斡尔插
秧节、达斡尔蔬菜水果节、达斡尔西瓜节、达斡尔农产品节、达斡尔
农业丰收节、开江节、达斡尔渔园节、达斡尔冰钩节，以及端午节、
中秋节，还有过小年凿冰网鱼、穿冰叉鱼和摸鱼、钓鱼、罩鱼、叉鱼、
网鱼及冰雪爬犁、雪橇、滑雪板等娱乐活动。毫无疑问，所有这些很

---

　　① 这里所说的"鲁日格勒节""勒勒车展览节""乌尔阔节""拉棍文化节"等是指
"狂欢节""木制大轱辘车展节""传统体育活动节""拉短木棍比手臂力量节庆活动"等。

大程度上推动了莫旗达斡尔族生活区的文化生活，提升了中蒙俄"一带一路"文化交流及旅游往来建设。特别是，与这些节庆活动相配套，本地区旅游市场上出现了名目繁多、制作精美、深受国内外游客欢迎的具有本地区、本民族特色的旅游文化商品。

三是，达斡尔族传统四季服饰，尤其是手工精制加工的各种动物皮毛服饰旅游产品，刻有各种美丽图案而精美别致的各种桦树皮容器旅游产品、民间艺人制作的小巧玲珑而音色优美的口弦琴艺术品、用松木制成的雪爬犁、雪橇、滑雪板等冬季旅游娱乐活动制品。美味扑鼻香味四溢的丰富多样的油炸果子、柳蒿芽菜、铁锅蒸熟的稷子米饭、荞麦面苏子馅饼、牛奶荞面面片、野肉荞面面汤、桥面饸饹、荞面蒸饺、狍肉二米粥、肥猪肉炖菜、新鲜白菜和食盐及辣椒、芹菜、蒜香菜碾压而成末的微辣清香的咸菜，野韭菜花做出来的野生天然纯绿色韭菜花酱等已成为达斡尔族接待中外游客的主要菜肴。另外，还有其他名目繁多、香味四溢的传统美味肉食品、奶食品、采集食品等；达斡尔族土木结构的传统泥墙草房也是国内外游客很感兴趣的旅游项目。特别是，达斡尔族曲调优美，动人心弦的民间音乐，具有独特鲜明的民族风格和艺术表现手法。由于受生产方式、地理环境、历史文化和语言特点的影响，达斡尔族音乐的调式和旋律均有独特的风格和特点。在达斡尔族的民间艺术中，民间歌曲占有相当大的比重。达斡尔族民歌具有节拍严整，结构方整，句读明晰的鲜明特点，要以宫调式民歌的数量为最多，其次是徵调式民歌以及羽调式民歌。在达斡尔族的歌舞中，变长变调的民间舞蹈歌"阿肯麦"有一定代表性，其歌舞音调淳朴委婉，节奏柔和平缓而明快活泼，给游客一种如醉如痴的艺术感受和感染力。据说其中的一些音乐来自远古的萨满神歌。每每远方来客的时候，茶余饭后达斡尔人就会把客人拉到篝火旁，一起边唱边跳"阿肯麦"及"路日给勒舞"①，这些歌舞开始时多为二人相对慢舞，

--------

① "路日给勒舞"说的是"狂欢舞"。

后来参加表演的人越来越多,舞蹈动作越来越丰富而优美。甚至,来自国内外的游客们都会自然而然地参与其中。达斡尔族的传统歌舞里还有深受欢迎的萨满歌舞和萨满鼓铃舞表演,以及独具特色的农夫歌、大鱼歌、伐木歌、蝴蝶花荷包歌、山歌体民歌、英雄之歌等唱歌表演。所有这些达斡尔族歌舞都无一例外地充分反映出他们独具特色的审美观念和浑厚真挚的思想感情,彰显出本民族旅游文化特色及浓厚氛围,也表现出对于远方来的国内外游客的热情欢迎和深深谢意。与此同时,达斡尔族还会给国内外游客们表演本民族传统体育活动形式和内容,包括曲棍球①表演赛和射箭、赛马、摔跤、扳棍②、颈力③等表演。这些体育表演节目同样给游客们带来无穷的快乐与美好享受,为他们的旅游业注入了新的活力和经济效益,也成为达斡尔族地区中蒙俄"一带一路"旅游文化建设中不可或缺的组成内容。

四是,莫旗还有同中蒙俄"一带一路"及旅游文化建设相配套的"达斡尔民族博物馆"和"萨满文化博物馆"。其中,"达斡尔民族博物馆"1998年8月8日在莫旗政府所在地尼尔基落成,总面积为3800平方米,内设面积800平方米的达斡尔族民俗文化厅,以及519平方米的达斡尔族历史发展成就厅。民俗文化厅分为达斡尔族历史、社会、经济、文化与民俗风情等内容。社会展厅包括村落文化、家庭文化、狩猎和游牧及农耕生产生活用具、敖包祭祀文化、图腾偶像等内容。在文化与民俗风情展厅涉及婚礼文化、丧葬文化、服饰文化、饮食文化、工艺美术文化、民间工艺文化、人物蜡像、车马标本、曲棍球等

---

① "曲棍球"运动是达斡尔族最具代表性的体育活动项目,深受达斡尔族人民的喜爱。莫旗曲棍球队曾多次代表国家参加在不同国家和地区的比赛,并多次获奖,进而为我国国际"曲棍球"比赛做出了贡献。正因为如此,早在1989年国家体委就将莫旗命名为"曲棍球之乡"。

② "扳棍"比赛是指参赛者脚板顶脚板,面对面坐好,然后相互用力拉短木棍,主要是比手臂的力气和力量。

③ "颈力"比赛是指参赛者同样脚板顶脚板,面对面坐好,然后脖颈上套上宽皮带,相互用脖颈比力气的比赛。

民族体育文化内容。该博物馆的成就厅设在二楼和三楼,主要展示中华人民共和国成立以后,尤其是改革开放以来,该旗两个文明建设的丰硕成果。还展示包括18件一级珍藏品、2件二级珍藏品、19件三级珍藏品共2000多件达斡尔族珍藏品。"达斡尔民族博物馆"展览的内容,全面系统展示了达斡尔族的历史沿革、传统民族文化的演变和继承发展,展示了偏远边疆地区少数民族经济社会发展的概貌。

此外,坐落在莫旗政府所在地尼尔基镇9公里的"萨满文化博物馆",是我国乃至世界上最大的萨满文化博物馆。该馆于2007年6月建成使用,展馆建筑面积有740平方米。该博物馆建在景色宜人的青山碧水之间,内部共分为六个单元的展厅。值得一提的是,该博物馆顶上有高达21米的萨满铜像,表现得威风凌凌、高大魁梧、健壮有神。"萨满文化博物馆"充分展示出远古人类创造的精神信仰文化,以及早期人类的宗教信仰、历史文化、社会生活、思想意识、道德理念、文学艺术、审美价值、传统医学等方面的实际价值和意义。在这里,用特定形式、艺术手段和丰富内容向世人表现出萨满神话、萨满史诗、萨满神歌、萨满歌谣、萨满舞蹈、萨满艺术、萨满绘画、萨满剪纸、萨满刺绣、萨满木板绘刻、萨满神鼓、萨满服饰、萨满面具、萨满雕塑、萨满图腾柱、萨满神偶等的同时,还收藏有26件萨满服饰及300余件萨满神偶、神鼓、图片和文字资料等。"萨满文化博物馆"内以丰富、鲜活而弥足珍贵的丰富多样的萨满展品及生动的文字,包括用大量图片资料记录着人类远古的精神文化及信仰世界。该博物馆的建成,全面展示了达斡尔族在内的我国北方民族古老的萨满信仰文化及人类远古的信仰世界,进而为抢救保护少数民族非物质文化遗产起到了积极作用,同时也为莫旗增添了具有民族特色的新的旅游亮点。毫无疑问,这两个博物馆各具特色,自然也成为国内外游客的主要旅游项目及旅游场所,由此也成为中蒙俄"一带一路"旅游文化建设组成内容。

五是,生在兴安岭,长在嫩江畔,始终与自然和谐相处的达斡尔族拥有相当丰美的自然环境及自然资源,他们爱护自然、敬畏自然、膜拜自然，在他们的衣食住行及节日仪式礼俗中都无可置疑地渗透着对大自然的信仰。随着现代化的进程，达斡尔族的生产生活虽有新的变迁，但对自然界万物的膜拜是他们永远不会改变的。或许正因为如此，他们不断地开发利用美丽的大自然，向人们展示它的魅力景观，让人们在快乐、喜悦、幸福的心情及旅行中接触、观赏、享受大自然的美。特别是，习近平总书记2018年5月在全国生态环境保护大会上强调指出的"像保护眼睛一样保护生态环境，像对待生命一样对待生态环境，让自然生态美景永驻人间，还自然以宁静、和谐、美丽"之指示精神，为达斡尔族加强生态文明建设提供了新的指南，也为他们发展生态旅游提供了契机。这使他们更加爱护生活的自然环境，让自然生态美景永驻人间和给人类带来更多美好憧憬及美好生活，将大自然界奉献给他们的美丽景观和美好景色，经过他们的精心呵护、修复、装点、打扮、提升，使之变成了一个个驰名中外的旅游景观。其中恩施自然景观风景旅游区、四方山生态园旅游区、龙岩山旅游景区、莫力达瓦巴彦国家湿地公园旅游景区、博荣山植物园旅游胜地、巴特罕公园巴特罕公园旅游景区等最具代表性。

　　恩施自然景观风景旅游区内还包括恩施梭布垭石林一日游、古河床＋独门寨＋好汉坡＋大龙门＋二龙门＋三龙门包车一日游、恩施大峡谷＋腾龙洞＋土司城＋经典二日游、恩施鹤峰格子河七眼泉＋恩施宣恩狮子关二日游、恩施大峡谷＋腾龙洞＋土司城＋独立成团经典二日游、恩施大峡谷＋腾龙洞＋梭布垭＋土司城＋女儿城四日游、梭布垭石林＋大峡谷＋腾龙洞＋土司城＋清江蝴蝶崖＋女儿城六日游等旅游项目。

　　四方山生态园旅游区距尼尔基镇西10公里，占地210亩，园内各种温寒带或寒温带植物茂盛，风景秀美，三面环水。生态园的诺敏山庄里，国内外游客可以体验骑马、射箭、垂钓、乘船游览，夜晚还可以观看民族歌舞篝火表演、漫步登上伊兰台眺望自然美景。四方山景区每到深秋时节霜染红叶而层林尽染，春来观花赏景，夏能休闲避暑，冬可赏雪观冰灯。

诺敏山庄景区坐落于美丽多情的岸边，是一座在平原自然凸起的小山，这里的人们称为"博克图山"①。该山庄于 2001 年建成营业，它的四周除了诺敏河就是一片平原，诺敏山庄依势而建，这里有达斡尔族风格各异的游牧包及达斡尔传统美味佳肴，中心区还建有塔楼式二层观景台——伊兰台及远古时期的风车塔楼等。

龙岩山旅游景区位于臭尔道嘎镇中东侧，海拔 1000 米，东西长 70 余里，西边有一条长 200 余米的龙形巨岩，其龙头高耸，威武峥嵘；龙身苍劲，铁骨铜甲；龙尾挺峭，深藏山中，龙岩山也是由此而得名。龙岩山上有樟子松、落叶松、白桦、山杨等大兴安岭树种形成的茂密的天然林，还有杜鹃、刺梅、百合、柳兰等各种名贵花卉。山前建有游人登山甬道，山后建有车辆盘山公路。游人登临，不论是步行还是坐车，穿行于绿色廊道之中，均会感悟大兴安岭的幽野新奇。龙岩山春夏秋冬各有风光、各有风景，有四季如画、四季如歌的迷人的美丽景观。

莫力达瓦巴彦国家湿地公园旅游景区地处甘河流域，规模面积 3285.6 公顷，全长 20.8 公里，湿地面积 3016.8 公顷。主要由甘河及河道两侧的木本沼泽、草本沼泽和部分山地森林组成，北至鄂伦春旗，南至甘河"哲罗鲑、细鳞鲑国家级水产种质资源保护区"，有种类繁多的湿地野生鸟类，是一处十分理想的休闲旅游景区。

博荣山植物园旅游景区于 2001 年建成使用，景区内的博荣山有 224.2 米高，山顶建有独特风格的游客宾馆，馆前有百年老榆十余株，山腰有达斡尔族风俗村，山下是朝鲜族风俗村。诺敏河从西北流过，绕山奔向东南，汇入嫩江。所以，在景区内有诺敏河漂流水上娱乐项目。在这里，有柞树、杨树、柳树、榆树、松树等多种林木及百余种野生植物和鲜艳美丽的各种野花，有山梨、毛榛、山杏、山丁子、稠

---

① "博克图山"是指"神山"之意。

李子、山里红等野果，有蘑菇、柳蒿芽、金针莱、蕨菜等山野菜，有黄芪、紫胡、桔梗、龙胆草等几十种中草药。这里也是山兔、狐狸、松鼠、獾子、野鸡、野鸭、飞龙、沙半鸡、喜鹊、鹌鹑等野生动物生息繁衍的天堂。所有这些，使该植物园成为集观赏、游玩、度假于一体的自然风景区和旅游胜地。

巴特罕公园旅游景区位于该旗的尼尔基镇，景区内有古朴的猎人骑士放鹰雕塑、代表达斡尔族昨天和今天及明天的三块浮雕墙、用火烧板及步道板衬托出的达斡尔族种植的黄烟叶和大轱辘车，以及民族乐器木库莲的艺术品，十分引人注目。还有，用曲棍球和球杆装饰的文化长廊，以及相互陪衬的羊、鹿、鱼等动物，体现了浓浓的民族气息，让游客领略达斡尔族特有的文化魅力和远古文明。到这里游玩还可以观赏达斡尔族跳"阿肯麦"舞及扭秧歌等传统歌舞。

以上提到的都是具有一定代表性且受国内外游客青睐的自然景观、自然景区和旅游胜地。除此之外，还有像"金长城遗址""正黄旗敖宝""清代古墓遗址""关帝庙"等具有一定考古价值和历史文化意义的旅游景点或景区。其中，"金长城遗址"还被列为国家重点文物保护单位。此外，莫旗也有像"中国达斡尔民族园""拉哈新村旅游景点""农村田园生态景观""农家乐旅游区""乡村旅游景观"等具有浓重的现代生产生活内涵、农业农村农庄和田园特色的旅游景区。

总之，呼伦贝尔的达斡尔族用他们丰富而特殊的优秀传统文化，为中蒙俄"一带一路"旅游产业建设做出了应有的贡献。特别是改革开放以后，以及"一带一路"建设的提出和文化强国战略的强有力实施，使达斡尔族旅游业、旅游服务业、旅游商品产业，包括国际旅游和国际旅游商品交易获得快速发展。他们积极挖掘整理、开发利用本地区自然资源、历史文化资源、本民族民俗文化资源，与时俱进地不断发展国际国内的旅游产业。也就是说，达斡尔族中蒙俄"一带一路"旅游产业的振兴，以独特的民族文化为基石，以不断创新性开发国际国内旅游市场为着力点，通过建设本地区自然景观特色和本民族历史文化特色的旅游业及旅游商品产业园区，不断向深度和广度推动具有达斡尔族民族特色的旅游事业，不断产出具有创新理念和文化创意的旅游产品，并紧密结合各种新媒体来广泛宣传旅游场景、旅游景区、旅游文化产品，进而取得相当可观的经济效益，从而为本地区本民族的经济社会发展注入了新的活力和生命力，也在一定程度上推动了本地区中蒙俄"一带一路"文化建设及旅游产业的繁荣发展。

## 第二节　中蒙俄"一带一路"与鄂温克族旅游文化

鄂温克族自治旗（以下简称"鄂温克旗"）位于内蒙古东北部，呼伦贝尔大草原的东南部，地理坐标为东经118°48′02″—121°09′25″，北纬47°32′50″—49°17′37″，总面积为19111平方公里，东西宽173.25公里，南北长187.75公里，属于温寒带大陆性气候。鄂温克旗在呼伦贝尔海拉尔的南端，现在基本上同海拉尔连成一片。从这个角度来讲，鄂温克旗政府所在地南屯镇的城市化进程很快，现已发展成十分美丽且发展水平很高的草原鄂温克边城。我国的鄂温克族除主要生活在鄂温克旗之外，也有一部分鄂温克族生活在呼伦贝尔的其他旗县市，以及黑龙江省和新疆伊犁等地。鄂温克族属于跨境民族，除在我国生活的鄂温克族之外，俄罗斯的西伯利亚和远东地区、蒙古国及日本北海道的网走地区，也有不同人口数量的鄂温克族。鄂温克族有本民族语，但国内的鄂温克族没有本民族文字，俄罗斯的鄂温克族则使用斯拉夫字母创制的本民族文字。"鄂温克"是他们本民族的自称，意为"从山林中下来的人们"，据统计我国的鄂温克族人口为31000多人。在鄂温克旗除了鄂温克族之外，还有汉族、蒙族、达斡尔族、鄂伦春族、满族、朝鲜族、回族、俄罗斯族等20多个民族。旗辖4镇1乡5个苏木44个嘎查。该旗以畜牧业产业为主，以农业和林业为副属性产业，同时大力发展地方特色和民族特色的旅游业、加工业、商业、交通、通信、金融、文化、教育、科技、信息、服务业等第三产业。在改革开放以后，特别是"一带一路"倡议的提出，以及文化强国强区强市强旗战略的实施，使呼伦贝尔地区的鄂温克族紧紧抓住千载难逢的发展机遇，充分利用自身具有的跨境民族优势及特定地理地域优势和本民族独特文化优势，紧密结合中蒙俄"一带一路"建设及旅游文化建设，强有力地推动国内外旅游业、旅游服务业和旅游商品产业，进而取得十分显著的阶段性成绩，很大程度上推动了本民族地区经济社会的快速发展。

## 一　中蒙俄"一带一路"与鄂温克族旅游文化建设

正如前文所述，我国实施改革开放之后，特别是文化强国战略及"一带一路"倡议的提出，使生活在呼伦贝尔森林草原的鄂温克族旅游文化建设取得了鼓舞人心的巨大成就，并对本地区的经济社会发展产生重要影响。主要表现在以下几个方面。

一是，充分利用中蒙俄"一带一路"建设及旅游文化建设，不断强化国内外旅游文化基础建设。如上所述，作为呼伦贝尔地区的人口较少民族和跨境民族，鄂温克族分布于中国和俄罗斯、蒙古国及日本。正因为如此，鄂温克族具有极其复杂、丰富而多元的历史文化与文明，进而成为东北亚民族文化与文明中不可或缺的重要组成部分。改革开放以后的40余年时间里，尤其是中蒙俄"一带一路"建设及旅游文化建设的实施，给鄂温克族旅游业及旅游文化产业注入了强盛的活力，使该民族的国际国内旅游事业迈入快速发展的新的历史阶段。为了更好地开展国际国内旅游，为了更多地吸引国内外的游客，也为了更好地满足国内外游客需求及兴趣爱好，鄂温克旗不断挖掘整理、开发利用弥足珍贵的历史文化及优秀传统文化，并将这一切客观、翔实、艺术地展现给国内外游客，不断强化旅游基础设施建设，其中就包括博物馆及展览馆的建设内容。鄂温克旗新建了藏有国家一级文物10件、二级文物24件、三级文物27件等千余件国家级文物，以及展示鄂温克族历史文化、鄂温克族优秀传统及衣食住行文化内容的鄂温克族博物馆。鄂温克旗还建了一系列乡镇一级的小型博物馆、陈列馆、民俗文化展览馆、专题历史博物馆、红花尔基森林博物馆、辉苏木索伦鄂温克民俗馆等。与此同时，不断完善公路交通和各种旅游服务设施，以及国外留学和国内进修学习等途径，不断培养高端高素质多语种综合性服务人才。这使呼伦贝尔鄂温克族地区的国际国内旅游业很快发展壮大，进而为中蒙俄"一带一路"旅游业建设做出了应有的贡献。

二是，充分利用极其丰富而美丽的自然资源，在做好各方面保护工作的前提下，循序渐进地有序而科学地开发一系列旅游景点和旅游景区。例如，红花尔基森林公园、红花尔基樟子松自然保护区、辉河国家级自然保护区、维纳河矿泉疗养旅游度假区、五泉山自然保护区、晨光生态园旅游景区、巴彦呼硕草原旅游区、鄂温克草原风光、内蒙古红花尔基伊敏河国家湿地公园、内蒙古莫和尔图国家湿地公园等。

红花尔基森林公园和红花尔基樟子松自然保护区旅游景观位于大兴安岭西麓，鄂温克旗南端，北邻呼伦贝尔大草原，西南与阿尔山市、蒙古国毗邻，是著名的旅游自然景区。这里不仅有全国唯一、亚洲最大的沙地樟子松原始森林，而且河流纵横、湖泊遍布、物种资源丰富、动植物种类繁多，并与广袤的鄂温克草原、巴尔虎草原毗邻。这里还有山水风光游、樟子松林游、生态游、植被万物欣赏游、休闲游、探险游及登高望海游、林中湖游乐、狩猎文化游、体验林中游牧包和别墅生活等旅游项目。这里是游客亲临自然、接触自然、认识自然、享受自然的最佳旅游地点。同时，还为国内外游人提供"行、住、食、游、娱、购、休息"等方面的一整套优质服务。这里，除了四季常青的樟子松和浩瀚无垠的湿地景观之外，还有连绵透迤的冈峦山岭、风光旖旎的湖光山色、银装素裹的北国冰雪、丰富多彩的民族风情等景观资源。

辉河国家级自然保护区旅游景区，是早在1997年就建成的辉河珍禽湿地国家级自然保护区。辉河国家级自然保护区位于内蒙古自治区呼伦贝尔市西南部,地处鄂温克族自治旗行政区域内,总面积约3468平方公里。保护区内有丹顶鹤、大鸨等国家一级保护鸟类9种,大天鹅、白琵鹭等国家二级保护鸟类27种,共有鸟类38科187种,鱼类8科31种,两栖爬行类3科10种,兽类15科42种,还有国家二级保护哺乳动物4种及植物60科199属344种。

维纳河矿泉疗养旅游度假区,也叫鄂温克旗维纳河景区,位于鄂温克旗东南部,距海拉尔区158公里的大兴安岭森林深处,东南西三面环山、北有河谷、树木丛生、景色宜人,还有各种珍奇树木花草和野生动物,有8眼十分珍贵且疗养价值很高的矿物质泉水,其矿物质水清澈透明,口感极佳且含有多种人体所需的微量元素,可治疗皮肤病、关节炎、消化不良、胃炎、头痛、神经痛等多种疾病。景区自然生态保护完整,自然风景分外优美,是国内外游客们乘凉避暑、度假休闲、治病养生的理想旅游度假区。另外,这里还有20平方公里的野生动物自然繁育基地,进行射击、狩猎、钓鱼、日光浴等旅游活动场地,景区内有招待旅客的木屋、游牧包、传统草木屋和木制帐篷等。

五泉山自然保护区旅游景区位于鄂温克旗大雁境内。景区内湖光潋滟、泉水潺潺、芳草萋萋,是风光秀美、景色宜人的天然公园。旅游景区内还有游船码头、动物园、渔场、牧场、敖包、别墅和具有浓郁民族风情的游牧包及欧式风格的修养所等,是游客观光旅游、休闲度假的理想天地。

晨光生态园旅游景区坐落在鄂温克旗巴彦塔拉乡,三面环水,一面湿地,四周有茂密的灌木和野果树林,林中栖息多种珍奇鸟类,河面上有鱼鸥、野鸭等,夏季鸟语花香,冬季一片冰雪风光,自然景色宜人。晨光生态园总体面积1500平方米,有星罗棋布、大小不等、美丽如画的游牧包,园内集鄂温克族独特餐饮和歌舞表演及娱乐、住宿于一体,深受国内外游客的欢迎。

巴彦呼硕草原旅游区位于鄂温克旗锡尼河草原,这里有美丽迷人而富饶辽阔的草原自然景观，以及有悠久历史的敖包祭祀文化和清代遗址，也是草原上以敖包祭祀为中心最早兴建的旅游景区。巴彦呼硕敖包有传统的敖包祭祀活动物品有主敖包一个，小敖包 12 个，手工铜顶 13 个，还有原始的石供桌、石香炉，透出古老的敖包祭祀习俗。巴彦呼硕敖包旅游景区始建于 1989 年，现在年接待国内外游客 10 万人次，进而成为呼伦贝尔最大的草原旅游景区之一。这里还建有国内装修一流的新型旅游接待游牧包，客房内还设淋浴和卫生间等，配以鄂温克族风味独特的草原奶食品和正宗的民族餐饮。在这里，还可以观赏鄂温克族的优美歌舞，听鄂温克族姑娘嘹亮动听的民歌，还可以观赏一望无际碧绿的美丽草原，成群的牛马羊和日益兴旺的富饶牧场，弯弯流向大海的伊敏河。巴彦呼硕敖包旅游景区，也是国家 3A 级旅游景区。另外，还有红花尔基伊敏河国家湿地公园，以及莫和尔图国家湿地公园等旅游胜地。此外，鄂温克大草原，本身就是一片水草丰美、风光秀丽、河流纵横、湖泊密布而未受污染的生态环境优美的绿色净土，有让人们感受草原、享受草原、欣赏草原而休闲旅游的美丽景色，它本身就是呼伦贝尔大草原不可或缺的重要组成部分。

三是，鄂温克草原上还有许多同历史文化与文明密切相关的新石器辉河水坝遗址、巴彦乌拉城址、大浩特罕城址、锡尼河西城址索伦部落景区、鄂温克德仁部落景区及郭道甫故居等旅游景点。

新石器辉河水坝遗址，位于该旗西南的辉苏木，分布范围约 30 万平方米。该遗址已有 5000 余年的历史，这里曾经是新石器时代的一处石器制作场，保存有大量用有棱有角的精美细石片制作而成的大小不等的箭头、石钻、石刃，还有许多圆头刮削器及大型磨制石器，以及用火的痕迹和早期人类居住活动的遗迹。这里出土的石器遗物包括石器、石片、石核、石叶、陶片、碎骨器残片、铁器残片等共 174 件。2013 年 5 月，新石器辉河水坝遗址被国务院核定公布为第七批全国重点文物保护单位。

巴彦乌拉城址，同样位于辉苏木，是蒙古汗国的古城遗址之一。

古城平面呈长方形，面积约 20 万平方米。古城城墙由土夯筑而成，现残留的古城墙高约 1.5 米，四面正中有宽约 18 米的城门，城墙外有护城壕痕迹，东门内有 6 米宽 200 余米长的砖铺路，四角有高 2.5 米的角楼遗址，城内有从南门到北门的一条中轴线，中轴线两侧有不同建筑遗迹。在城址中央有一南北长 32 米、东西宽 40 米、高约 3 米的长方形建筑遗址。该中心建筑前还有长 10 米、宽 20 米的台阶遗址。这里现已成为名声在外的旅游景点，许多国内外游客纷至沓来。

索伦部落是集观光、游玩、餐饮、住宿为一体的多功能休闲旅游景区。交通便利，距海拉尔市区只有 28 公里。景区内有湿地景观和贯穿东西的美丽的伊敏河，有长满山丁子树、臭李子树的灌木林，还有骑骆驼、祭祀敖包、采摘野果、垂钓、户外烧烤、参加鄂温克篝火晚会、观看鄂温克歌舞、品尝鄂温克绿色美食等旅游项目及娱乐活动。

鄂温克德仁部落是游客亲身体验鄂温克远古文明与文化的旅游景区，距离南屯镇 136 公里的草原腹地，周边还有原始森林。这里是鄂温克族集中生活的地区，也是本民族传统文化保存最好的地方，具有非常浓郁的民俗风情和文化底蕴，德仁夏营地是历史上辉河鄂温克族先民及其部落生活的草原。这里有 100 多个一字排开的鄂温克族最早用芦苇和柳条编织而成的游牧包，看起来十分壮观美丽。这里有原生态的、风吹草低见牛羊的富饶美丽的草原，以及如同洒满珍珠的遍地牛马羊的牧场，使古朴而典雅、古老又现代的文明相互结合、相互交融、相互渗透在一起，形成一个古今文化与文明相互和谐共存的美好旅游文化场景，使到此旅游的国内外游客在充分领略鄂温克族远古文化与文明的同时，还能够欣赏到生活在幸福美好新时代的鄂温克族新生活。另外，游客们还可以体验鄂温克族挤牛奶、熬奶茶、煮手抓肉、做奶制品、骑马放牧、用套马杆套马、赶大轱辘牛车、编制游牧包等鄂温克牧民的生产生活，进而给国内外游客们留下深刻印象和永恒的美好记忆。除此之外，还有各具特色，具有特定历史意义的大浩特罕城址、锡尼河西城址及鄂温克族历史遗址、名人故居和喇嘛寺庙、锡尼河庙、光远寺遗址等旅游景观。所有这些,给鄂温克旗地区中蒙俄"一带一路"建设,以及国内外旅游文化建设都注入了一定活力。

四是,鄂温克族用生命传承千百年,具有鲜明本民族历史文化特色的驯鹿文化、狩猎文化、兽皮文化、桦树皮文化、服饰文化、饮食文化、萨满文化等,在中蒙俄"一带一路"旅游文化建设中,获得了千载难逢的强大的生命力、影响力和感染力,进而为本地区和本民族的旅游文化建设带来了十分美好的发展前景。那么,鄂温克族的这些丰富多彩的优秀传统文化不仅活生生地重现了本民族厚重的历史文明,同时对于中蒙俄"一带一路"建设和旅游文化产业的繁荣发展做出了应有的重要贡献。而且,作为他们旅游文化的重要组成部分,这些向国内外游客充分展示本民族优秀传统文化的鄂温克族民歌文化、鄂温克牧养驯鹿文化、鄂温克"抢枢"体育游戏文化、鄂温克族精妙绝伦的桦树皮制作技艺文化、具有神秘超然的神奇艺术力量的萨满舞文化等,被评为国家非物质文化遗产项目。2002年,鄂温克旗被自治区文化厅命名为"全区民间歌舞艺术之乡"。2007年,中国民间文艺家协会授予鄂温克旗"中国鄂温克文化之乡"及"中国北方民族传统服饰文化研究基地"等称号。兴安岭深处牧养驯鹿的敖鲁古雅鄂温克族乡,先后获"中国驯鹿之乡"和"桦树皮文化之乡"及"中国民间文化艺术之乡"等荣誉与称号。所有这些,很大程度上强有力地推动了鄂温克族文化建设,尤其是推动了旅游文化建设事业,以及中蒙俄"一带一路"建设事业。

## 二　中蒙俄"一带一路"与鄂温克族节庆旅游文化建设

民族节日是充分展示民族文化的美好时光和重要场所,通过节日的各种仪式展现民族历史文化、展示民族风俗习惯,有助于人们更加全面了解该民族的优秀传统文化,对于传承和发扬本民族文化具有十分重要的现实意义和长远的历史意义。鄂温克族的"瑟宾节"是该民族最重要的传统节日,相当于"欢乐节"或"狂欢节"。鄂温克族先民早期生活在北极圈，到了夏至日夜通明的日子，脸上涂抹各种颜色的涂料进行狂欢，欢度这一没有黑夜而日夜通明的美好时光。到了现在，伴随社会的发展变迁，"瑟宾节"承载着本民族历史文化，融入现代社会的文化与文明，成为沟通本民族古今文化与文明的一种新的形式和内容。节日期间，还要表演和展示美丽大方、颜色鲜丽、朴实自然、活泼烂漫的鄂温克族四季服饰，以及让国内外游客们品味美味四溢、香味扑鼻、独具风格的鄂温克族美味佳肴，还有"彩虹舞""熊斗舞""天鹅舞""母鹿舞""阿罕拜""萨满舞"等鄂温克族传统舞蹈及民歌表演。这些源自于大自然，回归于大自然的优美动听的传统歌舞，用艺术高超的表演手段充分展示他们远古文化与文明的同时，也给远方来的国内外游客带来无限美好的艺术享受，使游客们不由自主地沉浸在快乐、祥和、幸福、狂欢的节日气氛之中。更为可贵的是，在此节日活动中，俄罗斯和蒙古国的鄂温克族都要派代表或文艺表演艺术家来参加，进而更加突出地表现了中蒙俄"一带一路"旅游文化建设的丰厚内涵和实际意义。鄂温克族的"瑟宾节"于 2011 年入选国家级非物质文化遗产名录。

除此之外，鄂温克族还有"冬至节""米阔鲁节""阿涅""托博如坎""奥米那仁""敖包节""寒喜节"等。其中，"冬至节"是在冬至当天举行的节日，早期生活在北极圈的鄂温克族先民到冬至时，一些老弱病残或家里没有劳动力的妇女孩子，有的因连日见不到阳光和极度寒冷饥饿而冻死或饿死，就在此时有经验的白发老人带着满脸满头的霜雪赶着驯鹿雪橇给他们送去燃料和食物，后来的人们为了感恩那些在黑暗和冰雪中给受难的人们送燃料和食物的白发老人，冬至当天在村落中燃起篝火欢歌跳舞以示感恩，因此"冬至节"也叫"感恩节"；"米阔鲁节"是指 5 月下旬在鄂温克牧区举行的"丰收节"，"阿涅"是指"春节"，"托博如坎"是正月十五的祭拜火神节，"奥米那仁"是 4 月初举行的萨满祈福节，"敖包节"是 8 月初举办的祭祀神灵而保佑天下的节日，"寒喜节"是"清明节"。这些民族节日均有特定仪式和深厚内涵，且我国和俄罗斯及蒙古国的鄂温克族都要共同欢度，进而成为鄂温克族中蒙俄"一带一路"旅游文化的重要内容。

### 三　中蒙俄"一带一路"与鄂温克族森林旅游文化建设

对于历史上生活在森林的鄂温克族而言，在森林牧场上牧养驯鹿的生产活动和作为副属性产业经营的狩猎业，都属于他们传统的生产生活方式。然而，伴随人类社会的进步，以及自身发展过程中出现的重大变化，使他们远古时期的狩猎生产生活自然退出了历史的舞台，取而代之的是畜牧业生产和农业生产。除了大兴安岭深处的森林里生活的极其少数的牧养驯鹿的鄂温克族之外，绝大多数鄂温克族都不再进行森林牧养驯鹿的生产活动，开始经营畜牧业生产和农业生产。但是，作为鄂温克族历史上必不可少的生产生活符号及重要内涵，该生产活动在他们的国际国内旅游文化的挖掘整理、开发利用、传承保护等方面发挥着十分重要的作用。

（一）驯鹿旅游文化

驯鹿旅游是呼伦贝尔大兴安岭森林深处生活的鄂温克族驰名中外的旅游内容之一。也就是说，生活在山林深处的一部分鄂温克族，完全以山林牧场上自然牧养驯鹿的传统生产方式来经营日常生活。牧养驯鹿是北极圈诸民族共有的生产生活内容，中蒙俄的鄂温克族都牧养驯鹿，他们之间的接触和交往十分密切。尤其是"一带一路"倡议的提出，文化强国战略的实施，使我国牧养驯鹿的鄂温克族同俄罗斯和蒙古国牧养驯鹿的鄂温克族之间的旅游往来变得更加频繁，很大程度上推动了中蒙俄"一带一路"旅游文化建设。甚至对东北亚，乃至北极圈的"一带一路"旅游文化及其建设都产生了极大的作用和影响。

（二）狩猎旅游文化

众所周知，狩猎是人类最为古老的文化与文明，并对人类文明的进程产生过深远影响。鄂温克族的先民也同人类的祖先一样拥有过极其美好的狩猎文化与文明时代，在千百年的文化与文明传承发展的艰辛旅途中，他们一直秉持着古老的狩猎文明所具有的人和自然和谐相处、尊敬和膜拜大自然的信仰，把大自然看成抚养人类的母亲，他们的衣食住行都来自于大自然，所以他们感恩大自然，从不过度猎取自然界中的一切生命，甚至从不猎杀怀有身孕的猎物，动物发情期或火灾易发期禁止狩猎，更不会猎杀未成年幼小猎物等。国内外游客们就是在这样一个充满狩猎文化与文明，能品味独具特色的原始森林狩猎古道上旅游，骑上驯鹿游走远古猎场、住进猎人早期居住的"小猎屋"或林中"猎人小木屋"，以及同鄂温克族猎人们饲养的驯鹿、狍子、黄羊、马鹿、野兔、松鼠零距离接触，参加森林篝火歌舞及野生动物肉烧烤野餐等一系列活动。

除了以上提到的鄂温克族独特的节日旅游文化、驯鹿旅游文化及狩猎旅游文化之外，还有以下具有鲜明民族文化特色的旅游文化：（1）桦树林及桦树皮旅游文化、服饰旅游文化、饮食旅游文化、冰雪旅游文化及宗教旅游文化等一系列旅游文化项目。其中，桦树林及桦树皮旅游文化景点，位于大兴安岭山林腹地的白桦树中。到此旅游，可以观赏美丽迷人的白色桦树林，可以住进用桦树皮精心搭建的鄂温克族"仙人柱"①，饮用桦树奶饮料，观赏用桦树皮制作的各种精美艺术品、旅游产品和生活用品，除了烧饭用的铁锅之外的其他所有用具用品几乎都可以用精心加工的桦树皮来制作，包括雨伞、帽子、大小不等的各种箱子等。因此，到桦树林旅游的人们，能够尽情享受桦树皮的文化与文明。（2）冰雪旅游文化，该文化是指鄂温克人在严寒冬季举办的盛大旅游活动，有时同他们的传统节日"冬至节"结合起来进行，或者同俄罗斯和蒙古国的鄂温克族共同举办，因而其内容

---

① "仙人柱"是指用桦树皮一层层叠放且衔接在一起搭建而成的简易帐篷，而今已经发展成为结构严密、不透风透雨，内部装潢典雅别致古朴且现代化设备齐全的旅游住店形式的桦树皮帐篷。而且，分有单人间、双人间和四人间。

变得更加丰富多彩。其间还要进行驯鹿雪橇、马拉雪橇、骆驼拉雪橇、狗拉雪橇及滑雪板比赛等冰雪运动，举行用各种动物皮毛缝制的冬季服装展览，以及品味和品尝各种各样、热气腾腾、香味扑鼻的冬季美食佳肴。到了晚上，还要点燃篝火，大家边唱边跳，在篝火旁还要进行歌舞表演活动。尤其有诱惑力的是，在冰雪节期间国内外游客们还能够尽情观赏不同规模、不同形状、不同内涵的冰雕艺术和冰灯。有时还用冰雪搭建简易快餐馆或小餐厅及小阁楼，让游客们欣赏、用餐和游玩。在严寒的冬季，鄂温克族冰雪旅游文化深受国内外游客们的喜爱，使国内外旅游爱好者纷纷踊跃参加。（3）祭祀旅游文化，对于作为我国跨境民族的鄂温克族来讲，在他们同俄罗斯和蒙古国的鄂温克族共同举办的一系列重大旅游活动或相关节庆活动中，均有他们共同祭祀祖先或祖先神灵的"敖包""奥米纳仁""玛鲁""舍卧克""乌麦"等祭祀活动，以及在万物有灵论信仰世界里出现的"白那查"（山神）、"吉雅奇"（牲畜神）、"熊神""鹿神""蛇神"和"鸟神"等祭祀活动，还有"天神""雷神""地神"等祭祀活动。所有这些名目繁多的祭祀活动，对于在中国和俄罗斯及蒙古国生活的鄂温克族来讲，在中蒙俄"一带一路"旅游文化，以及他们共同举办的各种节庆活动中占有一定重要地位，也是他们相互接触与往来的一种精神生活内容。当然，也为我们正在实施的中蒙俄"一带一路"建设、旅游文化建设做出了应有的贡献。

　　总之，鄂温克旗有极其丰富的旅游文化资源。就如前面所说；鄂温克旗拥有1家4A级旅游景区、1家3A级旅游景区、2家2A级旅游景区，有2家四星级宾馆、2家三星级宾馆、1家二星级宾馆，以及7家旅行社和1户五星级牧户家庭游。他们还依托丰厚的旅游文化资源，兴建了若干个旅游文化产业园，逐步形成了本地区本民族旅游文化特色产业，打造了一批具有民族文化特色且品质优良的旅游商品品牌。而且，通过各具特色的旅游景点、旅游景区、旅游市场，以及开展跨区域旅游文化等形式，不断向国内外游客推销这些特色旅游商品，不断拓展旅游文化交流和旅游文化商品交易市场。伴随旅游业向深度和广度推进，鄂温克族品牌旅游商品取得了相当理想的经济效益。另外，呼伦贝尔的鄂温克族还不断加大同俄罗斯鄂温克族间的旅游往来，开展形式多样而内容丰富的国际学术交流，进而一定程度上强化了本地区本民族在中蒙俄"一带一路"旅游文化建设中的定位和作用。例如，鄂温克族研究会于2002年、2004年、2005年，同俄罗斯的鄂温克族先后开展三次国际文化交流。2003年，该研究会的鄂温克族服饰表演队应俄罗斯乌兰乌德市鄂温克文化中心的邀请，还参加了该中心举办的国际文化交流及服饰表演旅游文化活动。2005年，鄂温克研究会的专家们还到俄罗斯，参加了萨哈共和国一年一度的鄂温克族"太阳节"旅游活动。2010年和2017年，鄂温克族研究会还邀请俄罗斯的鄂温克族，参加了在鄂温克旗举办的"瑟宾节"国际旅游文化活动。2013年，国际驯鹿协会吸收呼伦贝尔牧养驯鹿的鄂温克族为该协会成员。2013年7月，以"人·驯鹿·自然及可持续发展"为主题的第五届国际驯鹿养殖者大会在敖鲁古雅鄂温克民族乡召开，来自俄罗斯、挪威、瑞典、芬兰、蒙古国、英国等国家的牧养驯鹿者参加了本次盛会，会后还发布了《敖鲁古雅宣言》。以牧养驯鹿的鄂温克族为题材的"敖鲁古雅风情大型歌舞剧"，应邀在智利民间国际艺术节演出后，还荣获了最佳艺术团奖和第四届智利民间国际艺术节特殊贡献奖。也就是说，鄂温克族优秀传统文化，在中国和俄罗斯的鄂温克族相互间的交往与交流中，获得了进一步保护和传承。同时，举办不同形式和内容的国际学术讨论会，以及不断挖掘、整理、弘扬这些严重濒危而弥足珍贵的文化与文明，深度开发与此相关的旅游文化及旅游文化商品等，对于促进和推动中蒙俄"一带一路"旅游文化建设发挥了应有的积极作用。

## 第三节　中蒙俄"一带一路"与
## 鄂伦春族旅游文化

鄂伦春自治旗成立于 1951 年 4 月 7 日，是我国第一个成立的少数民族自治旗，由于有美丽富饶的自然环境及厚重的历史文化背景，所以常常被称为"天然避暑圣地""天然氧吧乐园""狩猎旅游文化之乡"及"鲜卑民族发祥地"等。鄂伦春旗的地理位置在东经 121°55′—126°10′，北纬 48°50′—51°25′，处在呼伦贝尔的东北部，大兴安岭的南麓及嫩江西岸。鄂伦春旗北面以伊勒呼里山为界同黑龙江省呼玛县相接，东边与黑龙江省嫩江县隔江相望，南边还有呼伦贝尔的莫旗和阿荣旗，西边与根河市和牙克石市为邻。全旗占地总面积为 59800 平方公里，因而被称为呼伦贝尔辖区内面积最大的旗。鄂伦春旗就在辽阔无边的林海之中，丰厚而独具特色的山林环境及丰富的自然条件，孕育了极其独特的民族文化及其旅游文化家园。该旗的总人口为 28 万，其中包括鄂伦春族、汉族、蒙族、达斡尔族、鄂温克族、满族、回族、朝鲜族等 23 个民族。旗辖区内有阿里河镇、大杨树镇、吉文镇、甘河镇、克一河镇、乌鲁布铁镇、诺敏镇、宜里镇 8 个镇，以及托扎敏乡、古里乡 2 个乡和 82 个行政村。其中，有 5 个猎区乡镇，7 个鄂伦春族猎民村。① 由于鄂伦春旗自然环境、生态环境、地理环境十分优美，有茂密的森林和丰富多样的植被及种类繁多的野生动物，再加上改革开放以后实施的退耕还林和退牧还林，以及禁止砍伐原始树林、禁止狩猎等政策，使这里变得更加美丽富饶，更加能吸引国内外游客来到优美、舒适、纯净、自然、富有的森林深处，享受大自然的魅力和美景。

---

① 在这里有必要说明的是，鄂伦春族为了保护野生动物，早在 1996 年初就实施"放下猎枪，实施禁猎"的政策。现在所说的猎区乡镇和猎民村，只是他们所保留的早期一种文化符号及狩猎生产、狩猎文化的历史记忆。

目前，鄂伦春旗已被国家和自治区列为国家重点生态功能区及旅游重点旗县。该旗为更好地发展旅游产业，以及更有力地推动本地区经济社会的高质量发展，从 21 世纪初期就集中财力和人力修路，现如今这里已有 331 公里的国家和省级干线，707 公里的县级公路，176 公里的乡级公路，1131 公里的专用公路，445 公里的村级公路，这使该旗的10 个乡镇全部连通了现代化公路，并有了各自经营的客运站。更加可喜的是，82 个行政村也都通了公路。也就是说，鄂伦春旗已实现村村通公路的公路建设规划，全旗公路总里程达到 2790 公里。毫无疑问，公路的畅通，给鄂伦春旗的中蒙俄"一带一路"建设和旅游文化建设注入了强盛活力和生命力，使这里的旅游业及旅游文化产业得到快速发展。

鄂伦春旗有得天独厚且极其丰厚的旅游资源，有远古的冰川遗迹和火山地质地貌，有大兴安岭森林及丰富的生态家园，有远古彩绘岩画及拓跋鲜卑历史，有独具风格而闻名中外的鄂伦春族民俗风情。而且，这里还有 2 个 4A 级旅游景区、2 个 2A 级旅游景点、3 个国家级森林公园和 1 个省级森林公园等旅游景区，还有 2 个自然保护区旅游景观。其中，全国重点保护文物鲜卑旧墟石室遗址嘎仙洞旅游景点，是北魏时期的鲜卑民族的发祥地之一，1988 年被列为国家重点保护文物，2006 年被评为内蒙古历史名胜之一，是我国重要的历史文化旅游景点。鄂伦春族作为森林民族，在长期的生产生活实践中缔造了属于自己并属于世界的独一无二的温寒带森林文化与文明，其中就有敬畏自然、膜拜自然、崇尚自然、爱护自然，与自然相依为命共存的万物有灵信仰。在他们看来，世间的万物均有神灵，只有尊重和敬仰自然，才能够获得美丽、自然、安详、舒适、富有、理想的生存环境，人类才能够无怨无悔无私地把美好的世界传交给自己的后代。他们就用这样的信念和信仰，将美丽富饶的兴安岭森林交付给了 21 世纪的人类，成为了今天人们享受自然、同自然近距离接触、与大自然进行交流的人间最美的殿堂，以及人们休闲游玩的理想的旅游圣地。

## 一　中蒙俄"一带一路"与鄂伦春旗旅游业建设

如前所说，鄂伦春旗具有挖掘整理、开发利用先天所具有的美丽富饶的自然环境，从而大力开展旅游业的条件和基础，特别是中蒙俄"一带一路"建设的强有力实施，以及以文化强旗战略为主导推动的本地区特色的文化建设，更加坚定了该旗发展旅游文化的决心。鄂伦春旗坚定不移地把旅游业作为对外开放、宣传本民族优秀传统文化、扩大消费、增加就业、聚集人气、提升形象的重要产业及亮点产业来抓，积极推进与旅游业有关的各项事业。此外，《鄂伦春自治旗旅游发展总体规划（2011—2025）》的编制完成，以及布苏里北疆旅游文化景区晋升为国家 4A 级旅游景区，还有拓跋鲜卑历史文化园被列入自治区落实中央民族工作会议精神十大工程之一，"兴安旅游联盟"引领区域旅游一体化发展，鄂伦春族篝火节荣获"2014 中国优秀民族节庆最具民族特色节庆奖"，2014 年该旗还被评为"中国最美生态旅游文化胜地"等，都无可置疑地证明鄂伦春旗在旅游业发展方面具有的先天基本条件和基础，也说明了该旗紧紧抓住这一难得的发展机遇，不断有计划、有思路、有安排、有步骤地开发利用先天丰厚的旅游资源，循序渐进且可持续地发展旅游业，进而取得的鼓舞人心的阶段性成绩。在这种现实面前，该地区的国内外游客人数每年递增，到 2019 年全旗共接待国内外游客 60 余万人次，实现旅游收入 5 亿多元。在此方面，已有的森林旅游、森林休闲旅游、森林度假旅游、森林采摘旅游、原始树林探险旅游、森林公园景区旅游、自然保护区景观旅游，以及嘎仙洞景点旅游等发挥了极其重要的作用。同时，该旗现有阿里河林业宾馆、诺敏河山庄及嘎仙宾馆等与旅游景区相配套而建的二星级宾馆，包括森林骄子旅行社、岭上行旅行社、蓝天旅行社、大鲜卑山旅行社、天意旅行社等所提供的热情周到、细致认真、宾客至上的服务，以及兴安岭特色的山珍美味及鄂伦春族传统饮食，使国内外的游客们更加感受到幸福快乐和舒服舒心舒畅，以及宾至如归的美好享受。

伴随改革开放的不断深入，以及中蒙俄"一带一路"旅游文化建设的不断深度推进，鄂伦春人充分利用得天独厚的自然环境，将过去的小家庭、小范围、小规模发展到大众化、大范围、大规模、多元化、综合性服务的旅游业，还增加了度假、娱乐和体验林中生产生活等深受游客欢迎的旅游项目。这使游客们更加深刻感受和享受到鄂伦春族远古文化与文明、奇特而优美的自然环境，使他们的森林旅游充满新奇、意趣、新鲜、别样和快乐。他们还以远古时期的冰川遗迹、火山地质地貌、远古彩绘岩画、拓跋鲜卑历史为依托，深度开发以远古时代和历史为内容的国际旅游。同时，将本地区的旅游线路积极融入"一带一路"旅游文化线路上，并一定程度上促进了哈尔滨—漠河—呼伦贝尔旅游环线上的国际旅游。他们还利用大兴安岭鄂伦春机场开通的6条航线，同北京、上海、哈尔滨、大连、漠河、呼和浩特及海拉尔广泛开展旅游活动，还通过这些国内机场开展国际旅游。国际国内的游客感兴趣的旅游项目中，还有野生动植物观赏，以及观赏鲜卑远古文化、萨满信仰文化及体验原生态的鄂伦春民族风情等内容。阿里河镇作为鄂伦春旗政府所在地，是四通八达的交通枢纽，有川流不息的各种交通工具，具有重要的旅游集散功能和作用，周边还分布有国家级森林旅游景区、布苏里北疆军事旅游文化景区，拓跋鲜卑民族文化园、阿里河国家森林公园、鄂伦春民族博物馆等。这些景区各具特色，各有丰富的旅游文化内容，均有很强的吸引力和影响力，所以一年四季迎来送往的国内外旅客络绎不绝。在森林乡村旅游文化、森林乡村休闲旅游、森林乡村生态旅游不断升温发展的今天，该旗以阿里河村为代表的森林乡村民俗旅游文化、鄂伦春猎民家庭观光旅游、鄂伦春家养黄羊狍子驯鹿野猪等野生动物园参观旅游、温寒带鄂伦春农家田园旅游文化等也引起了国内外游客的极大兴趣。为该地区新的旅游项目的发展带来了十分理想的市场机遇。近年来，该旗还紧紧抓住作为新兴产业的农业农村文化特点，紧密结合本地区本民族传统文化，开展具有温寒带森林文化背景的农村民俗风情旅游活动。例如，在农家乐品尝骨头肉炖菜、山蘑炖野鸡、山野菜包饺子，观看鄂伦春族歌舞表演。到了夜晚，还可以参加农家园办的篝火晚会等。另外，鄂伦春族作为一个跨境民族，他们的旅游业的发展，也一定程度上给俄罗斯的鄂伦春人带来了很多美好的印记，并使从俄罗斯到这里开展归集旅游的鄂伦春人变得越来越多，当然也有来自蒙古国和俄罗斯的蒙古人和俄罗斯人。毫无疑问，所有这些，对于中蒙俄"一带一路"旅游文化建设产生了一定积极影响，发挥了一定促进作用。同时，对外有力地宣传了鄂伦春族经济社会的快速发展，以及旅游业给鄂伦春人的生活带来的好处和十分可观的经济效益，也提高了乡村旅游的知名度。

## 二　中蒙俄"一带一路"与鄂伦春族旅游文化产业建设

旅游业发展同旅游文化商品的发展是相辅相成、相互促进、互惠互利的产业链。那么，鄂伦春旗旅游业的快速发展和崛起，自然而然地带动了旅游文化商品的不断开发和发展。经过这些年的努力，尤其是中蒙俄"一带一路"旅游文化建设的不断深度推进，很大程度上推动了旅游文化商品、旅游文化纪念品产业的兴起和发展。现在这里已有了鄂伦春旗豫蔺山产品有限责任公司、鄂伦春旗原生态制品有限责任公司、大兴安岭诺敏绿业有限责任公司、鄂伦春民族服饰工艺品研究中心等牵头的旅游文化商品及旅游纪念品加工厂家。其中：（1）鄂伦春旗豫蔺山产品有限责任公司，主要加工生产和经营销售森林乳制品、森林肉制品、森林蔬菜制品、山林食用菌、森林土特产品及鄂伦春特色工艺品等旅游文化商品。（2）鄂伦春旗原生态制品有限责任公司，是一家以兴安岭蓝莓果干、兴安岭蓝莓果酱和蓝莓果汁饮料系列旅游产品生产线为主的旅游文化商品加工企业。（3）大兴安岭诺敏绿业有限责任公司，是一家依托当地自然资源，以生产经营食用菌、山野菜、山野花、山野果等旅游绿色食品为主的有限责任公司。到目前为止，除已开发黑木耳、野生榛蘑、滑子菇、草菇、香菇、平菇、杏鲍菇、金针菇等二十几种野生真菌类产品之外，还开发经营了30余种温寒带山林特色即食小菜，30余种山野菜系列手工饺子和山野花、山野果等系列旅游文化饮料。这些旅游文化商品分为精缩品、速冻品、保鲜品、干品、饮品、即食品和休闲品七大类近百个品种。其商品，先后荣获中原国际食品会金奖、2002年中国绿色食品福州博览会畅销产品奖、2002年中国国际林业产品新技术及新设备展览会金奖，以及被评为中国名优品牌和中国驰品牌商品、第五届亚洲有机农业科学大会推荐产品，2003年获自治区"用户满意产品"自治区消费者协会推荐产品，2003年9月还获得ISO9001国际质量管理体系认证和HAC-CP食品安全控制体系认证，公司获自治区"用户满意企业"称号。而且，其产品远销蒙古国、俄罗斯、日本、韩国、瑞士和新加坡等国。(4) 鄂伦春民族服饰工艺品研究中心，主要用鹿、狍、犴皮等加工的领口、袖口、襟边、大袍开衩处均有刺绣，并用云纹、鹿角纹装饰的鄂伦春族四季长袍，以及狍皮衣、鹿皮裤，狍角帽或犴皮帽，带有珠链、贝壳、骨制艺术品装饰的女士头带及乌拉鞋等。

按照国家旅游文化产业分类标准，鄂伦春族的旅游文化产业主要有旅游文化服务业、旅游文化休闲娱乐业、网络旅游文化服务业、旅游文化演艺业、旅游文化用品设备销售业、旅游广告及旅游宣传品印刷业六大类。现在全旗范围内注册的旅游文化企业达到上百个，其中个人独资经营的企业占34%，有限责任公司占50%，其他旅游文化企业占16%。这些旅游文化企业的注册资本金接近6000万元。这些旅游文化企业，包括拓跋鲜卑民族文化园区、布苏里北疆军事旅游文化有限责任公司在内，均有非常理想的发展基础和前景。目前，鄂伦春旗旅游文化产业，基本形成政府引导、部门服务、政策推动、消费拉动、民营主体、开发有序、经营规范、发展势头强劲的局面。自2014年以来，鄂伦春旗紧密结合中蒙俄"一带一路"旅游文化建设，进一步强化创新旅游产业发展的制度建设，并努力营造良好、健康、可持续发展的旅游市场环境。2016年，鄂伦春旗拓跋鲜卑民族文化园和鄂伦春旗布苏里北疆军事旅游文化有限责任公司紧密结合中蒙俄"一带一路"

旅游文化建设工程，申报的旅游文化项目得到自治区评审通过，并得到专项扶持资金共计5260万元。这给该旗的中蒙俄"一带一路"旅游文化建设注入了相当强的活力。我们完全可以说，该旗的旅游文化产业市场已初步形成，进而成为本地区经济社会发展的优势产业之一。在此基础上，鄂伦春旗不断加大对文化产业的重视和投入，对于那些涉及面广、效益周期长、市场发展前景广阔的国际国内旅游项目进行有计划、有步骤和长期的培育与扶持。同时，不失时机地着力培养能够与时俱进地创新发展，并具有综合素质的旅游商品产业管理人才。这些具体举措，使鄂伦春旗的旅游文化商品产业向着更加成熟、更加健康、更加理想的目标和方向发展。

### 三 中蒙俄"一带一路"与鄂伦春族旅游文化产业的融合发展

通过前面的分析和讨论，我们已经充分认识到，鄂伦春旗具有极其丰厚的旅游文化资源，其中包括若干个4A级旅游景区、2A级旅游景区及国家级森林公园景区和自然保护区景区等。而且，夏天有避暑度假旅游景区，冬天还有冰雪娱乐及滑雪度假旅游景区。也就是说，鄂伦春旗一年四季都有与自然融为一体的美丽景观和与此相配套的旅游活动内容。所有这些，同他们生活的大兴安岭森林深处的独特地理环境、生态和生物资源有着密不可分的关系。更加可贵的是，一些较为偏远的鄂伦春族乡村，依然保留着从远古时代传承而来的萨满信仰活动，牧养野生鹿狍狂、野猪、野兔、野鸡的习惯，制作各种桦树皮生产生活用品的手艺等。

伴随中蒙俄"一带一路"旅游文化建设的不断深度推进，以及以嘎仙洞的历史文化旅游景区为龙头，以111国道及其沿线为旅游发展轴，以达尔滨湖自然生态旅游区和诺敏山森林旅游景区为支撑的，"一心、一轴、两翼"旅游格局的形成，使包括乡村在内的旅游文化资源得到广泛重视和开发。经过这些年的不懈努力，鄂伦春旗的旅游业已呈现强势发展态势。更加可贵的是，鄂伦春旗的旅游市场上，已经有了具有很强的代表性的本地区本民族旅游文化品牌产品。例如，有已成系列的精美绝伦的桦树皮旅游文化产品、萨满信仰旅游文化产品、骨制或用各种动物皮毛制作而成的艺术类旅游文化产品、各种野生动物模型的木雕艺术类旅游文化产品，以及以"嘎仙白"酒及各种动物肉食品及野菜类食品为主的旅游文化饮食产品等。这些旅游文化产品种类繁多，具有很强的本土性、文化性、民族性、纪念性、独特性、礼品性、艺术性、收藏性特征，进而能够满足不同国家和地区、具有不同兴趣爱好、不同层级和不同年龄段旅游者们的不同需求。特别是，来自俄罗斯的鄂伦春族游客，看到这些精心制作的本民族传统工艺品、艺术品和各种各样的旅游文化产品，感到十分亲切和无比兴奋，他们对其赏心悦目、爱不释手。鄂伦春族的这些旅游文化产品，通过在各大景区和景点和旅游文化产品专卖店进行出售，进而获得相当可观的经济效益。鄂伦春族对于远方来的客人的热心周到、细致入微的服务，更加吸引大量客源前来旅游购物，这使旅游者们满怀希望而来，满怀收获而去。这也使鄂伦春旗的旅游业获得更快更好的发展。

在这里，还应该提到的是，鄂伦春旗充分开发利用冬季的严寒及冰雪，自 2014 年以来，依托冬季旅游资源，开展以冰雪体验、弘扬冬季民族文化为主要内容的"冰雪旅游文化节"活动，截至目前已成功举办五届。每年都有国内外游客前来参加"冰雪旅游文化节"，由此进一步丰富了冬季旅游项目和扩大了鄂伦春族地区冬季旅游规模。在此活动期间，除了观赏白茫茫的雾凇、雪松、冰河、冰溶景观、林海雪原、冰雪园艺等旅游美景外，还要开展鄂伦春族冬季服饰表演、本民族歌舞表演、举行篝火晚会，以及展示和推销本民族特色的旅游文化产品。"冰雪旅游文化节"活动中还包括马拉雪橇、狗拉雪橇、驯鹿拉雪橇比赛、冰雪足球赛，以及滑雪板速滑表演及雪上冲浪表演等内容，以及鄂伦春族民俗冬季文化展示，鄂伦春族民俗冰雪艺术成果展演等。游客们还可以体验鄂伦春族冬季"仙人柱"生活氛围，最真实地感受鄂伦春族早期原生态的严冬生活气息。鄂伦春旗为了全面提升冬季冰雪旅游文化的内涵,以及冬季冰雪旅游文化产业,着力打造冬季冰雪旅游文化精品景点、精品线路,不断提升知名冰雪旅游品牌。为此还创新性地举办冰雪温泉旅游文化内容,让游客在森林深处的温泉中欣赏大兴安岭醉人心脾的雪景,切身体会在严寒冬季中的鄂伦春旗迷人的魅力。与此同时,鄂伦春旗积极拓展国内外冬季旅游文化的交流与合作,不断借鉴国内外冬季旅游文化的成功经验。尤其是俄罗斯鄂伦春族富有远古气息的冬季旅游文化形式和内容,使他们冬季旅游文化获得融合发展,取得相当可观的经济效益,进而成为呼伦贝尔地区冬季旅游文化的品牌之一。鄂伦春旗积极树立"白雪换白银"的发展理念,将鄂伦春旗冰雪旅游,纳入呼伦贝尔地区总体旅游规划、热点旅游线路,并以高规格、大视角、系统化发展以冰雪旅游为龙头的冬季冰雪旅游产业,不断扩大嘎仙湖冰雪乐园规模,成立冰雪体育俱乐部,培养冰雪运动师资力量和冰雪运动人才,注重冰雪旅游与文化、体育、教育、时尚、商贸、装备制造等产业有机深度融合发展。另外,在冬季冰雪旅游期间还开通旅游专线,增加航线,为国内外游客提供便捷交通。

实际上,冬季冰雪节同样是俄罗斯西伯利亚和远东地区的鄂伦春族,包括东北亚及北极圈原住民在内一直以来十分崇尚而热闹的国际性节庆活动,所以我国鄂伦春族近些年举办的"冰雪旅游文化节"在国外也有一定影响力,也为中蒙俄"一带一路"旅游文化建设做出了应有的贡献。

### 四 鄂伦春族旅游文化产业取得的成就

由于从上到下都十分重视旅游产业的建设和发展,尤其是受到中蒙俄"一带一路"旅游文化建设思想理念的鼓舞,以及在本地区本民族的旅游文化建设中获得的丰厚经济效益,使他们用更大的热情、更饱满的情怀、更多的精力投身于具有特定地域特色、自然环境特色、生态特色、本土特色、民族特色旅游文化产品的建设中。他们还紧紧抓住国家鼓励旅游产业开发和重点扶持少数民族发展的历史机遇，突出拓跋鲜卑历史文化、鄂伦春传统民俗、大兴安岭森林生态、森林公园文化等特色，着力打造民族历史文化旅游品牌，进而取得了相当可观的经济效益。表 6 - 1 统计了鄂伦春旗从 2010 年到 2018 年的九年中接待的国内外旅游人数及取得的旅游收入。

表 6 - 1 　　　　鄂伦春旗旅游接待人数和旅游收入（2010—2018 年）

| 年份 | 旅游接待人数（万人次） | 旅游收入（亿元） |
| --- | --- | --- |
| 2010 年 | 18.92 | 1.15 |
| 2011 年 | 24.1 | 1.92 |
| 2012 年 | 29.7 | 2.39 |
| 2013 年 | 36 | 2.79 |
| 2014 年 | 44 | 3.48 |
| 2015 年 | 54.56 | 4.37 |
| 2016 年 | 60.35 | 4.80 |
| 2017 年 | 79.3 | 6.20 |
| 2018 年 | 97.07 | 7.93 |

从表 6 - 1 可以看出，鄂伦春旗在旅游文化产业的发展过程中取得了鼓舞人心的成绩和经济效益。这使他们的旅游文化产业，逐步发展为本地区本民族经济社会发展的战略性支柱产业。而且，旅游文化的重点项目建设、基础设施建设成效十分显著，在此基础上编制的《鄂伦春自治旗旅游发展总体规划（2011—2025）》有很强的可行性、操作性、实用性和指导性。该旗在"十三五"规划当中，将旅游业列为未来五年经济社会建设的支柱产业和第三产业的先导。他们从这些年旅游文化产业收入持续高位的增长，以及呈现出的强劲的发展态势，已经清楚地看出本地区本民族经济社会发展的新的增长点和新的发展途径。同时，更加清楚地认识到，鄂伦春族历史文化与旅游业之间存在深刻的内在联系。因此，他们下大力气着力打造以鄂伦春旗优秀传统

民族文化、拓跋鲜卑历史文化、森林生态文化、冰川遗迹地质文化、远古彩绘岩画为主题、为核心的历史文化旅游品牌。2017 年，为丰富拓跋鲜卑历史文化园内涵，也为了进一步丰富旅游者们的旅游观光内容，在文化园内增设了"鄂伦春家园"项目，包括展示自然生态、斜仁柱、萨满、演艺、弩箭、熊、鹿、狍子及渔猎等鄂伦春族非遗内容和萨满广场神偶雕刻、铜雕像群等民俗文化旅游展品。2013 年，鄂伦春旗、加格达奇区、阿里河林业局、加格达奇林业局、南瓮河国家级自然保护区管理局及松岭林业局两省六地成立了"兴安旅游联盟"，共同打造无障碍旅游发展环境。

鄂伦春旗还荣获多项国家旅游文化奖项。例如，鄂伦春篝火节荣获"2014 中国优秀民族节庆最具民族特色节庆奖"，第二届旅游业融合与创新论坛暨 2014 最美中国榜上鄂伦春旗成功入选，第二十一届亚洲旅游业峰会暨 2015 金旅奖大中华区旅游文化活动中鄂伦春旗荣获"亚洲旅游业金旅奖·首批最富文化魅力旅游目的地"称号，同年鄂伦春旗还在长沙举办的"中国旅游时代——2015 品牌推介暨旅游项目融资大会"中荣获"中国最美生态旅游胜地""中国特色民族旅游文化目的地"两项大奖。还有，拓跋鲜卑历史文化园、达尔滨湖国家森林公园、布苏里旅游区文化、鄂伦春旗民族博物馆荣登 2016 内蒙古名片优秀旅游文化景区品牌榜，鄂伦春族篝火节被中国民族节庆委员会评为最具民族特色节庆奖，多布库尔猎民村荣膺国家农业部授予的"2016 中国美丽休闲乡村"特色民俗村称号，2019 年多布库尔猎民村跻身全国首批旅游重点名录。

现在的鄂伦春旗，为了更好地发展本地区本民族的旅游文化产业，在已取得的成绩基础上，不断更新和提升中蒙俄"一带一路"旅游文化产业建设思路、着力突出本地区本民族旅游文化的优势地位、积极探索长期可持续发展的旅游文化之路、科学有效地创新型发展传统文化来促进旅游文化产业、努力营造远古森林文化与文明同当下绿色旅游文化紧密相结合的旅游文化理念、创造性研发森林高端生态旅游产品及不断提高产品附加值、提倡以行之有效的优惠政策为导向全力扶持旅游文化产业、进一步强化传统文化生态保护区建设同开放式旅游文化建设科学相结合。毫无疑问，所有这些将使鄂伦春旗迎来更加美好、更加幸福、更加繁荣发展的旅游文化产业，为中蒙俄"一带一路"旅游文化建设做出更大贡献。

## 第四节 中俄两国"一带一路"与俄罗斯族的旅游文化

俄罗斯族是我国人口较少的民族之一，是我国 56 个民族大家庭的组成成员，也是我国的一个跨界民族。现在国内俄罗斯族人口约有15400 人，其中内蒙古呼伦贝尔市的俄罗斯人口为 4400 人，且一半左右生活在呼伦贝尔额尔古纳市。在呼伦贝尔额尔古纳市还有俄罗斯民族乡，截至 2017 年 6 月该乡的总人口为 2400 人左右，其中俄罗斯族和华俄后裔共有 1330 人。也就是说，我国的俄罗斯族主要集中生活在呼伦贝尔额尔古纳市。该市是呼伦贝尔市的一个县级市，地理位置为北纬 50°01′—53°26′、东经 119°07′—121°49′，总面积为 2.84 万平方公里。额尔古纳市在内蒙古最北部，距呼伦贝尔市所在地海拉尔区 128 公里，东北部与黑龙江省漠河县毗连，东部与根河市为邻，东南及南部与牙克石市和陈巴尔虎旗接壤，西部及北部隔额尔古纳河与俄罗斯相望，其边境线长约 671 公里。该市属于内蒙古纬度最高的市，也是我国最北的边境城市之一。行政辖区内有两个镇、三个乡、一个办事处，驻有六个国营农牧场和一个大型森工企业。此外，额尔古纳市有承载着古老的狩猎文明与文化的茂密原始森林，有植被茂盛、美丽如歌的额尔古纳河，承载过渡性地貌特征的绚丽多姿的丘陵平原和幅员辽阔且美丽如画的牧场。另外，额尔古纳市与俄罗斯的赤塔州隔界河相望，因此这里还有黑山头和室韦两个国家一类口岸。在 2001 年和 2007 年，为了进一步扩大同俄罗斯的友好交往和旅游往来及旅游文化商品交易，在连接中俄边境的额尔古纳河上搭建了两座跨界河永久性大桥，使两个口岸的旅游往来及旅游商贸活动由水上转变为大桥陆路口岸，从而给这里的旅游业及边境贸易往来注入了强盛活力。同时，对满州里国际口岸的国内外旅游者及其国际商贸货物的分流起到了重要作用，由此也为呼伦贝尔市和自治区的中蒙俄"一带一路"旅游文化、旅游商贸往来及其建设发挥着越来越重要的作用。那么，俄罗斯族及其传统文化，作为该地区的旅游业及旅游文化产业发展中的重要组成部分，为这里的旅游业及旅游文化产业建设做出了相当大的贡献，也为俄罗斯族的挖掘整理、保护传承、发扬光大产生了深远的影响。

### 一　俄罗斯族"巴斯克节"国际旅游活动

"巴斯克节"是额尔古纳市的俄罗斯族，甚至是整个呼伦贝尔地区俄罗斯族的最具代表性的民族节日，2011年被列入第三批国家级非物质文化遗产名录。该节日源自俄罗斯东正教的复活节。额尔古纳的"巴斯克节"的节庆活动，已发展成为以俄罗斯族和华俄后裔为主体、该地区各民族共同庆祝的节日形式，甚至发展成为俄国的俄罗斯族也来参加的国际性节日活动，进而充分体现出了"巴斯克节"在中俄"一带一路"旅游文化建设中应有的积极影响和作用。"巴斯克节"不仅使国内的旅游者充分领略俄罗斯族特色的民族服饰、品尝俄罗斯族的各种各样的美味佳肴，欣赏俄罗斯族传统歌舞，体验俄罗斯族木屋生活，同时对于不同民族间的相互接触、相互交往、相互交流和沟通，以及不同民族间的团结友爱、精诚合作和中俄两国"一带一路"上的"民心相通"等均会产生深远影响。从这个角度来看，俄罗斯族的"巴斯克节"不仅具有推动中俄"一带一路"旅游文化及其旅游文化产业的实际意义，同时还具有维护祖国边疆和谐稳定的实际作用。我国的俄罗斯族每年一次举办的"巴斯克节"，不仅具有保护、传承、弘扬俄罗斯族传统节日文化的作用，同时也具有丰富、发展、提高边疆地区国际旅游文化的实际意义。那么,以俄罗斯族的"巴斯克节"为主题举办的节庆活动、国际旅游文化活动,对于本地区本民族的经济社会和旅游文化事业的发展具有一定拉动作用。呼伦贝尔额尔古纳市的俄罗斯族"巴斯克节"的节庆活动,为中俄两国人民的友好往来,尤其是为额尔古纳河两岸生活的中国和俄罗斯两国人民间开展国际旅游产业,有其特定、特殊、特别的现实意义和长远的历史价值,对于他们在相互间的旅游往来和旅游商品交易中不断增强两国民众之间的交流和了解,增加相互间的信任和尊敬,为他们共同参与互利互惠、互利共赢的中俄"一带一路"建设创造了良好社会环境、人文环境和生活环境。以俄罗斯族的重大民族节日"巴斯克节"为主题的国际旅游活动,以及国际旅游文化产品交易活动,通过实实在在的实践活动充分证明了,"一带一路"建设中所包含的"利益共同体"和共同繁荣发展的"命运共同体"之深刻思想内涵。

额尔古纳市的"巴斯克节"一般都在每年的4月末举办,用他们的话说,节日日期定在每年春分后月圆时的第一个星期日,节日庆祝活动基本上要进行一周。该节日是我国俄罗斯族最为重要、最为盛大的本民族节日。就如前面所说,"巴斯克节"期间俄罗斯西伯利亚乃至俄罗斯其他地方的俄罗斯人都来参加,他们还互相赠送彩蛋和古力契等节日礼物,在俄罗斯族的"巴斯克节"上,像彩蛋和古力契等已成为必不可少的节日食品,俄罗斯族庆祝"巴斯克节"时有用彩蛋和古力契供奉耶稣基督的习俗。现在,额尔古纳市的俄罗斯族的"巴斯克节",已经发展成为以俄罗斯族和华俄后裔为主,汉族、蒙古族、鄂温克族、满族、达斡尔族、朝鲜族等共同参与的节日形式,既保留了"巴斯克节"传统的节日形式和内容,又增加了我国东北各少数民族及汉族的相关节日文化的内容。俄罗斯族的"巴斯克节"至今还保留荡秋千和拔河的传统节日活动,保留着使用俄罗斯乐器巴扬和巴拉莱卡演奏俄罗斯民族乐曲的节日习俗,传承着欢跳俄罗斯民族集体舞、双人舞、单人舞的节日氛围。"巴斯克节"里,参加集体节庆活动的俄罗斯族及其他民族，包括到此来旅游并参加节日活动的旅游者都要品尝各家各户精心制作的各种俄式节日美味佳肴。尤其热闹的是，额尔古纳市的俄罗斯族要争先恐后地让从俄罗斯西伯利亚乃至俄罗斯其他地方前来的俄罗斯亲朋好友及旅游者，包括参加节庆活动的各族各地朋友及旅游者品尝自家做的精致可口的节日饭菜或味道鲜美的食品。其中就有俄式烤制品、酸黄瓜、苏伯汤、烤鸡、烤肉、熏鱼、沙拉、烤肉串、烤乳猪等，还有俄罗斯的"格瓦斯"饮料和"沃特科"白酒和俄罗斯的"葡萄酒"等。他们在节庆活动上还进行亲朋好友间"喝圈酒"的习惯，以及轮流请宾朋好友或远方来的游客到家喝酒聚会的习惯。通过这些节日活动，他们不断增进同俄罗斯西伯利亚乃至俄罗斯其他地方的俄罗斯同胞之间，以及各民族同胞和远方来的游客之间的感情和友谊。从某种意义上讲，这里的俄罗斯族"巴斯克节"已经成为增进俄罗斯族和其他民族友谊和团结，增进中俄"一带一路"旅游文化建设的一项内容。

额尔古纳市的俄罗斯族"巴斯克节"，按惯例节日的第一天要在该市的恩和俄罗斯民族乡举行，其余六天分别在额尔古纳市和牙克石、拉布大林、吉拉林、三河回族乡、苏沁、黑山头、上库力、扎兰屯、莫尔道嘎等俄罗斯族较为集中生活的地区举行节庆活动。众所周知，额尔古纳市政府所在地及恩和俄罗斯民族乡具有浓郁的俄罗斯文化风情，同时又是俄罗斯族国家级非物质文化遗产"巴斯克节"的申办地，是自治区级俄罗斯族7项非物质文化遗产的申办地和多项市级非物质文化遗产的申办地。恩和俄罗斯民族乡四面有环绕的山地与丘陵，与俄罗斯仅一水之隔，具有寒温带和温寒带双重气候特征。这里一年四季景色秀丽，风光宜人，游客不断，已成为名声在外的俄罗斯族旅游胜地，也是俄罗斯西伯利亚乃至俄罗斯其他地方的俄罗斯人频繁往来旅游的好地方。恩和俄罗斯民族乡具有的独具特色的人文环境，以及和华俄传统文化和谐相融的风俗风情。这里的俄罗斯族和华俄后裔，按俄罗斯的节日时令过俄罗斯族"巴斯克节"及其他节日。

不论怎么说，额尔古纳市的俄罗斯族比较完整地保存着本民族节日文化活动，特别是中俄"一带一路"建设及旅游文化建设的有力推动，使他们如鱼得水、顺势而上、趁势而进，用更大的热情、更大的努力、更大的投入挖掘整理、开发利用、发扬光大本民族优秀传统文化，包括名目繁多而丰富多样的节日文化活动。很有意思的是，在俄罗斯的"巴斯克节"的节庆活动中已经呈现出，多重民族文化和谐融洽自然地交融在一起而形成的更加丰富多样的内涵。以俄罗斯族和华俄后裔为主，还有不同民族和不同国家和地区的旅游者共同欢庆的"巴斯克节"等的用餐场面，除了有勺子、餐刀、叉子等餐具之外，还有筷子等中式餐具。餐桌上，除了有俄罗斯节日彩蛋、古力契、俄式列巴、烤乳猪等经典菜肴之外，蒙古族奶茶、烤羊肉及汉族水饺、肉饼、大拌菜等应有尽有。真可谓，你中有我，我中有你，相互交融在一起的文化大餐。如前所说，巴斯克节期间，俄罗斯族同胞向前来参加他们节庆活动的俄罗斯人以及中国的蒙古族、汉族、鄂温克族、达斡尔族、朝鲜族、满族及其从远方来的旅游者赠送彩蛋，展现了俄罗斯族大方、慷慨、热情、好客的性格，从而传播他们的美好心愿、美好祝福、美好幸福生活，起到维护各民族和睦生活、守望相助、维护祖国边疆民族团结稳定的重要作用。

在"巴斯克节"在内的俄罗斯族的节庆活动中，俄罗斯族还要表演热情奔放、豁达开朗、动作优美、扣人心弦的俄罗斯传统歌舞。这使节日活动变成更加热闹非凡，甚至中俄两国的俄罗斯族及参加节庆活动各族同胞和远方来的旅游者同唱同舞，场面显得非常活跃、自然、温馨和亲切。在歌舞表演中，主要是用俄式扣子琴和民间乐队演唱《喀秋莎》《红梅花儿开》《小路》《三套车》《莫斯科郊外的晚上》《山楂树》等歌曲，还要跳《嘎巴乔克》《灭斜茨》《嘎萝卜其喀》《卜布利哈》等俄罗斯集体舞，以及《华尔兹》《巴达果娜》等俄罗斯双人舞和单人舞《奥吉诺其卡》等。额尔古纳市的俄罗斯族民间舞蹈，具有明快、欢乐、优美、热情、奔放的本民族民间舞蹈的节奏特点，同时有走、跑、垫、踏、跺等多种舞蹈动作形式。除此之外，还有俄罗斯歌舞表演《节日欢歌》，俄罗斯舞蹈《欢乐的节日》《俄罗斯民间舞》、男生双人舞《光阴》、俄罗斯少女舞蹈《美丽的俄罗斯姑娘》，管弦乐合奏曲《俄罗斯舞蹈》和《舞动青春》，俄罗斯女生小合唱《窗前有棵稠李子树》《妈妈多想我出嫁》《俄罗斯小调对唱》，以及俄罗斯男女二重唱《走在大街上》和大家合唱节目《欢乐的节日里》等。另外，在额尔古纳市出品的大型剧目《巴斯克节抒情》和音乐剧《额尔古纳之恋》等，都集中反映了额尔古纳市俄罗斯族与"巴斯克节"等本民族传统节日间拥有密不可分的情怀与情感。这也使从俄罗斯来的俄罗斯旅游者，每年参加额尔古纳市的"巴斯克节"等俄罗斯节庆活动时，感到特别亲切、兴奋和高兴，这其中洋溢着中国和俄罗斯两国人民的深情厚谊，中俄"一带一路"旅游文化交流与"民心相通"的温馨气氛，以及对于未来无限美好生活的共同期盼。

除此之外，"巴斯克节"等节庆活动期间，还要紧密结合节庆气氛举办传统意义上的俄罗斯油画艺术欣赏活动，几乎在每次的活动中都要邀请俄罗斯的画家们来参加，积极打造"油画旅游小城"的美好目的，成为本土本地区油画文化与旅游文化密切相结合的成功典范。包括从俄罗斯和国内各大美院来的 40 多名著名画家，连续几年参加了节庆画展及国际艺术交流活动，2018 年恩和俄罗斯民族乡还成功举办了"首届中俄油画名家艺术交流写生活动及作品展"，对于开展中俄两国的文化艺术交流及两国人民的旅游往来，促进两国人民的"一带一路"旅游文化建设等均产生了一定的积极作用。

额尔古纳市的"巴斯克节"等俄罗斯族节日中，前来参加的俄罗斯西伯利亚乃至俄罗斯其他地方的俄罗斯民众越来越多，甚至是哈萨克斯坦等国的旅游者和嘉宾也来参加，以此加强相互间的了解和沟通及民心相通，进而不断拓展"一带一路"旅游文化建设，也为中俄两国人民之间的相互接触与交流、增进相互了解和交往，更好地参与中俄两国"一带一路"建设创造了良好的人文环境。我们完全可以说，中俄两国人民山水相连、血肉相连的友谊,在俄罗斯族的"巴斯克节"等节庆活动中,得到了充分的展示和进一步的强化。所以我们说,中俄两国无论是过去、现在还是将来,都有着共同的美好夙愿,有共同繁荣发展的坚实基础及美好前景。

额尔古纳市的俄罗斯族除了前面谈到最具代表性且最为盛大的"巴斯克节"之外,还有"谢肉节""妇女节""诗歌节""三圣节""知识节""艺术节""送冬节""桦树节"等一系列节日及节庆活动。似乎每一个节庆活动中,都有一些旅行者或从俄罗斯来的跨国境旅游的人参加,从而也成为中俄两国友好的旅游往来的具体内容。这其中,"谢肉节"便是一个很有代表性的俄罗斯族传统节日。该节日是在"巴斯克节"之前,也就是在"复活节"前的第8周举行。"谢肉节"之后,俄罗斯人进入为期40天的不吃肉的大斋期。所以,他们把这个节日称为"谢肉节"。在该节期间不仅不吃肉,同时也不能吃鸡蛋,甚至连牛奶也不能喝,只吃粮食和蔬菜及水果或植物油等。另外,他们的"谢肉节"要持续7天,甚至一直延续到"巴斯克节"前夕。在此节日活动里,同样有从俄罗斯西伯利亚和俄罗斯其他地方的旅游者来参加。而且,在节日期间,中俄两国的俄罗斯族常常相互间旅游往来,还有的俄罗斯人把跨境旅游活动延续到"巴斯克节"的到来。很有意思的是,在俄罗斯族7天的"谢肉节"内,每天都有不同的节日活动内容。例如,第一天是迎节日,第二天为开欢日,第三天属于狂欢日,第四天则是拳赛日,第五天为岳母晚会日,第六天为小姑子聚会日,第七天为送别日。还有,"谢肉节"期间,俄罗斯族一般都要吃象征太阳并感恩太阳和生命复苏之意的圆形煎饼。由此,也有俄罗斯族将"谢肉节"称作"太阳节"。按节日习俗,他们把烙好的第一张煎饼要放在祭祀台上祭祖。不过也有人把第一张煎饼放在还未回暖的田地里,祈求太阳尽快使大地解冻回暖,新的一年给他们带来粮食丰收。所以,有的俄罗斯族将"谢肉节"还叫作"送冬节",将其看作是送走冬天迎来春天和春耕的节日。在额尔古纳市的"谢肉节"中,周边的各民族同胞和远方来的旅游者，包括俄罗斯西伯利亚和俄罗斯其他地方来的跨境旅游的人们都前来参加，甚至要参加节日期间的不同形式和内容的聚会、宴请和晚宴，以及具有不同风格和内涵的节日娱乐活动，但该节庆在任何活动或宴请聚餐中都严禁食用肉制品。

　　总而言之，额尔古纳市的俄罗斯族各具特色而丰富多样的节庆活动，成为了本地区中俄"一带一路"旅游文化繁荣发展的重要组成部分。而且，在每次的节庆活动中，都有来自全国各地的旅游者，以及本地区的各民族同胞来参加。甚至是来自俄罗斯西伯利亚，以及俄罗斯其他地方的跨境旅游者们来参加。额尔古纳市的一些俄罗斯族，还不失时机地抓住节庆活动的美好时光，带着来这里旅游或参加节庆活动的国内外游客们，到周边的旅游风景区或市内的俄罗斯族风情园、俄罗斯族展览馆或俄罗斯博物馆等，参观游览或开展旅游活动。这使额尔古纳市的俄罗斯族节庆活动变得更有意义和更有收获，使这里的俄罗斯族节日节庆活动更加充满活力，活动内容变得更加丰富多彩，进而一定程度上促进了本地区中俄"一带一路"旅游文化建设。

### 二　俄罗斯族快速崛起的国际旅游文化

　　我国的俄罗斯族中有许多是在历史上与汉族或一些少数民族通婚后出生的汉俄或蒙俄混血后代，他们是一个特殊的族群，也是我国人口较少民族之一，其中有不少蒙古族或汉族通婚后出生的黄种人。不过，他们都比较虔诚地信仰东正教。额尔古纳的俄罗斯族无一例外地都熟练掌握作为我国通用语言文字的汉语。一些俄罗斯族家庭内部也讲母语，本民族人之间的日常会话中使用俄语的较多，只有同俄罗斯族之外民族同胞交流时使用汉语和汉字。额尔古纳市的许多俄罗斯族起名时使用母语，但更多的俄罗斯人则用汉语或蒙古语给自己或孩子们起名。还有的俄罗斯人除使用汉语名字之外，还用本民族语起的名字。额尔古纳市的俄罗斯族，都有一个十分明确的认同，那就是他们从小就认为自己的祖国是中国，自己是中华民族大家庭的一员。他们热爱自己的祖国,并以主人翁的姿态为祖国的边疆、为中俄"一带一路"建设贡献自己的一份力量。

2019 年,额尔古纳市固定资产投资 10.9 亿元,同比增长 6.4%,其中包括旅游业在内的第三产业的投资达到 6.27 亿元,这也是在这一年全年旅游总收入达到 63.97 亿元的根本保障。这使该县级市的旅游者达到 573.3 万人次,其中从俄罗斯来的国际旅游者及旅游加购物的游客占有相当比例。近年来,额尔古纳市把旅游业作为强市富民的支柱产业,提出"旅游活市"的全新意义的经济发展战略,坚持在旅游业的发展中提倡"生态优先",不断强化原生态保护和环境保护工作力度,不断优化促进旅游业发展的一系列行之有效的政策规定,以及采取深度治理社会环境和优化社会旅游环境的有效措施,及时有效积极解决旅游业发展进程中遇到的一系列困难和问题。特别是,对于俄罗斯旅游者开展的服务性行业制订严格、系统、完整而热情、周到、细致的服务规章制度。在此基础上,不断开发有本地本土特色以及俄罗斯风情的旅游项目,着力培育和发展高端适应性旅游管理人才和旅游服务团队,加大我国的俄罗斯族同俄国的俄罗斯族之间的国际交往和国际旅游往来,加快推动地域性、区域性、本土性国际旅游合作步伐。另外,市政府还拿出专项资金,不断改善和优化针对国际国内旅游服务的基础设施,不断完善和提高所有接待部门、所有旅游景区或景点、所有服务人员的服务体系、服务质量、服务理念,包括俄语会话能力、俄语服务功能的提高。与此同时,有目的、有计划、有针对性、有效率地强化旅游活动、旅游项目、旅游线路、旅游服务等方面的宣传工作。而且,其宣传服务工作中精通母语和熟悉本民族旅游文化的俄罗斯族和华俄后裔,包括他们使用的俄语和俄文都发挥着极其重要的作用。

众所周知,额尔古纳地区夏季气候凉爽湿润,有辽阔的草原、茂密的树林、美丽的江河湖泊和湿地,这里的冬季有白雪皑皑的原野、挂满雪霜的白色林海。所有这些自然环境和条件,同俄罗斯西伯利亚的自然环境及气候基本相一致，加上额尔古纳市大街小巷星罗棋布的俄罗斯族木屋、俄罗斯族家园、俄罗斯族艺术、俄罗斯族风情园、俄罗斯族餐厅、俄罗斯族宾馆酒家，所以俄罗斯西伯利亚的游客或俄罗斯其他地区的旅游者到这里旅游，都会感到很亲切、很自然、很舒心，尤其是见到额尔古纳的俄罗斯族更加感到快乐与幸福。这也是该市国际旅游业快速发展和崛起的根本因素之一。此外，国内外旅游者，到这里来旅游，可以充分领略到大自然无私馈赠的草原、森林、湿地、花海、雪原、冰雪等许许多多美丽迷人的自然景观。也就是说，额尔古纳市拥有得天独厚的自然环境、生态环境、地域环境、生活环境和人文环境。他们充分利用这些环境优势，打造出了原始森林旅游、草原旅游、湿地旅游、白桦林景区旅游、哈乌尔河景区旅游，以及俄罗斯族节庆旅游文化、俄罗斯族风情旅游、俄罗斯族饮食旅游文化、俄罗斯族木屋文化旅游等一系列重点景区和精品旅游项目。这使国际国内的旅游者们，到这里都会感受到包括俄罗斯族在内额尔古纳人民的无私奉献、对和平及美好生活的热爱，以及他们热情欢迎来自五湖四海的旅游者的美好心情和心愿。他们细致入微和热情周到的服务，使游客们更加感受到宾至如归、亲如一家而无微不至的关怀。在那美丽富饶的自然环境和旅游景区内，从俄罗斯来的旅游者同额尔古纳市的俄罗斯族及精通母语的俄罗斯族旅游工作者说着母语，吃着他们最喜爱的本民族美味佳肴，住着他们最熟悉的俄罗斯木屋，观赏着他们的本民族歌舞，更是得到无穷无尽的美的享受和无可言述的幸福感。

随着旅游业的不断发展壮大，额尔古纳市不断拓展和延伸旅游线路，首先开发了一条海拉尔—满洲里—额尔古纳市的区域外环旅游线路。同时，与满洲里合作，还开发了满洲里—额尔古纳—莫尔道嘎旅游线路，以及拉布大林—黑山头—乌兰山—室韦—莫尔道嘎—自兴—恩和—三河—拉布大林市域内环旅游线路。除此之外，还有额尔古纳—满洲里—达赉湖—呼伦湖—中蒙俄国际冰雪乐园—额尔古纳湿地游、额尔古纳—室韦俄罗斯民族乡—敖鲁古雅森林文化游、额尔古纳

—俄罗斯马戏团—满洲里游、满洲里五日游一系列旅游线路。另外，还加大力度发挥黑山头口岸国际通道作用，利用该国际通道推动同俄罗斯西伯利亚乃至俄罗斯其他地区间的跨境国际旅游，以及不断提升中俄界河的旅游业及跨境旅游区域旅游基础设施建设项目。额尔古纳市还进一步完善俄罗斯民俗风情游线路、俄罗斯族传统旅游文化线路、俄罗斯族节庆旅游文化线路三条俄罗斯族特色旅游线路，并取得了十分可观的旅游市场营销效果。尤其应该提到的是，该市旅游管理部门，以具有浓厚而独特的民族生活气息和民族生活习惯，以及较完美地保存保留和传承本民族历史文化与文明的俄罗斯族家庭为主，深入开展俄罗斯族家庭游和俄罗斯族家庭旅游文化等深受俄罗斯游客及国内游客欢迎的旅游活动，进而创造性地发挥了俄罗斯族具有的旅游文化价值，从而给这里的俄罗斯族带来了极其丰厚的经济收入。所有这些，强有力地激发了额尔古纳市的俄罗斯族保护和传承本民族优秀传统文化的热情及自觉性，也为中俄"一带一路"国际旅游文化建设做出了应有贡献。现在，独特的俄罗斯家庭旅游，已发展成为该市的国际旅游服务的一个品牌。在此方面发挥作用最为突出的是该市的恩和俄罗斯民族乡，其也是俄罗斯族和华俄后裔的聚居地，这里还建有俄罗斯民俗博物馆。而且，该乡的俄罗斯族家庭游发挥了相当积极的作用。额尔古纳市以他不可多得的旅游文化优势、旅游文化取得的辉煌业绩，被评为"中国最具民俗文化特色旅游目的地""全国休闲农业与乡村旅游示范县""中国特色旅游最佳湿地""最美中国生态城市""中国深呼吸小城 100 佳"等荣誉和称号。额尔古纳城市湿地公园被批准为"国家城市湿地公园"，室韦村入选"全国生态文化村"，额尔古纳自然风景区被列入第九批国家级风景名胜区名单等。

## 三 俄罗斯族国际旅游文化产业的发展

改革开放以后，伴随边疆地区的不断对外开放，以及大力发展地方特色、本土特色、民族特色的国际国内旅游业和旅游产业，边疆地区的经济社会得以快速发展。位于中俄边境线上的额尔古纳市，紧紧抓住这一难得而十分理想的发展机遇，充分利用自身具有的优美的自然环境、自然资源、自然条件、自然优势地位，以及俄罗斯族独具特色的民族文化，着力发展俄罗斯族家庭民俗游。

一是，积极动员额尔古纳市的俄罗斯族，加入中俄两国的国际旅游产业，尤其是让那些精通母语或对于母语有训练的俄罗斯族青年参与到本地区的各有关国际旅游部门、国际旅行社、国际旅游服务机构，让他们充分发挥熟悉母语和本民族历史文化及风俗习惯的优势，为中俄两国的国际旅游作贡献。与此同时，大力发展与自然旅游环境融为一体的、具有浓重的俄罗斯风情的旅游景点和旅游景区。而且，景区的服务设施和服务项目内容，包括景区的衣食住行等方面，都以俄罗斯族生活习俗和风俗习惯为标准规划、设计和建设，所以这些自然景观、景点、景区中的服务形式和内容拥有很强的俄罗斯族风味，科学有效地迎合了俄罗斯跨境旅游者们的兴趣爱好，也很大程度上满足了他们各方面的消费需求与标准。还有，在这些景点或景区举办的俄罗斯饮食旅游文化活动、俄罗斯服饰表演、俄罗斯式的篝火晚宴、俄罗斯歌舞表演，都极大地吸引了俄罗斯来的旅游者们，并得到他们发自内心的好评。额尔古纳市的旅游管理部门及各景点景区，还抓住这些好的机会，向俄罗斯西伯利亚和其他地方来的游客推荐国内旅游产品，其中还包括本地的俄罗斯族手工制作的丰富多样的本民族食品、服饰及艺术品和旅游生活用品等。额尔古纳市有其浓郁的俄罗斯族旅游文化、民族文化、民俗文化特色的俄罗斯族旅游文化、俄罗斯族民俗风情游、恩和俄罗斯民族乡旅游、俄罗斯套娃广场游、俄罗斯婚礼宫殿参观旅游、俄罗斯风情原生态自然旅游等成为了俄罗斯跨境旅游、休闲旅游、购物旅游的热选景区和场所。除此之外，在这里还有为俄罗斯及我国国内游客规划设计的骑马游、自驾车游、生态森林游、白桦林游、莫尔道嘎森林公园游、莫尔道嘎鹭岛森林公园游、驼峰岭天地游、额尔古纳湿地景区游、室韦遗址游、弘吉剌部遗址游和黑山头口岸景区游等，极其丰富而各具特色的旅游内容及项目，由此打造出该地区一系列自成体系的旅游品牌。在2018年，额尔古纳市接待俄罗斯跨境旅游者在内的国内外客达到545.8万人次，旅游业及旅游产品收入也增加到56.9亿元，同比增长5.4%和11.9%。其中，以"巴斯克节"为代表的额尔古纳市俄罗斯族的节庆游、民俗文化游、休闲游、购物游、探亲游，包括访俄户等为边疆地区的俄罗斯族开拓了一条致富之路。毫无疑问，所有这些，不仅给俄罗斯族等本地区少数民族带来了就业机会，解决他们就业难等实际问题，也给他们带来了丰厚的经济收入，更为重要的是一定程度上促进了中俄两国的"一带一路"旅游文化建设，强有力推动了本地区特色的旅游文化产业。

二是，额尔古纳市还拿出一定的专项经费，大力扶持俄罗斯族家庭民俗文化游，积极培训本市的俄罗斯族使用母语的功能和作用，有效引导他们深入挖掘整理、开发利用和发扬光大本民族优秀传统文化。经过多方面的努力，已有150户以上的俄罗斯族家庭参与家庭旅游服务业，以家为单位开设本民族民俗旅游文化点。经过几年的探索和发展，到2011年时俄罗斯族家庭民俗文化游已成为本地区经济社会发展的支柱性产业之一。尤其是经过近些年来的努力，恩和俄罗斯民族乡政府成功地把本民族的"巴斯克节"打造成该地区的旅游品牌。这使该乡旅游接待人数，包括俄罗斯来的旅游者在内逐年增加，由此获得的经济效益也逐年凸显。从2007年到此旅游的1.8万人次国内外旅游者，到2018年激增至70万人次，从事家庭旅游的俄罗斯族每户纯收入平均达到5万元左右。目前，恩和俄罗斯民族乡就有110余户家庭开设了俄罗斯民族风情、民俗文化家庭游。这里的旅游业不仅成为该乡的新兴特色产业，同时也成为极其重要的支柱产业，更为重要的是为我国乡村振兴战略作出了自己应有的贡献。

三是，额尔古纳市的俄罗斯族依托良好的地理环境、地域优势、生态环境、社会优势和政策优势，包括本民族具有的特色文化优势，以及本民族的独特传统文化、独特民俗文化、独特民族文化等极其丰

富的旅游文化资源，不断开拓进取和强力发展旅游文化产业，努力打
造本民族旅游产品示范区和本民族特色文化品牌。近年来，额尔古纳
市在发展对俄贸易的同时，将跨境旅游文化作为做大做强的口岸经济
和额尔古纳边境经济合作区的重要内容。经过这些年的不断探索和不
懈努力，额尔古纳市的边境旅游"异地办证"和"ATA 单册证"业务
相继获批，从而极大地方便了额尔古纳市的俄罗斯族及国内旅游者，
赴俄旅游证照办理及双边居民的友好往来及跨境旅游活动，同时对于
中俄两国旅游商品交易及国际商贸往来注入了新的活力。额尔古纳市
的俄罗斯族，紧紧抓住这一中俄两国旅游商品交易快速发展的理想时
期，有思路、有计划、有目标地开展国际旅游商品交易活动，并获得
相当可观的经济效益。这其中俄罗斯族的丽丽娅在市政府的大力支持
下，投资兴建的额尔古纳市中国列巴庄园和俄罗斯列巴商场发挥着极
其重要的引领作用。到 2017 年的时候，丽丽娅占地 13151.90 平方米的
俄罗斯列巴加工厂，每天可加工由 1500 吨面粉制作而成的纯俄罗斯风
味的各种各样的面包。丽丽娅注重挖掘本民族传统饮食文化，以俄罗
斯列巴为主题加工本民族饮食旅游文化产品。它的这些饮食旅游文化
产品里，除了各式各样、各种风味的俄罗斯列巴之外，还有各种腌制
的俄式小菜和肉类食品，格瓦斯等饮料和俄罗斯红酒。它把这些以俄
罗斯列巴为主的本民族旅游文化饮食品，及时地提供到各大景区和景
点及俄罗斯风情园，送到各大商场、旅馆、度假酒店，乃至各大节庆
活动举办地等。这些俄罗斯旅游文化饮食产品的最大消费群体，或者
说最多的购买者还是俄罗斯来的旅游者，以及我国国内的俄罗斯族和
华俄后裔，还有到此旅游的国内游客。另外，俄罗斯族丽丽娅列巴等
旅游文化饮食产品，通过中俄两国的国际旅游文化产品交易市场以及
国际商贸通道还出口到俄罗斯。丽丽娅为了更好地打造本民族旅游文
化，还出资兴建了全国唯一的俄罗斯列巴文化馆、中国第一列巴博物
馆、俄罗斯民族文化大厦、丽丽娅俄式度假酒店、俄罗斯旅游文化产
品专卖店等。俄罗斯族丽丽娅创建的本民族列巴产业，以及其他相关

产业，都一定程度上解决了额尔古纳市的俄罗斯族在内部分人的就业问题，给他们带来了相当稳定而可观的经济收入，为本地区的旅游文化产业的发展注入了一定活力。当然，也为中俄两国的"一带一路"旅游文化建设，做出了自己应有的贡献。

# 第七章

## 中蒙俄 "一带一路" 与内蒙古
## 红色旅游文化

内蒙古不仅有极其优美的自然风景旅游资源，同时也有悠久、辉煌、灿烂的历史文化旅游景区。同时，内蒙古也是红色旅游文化景点相当丰富的地方。这里有很多红色革命遗迹，有很多在历史时期谱写的可歌可泣的壮丽篇章革命英雄人物，从而留下数量可观的弥足珍贵的革命思想、革命斗争、革命故事、革命史料、革命遗迹、革命遗物。据统计，内蒙古现有革命文物保护单位398家，革命历史博物馆和纪念馆有23家，收藏革命文物资料12403件（套）。[①] 充分挖掘红色资源，发展红色旅游，发扬光大革命红色思想，传播红色火种和红色信念及信仰，具有重要的现实和长远意义。当然，对于内蒙古经济社会建设，以及中蒙俄 "一带一路" 旅游文化事业，均有十分重要的推动作用。内蒙古牢记习近平总书记的嘱托，投入专项资金着力开发、保护、弘扬红色文化，奋力谱写繁荣昌盛的社会主义现代化新篇章。内蒙古不断深入开展红色资源专项调查，全面挖掘整理、保护传承、发扬光大内蒙古地区的红色旅游资源及红色旅游文化。内蒙古大地上的红色旅游资源，是内蒙古各族人民最为宝贵的精神财富，是最为幸福而美丽的精神家园。其中，包含极其丰富而可贵的革命文化，以及厚重的革命历史。内蒙古紧

---

[①] 内蒙古自治区文化和旅游厅官方网站，https：//wlt. nmg. gov. cn/zwxx/gzdt/202106/t20210611_ 1610348. html。

紧抓住时代发展的核心要义，通过开展不同形式和内容的红色旅游，讲好党的故事、革命的故事、英雄的故事，不断强化人们对红色革命的宣传和教育，提高人们对红色历史与文化的认识水平及传承和发扬的思想意识，引导广大党员干部用党的光荣传统和优良作风坚定信念、凝聚力量，用党的活生生而红彤彤的革命历史鼓舞人们不惧艰辛、排除万难、努力拼搏、砥砺前行。红色旅游文化资源是我党精神谱系的重要组成部分，要通过参观旅游和深入学习党的光荣历史，以中国共产党①人的无私奉献的伟大精神为引领，让无数先烈用鲜血凝成的革命精神焕发出新时代的光芒。内蒙古红色旅游文化，不仅是我们推动中蒙俄"一带一路"旅游文化建设，促进内蒙古旅游文化产业"走出去"的重要组成内容，也是我们缅怀革命先烈，深入学习党史、国史，赓续红色血脉，创造新的历史业绩的重要举措。

众所周知，2015 年中俄两国为了更好地开发利用红色旅游资源，为了更好地缅怀中俄两国革命先烈，为了更好地发扬光大中俄两国无数先烈用鲜血凝成的革命友谊，也是为了更好更理想地推动中俄两国"一带一路"建设，发起了"2015 中俄红色旅游合作交流系列活动"，这是中国首次发起的国家层面的红色旅游交流活动。这使中蒙俄"一带一路"旅游业及旅游文化产业建设框架下的红色旅游，不仅表现为一种经济社会发展的国际文化交流，更充分体现了国家核心价值及党在新时代建构国际关系的思想理念。红色旅游文化，是为了纪念为国家独立、人民解放而进行反帝反封建革命斗争的革命先烈，以及在解放战争和中华人民共和国成立后的不同历史发展时期为革命牺牲的先烈及革命斗争发生地、革命斗争场所而建立的丰碑、遗址、纪念馆、纪念场所等。充分发掘这些红色旅游资源，是继承红色革命传统和加强爱国主义教育的重要抓手，是弘扬伟大民族精神、革命精神、展现文化自信的重要形式和内容，是深入学习习近平总书记新时代中国特

---

① 以下将"中国共产党"简称为"中共"。

色社会主义思想理论的重要举措。

对于中蒙俄三国来讲，红色旅游可以找到其共同走过的发展历史，增进三国人民真挚的情感和友谊，为中蒙俄"一带一路"旅游文化的交流与合作提供强大精神力量。还可以通过发展中蒙俄三国红色旅游，传播我国人民反帝反封建的光辉历史，展现我国在不同历史发展阶段取得的辉煌成就，传播我国"一带一路"倡议和人类命运共同体伟大思想内涵。对于俄罗斯而言，红色旅游同样是俄罗斯人民反法西斯战争取得伟大胜利，共同建设人类美好未来的强大精神力量。同蒙古国开展红色旅游，可以使我们共同回忆在那炮火连天的战争年代，在那艰苦卓越的历史进程中，共同走过的斗争岁月和战斗历程，进而不断加强相互间感情和团结，激发人们珍惜今天的幸福生活，为更加美好的未来共同努力奋斗。因此我们说，中蒙俄三国间发展红色旅游，会为中蒙俄"一带一路"旅游业和旅游文化产业建设，包括对中蒙俄经济走廊建设注入强大的生命力。

中蒙俄三国在革命斗争和反法西斯战争岁月里，积累了极其丰富而珍贵的共同的"红色印记"。无论是在中共成立后我党大量人员前往苏联学习，建立了满洲里和东北的红色秘密交通线，还是在莫斯科召开的中共六大，以及毛主席出访苏联等重大历史事件，这些都在人民的记忆中，在人民的心里留下深刻的红色印记，由此在中俄两国人民之间结下牢不可破的革命友谊。在内蒙古的众多红色旅游资源，以及红色旅游文化中，同中蒙俄三国人民共同的"红色印记"相关的内容确实有许多。例如，驰名中外的诺门罕战争，就是我国和苏联及蒙古国人民在反法西斯战争中相互合作的真实写照。内蒙古境内还有很多当时苏联红军的纪念碑等，这些都是中蒙俄三国人民不可忘记的"红色印记"。走入新时代的今天，我国同蒙古国和俄罗斯之间以"一带一路"旅游业及旅游文化建设为前提，在不断强化相互间的往来、相互间的交流、相互间的合作的特定历史发展阶段，红色旅游作为旅游文化交流中不可或缺的重要内容之一，同样发挥着不可忽视的重要影响力、感染力和作用力。尤为可贵的是，红色旅游已成为中蒙俄三国青年人铭记历史，呵护传统红色文化的最佳平台。2019 年，俄罗斯还拍摄了以中俄红色历史为题材的纪录片《中国的重生》，从该片中可以看到两国人民牢不可破的革命友谊，源远流长的红色革命历史与文明，以及永不磨灭的思想的、精神的和心灵的宝贵财富。

从中蒙俄三国的红色旅游文化交流与发展中可以看出以下一些成绩：（1）中蒙俄红色旅游文化交流起步虽然比较晚，但已经取得相当显著的阶段性成绩。尤其是，完善了红色旅游的互联互通，进而为以后的进一步发展奠定了良好基础；（2）2015 年以后，中俄两国的红色旅游开展得十分理想，两国政府间签署了大量的合作开发红色旅游的文件，以及签订了两国政府间的红色旅游开发的合作项目；（3）按照相关合作内容，中俄两国每年开展一次有关红色旅游方面的交流活动；（4）中俄两国间的红色旅游文化交流，还涉及其他文化交流活动，以及与两国经济社会发展有关的一些内容；（5）中蒙俄红色旅游文化已展现出十分广阔的发展前景，由此而出现的我国旅游者出境游及俄罗斯和蒙古国旅游者的入境游人数逐年增多。鼓舞人心的是，中蒙俄三国的青年人中参加红色旅游者越来越多，红色旅游已成为培养红色青少年的重要举措；（6）红色旅游线路、红色旅游景点也逐年增加，从而有力推动了中蒙俄"一带一路"旅游业及旅游文化产业的发展。

## 第一节　中蒙俄"一带一路"与内蒙古
## 红色旅游文化建设

内蒙古作为中华人民共和国第一个成立的少数民族自治区，有着辉煌的革命历史和众多的红色文化资源。而且，内蒙古红色旅游资源十分丰厚，且具有很强的影响力和感染力。此外，红色旅游文化资源分布地域广，涉及内容很丰富，具有显著的区域和民族特征。内蒙古政府不断开发红色旅游景点和场所，提升红色旅游文化价值，丰富红色旅游文化内容，增加红色革命展馆和展示场所，增强红色文化教育的体验性和互动性，推动红色文化与思想、文化、教育、社会发展等紧密相联系，将内蒙古自治区打造成国内知名的红色旅游文化摇篮。

## 一　内蒙古红色旅游景区及景点

根据我们调研中掌握的资料，内蒙古A级以上红色旅游景区共有23家。其中，5A级2家、4A级11家、3A级6家、2A级4家。另外，有8处红色旅游景区，被列入全国红色旅游经典名录。内蒙古充分开发红色旅游资源和爱国主义教育基地，大力发展红色旅游文化事业，深入开展红色革命教育，让更多的人瞻仰革命先辈，传承红色革命基因，从中获取革命思想教育和为人民幸福生活无私奉献的崇高精神，以及为建设强大的社会主义现代化强国凝聚磅礴力量，共同努力实现伟大梦想。为此，内蒙古不断深入挖掘整理和发扬光大红色革命历史，并不断开发丰富的红色历史文化资源，创建本地区特色鲜明的红色旅游品牌。特别是内蒙古有关旅游业发展方面的一系列规划中，都明确提出红色旅游胜地建设的具体要求与行动计划，希望牢牢抓住乌兰夫等老一辈革命家的旧址、五一会址、满洲里国际秘密红色交通线教育基地、延安民族学院城川纪念馆、独贵龙运动旧址等丰厚的红色旅游文化资源，强有力地宣传和弘扬爱国主义精神，传承红色革命基因，继承红色革命意志，坚定红色革命信念和信仰。为实现这一目标，内蒙古政府启动了重点打造满洲里市、乌兰浩特市、武川县、凉城县等红色旅游名城，讲好内蒙古红色革命故事，建成红色旅游文化基地的行动计划。2017年起，为了更大力度地支持发展红色旅游，以及完善红色旅游经典景区，内蒙古着力打造出以内蒙古革命历史博物馆、乌兰夫纪念馆和故居、大青山抗日根据地、呼和浩特绥南革命根据地、自治区政府成立纪念地、鄂尔多斯市延安民族学院成川纪念馆等为中心的红色旅游景区和景点。

为了更加广泛而扎实地弘扬红色革命传统和传承红色革命基因，2019年8月起内蒙古对各盟市红色旅游资源进行全范围系统梳理，并以呼和浩特市、乌兰浩特市、满洲里市等具有很强代表性的红色旅游城市为重点，紧密结合各地优秀传统文化旅游资源，成功推出草原红色之子、纪念内蒙古民族解放战争、红色教育培训、纪念抗日战争、纪念二战反法西斯战争、航天载梦、纪念解放战争、塞外抗战、誓师抗日、大国重器等十大红色旅游精品线路。

根据内蒙古红色旅游资源的实际分布情况，以及红色旅游文化事业实际发展需要，内蒙古努力打造以呼包鄂乌红色旅游、兴安盟红色旅游、呼伦贝尔红色旅游建设为引领，强力带动二连浩特国门景区、东风航天城、定远营古城、多伦县察哈尔抗战遗址、654 小三线军工遗址、锡林郭勒盟红色旅游纪念馆、乌兰牧骑学院、麦新烈士纪念馆、绥蒙革命纪念园、五原抗战纪念园等的红色旅游文化建设，并取得了鼓舞人心的阶段性辉煌成绩。表 7-1 主要列举了过去的一些内蒙古地区新建或重新改建升级的红色旅游文化景区及景点。而且，这些红色旅游文化景区及景点都具有一定代表性和影响力，也都属于被国家和自治区列入 A 级以上的红色旅游景区和景点。当然，其中也涉及中蒙俄红色旅游文化内容。

表 7-1 　　　　　　　　　　　内蒙古地区红色旅游文化景区及景点

| 景区级别 | 景区名称 | 景区位置 | 景区概况 |
|---|---|---|---|
| 5A 级 | 满洲里市红色国际秘密交通线教育基地 | 呼伦贝尔市、满洲里市 | 满洲里市地处中、俄、蒙三国交界地，是全国最大的陆路口岸。20 世纪 20 年代，中共在满洲里设立了秘密红色交通站，开辟了由满洲里通往苏联的红色交通线。作为中国革命史上存在时间最长的一条秘密红色交通线，其见证了李大钊、陈独秀、刘少奇、周恩来、瞿秋白、李立三等中共早期领导人赴苏联学习马克思主义，加强与共产国际联系，引导中国革命走向胜利的足迹，也见证了中共"六大"、二战期间苏联对日宣战出兵我国东北，以及毛泽东主席出访苏联等重要历史事件。2005 年，满洲里市开始投资建设国际秘密红色交通线教育基地，当年被评为全国 100 个红色旅游景点之一。主要包括满洲里国际秘密红色交通线纪念广场、满洲里国际秘密红色交通线陈列馆、红色革命火车头广场、满洲里秘密红色交通站、苏联红军烈士陵园、中东铁路监狱、扎赉诺尔和二卡国际秘密红色交通线旧址等革命历史遗址与遗迹。2016 年 12 月，入选《全国红色旅游景点景区名录》 |

续表

| 景区级别 | 景区名称 | 景区位置 | 景区概况 |
|---|---|---|---|
| 5A级 | 世界反法西斯战争海拉尔纪念公园 | 呼伦贝尔市海拉尔城区 | 该纪念公园被国家列入5A级战争主题红色旅游基地，总面积为110公顷，建在原侵华日军海拉尔要塞遗址上，是集爱国主义、国际主义、革命英雄主义为一体的军事主题红色旅游景区，是国内少有的同类题材主题公园之一。园区分为地上、地下两部分，其中地面建有海拉尔要塞遗址博物馆，设四个展厅，分九个单元，展出了抗战各时期的文字资料100余万字，珍贵历史照片1000余张，地图39幅，以及大量战争实物。内设电影厅，用影视展现侵华日军罪行，以及相关抗战影片内容。原侵华日军海拉尔要塞遗址于1996年被评为内蒙古自治区重点文物保护单位，世界反法西斯战争海拉尔纪念公园于2009年5月被中央宣传部公布为全国爱国主义教育示范基地。2018年10月，被评为全国中小学生研学实践红色教育基地 |
| 4A级 | 内蒙古博物院 | 呼和浩特市新城区 | 内蒙古博物院被国家评为全国民族团结进步教育基地，国家一级博物馆，国家4A级旅游景区。建筑面积15000余平方米，展厅面积有7000平方米。内蒙古博物院二层有"飞天神舟"等展示内容；三层有"草原雄风""草原天骄""草原烽火"等陈列板块；四层有"草原日出""风云骑士""苍穹旋律""草原华章"等专题陈列内容。内蒙古博物院内收藏的近现代文物中，以革命文物最为丰富，从而充分反映了内蒙古各族人民在党的领导下，从一九一九年的"五四"运动到一九四九年的中华人民共和国成立所经历的革命斗争岁月及历程。这些藏品是进行爱国主义教育的生动教材，更是培育民族精神的重要载体 |
| | 北方兵器城 | 包头市青山区 | 北方兵器城是我国兵器·北方重工集团投资筹建的具有爱国主义教育、国防科普教育、军工文化传播的大型火炮主题公园，是国家4A级旅游景区、全国工业旅游示范点、国防军工文化教育基地、中国企业文化示范基地、全国科普教育基地、自治区爱国主义教育基地。景区占地面积17.4万平方米，由东区和中区组成。步入兵器城的游客可以了解我国兵器发展的相关历史，以及火炮知识。北方兵器城可以提高游客对于我国为红色革命、为新中国的解放而发展兵器工业的深刻原理，使国内外游客通过红色旅游，进一步了解我国解放战争及现代化兵器工业建设和发展 |

续表

| 景区级别 | 景区名称 | 景区位置 | 景区概况 |
|---|---|---|---|
| 4A 级 | 呼伦贝尔市布苏里北疆军红色旅游景区 | 呼伦贝尔市鄂伦春旗吉文镇 | 该红色旅游景区原为嘎仙沟军事基地,占地23.4平方公里,是每年上千名官兵历时30余年,耗资27亿元人民币,用鲜血和汗水构筑的我国北方最庞大的地下洞库群,也是当时我国面积最大、位置最北、气候最冷的北疆军事基地。现为国家4A级旅游红色景区,知名景点有元帅楼、北国第一哨、窑洞指挥所、陈列馆、地下油料库等 |
| | 集宁战役红色纪念公园 | 乌兰察布市集宁区 | 该红色纪念公园占地总面积为13万平方米,以集宁战役纪念馆为主展区,包含集宁烈士陵园、胜利广场、纪念广场、绥蒙政府纪念广场、将军园、名人园、碑林园、支前广场、英雄广场、二〇五师纪念广场、和平广场、人民英雄纪念碑、集宁战役指挥部旧址、地道遗址、英烈墙、国防教育区、场景复原区、军事体验馆、全国红色旅游书屋、青少年科技实验基地等烈士纪念设施和参观体验景点。于2006年被乌兰察布市评为爱国主义教育基地,2008年被内蒙古政府评为国防教育基地,2009年3月2日被国务院批准为全国重点烈士纪念建筑物保护单位,2016年被国家评为4A级红色旅游景区 |
| | 城川红色旅游文化景区 | 鄂尔多斯市鄂托克前旗 | 城川红色旅游文化景区,位于鄂尔多斯市西南部鄂托克前旗,这里属于蒙、陕、宁交界处,是内蒙古西南大门,是由鄂尔多斯市政府打造的以"红色教育"为主的"1+2"红色旅游文化区。其中的"1"是指延安民族学院城川纪念馆和红色培训中心,"2"是指国际共产主义战士王震井纪念旅游区、阳早寒春三边牧场陈列馆红色旅游区 |
| | 东风航天城旅游区 | 阿拉善盟额济纳旗 | 东风航天城位于内蒙古阿拉善盟额济纳旗政府所在地达来库布镇北边约150公里处,是酒泉卫星发射中心总装备部的第二十试验训练基地,因"神五""神六"的成功发射而闻名天下。东风航天城属于国家4A级红色旅游景区,也是内蒙古红色旅游景点之一,是内蒙古北疆·航天载梦红色旅游线路。东风航天城是追寻实现中华民族飞天梦想的地方,人们在这里可以近距离参观卫星发射场、指挥控制中心、长征二号火箭、测试中心等。人们不仅了解我国航天事业的发展历程,同时也会通过额济纳旗人民,深刻感受到祖国人民为支持国防建设,舍小家为祖国做贡献的革命精神。2016年1月8日,酒泉卫星发射中心被国家旅游局授予首批"全国研学旅游示范基地"称号。2017年3月28日,被国家旅游局、中国科学院推选为"首批中国十大科技旅游基地"。2018年1月27日,酒泉卫星发射中心入选"中国工业遗产保护名录" |

续表

| 景区级别 | 景区名称 | 景区位置 | 景区概况 |
|---|---|---|---|
| 4A级 | 二连浩特市国门旅游景区 | 锡林郭勒盟二连浩特市 | 该红色景区位于二连浩特市区北部军事区域，南北长约1800米，东西约720米，占地约130万平方米，最北边至中蒙边境线。二连浩特国门旅游红色景区以国门、界碑为核心，以"边关文化"和爱国主义教育为主题，以二连浩特城市历史变迁发展为主线，属国内独具边境文化特色，集旅游观光、军旅体验、爱国主义教育为一体的综合性红色旅游景区，也是边关特色最直接的体验，游客可以在这里感受三代国门及界碑、中蒙两国友好往来、中蒙俄"一带一路"建设等内容。景区分为迎宾区、沿途引景区、火车纪念广场区、国门参观区、警犬训练区和界碑参观区几个部分。2019年被评为4A级旅游景区 |
| | 乌兰夫故居红色文化旅游景区 | 呼和浩特市土默特左旗塔布赛村 | 该红色旅游文化区是，20世纪初我国北方地区具有浓厚民俗特点的民居。故居包括正房、东西厢房、碾房、磨房、粮仓房等20余个房间。2006年重新修葺后对游人开放。整个建筑有故居原貌、展室、书画厅、音像厅、碑墙、怀泽亭、停车场以及乌兰夫家碾打、晾晒粮食的场面和乌兰夫童年时玩耍的芨滩等展览内容。总占地面积20亩。故居是乌兰夫出生、成长和早期从事革命活动的地方。共展出文物40件、照片92张、文献资料28件、实景169件，还辅之展出土默特民俗文化用品35件。游客在参观故居的同时，还可以领略一位革命者，或者说草原革命的领路人，从小成长的特定环境、条件和受到的先进文化教育等诸多方面的深刻内涵。呼和浩特市土左旗乌兰夫故居，被国家列为红色旅游经典景区之一。2006年5月25日，乌兰夫故居被国务院批准列入第六批全国重点文物保护单位名单。2016年12月，入选全国红色旅游景点景区名录 |
| | 老牛坡红色文化旅游区 | 呼和浩特清水河县 | 老牛坡村党支部位于明长城脚下，是清水河、偏关、平鲁两省三县的交汇处，是革命圣地延安通往大青山抗日游击根据地和共产国际的重要红色通道，是晋西北抗日斗争的前沿阵地。老牛坡党支部是抗战时期内蒙古、山西两地交界地区成立最早的农村党支部，是晋绥边区红色政权的重要组成部分，也是引领革命斗争发展的一面旗帜。清水河县老牛坡党员干部教育中心在党支部所在地建设了老牛坡村党支部展馆、红色文化广场、革命主题广场、廉政文化广场和会议室报告厅，复原了党支部旧址。同时，在口子上村建了长城文化展馆，并在北堡村建了学员生活区，改扩建了抗战遗址、革命烈士纪念碑广场。2019年被评为4A级景区 |

| 景区级别 | 景区名称 | 景区位置 | 景区概况 |
|---|---|---|---|
| 3A 级 | 乌兰夫纪念馆 | 呼和浩特回民区 | 乌兰夫纪念馆建成于 1992 年，时任国家主席杨尚昆为纪念馆题写馆名。纪念馆总面积为 380 亩，园内种植的物种类达 422 种。其中纪念馆占地面积 3000 平方米，建筑面积 2100 平方米。整个建筑由主馆、纪念广场、塑像平台、升旗台、碑亭、牌楼 6 个部分组成。2006 年，为纪念乌兰夫诞辰 100 周年，重新布展后的乌兰夫纪念馆展面积为 1500 余平方米，由原来的 8 个展厅增加到 9 个展室。2018 年完成副馆建设，建筑面积约 4000 平方米。先后被呼和浩特市、内蒙古自治区命名为爱国主义教育基地。是全国百家爱国主义教育示范基地、国家 3A 级旅游景区、全国百家红色旅游景区、第六批全国重点文物保护单位、全国民族团结进步教育基地 |
| | 内蒙古五原抗战纪念园 | 巴彦淖尔市五原县 | "五原大捷"是全国抗战以来我国军队第一个收复失地的战役，具有"奠定收复失土、驱逐日寇之基础"的意义，而且粉碎了日寇西进的战略野心，保护了西北。2005 年 9 月 18 日，五原县政府在原址进行恢复修葺。纪念园主体工程由牌楼、纪念碑、铭录墙、墓冢、左右展厅、傅作义主题塑像广场和陵园连接路七部分组成。现已被评为全区第四批重点文物保护单位，自治区级爱国主义教育基地，也是对外开放的红色旅游重要基地 |
| | 通辽市开鲁县麦新纪念馆 | 通辽市开鲁县白塔公园 | 革命音乐家麦新是中国新音乐运动的先驱者之一，是著名的抗日战歌《大刀进行曲》的作者，1947 年 6 月 6 日麦新在执行任务途中遭匪徒袭击壮烈牺牲，是全国著名的革命烈士之一。2008 年 9 月 15 日麦新纪念馆建成开馆。新馆占地面积 1.2 万平方米，建筑面积 3840 平方米。建筑主体二层，局部三层，一楼为开鲁博物馆和乡友藏书馆，二楼为麦新纪念物展览馆。馆内珍藏有麦新烈士遗像、革命遗物、革命事迹资料文献，各级领导纪念麦新烈士的题词。麦新纪念馆于 1996 年 5 月被内蒙古政府公布为自治区重点文物保护单位，1996 年 10 月被内蒙古自治区公布为内蒙古爱国主义教育基地 |

续表

| 景区级别 | 景区名称 | 景区位置 | 景区概况 |
|---|---|---|---|
| 3A 级 | 贾力更烈士纪念馆红色旅游区 | 呼和浩特市土左旗把什村 | 贾力更原名康富成，蒙古族，1925 年加入中国共产党。1926 年初，贾力更参加广州农民运动讲习所第六期讲习班学习，1926 年奉命到蒙古人民共和国学习和工作。抗日战争爆发后，贾力更回到内蒙古，在土默特旗一带开展抗日斗争。1939 年 9 月，贾力更任中共土默特旗工作委员会书记。他的故居在村东一处四合小院，正房 5 间是砖木结构，为一般民房。正房东屋布贾力更烈士生平事迹及文物陈列展，院内建有东西房各三间，为生活用房和接待室，贾力更烈士的半身大理石雕像安放院落中央。1986 年，故居被批准为内蒙古自治区级重点文物保护单位。1998 年，被命名为市、旗两级爱国主义教育基地。现为内蒙古自治区爱国主义教育基地之一 |
| | 大青山红色旅游景区 | 呼和浩特市武川县 | 抗日战争时期大青山是八路军大青山抗日支队司令部所在地及革命活动中心，素有"塞外小延安"之称。1938 年秋，按照毛泽东的指示，八路军 120 师贺龙率 715 团与第二战区游击第四支队，从山西五塞出发挺进大青山。在当时，得胜沟和李齐沟是大青山支队司令部和省委及行署机关驻地，也是"大青山抗日根据地的指挥中心"。1964 年被内蒙古列为重点文物保护单位，于 1995 年投资建设后形成占地面积为 650 平方米的抗战革命历史遗址，其中有陈列室，以及司令部、教导队、卫生队、李井泉司令员故居等。同时，对李齐沟的"郝区政府"的遗迹做了重建和修复，基本恢复了抗战时期的历史原貌。2004 年，地方又投入一定专项经费，在蘑菇窑建了呼和浩特市爱国主义教育基地，现已建成 20 个图片展厅，展厅面积达 1500 平方米，彩喷 200 平方米，陈列了反映大青山军民战争史的大型图片 530 块。2005 年得胜沟和李齐沟的抗战革命历史遗址，被国家六部委命名为全国 106 个红色旅游重点经典景区之一 |
| | 内蒙古民族解放纪念馆 | 兴安盟乌兰浩特市 | 内蒙古民族解放纪念馆坐落在乌兰浩特市，为纪念内蒙古自治区成立 60 周年而兴建。这里也是新中国成立后少数民族地区兴建的第一座全程展示民族区域自治的纪念性展馆，同样是内蒙古第一座民族解放纪念馆。新中国成立以来，这里成为第一座全程反映民族地区民族解放历程的纪念性展馆。纪念馆总投资 9600 万元，占地面积约 3 万平方米，陈展面积 3500 平方米，由序厅、主展厅和英烈厅 3 部分组成。另外，还设有馆前广场，广场陈列有两门大炮。主展厅设震撼的春雷、抗日的烽火、胜利的曙光、永远的丰碑 4 个单元。英烈厅则设有革命先驱、还我河山、为了新中国、英勇的铁骑兵 4 个单元。该纪念馆于 2009 年 5 月被中宣部评为全国爱国主义教育示范基地 |

续表

| 景区级别 | 景区名称 | 景区位置 | 景区概况 |
|---|---|---|---|
| 3A级 | 呼伦贝尔市诺门罕战役遗址陈列馆 | 呼伦贝尔新巴尔虎左旗 | 该陈列馆分为接待区、军事区、军事博览区、综合服务区四个功能区，以及包括初战景区、罪证景区、覆灭景区、和平永恒景区、野战野营景区、素质训练景区六大景区和46处各具特色的景点。陈列馆外观设计为密封式碉堡造型，建筑面积有2264平方米，采用框架结构，主体景为四层建筑。馆内布展为全面展示当年战争场面，整体色调以岩石色为主，辅以刚强的金属颜色。同时，用现代化高科技手段将声、光、电和谐融合为一体，是国内外参观者如临战火纷飞的反法西斯战场。1994年，该陈列馆被授予内蒙古爱国主义教育基地，以及重点文物保护单位。这里也是名副其实的红色旅游景区 |
| 2A级 | 阿荣旗抗联英雄园 | 呼伦贝尔市阿荣旗那吉镇 | 这一抗联英雄园，也是内蒙古红色旅游景区之一。2005年9月，阿荣旗政府为纪念抗联英雄，加强爱国主义教育及红色旅游景区建设，在原东山烈士陵园修建抗联英雄园。2006年9月1日，完成占地40万平方米的抗联英雄园修建工程，园内有以抗联英雄战斗事迹为主题的"抗日烽火""七勇士""兴安密林"等16座红色革命雕塑，以及英雄亭、民族亭、缅怀亭、报国亭、精忠亭和勿忘亭等。东北抗联纪念馆内，展出大量抗联时期缴获的敌人武器和战时实物和图片等。展厅还全面介绍了日本侵略者，在阿荣旗建立的开拓团及在东北这片土地上的滔天罪行，深刻阐明了东北抗联坚持抗战，夺取胜利的英雄事迹，从而充分体现出祖国和人民对抗联战士的无限敬仰与深情缅怀。2008年12月，该抗联英雄园被内蒙古认定为自治区爱国主义教育基地。2015年8月24日，被国务院评为第二批国家级抗战纪念遗址名录之一 |
| | 通辽开鲁县烈士陵园 | 通辽市开鲁县和平街 | 通辽开鲁县烈士陵园的纪念碑，于1970年6月1日落成。纪念碑正面镌刻"人民英雄永垂不朽"八个大字，背面镌刻张东来烈士的生平事迹。2013年8月，县民政部门扩建陵园，经上级政府批准，更名为开鲁东来烈士陵园。重新修葺纪念碑，纪念碑南、北两面分别用汉蒙两种文字镌刻"人民英雄永垂不朽"八个大字，每年都有数以万计的人前来缅怀烈士 |

续表

| 景区级别 | 景区名称 | 景区位置 | 景区概况 |
|---|---|---|---|
| 2A 级 | 柴胡栏子烈士陵园 | 赤峰市松山区西北45 公里柴胡栏子村 | 柴胡栏子烈士陵园,位于内蒙古赤峰市山区西北45 公里柴胡栏子村山坡处,是 2A 级红色旅游景区,也是自治区级革命历史遗址保护单位。陵园建于 1971 年 5 月,占地总面积为 15000 平方米,建筑面积是 1774.4 平方米,是该地区十分重要的红色历史纪念地。1975 年,被当地政府列入第一批重点文物保护单位;1993 年 12 月,列入自治区烈士建筑物保护单位;1995 年 10 月松山区人民政府划定为烈士陵园保护区,并作为革命纪念地和爱国主义教育基地向群众和游客开放;1995 年 12 月,列入自治区级爱国主义教育基地及 2A 级红色旅游景区,属自治区级革命历史遗址保护单位。该烈士陵园由烈士墓、烈士纪念碑、陈列室三部分组成,西侧的陈列室陈列烈士衣物、用品及烈士生平事迹、图片等。陵园最高处坐落着雄伟高大的纪念碑和 22 个烈士坟墓,烈士墓建在陵园北侧山坡墓台上,纪念碑耸立在烈士墓前面,碑高 15 米,正面刻有"革命烈士纪念碑"七个大字 |
| | 多伦县察哈尔抗战遗址 | 锡林郭勒多伦县旧城区 | 占地面积达 2.2 平方公里的内蒙古多伦县察哈尔抗战遗址建于 1959 年,遗址园区内有烈士纪念碑、革命烈士纪念馆、革命烈士墓等红色旅游内容。2006 年,改建后竖立了吉鸿昌汉白玉雕像等。纪念馆里,展出了从抗战至新中国成立这一历史时期,多伦县重要的历史事件资料及党史人物介绍。景区内还有察哈尔抗日同盟军多伦指挥部、吉鸿昌将军演讲台、苏蒙联军多伦指挥所旧址、同盟军多伦战斗旧址、群众抗日集会旧址、革命烈士陵园等景点。景区内的革命烈士陵园,群众抗日集会场景及山西会馆被认定为全国重点文物保护单位。另外,馆内陈列了察哈尔抗日同盟在多伦期间的红色革命史实资料及部分革命文物。2017 年,这里入选国家红色旅游经典景区名录 |

　　以上提到的内蒙古地区 5A 级、4A 级、3A 级、2A 级红色旅游景区和景点,以及烈士陵墓、抗战纪念馆等均有特定的红色历史文化价值,有传承和宣传红色革命思想、红色革命精神、红色革命信念和理想的深刻内涵和使命。同时,这些红色旅游景区也有助于传承和宣传国际

共产主义精神，国际反法西斯战争和反对帝国主义列强精神，弘扬和歌颂为全人类解放事业和创造和平、安宁、幸福的未来而付出宝贵生命的革命先烈，激励人们继承他们的意志，为人类更加美好的未来，勇敢地战胜面对一切艰难险阻及严峻的考验，永不放弃美好的希望和梦想，走向更加美好的未来。正因为如此，每年都有数量可观的国内外热爱和平的使者，渴望天下太平及祈愿人民生活更加美好的旅游者纷纷来到这些红色旅游景区和景点祭祀英雄及英灵。进而不仅增强了不同国家人民间的友好往来，促进了中蒙俄"一带一路"旅游文化，也为内蒙古地区经济社会的发展产生了积极影响和推动作用。

## 二 内蒙古的博物馆和展览馆中的红色旅游文化

改革开放以后，特别是习近平总书记提出文化强国战略及"一带一路"倡议之后，内蒙古地区为了更好地打造文化强区，以及中蒙俄"一带一路"旅游文化建设，兴建了许多各具特色、各有丰富内容的博物馆及展览馆等，都涉及内蒙古在过去一些年的旅游文化，包括红色革命历史、红色革命文化、红色革命精神的展览内容。毫无疑问，这些红色革命内容已成为博物馆和展览馆不可或缺的重要组成部分，同样成为国内外旅游者了解我国历史文化与文明，特别是参观学习中共党史和建立新中国的艰难艰苦艰辛历史岁月的殿堂。所以，每次国内外旅游者到这些博物馆或展览馆参观旅游，都会带着满满的收获和感想、思考而去。现在，内蒙古各盟市都有了自己的博物馆或展览馆，在这些博物馆或展览馆内都有红色旅游文化内容。而且，也有专门展示红色革命历史文化的博物馆和展览馆，尤其以红色革命历史文化命名的展览馆有很多。同时，还有一些红色革命活动旧址等内容的展开场景或场所等。表7-2列举了我们统计的内蒙古地区具有一定代表性的博物馆和展览馆。

表 7 - 2　　　　　　　　　　内蒙古地区代表性博物馆和展览馆

| 序号 | 博物馆或展览馆等的名称 | 所在地/隶属 | 博物馆等级 |
|---|---|---|---|
| 1 | 内蒙古博物院 | 呼和浩特市新城区 | 国家一级 |
| 2 | 鄂尔多斯博物馆 | 鄂尔多斯市康巴什新区 | 国家一级 |
| 3 | 呼和浩特博物馆 | 呼和浩特市新城区 | 国家三级 |
| 4 | 内蒙古包头博物馆 | 包头市昆都仑区 | 国家三级 |
| 5 | 赤峰市博物馆 | 赤峰市红山区 | 国家三级 |
| 6 | 巴林右旗博物馆 | 巴林右旗 | 国家三级 |
| 7 | 通辽市博物馆 | 通辽市科尔沁区 | 国家三级 |
| 8 | 满洲里市博物馆 | 满洲里市互贸区 | 国家三级 |
| 9 | 扎兰屯市历史博物馆 | 扎兰屯市 | 国家三级 |
| 10 | 莫旗达斡尔民族博物馆 | 呼伦贝尔市 | 国家三级 |
| 11 | 乌兰察布市博物馆 | 乌兰察布市集宁区 | 国家三级 |
| 12 | 乌海市博物馆 | 乌海市滨河区 | 国家三级 |
| 13 | 阿拉善博物馆 | 阿拉善左旗 | 国家三级 |
| 14 | 兴安盟博物馆 | 兴安盟乌兰浩特市 | 国家三级 |
| 15 | 科尔沁右翼前旗博物馆 | 兴安盟科尔沁右翼前旗 | 国家三级 |
| 16 | 科尔沁右翼中旗博物馆 | 兴安盟科尔沁右翼中旗 | 国家三级 |
| 17 | 内蒙古河套文化博物院 | 巴彦淖尔市临河区 | 国家三级 |
| 18 | 鄂尔多斯革命历史博物馆 | 鄂尔多斯市东胜区 | 未定级别 |
| 19 | 乌审召牧区大寨博物馆 | 鄂尔多斯市乌审旗 | 未定级别 |
| 20 | 牙克石中东铁路遗址博物馆 | 牙克石市 | 未定级别 |
| 21 | 海拉尔要塞遗址博物馆 | 海拉尔北山要塞遗址 | 未定级别 |
| 22 | 呼伦贝尔市中东铁路博物馆 | 呼伦贝尔市扎兰屯市 | 未定级别 |
| 23 | 兵团战士博物馆 | 巴彦淖尔市磴口县 | 未定级别 |
| 24 | 兵团岁月博物馆 | 锡林郭勒盟苏尼特右旗 | 未定级别 |
| 25 | 鄂托克旗博物馆 | 鄂尔多斯市鄂托克旗 | 未定级别 |
| 26 | 乌审旗博物馆 | 鄂尔多斯市乌审旗 | 未定级别 |
| 27 | 内蒙古恩格贝沙漠博物馆 | 鄂尔多斯市 | 未定级别 |
| 28 | 敕勒川博物馆 | 包头市土默特右旗 | 未定级别 |
| 29 | 开鲁县博物馆 | 通辽市开鲁县 | 未定级别 |
| 30 | 准格尔旗博物馆 | 准格尔旗 | 未定级别 |

续表

| 序号 | 博物馆或展览馆等的名称 | 所在地/隶属 | 博物馆等级 |
|---|---|---|---|
| 31 | 乌海煤炭博物馆 | 乌海市海勃湾区 | 未定级别 |
| 32 | 阿鲁科尔沁旗博物馆 | 赤峰市阿鲁科尔沁旗 | 未定级别 |
| 33 | 克什克腾旗博物馆 | 克什克腾旗 | 未定级别 |
| 34 | 额济纳博物馆 | 阿拉善盟额济纳旗 | 未定级别 |
| 35 | 阿拉善右旗博物馆 | 阿拉善盟阿右旗 | 未定级别 |
| 36 | 阿拉善和硕特亲王府博物馆 | 阿拉善盟阿左旗 | 未定级别 |
| 37 | 五原博物馆 | 巴彦淖尔市五原县 | 未定级别 |
| 38 | 内蒙古乌拉特前旗公田村博物馆 | 巴彦淖尔市乌拉特前旗 | 未定级别 |
| 39 | 内蒙古土默特博物馆 | 土默特左旗 | 未定级别 |
| 40 | 锡林郭勒盟博物馆 | 锡林浩特市新区 | 未定级别 |
| 41 | 乌拉特博物馆 | 乌拉特后旗 | 未定级别 |
| 42 | 乌拉特前旗博物馆 | 乌拉特前旗 | 未定级别 |
| 43 | 伊金霍洛旗郡王府博物馆 | 伊金霍洛旗 | 未定级别 |
| 44 | 达拉特博物馆 | 达拉特旗 | 未定级别 |
| 45 | 杭锦旗沙日特莫图博物馆 | 杭锦旗 | 未定级别 |
| 46 | 杭锦旗综合博物馆 | 杭锦旗 | 未定级别 |
| 47 | 准格尔旗博物馆 | 准格尔旗 | 未定级别 |
| 48 | 察右中旗博物馆 | 察右中旗 | 未定级别 |
| 49 | 新巴尔虎右旗巴尔虎博物馆 | 呼伦贝尔市新巴尔虎右旗 | 未定级别 |
| 50 | 新巴尔虎左旗博物馆 | 呼伦贝尔市新巴尔虎左旗 | 未定级别 |
| 51 | 鄂温克博物馆 | 呼伦贝尔市鄂温克旗 | 未定级别 |
| 52 | 满洲里市六大纪念馆 | 呼伦贝尔市满洲里市 | 未定级别 |
| 53 | 内蒙古民族解放纪念馆 | 乌兰浩特市 | 未定级别 |
| 54 | 呼伦贝尔东北抗联纪念馆 | 呼伦贝尔市阿荣旗 | 未定级别 |
| 55 | 五原抗战纪念馆 | 巴彦淖尔市五原县 | 未定级别 |
| 56 | 大青山游击根据地纪念馆 | 呼和浩特市武川县 | 未定级别 |
| 57 | 集宁战役纪念馆 | 集宁区 | 未定级别 |
| 58 | 察右后旗红格尔图战役纪念馆 | 察右后旗 | 未定级别 |
| 59 | 红石崖抗日纪念馆 | 乌兰察布卓资县 | 未定级别 |
| 60 | 傅作义纪念馆 | 杭锦后旗 | 未定级别 |

续表

| 序号 | 博物馆或展览馆等的名称 | 所在地/隶属 | 博物馆等级 |
|---|---|---|---|
| 61 | 锡林郭勒盟红色旅游纪念馆 | 锡林郭勒盟锡林浩特市 | 未定级别 |
| 62 | 鄂托克前旗延安民族学院城川纪念馆 | 鄂尔多斯市鄂托克前旗 | 未定级别 |
| 63 | 麦新纪念馆 | 通辽市开鲁县 | 未定级别 |
| 64 | 关玉衡烈士纪念馆 | 科尔沁右翼前旗 | 未定级别 |
| 65 | 阿荣旗王杰纪念馆 | 呼伦贝尔市阿荣旗 | 未定级别 |
| 66 | 诺门罕战役遗址陈列馆 | 呼伦贝尔市新巴尔虎左旗 | 未定级别 |
| 67 | 满洲里市沙俄监狱陈列馆 | 满洲里市南区 | 未定级别 |
| 68 | 扎兰屯市伪兴安东省历史陈列馆 | 扎兰屯市 | 未定级别 |
| 69 | 凉城县贺龙革命活动旧址 | 凉城县 | 未定级别 |

　　表7-2列举的是我们从有关资料中所搜集到的反映红色历史的博物馆、展览馆、陈列馆等，以及展示红色旅游文化内容的博物馆、展览馆、陈列馆等。除了以上的实例之外，可能还有一些同红色旅游文化相关的博物馆和展览馆或陈列馆。另外，从表7-2中可以看出，从序号1到69的这些具有红色旅游文化内容的博物馆、展览馆、陈列馆当中，序号1和2是国家一级博物馆和博物院，序号3至17是国家三级博物馆和博物院，序号18至69是至今还未评定级别的博物馆及展览馆和陈列馆。其中，序号18至51是未定级别的红色旅游博物馆及博物院，序号52到65是未定级别的纪念馆，序号66至68是属于未定级别的陈列馆，只有序号69是未定级别的革命活动旧址。不论怎么说，所有这些富有红色旅游文化内涵的博物馆、展览馆、陈列馆，已经成为国内外观光旅游的基地，已经成为内蒙古旅游文化的重要组成部分，进而对于内蒙古旅游文化事业的发展产生极其重要的影响和作用。除此之外，还有许多与红色旅游文化相关的革命旧址、古址、故居等，被纳入全国重点革命文物景区与景点。这些对于我国红色文物保护工作，对于我国经济社会发展，特别是对于我国"一带一路"倡议实施，以及中蒙俄"一带一路"旅游文化建设都将产生深远影响。

### 三 内蒙古的革命故居、革命旧址、革命会址等红色旅游文化

自辛亥革命以来，在不同的历史发展时期，内蒙古地区出现了许多反帝反封建的革命斗争。尤其是有许多奋力抵抗侵华日军的浴血战斗和战役。由此，留下许多反映当时的革命活动、革命运动、革命战役及侵华日军罪行，以及具有极强的红色革命历史文化价值和意义的革命故居、革命旧址、革命会址等。其中，有许多被列入我国革命文物保护名单，详见表7-3。

表7-3　　　　　　内蒙古地区革命故居、革命旧址、革命会址

| 序号 | 名称 | 所在地区 | 文物保护单位 | 所属年代 |
|---|---|---|---|---|
| 1 | 乌兰夫故居 | 呼和浩特市 | 国家第六批 | 清至民国 |
| 2 | "独贵龙"运动旧址 | 鄂尔多斯市 | 国家第六批 | 1919—1921 年 |
| 3 | 内蒙古自治政府成立大会会址 | 兴安盟 | 国家第六批 | 1947 年 |
| 4 | 侵华日军阿尔山要塞遗址 | 兴安盟 | 国家第七批 | 1935—1944 年 |
| 5 | 百灵庙起义旧址 | 包头市 | 国家第六批 | 1936 年 |
| 6 | 中共内蒙古工委办公旧址 | 兴安盟 | 国家第七批 | 1947 年 |
| 7 | 巴彦汗日本毒气实验场遗址 | 呼伦贝尔市 | 国家第七批 | 1940 年 |
| 8 | 集宁战役旧址 | 乌兰察布市 | 国家第八批 | 1946 年 |
| 9 | 侵华日军木石匣工事旧址 | 赤峰市 | 国家第八批 | 1941—1943 年 |
| 10 | 白塔火车站旧址 | 呼和浩特市 | 国家第八批 | 1947—1948 年 |

以上这些革命故居、革命旧址、革命会址等已成为诉说革命历史、瞻仰英烈和英灵、接受爱国主义教育的基地，也成为著名红色旅游景区和景点。而且，这些红色历史文化在国家第六期、第七期、第八期革命历史文物保护工作中，被列入从国家层面进行保护的红色历史文化名录。每年到这些红色旅游文化景区和景点观光旅游的国内外游客有很多，进而对于游客零距离感受红色历史文化，进一步传承和弘扬红色历史文化精神，打造具有知名度的红色历史文化旅游品牌产生了

积极影响和作用。除此之外，也有许多被内蒙古列入自治区级近现代重点革命文物名录的旧址、遗址和烈士塔等。其中，就包括呼和浩特市武川县抗战时期的李齐沟"郝区政府"遗址、乌兰察布市察右后旗的红格尔图战役旧址、包头市固阳县的金山镇烈士塔、鄂尔多斯市恩格贝示范区的恩格贝抗日将士忠魂滩、锡林郭勒盟正蓝旗的关起义烈士纪念碑、兴安盟科右前旗的索伦苏联红军纪念塔、满洲里苏联红军烈士公墓及纪念塔、赤峰市克什克腾旗的努其官侵华日军工事旧址、赤峰市宝山区的平庄侵华日军飞机库旧址、鄂尔多斯市乌审旗的巴图湾革命旧址及中共乌审旗委办公旧址、包头市土默特右旗的耳沁尧村毛主席纪念碑、包头市东河区党政大楼旧址及包头市北方兵器城、通辽市科左后旗的伊胡塔火车站旧址等。毫无疑问，所有这些革命旧址、革命遗址、烈士塔、纪念塔、纪念碑等都已成为著名旅游景区和景点，也是红色革命文化教育和爱国主义教育的基地及旅游胜地。根据我们的调研资料，内蒙古地区的红色旅游资源和红色旅游文化，主要集中在呼和浩特市、兴安盟、中蒙俄三国交界地呼伦贝尔市等地。当然，在其他地方也有许多红色旅游历史文化景区和景点。它们现已成为内蒙古地区旅游业和旅游文化产业发展的重要组成部分，也为中蒙俄"一带一路"旅游文化建设发挥着应有贡献和作用。

## 第二节 中蒙俄"一带一路"与内蒙古红色旅游文化的发展

在这一节里，我们主要以具有代表性的呼和浩特市、兴安盟和呼伦贝尔市的红色旅游文化的发展，以及红色旅游文化产业的发展进程为例，分析内蒙古红色旅游文化事业发展的基本情况。同时，也讨论为了更好地推动红色旅游文化建设，所应采取的一系列行之有效的措施等。

## 一 中蒙俄"一带一路"与呼和浩特市红色旅游文化事业发展现状

呼和浩特作为内蒙古革命中心，是中国共产党最早开始进行革命工作和革命运动的少数民族地区，也是最早建立党组织的少数民族地区。在这里，诞生了第一代少数民族中共党员，并从这里开始实施了中国共产党领导下的民族区域自治制度，这里也是落实中国共产党优秀而先进的民族政策和民族理论的实践地。正因为如此，在这里拥有以乌兰夫故居、大青山革命根据地等为代表的极其丰厚的红色革命、红色旅游文化资源。自从新中国成立以后，尤其是改革开放和文化强国战略及中蒙俄"一带一路"旅游文化建设的有力实施，呼和浩特市不断加大包括红色旅游文化在内的旅游文化建设的投入力度，强力推进了红色旅游文化资源开发利用工程，很大程度上改善了本地区红色旅游景区基础设施建设，提高了景区和景点的整体质量。现在，呼和浩特市有30多处红色旅游景区和旅游胜地。其中，乌兰夫纪念馆和故居、武川县大青山抗日游击根据地旧址、和林格尔县绥南革命根据地遗址等被列入全国百名红色旅游经典景区。还有，像内蒙古博物院、乌兰夫纪念馆、乌兰夫故居红色旅游景区、老牛坡红色旅游景区、贾力更烈士纪念馆红色旅游区、大青山红色旅游景区、社会主义核心价值观主题公园等，被列入国家级红色旅游景区。除此之外，也有像多松年故居、荣耀先故居、李裕智烈士纪念碑、内蒙古革命烈士陵园、八路军大青山支队与蒙汉抗日游击队会师遗址纪念碑、大青山英雄纪念碑、大青山革命烈士陵园、武川县八区抗日民主政府驻地遗址、托县红色教育展览室、名言革命史馆等20余处没有被列入国家 A 级红色旅游景区和景点的遗址、展览室和烈士陵墓等。在建的红色旅游景区，还有内蒙古革命历史纪念馆、呼和浩特市爱国主义教育基地、托克托县革命历史纪念馆、和林绥南地道遗址等。重新布展的有绥蒙抗日救国会旧址展馆、大青山红色旅游景区展馆、大青山核心价值观公园展馆和内蒙古大漠文化创意园。为了进一步发挥红色旅游景区及景点在内蒙古旅游文化建设中的引领示范作用，在绝大多数红色旅游景区内都建有党员干部党性教育基地及爱国主义教育基地。同时，在拓展红色旅游景区功能方面，按照国家《旅游景区质量等级划分与评定标准》，完成对乌兰夫故居和大青山抗日根据地等具有代表性红色旅游景区的升级改造，以及提升服务质量等工作。这其中，也有被国家新评为 A 级或提升为 3A 级或 4A 级的红色旅游景区。

呼和浩特市积极挖掘整理、开发利用、宣传推介、发扬光大具有一定代表性的红色旅游文化资源。在着力发展重点红色旅游文化景区的同时，还配套发展其他自然景观旅游及名胜古迹旅游文化，这使红色旅游景区和景点建设更加具有旅游文化核心价值和理念。这些举措的顺利实施，使国内外的旅游者在观光旅游中，获取的旅游文化内容变得更加丰富多彩，使其旅行更有意义和更有收获。例如，像大青山抗日根据地红色旅游景区，大青山抗日游击根据地就坐落在其中，这里除大青山抗日游击根据地教育基地、党性教育管理中心、红色旅游文化产品研发中心等之外，还有大青山抗日游击根据地展馆、井尔沟革命烈士陵园、郝区政府遗址、司令部遗址、蜈蚣坝伏击战遗址、哈彦忽洞惨案遗址等红色旅游景点。值得提出的是，该景区在科学规划发展红色旅游建设的过程中，还拿出配套资金不断改善并优化旅游景区周边的乡村居住环境，这使每年前来参观的国内外旅游者数量可观，进而有效带动了本地区农民就业，增加了农民来自于景区旅游服务、饮食文化服务、住宿服务、民俗文化服务等方面的收入。毫无疑问，这些举措使该地区的红色旅游产业，逐渐发展成为改善当地人民生活水平，提高人民生活质量的重要手段和途径，真正意义上实现了"以旅兴业、以旅富农、以旅强县"。此外，当地政府部门，围绕大青山抗日根据地红色旅游景区，还有计划、有思路、有步骤地开展同红色旅游文化配套的"红色 + 绿色"旅游活动、红饭碗培训活动、红色圣地宣传活动等。这些极具意义的红色旅游文化活动，使这里的红色旅游文化建设变得更有活力和生命力。也就是说，作为一项相互配套的旅游系统工程，其不仅发展了以大青山抗日根据地为主题的红色旅游，还有力促进了老区农家乐、农村休闲庄园和乡村观光旅游，使山区偏僻农村接待国内外游客的数量，以及从乡村旅游产业中获取的收入逐年增多，红色旅游对偏远山区农村经济社会的发展产生的拉动作用日益凸显。换言之，大青山抗日根据地红色旅游景区建设，全面带动了得胜沟农家乐和井尔沟农家乐等乡村的小康社会建设，为带动老区人民脱贫致富提供了强有力的产业支持。

呼和浩特市武川县借助毗邻清水河北堡乡老牛坡村党支部旧址这一红色旅游文化，以及北堡乡古村落传统文化遗址、革命遗址等红色旅游文化资源，紧密结合精准扶贫和生态文明建设，全方位打造具有综合功能的红色旅游文化景区，并于2017年7月1日正式落成投入使用。该景区先后投入相当可观的专项经费，进行基础设施与主题区域建设，现已建成以老牛坡村党支部展馆、党支部旧址、革命烈士纪念碑广场、革命主题广场、红色文化广场、廉政文化广场等为主，并具有配套兴建的长城文化展览馆、会议室、报告厅、活动室和餐饮住宿服务区等旅游设施的红色旅游文化景区。到这里观光旅游的国内外游客里，除了一些从蒙古国和俄罗斯来的旅游者之外，更多的是来自国内其他省市的游客。这里也是党员干部党性教育的重要课堂，以及党史文化展示的重要基地。所以说，该红色旅游文化景区，具有深远的红色革命历史文化教育意义。为了更好地体现红色旅游文化资源，也是为了更好地宣传红色旅游历史文化，更是为了使其发挥更大的作用和经济效益，该地区政府努力打造红色景区与乡村旅游密切相结合的旅游文化，从而建构出红色旅游文化同本地区休闲度假旅游文化相互配套、互相作用、互惠互利的旅游胜地。清水河县经过几年的努力，将老牛坡打造成全区一流的农村基层党建阵地、全区一流的党员干部党性教育实践基地和爱国主义教育基地，以及休闲旅游度假区。2019年，这里被评为国家4A级景区。目前，清水河县在前期红色旅游文化建设基础上，再投入4050万元，兴建占地17800平方米的老牛坡红色旅游扶贫产业园项目。现在,该项目基本完工,并初步呈现出旅游文化产业带来的经济效益,也为呼和浩特市红色教育、红色旅游和旅游文化产业扶贫工程起到积极推动作用。如同前文所述,在呼和浩特市辖区内有很多像"多松年烈士纪念馆""荣耀先烈士故居""内蒙古革命烈士陵园""内蒙古博物院"等,具有很强的影响力、感染力和生命力,并对中蒙俄"一带一路"旅游业及旅游文化建设做出贡献的红色旅游文化景区和景点。

**二　中蒙俄"一带一路"与兴安盟红色旅游文化事业发展现状**

　　兴安盟是中华人民共和国成立后第一个建立少数民族自治区的地方,也是在抗日战争和解放战争时期做出突出贡献的内蒙古红色革命胜地。正因为如此,在这片红色的土地上,留下了许多可歌可泣的红色故事、红色传说、红色历史文化及红色记忆。这里有十分丰富而厚重的红色旅游文化资源和光辉的人文历史积淀,从而在内蒙古红色旅游发展史上占有极为重要的地位。

　　改革开放以后,尤其伴随文化强国战略及中蒙俄"一带一路"旅游文化建设的不断深度推进,兴安盟准确把握时代发展脉络,始终站在时代前列和经济社会建设实践前沿,坚持解放思想、实事求是和开拓进取。在不断探索和追求中,有改革、有创新、有前瞻性地开发和发展旅游文化产业。当然,其中就包括红色旅游文化建设。用红色旅游文化建设,全力推动红色旅游文化产业,以及对于红色旅游景区和景点、红色旅游文化基地和场景、红色传统和红色革命精神的宣传和推介活动。特别是让陈列在博物馆、展览馆及兴安盟大地上的红色遗产活起来,以此丰富旅游文化生活、社会文化生活、精神文化生活。如前文所述,兴安盟地区的红色旅游文化极其丰富,其中就有内蒙古民族解放纪念馆、"五一"会址、党委旧址和乌兰夫早期办公旧址、内蒙古政府早期办公旧址、内蒙古日报社早期办公旧址、兴安中学礼堂旧址、内蒙古师范学院早期礼堂旧址、内蒙古林矿总局旧址、兴安盟农村第一党支部旧址、阿尔山要塞南兴安隧道碉堡遗址、阿尔山火车站景点、阿尔山国门景区等具有很强代表性和红色历史记忆的革命遗址。而且，有2处遗址被评为全国重点文物保护单位，有5处被评为自治区级重点文物保护单位。另外，兴安盟"亮丽北疆·纪念内蒙古民族解放斗争红色旅游线路"入选自治区十大红色旅游线路。现在，红色旅游已成为兴安盟最有影响力、最有感染力和最有生命力的旅游品牌之一。以内蒙古党委早期办公旧址、乌兰夫早期办公旧址、"五一"会址、内蒙古民族解放纪念馆等为代表的一批具有深厚的红色革命底蕴，包含有深刻的革命思想、革命信念和信仰的红色革命遗址和纪念馆，不断吸引慕名而来的国内外旅游者，使他们刻骨铭心地感受到中国共产党领导劳苦人民建立新中国的苦难、艰辛、坚强、卓越和伟大，同时也领略到中蒙俄"一带一路"红色旅游文化建设事业的深刻内涵。

兴安盟依托内蒙古民族解放纪念馆等"一馆十址"红色阵地优势，对红色资源进行改造提升、改陈布展，规划建设兴安盟红色文化产业园，打造红色旅游新亮点，逐步形成了完整的红色旅游产业链。整合乌兰牧骑宫、兴安盟图书馆红色书屋、焰红兴安、兴安镇红色党支部旧址、巴日嘎斯台革命烈士纪念馆等红色文化资源，开发设计红色精品旅游线路。兴安盟利用红色遗址和兴安盟党校，开发红色教育课程，打造党员干部培训基地和青少年学生研学基地，擦亮内蒙古自治政府纪念地红色旅游品牌，不断扩大红色文化品牌影响力和吸引力。具体表现在以下几个方面：（1）进一步提升了内蒙古自治区政府成立纪念地的红色旅游文化价值，对零散性的红色馆址资源采取整合利用措施，由此打出了乌兰浩特"红城"的红色旅游品牌。（2）丰富了红色餐饮、红色住宿、红色娱乐、红色路线等一整套红色旅游文化，强化了第一党支部旧址与周边休闲旅游项目相互关联的旅游文化活动，创新发展了各具特色的红色旅游文化产品。（3）积极挖掘阿尔山红色旅游，对阿尔山国门景区、阿尔山要塞南兴安隧道碉堡景点、五岔沟飞机堡遗址等进行了联合配套开发。同时，提升了红色旅游文化资源同阿尔山国家森林公园生态旅游文化、柴河旅游区自然景观旅游、白狼峰景区绿色生态旅游资源高度和谐融合。在此基础上，建构了更有吸引力和活力的旅游文化。（4）推出了本地区旅游精品线路，通过 S203 重点干道把兴安盟和阿尔山红色旅游文化资源有机整合，并将"五一"会议旧址、内蒙古党委早期办公旧址、内蒙古政府早期办公旧址、阿尔山国门景区等连成一条具有浓重红色文化内涵的旅游线路，以及纪念内蒙古民族解放战争的红色旅游精品线路。（5）兴安盟以打造红色旅游文化品牌为目标，不断深度研发红色旅游文化重点产业，以旅游业及旅游文化产业市场为支撑发展红色旅游文化。例如，首先，兴安盟培育塑造"红城①·1947"品牌，力求在现有的展览馆和纪念馆基础上，创新打造出全新意义的红色旅游文化，将分散性的馆陈内容及户外实践进行科学整合、统筹管理、系统运作、增加创收；其次，通过灯饰、雕塑、宣传广告牌等形式，着力提升了乌兰浩特市红色旅游重要通道、重要节点出入口、重要红色遗址周边区域的红色旅游氛围；再次，通过"红城·1947"文创活动，强化了红色旅游文化产业转型升级的生命力；最后，科学有效地包装打造和创编大型红色剧目并进行巡演，用生动活泼而深入人心的艺术表现形式，讲好兴安盟红色故事、红色历史、红色精神。

兴安盟为了使红色旅游文化及其产业建设，在中蒙俄"一带一路"旅游文化建设中更好地发挥实实在在的作用，不断强化红色旅游文化资源的开发力度，同时不断增加新时代新的旅游文化内容，以此增强红色旅游文化生命力。

内蒙古民族解放纪念馆，是全国唯一一座全程反映和再现内蒙古民族解放和民族区域自治历史进程的红色旅游文化园区，也是全国爱国主义教育示范基地、全国民族团结进步教育基地、国防教育示范基

---

① "红城"是蒙古语"乌兰浩特"（ulanhot）的汉译说法。蒙古语"乌兰浩特"（ulanhot）中的"乌兰"（ulan）是表示"红的""红色的"等意思的形容词，而"浩特"（hot）则是指"城""城市"之意的名词。

地。展览的主题定位是，没有中国共产党的领导就没有内蒙古的民族
解放，就没有内蒙古今天的发展与辉煌。并通过图片、文物、场景造
型及声、光、电等艺术和技术手段，充分体现出红色革命教育和爱国
主义教育的重要形式和内容，同时也兼顾了宣传和展示鲜明的民族特
点、文化特点和地方特点，包括草原马背民族、绿色文化与文明、歌
舞升平的美好时代等方面的丰富内涵。这使内蒙古民族解放纪念馆，
将过去和现在、战争岁月和平安幸福美好的岁月，融会贯穿于陈展之
中，形成以红色旅游文化及现代旅游文化遥相呼应、相辅相成的旅游
文化统一体，给国内外旅游者留下完整而完美的旅游文化享受。例如，
该纪念馆的第一部分展示的是内蒙古民族解放和区域自治历程及内蒙
古的建设和发展取得的辉煌成就；第二部分里，分"震撼的春雷""抗
日的烽火""胜利的曙光""永远的丰碑"四个单元，展示了内蒙古早
期革命、抗日斗争和战场、内蒙古自治区政府成立等内容；第三部分
内，分"革命先驱""还我河山""为了新中国""英勇的铁骑兵"4
个单元，重点展示了新民主主义革命时期的革命先烈为民族解放、新
中国的诞生而不畏强暴、不怕流血、不怕牺牲的革命精神，并专门陈
设了一面英烈碑墙，集中展示了本地区的革命先驱。另外，还陈列出
612 幅红色革命图片、472 件红色文物、53 幅红色绘画作品及 5 座红色
革命雕塑等。除此之外，兴安盟"五一"大会旧址被自治区评为爱国
主义教育基地，被国务院评为全国重点文物保护单位；内蒙古共产党
工作委员会办公旧址，被国务院公布为第七批全国重点文物保护单位；
乌兰夫早期办公旧址，也被自治区评定为重点文物保护单位及爱国主
义教育基地；内蒙古自治区政府早期办公旧址、内蒙古日报社旧址、
内蒙古师范学院礼堂旧址、兴安中学礼堂旧址等同样都被自治区评为
重点文物保护单位；像五一广场和乌兰浩特市烈士陵园等红色旅游景
区，被国务院评为全国重点烈士建筑物保护单位；兴安第一党支部纪
念馆，还被国家评定为 2A 级红色旅游文化景区等。

　　兴安盟为了更有力地推动中蒙俄"一带一路"红色旅游交流和发

展，从 20 世纪 90 年代以来，不断强化中蒙两国旅游业及旅游文化产业方面的国际合作。同时，不断发展以旅游文化产业为主的两国间的贸易往来。兴安盟与蒙古国的旅游文化交流与交往从 20 世纪 90 年代初开始，首先他们同蒙古国的东方省签订了包括旅游文化产品在内的进出口商品交易合同。从此以后，兴安盟与蒙古国开展了多次旅游文化产品在内的国际商贸活动。其中，就包括 1992 年与蒙方签订的旅游文化产品等商品出口合同、2001 年同蒙古国蝎子有限责任公司合作建立中蒙安达有限责任公司、2010 年同蒙古国尼斯勒沃日格集团公司签署的友好合作意向书、2014 年同蒙古国东方省签署了旅游文化产品在内的商品合作协议、2018 年成立蒙古国兴安盟商会，该商会成为两国两地间相互交流、相互旅游往来的友谊桥梁。

在 2014 年首届"中国兴安盟·蒙古国东方省投资贸易洽谈会暨绿色有机产品和旅游展洽会"上，兴安盟近 200 家旅游文化产品及农畜产品加工企业，同 300 多家蒙古国企业对旅游、农业等重点项目进行了推介和洽谈，共同签约 28 项合作内容，签约总额达 18 亿元。从 2015 年以后，在兴安盟乌兰浩特市连续几年举办的中蒙绿博会上，还签署了一系列文化交流与旅游合作方面的协议。2019 年的中蒙绿博会上，有来自蒙古国、俄罗斯、印度、尼泊尔、巴基斯坦等 20 个"一带一路"沿线国家的企业参展。在兴安盟乌兰浩特市连续几年举办的中蒙绿博会其规模越来越大，合作领域也不断得到拓展，进而成为兴安盟与蒙古国间的国际旅游文化交流，包括旅游文化产品交易在内的国际商贸活动的重要平台。同时，也一定程度上促进了中蒙两国红色旅游文化建设，因为蒙古国的旅游者对于我国红色旅游及其红色旅游文化产业十分感兴趣，不仅经常参加这里的红色旅游文化活动，还喜欢购买这里的红色旅游文化产品。

改革开放后，兴安盟与蒙古国的旅游文化交往不断加深，不仅增进了彼此之间的信任、理解和友谊，而且更加密切和扩大了两国间的旅游往来和互动交流，积极推动了中蒙两国间的旅游文化及产业方面的国际合作，搭建了一系列旅游文化交流合作平台。因而，作为跨中蒙两国的蒙古族之间的旅游文化交流变得更加频繁，进而有效促进了中蒙两国"一带一路"包括红色旅游文化在内的旅游文化建设。尤其是，充分发挥了旅游文化在民间交流中的重要作用。旅游文化交流合作，对于巩固和发展中蒙两国友好关系具有重要意义。民心相通是中蒙旅游文化建设的社会根基。兴安盟与蒙古国在旅游文化领域的交往日益活跃，并且不断向广度和深度推进。

近些年，中蒙两国在此方面做出了很多具有成效的工作。2004 年，蒙古国外交部及新闻司相关负责人率《蒙古国日报》《蒙古国新闻报》《真理报》《世纪新闻报》、TV—5 电视台等新闻媒体记者一行 9 人来兴安盟阿尔山地区考察采访；2006 年 11 月，蒙古国高山滑雪队抵达阿尔山市进行雪上训练；2007 年，兴安盟同蒙古国东方省旅游文化新春联谊会在阿尔山市举行；2008 年，兴安盟艺术家代表团应邀访问蒙古国，并在蒙古国乌兰巴托美术馆成功举办"美丽兴安艺术作品展"；同年，蒙古国艺术家协会代表团一行 10 人到阿尔山市旅游采风；2009 年，蒙古国东方省歌舞剧院到阿尔山市进行旅游考察和为期 30 天的演出；2014 年，阿尔山国际养生冰雪节、第四届中蒙俄国际摄影节、阿尔山首届雪地足球赛在兴安盟举办，从蒙古国和俄罗斯来了许多旅游者和摄影爱好者及雪地足球参赛者；2015 年 1 月，第四届中蒙俄国际摄影节高峰论坛在阿尔山市召开，来自广州、福建等地及蒙古国、俄罗斯、法国等国家的旅游者和摄影爱好者参加；同年，"第二届内蒙古马术节暨 2015 年内蒙古首届国际走马大赛"也在兴安盟科右中旗举行，来自蒙古国、俄罗斯、新西兰和内蒙古的四支代表队参加了比赛；2015 年，在阿尔山市举办以中国的红色，俄罗斯的白色，蒙古国的蓝色"三色"为主题的中蒙俄首届画展，由此更加加深了中蒙俄旅游文化交流及传统友谊；2017 年，蒙古国东方省歌舞剧院先后到兴安盟乌兰浩特市、科右中旗、突泉县、科右前旗、扎赉特旗、阿尔山市等地成功举行 6 场访问演出；2019 年，为庆祝中蒙建交 70 周年，进一步促进中蒙两国旅游文化交流,兴安盟四胡艺术家协会一行 36 人赴蒙古国东方省哈拉哈高勒县开展了文化交流活动。随着中蒙俄"一带一路"旅游文化建设的持续稳步推进,中蒙两国在旅游文化领域的合作日渐升温,而且不断创新合作交流形式和内容。此外,兴安职业技术学院充分发挥自身优势,牵头组建了中蒙俄职教联盟,依托中蒙俄三国的 9 所学院成立了"中蒙俄东北亚国际旅游商务学院",为中蒙俄"一带一路"旅游文化建设做出了应有贡献。在这里还应该提到的是,2011 年应蒙古国国家旅游管理中心和东方省政府邀请,兴安盟政府代表团到蒙古国东方省乔巴山市参加当年举办的"中蒙俄毗邻三国旅游节"活动。同年,兴安盟还接待了应邀前来参加"阿尔山·内蒙古杜鹃节"活动的蒙古国国家旅游服务中心负责人,以及俄罗斯毛盖图区政府负责人及随同人员。

　　兴安盟与蒙古国的边境游方面,2013 年国家旅游局《关于同意开通阿尔山市至蒙古国 3 条边境旅游线路的复函》(旅函〔2013〕581 号)文件正式获得批复。同时,同意阿尔山开通阿尔山市至蒙古国东方省哈拉哈高勒 2 日游边境旅游线路、阿尔山市至蒙古国东方省乔巴山市 5 日游边境旅游线路、阿尔山市至蒙古国肯特省温都尔汗市 5 日游边境旅游线路等 3 条边境旅游线路。2014 年,在阿尔山市举行了兴安盟的阿尔山同蒙古国东方省的松贝尔口岸跨境旅游启动仪式,这使来这里旅游的蒙古国旅游者变得越来越多。2017 年,兴安盟 5 家旅行社与蒙古国旅行社正式建立合作关系,随后就启动了中蒙边境城旅游活动。2019 年,应蒙古国东方省政府的邀请,兴安盟代表团访问了东方省,在蒙古国的乔巴山市和东方省就进一步推动中蒙两国国际旅游等相关问题进行了会谈,双方代表分别就兴安盟和蒙古国东方省之间不断深入发展国际旅游达成了共识,并签署了框架性合作协议。

　　总之,改革开放后,尤其是"一带一路"倡议实施以来,兴安盟与蒙古国在经贸、文化、旅游领域的交流合作日渐升温。而且,不断创新合作交流的形式和内容,搭建起一系列交流合作平台,这些举措不仅促进了中蒙两国经贸旅游事业的发展和繁荣,也为跨境民族文化交流积累了丰富的经验。这使两国间人员往来变得更为密切又频繁,由此增进了相互间的理解和信任。

### 三 中蒙俄"一带一路"与呼伦贝尔市红色旅游文化事业发展现状

抗日战争时期和解放战争时期,美丽富饶的呼伦贝尔大草原上留下了相当多的红色革命遗址及红色革命遗产,为打造边境红色旅游文化,开展红色旅游文化交流发挥着越来越重要的作用,产生着越来越重要的影响力。根据我们现已掌握的资料,呼伦贝尔市共有4个A级红色旅游景区,包括5A级满洲里市中俄边境旅游景区、4A级世界反法西斯战争海拉尔纪念园和布苏里北疆军事旅游文化景区、3A级诺门罕战役遗址景区等。其中,满洲里市的中俄边境旅游区、世界反法西斯战争海拉尔纪念园、布苏里北疆军事旅游文化区也被列入全国重点红色旅游经典景区。此外,还有海拉尔区和平公园、苏炳文广场、牙克石市中东铁路博克图段、刘少奇主席纪念林、绰源飞机窝、扎兰屯市中东铁路博物馆、扎兰屯级乌兰夫同志纪念馆、林景权烈士纪念碑、铁路五号楼旧址、炮台拉子旧址、苏联红军纪念碑、革命烈士纪念碑等红色旅游文化资源。

呼伦贝尔市为了更好地发展红色旅游文化,也为了更好地为中蒙俄"一带一路"旅游文化建设服务和做贡献,在过去的这些年,呼伦贝尔市下大力气,拿出相当可观的专项经费,着力打造红色旅游文化品牌,重点塑造"3+4+N"红色旅游文化。① 同时,强调要把红色旅

---

① 这里说的"3+4+N"红色旅游文化中,"3"表示世界反法西斯战争海拉尔纪念园、满洲里市红色旅游区、诺门罕战争遗址3大景区;"4"是指牙克石乌奴耳军事要塞遗址、布苏里北疆军事旅游文化区、阿荣旗抗联英雄园及绰源抗日战争遗址群4个景区;N则包含重点打造王杰纪念馆、呼和诺尔镇区苏联红军抗日烈士纪念广场、博克图中东铁路遗址群、图里河刘少奇主席纪念林、中东铁路博物馆、乌兰夫纪念馆等内涵。

游文化及其产业建设，同其他旅游文化建设项目相配套，变成相互作用的整体工程来狠抓落实，从而为红色旅游文化建设打开更加广阔的发展空间，使其更好地融入现代经济社会发展总体规划，更加自然、和谐、深刻而有生命力地融合到中蒙俄"一带一路"旅游文化建设当中，由此越来越多地发挥本身具有的强大影响力、感染力和作用力。基于红色旅游文化的综合性、整体性、系统性和全面性发展趋势，呼伦贝尔市明确提出：（1）要依托国际秘密红色交通线独特资源，进一步提升满洲里中俄边境旅游景区、满洲里市红色国际秘密交通线教育基地等红色旅游文化及其红色旅游文化产品，要把红色旅游与党的教育和培训深度融合，将红色文化和经济社会建设科学融入所有红色旅游文化建设实践中。用满洲里国门党建学院引领周边红色旅游文化景区和景点，丰富和发展与红色旅游文化相配套的旅游文化产品，提升其在红色旅游文化市场上的吸引力和竞争力，加大红色旅游与俄罗斯套娃景区等民俗旅游联动发展，迎来更多的国内外游客，更好带动满洲里市旅游全面发展。（2）加大世界反法西斯海拉尔战争纪念园等红色旅游文化的宣传推介工作，全面提升和丰富海拉尔战争纪念园展馆展陈内容，加大红色革命文化、红色革命精神、红色革命理想教育的推广力度，深入推进纪念园红色文化产品建设工程。（3）加大满洲里和海拉尔红色旅游资源与呼伦贝尔大草原、阿尔山自然生态旅游区等绿色旅游文化资源的联动发展。同时，还要加强呼伦贝尔、阿尔山、海拉尔、满洲里之间的区域文化旅游联动发展，形成更具吸引力的红色旅游经典景区和景点。

满洲里市作为全国最大的陆路口岸，先后开发建设了第五代国门、红色国际秘密交通线遗迹、红色旅游展厅、中共六大展览馆、二卡红色展馆、满洲里市博物馆、沙俄监狱陈列馆、历史文化街区等一大批红色旅游景区和景点。尤其是满洲里市红色国际秘密交通线教育基地，再现了20世纪20年代中共早期创始人和领导者为建党建国、抗击外来侵略，与共产国际、苏联共产党保持密切联系的国际红色秘密交通线原貌，展示老一辈革命家在满洲里留下的光辉业绩，激发人们的爱国主义热情，使之成为具有划时代意义的爱国主义教育基地和红色旅游经典景区。

为了更好地发挥红色旅游文化的作用和影响力，也为了更好地融入新时代旅游文化事业发展理念，满洲里市将红色旅游线路和谐地同周边自然景观游、草原景色游、俄罗斯异域风情游紧密相结合，推出"满洲里红色之旅"一日游、二日游以及多日游等旅游品牌项目。另外，满洲里的红色旅游展厅，以红色国际红色秘密交通线为主题，充分展示了国际红色秘密交通线、真理之路、"中共六大"、胜利曙光、红色溯源实物展、中苏会谈会晤室、共产国际和红色后代等红色革命历史文化。与此同时，满洲里市同红色旅游文化相配套大力宣传中华人民共和国成立以后，以及改革开放后中蒙俄"一带一路"建设中取得的辉煌成绩，也打造出与红色旅游文化和绿色旅游文化等紧密相结合的旅游文化产品。满洲里在红色旅游文化建设方面做出的突出贡献有，2005 年"满洲里市红色国际秘密交通线教育基地"被列入"国家红色旅游发展规划纲要"，成为全国 100 个红色旅游经典景区之一。这里现已成为国内外旅游者观光旅游、追溯历史、接受革命熏陶的旅游圣地。这些年，从俄罗斯和蒙古国慕名而来的游客逐年增多。特别是，苏联红军总参谋部二卡地下交通站景区、苏联红军烈士公园、世界反法西斯战争海拉尔纪念园等作为国家 4A 级景区及爱国主义教育基地，对于讴歌东北抗联、东北爱国将士、呼伦贝尔各族人民共同抗日所表现出的爱国主义精神发挥着极其重要的作用。

这些红色旅游景区和景点，现已发展成为海拉尔地区最具特色的红色旅游文化品牌，进而不断迎来国内外旅游者及众多媒体。国内外知名媒体对海拉尔的红色旅游景区，从不同角度进行过多次报道，从而对于该地区红色旅游文化发挥了宣传和推介作用，提升了这些红色旅游景区的知名度和影响力，使国内外热爱和平、追求美好生活的人们纷至沓来。在国内外新闻媒体的报道中，就有央视七套的"军事访谈"、央视十套的"百科探秘"所制作的专题片。另外，中央电视台《探索与发现》栏目组拍摄录制的纪录片《海拉尔要塞风云录》具有极强的历史纵深感，对挖掘革命历史文化、拉动红色旅游发展、弘扬爱国主义精神均有积极作用。

这些红色旅游景区，已发展成为中蒙俄三国人民友谊的桥梁。而且，在呼伦贝尔地区以红色革命为主题的一系列活动中，从俄罗斯和蒙古国来的旅游者，甚至是地方政府代表及参加过抗日战争的老红军们踊跃参加，共同缅怀并肩作战，抗击列强的光辉历史。2009 年，为纪念中蒙两国建交 60 周年，在世界反法西斯战争海拉尔纪念园举办了中蒙少年国际大联欢活动。2015 年，该红色旅游文化景区，还先后开展了纪念中国人民抗日战争暨世界反法西斯战争胜利 70 周年影片展、抗战主题静态模型作品展出活动、"千里骑行"祭先烈及纪念反法西斯战争胜利 70 周年活动、北京至贝加尔湖摩托车骑行旅游活动，以及"凝聚历史、缅怀先烈、珍爱和平、开创未来"呼伦贝尔市海拉尔区纪念中国人民抗日战争暨世界反法西斯战争胜利 70 周年大型活动。所有这些活动中，均有来自蒙古国和俄罗斯的数量可观的旅游者，以及参加过抗日战争的老红军们或他们的亲朋好友们。现在世界反法西斯战争海拉尔纪念园，已成为呼伦贝尔市及海拉尔区具有标志性的重要的爱国主义和党史教育基地。另外，为纪念东北抗联英勇抵抗日寇的浴血兴安感天动地的英雄事迹，呼伦贝尔市阿荣旗还兴建了抗联英雄园。除阿荣旗抗联英雄园之外，还有冯治纲将军的殉难处、高禹民等烈士殉难处、长安红军岗、王杰小学、王杰广场和王杰纪念馆等红色旅游文化景点，以及爱国主义教育基地。其中，抗联英雄园、东北抗联纪念馆、王杰纪念馆及王杰广场等红色旅游景点，于 2008 年被评为自治区级爱国教育基地。

呼伦贝尔的诺门罕战役遗址，是驰名中外的红色旅游景区，被称为世界近代史上第一次大规模立体战役遗址。诺门罕战役被认为是改变二战使二战走向胜利的一场伟大战役，对整个反法西斯战争具有十分重要的纪念意义。1994 年，该遗址被评为自治区级爱国主义教育基地和重点文物保护单位，2010 年晋升为国家 3A 级旅游景区，2014 年列入国家首批抗战纪念设施遗址名录，2016 年列入"全国红色旅游经典景区名录"。该景区内，还有诺门罕战役遗址陈列馆、景区雕塑景观、和平广场等景点。呼伦贝尔的诺门罕战役遗址红色旅游景区，除每年迎来俄罗斯和蒙古国的旅游者或诺门罕战役的老红军及其家属、孩子、亲朋好友之外，还会迎来从日本、韩国及世界各国来的爱好和平的旅游者。而且，伴随交通设施的不断改善，以及景区管理和服务质量的不断提高，尤其是与该红色旅游景区配套新建的草原自然景观游、呼伦湖生态景观游、草原民俗文化游、草原蒙古包文化游等一系列旅游活动内容，使诺门罕战役遗址红色旅游，更加充满了活力和生命力，这使到该红色旅游景区的观光旅游的国内外游客越来越多，很大程度上促进了该地区中蒙俄"一带一路"旅游文化建设。

## 第三节　中蒙俄"一带一路"与内蒙古红色旅游文化取得的成绩

根据我们掌握的资料，2019 年内蒙古各盟市红色旅游景点及景区共接待游客约 918.93 万人次，红色旅游总收入达到 48477.2 万元。内蒙古与时俱进地不断提升红色旅游文化及其红色旅游文化产业，从而已形成以红色历史、红色文化、红色教育、红色旅游、红色旅游文化产品为主题的红色旅游活动。通过红色旅游业及红色旅游文化产业的不断发展壮大，将弥足珍贵的红色旅游文化资源，按照新时代的新思想、新理念、新要求，不断深度挖掘整理、开发利用、发扬光大，使这些红色历史文化更加贴近人们的思想意识，更能够融入人们的美好心灵及精神世界，给予人们鼓舞和奋斗的力量。

内蒙古不断提炼、提升、提高红色旅游文化具有的精神内涵，在新时代讲好红色历史、红色文化、红色故事，并取得了十分理想而辉煌的成绩。内蒙古着力发展红色旅游文化的同时，注重立足自身优势，突出自身特色，从红色旅游文化角度，充分利用新闻媒体和各有关网站及报刊，不断向深度和广度开展红色旅游文化的宣传与推介工作，彰显内蒙古红色历史文化传承理念，树立了内蒙古红色旅游文化品牌。特别是在深入挖掘和全面系统梳理内蒙古红色旅游资源方面，凝练出具有浓厚新时代特色的红色旅游文化及其精神内涵。将红色旅游文化的产业化发展，作为文化强区建设及中蒙俄"一带一路"旅游文化建设的重要组成部分。将促进红色旅游文化资源的产业化开发，作为本地区经济社会发展的重点建设工程之一。更加可贵的是，将红色旅游文化的产业化，同做好意识形态教育、政治思想工作教育、正确的人生观教育紧密相联系，将红色旅游作为生态文明建设、思想理论建设和经济社会建设，促进消费和经济活力的一种新的发展理念。这使红色旅游文化在内的旅游文化事业和产业在社会治理、乡村振兴、脱贫减贫、增加就业、民生改善、旅游消费、吸引国内外游客等方面均产生积极效应和综合效益。另外，内蒙古狠抓落实红色旅游文化及其产业的体系化建设，把打造新时代内蒙古红色旅游的全新思想理念，作为红色旅游发展的重点抓手来强势推动。积极打造红色旅游景区和红色旅游特色景点，进一步提升了内蒙古红色旅游核心竞争力，积极创新红色旅游文创产品，进一步提升和完善红色旅游产品营销渠道及经济效益，辐射带动红色旅游导游、红色文化传承人及从业者，助力更多人通过红色旅游受益及增收。内蒙古根据红色旅游文化事业的不断壮大，因地制宜而相互贯通地不断拓展红色旅游文化线路，根据社会需求和国内外旅游者消费心理，积极有效地调整和升级了不同地区各具特色和市场化运营的旅游文化产品。针对不同种类的红色旅游文化产品，根据其本身具有的特点和作用，不断提升其特殊性、区别性、代表性，进而创新性发展相关旅游文化产品。并以有影响力的红色旅游景区和景点为主，形成了内蒙古红色旅游发展创新模式。将红色旅游文化同生态旅游、草原旅游、观光旅游、休闲度假旅游、研学旅游以及乡村旅游、文体旅游、科技旅游等多种旅游科学有效相结合，打造出了复合型旅游新模式，促进了内蒙古红色旅游高质量发展。并以红色旅游资源为核心，不断强化红色旅游产业链条，使红色旅游资源与餐饮、住宿、娱乐密切相结合，使内蒙古特色红色产业迈入了市场化运作体系，使红色旅游与文化、文学、文艺之间产生深度结合。由此，推出了音乐、话剧、歌舞、文学、书画等多种红色旅游演艺成果。

内蒙古以各盟市和地方为依托，发展各具特色的红色旅游及红色旅游文化产业，并科学融合了乡村旅游、生态旅游、文化旅游、文体旅游等多种旅游项目和活动，以此重点打造自治区上下联动、相辅相成的红色旅游文化世界。有效整合了现有红色旅游资源，打造出集红色文化体验、爱国主义教育、自然生态观光旅游、山地休闲式旅游运动、乡村民俗旅游文化体验等为一体，具有鲜明特点的红色旅游示范园区；依托红色旅游及天然草原风景名胜旅游区，强化红色旅游与草原旅游相互配合的配套旅游工程；依托红色旅游所处的美丽自然环境，整合红色旅游及自然景观资源，集红色旅游、乡村休闲旅游、温泉养生旅游、民宿民俗生活度假游等为一体的旅游景区；依托红色旅游文化的知名度，推出与农村牧区优秀传统旅游文化相互照应的红色旅游胜地；依托"红色为基调，绿色为补充"为理念的红色旅游资源，营造出"红色＋农业""红色＋乡村""红色＋生态""红色＋民俗"等丰富多样的新型旅游产业新模式，带动了农区与乡村旅游业及旅游文化产品的创新发展，也带动了乡村扶贫工程；依托红色旅游景区，广泛建立红色旅游爱国教育基地，有力发挥了红色旅游文化品牌的重要作用。例如，隆兴昌镇的旅游文化建设，就是结合乡村振兴发展理念，完善特色酒店、主题餐饮、温馨服务理念，强化红色旅游文化内涵，着力创立和建造以红色旅游文化为核心的众多农牧区休闲旅游景点，这使隆兴昌镇成为远近闻名的红色旅游文化小镇；依托红色内容展陈布局和业态提升，做到保护与利用并重、教育与旅游并存，体现集党史展示、爱国教育、红色旅游于一体的红色旅游。以红色旅游区为核心，融合周边自然资源创新性塑造了生态休闲旅游景区。

内蒙古结合本地区红色旅游资源的分布和区位特点，并按照文化强区和中蒙俄"一带一路"旅游文化建设的需要，遵循新现代旅游业及旅游文化产业发展的基本规律、要求和特点，不断梳理和开发利用红色旅游文化同其他旅游文化间的相互配合、相互照应、缺一不可的深层关系，打造出了一系列具有吸引力、影响力、感染力的重要红色旅游景区。而且，这些景区，各自从不同的角度，对于经济社会的发展和中蒙俄"一带一路"建设做出了应有贡献。

内蒙古在红色旅游文化发展道路上，所采取的行之有效的措施主要表现在如下 10 个方面：（1）以创建红色旅游文化品牌为目的，对旅游景区和景点的基础设施、交通设施、灯光照明、艺术雕塑、标识标牌、广告宣传等方面做了升级改造，营造出全新理念的红色旅游文化氛围；（2）充分利用声光电、多媒体、虚拟现实等高科技手段，增强了博物馆和展览馆等的自我造血功能，对红色旅游文化场所注入多媒体、互联网、数字化服务功能和营销影响力；（3）通过"红色＋休闲""红色＋科技""红色＋文创"等措施，提高了对红色旅游文化及户外展陈、数字投影、文创休闲等方面的实效性；（4）通过陈列馆和民居院落情景雕塑展示区、革命人物轶事话剧、乡村影视，将红色旅游景区建设成集红色旅游文化同乡村旅游文化统合为一体，创建出一个个综合性营销内涵的红色旅游示范基地；（5）通过开发利用红色旅游景区的特定地理位置和优美自然风景，创立并建造了红色旅游同自然景观游和户外休闲运动，欣赏集红色革命演艺及音乐剧为一体的旅游景区；（6）建立起红色旅游文化同沙漠旅游文化、沙漠文体娱乐、沙漠休闲度假、沙漠景观欣赏等深度融合的沙漠文化主题旅游区；（7）通过共同开发中蒙俄三国红色历史文化资源，共同推动了各自的红色旅游线路及红色旅游文化产业，有效促进了中蒙俄"一带一路"红色旅游文化事业及旅游文化建设；（8）通过访谈式、互动式、体验式、拓展式等方式广泛开展讲好红色故事活动，并同蒙古国和俄罗斯的青少年多次共同开展了以红色旅游为主题的联谊活动；（9）国门升旗仪式和边境巡逻等红色旅游文化活动，提升了红色旅游文化中包含的实际内涵，以及爱国主义情怀，同时强有力地推动了国门游和边境口岸游等红色旅游；（10）以红色乌兰牧骑为代表，广泛开展红色旅游文化及红色故事宣传，并和蒙古国和俄罗斯的有关文艺团体共同开展了红色旅游、红色文化、红色文艺等方面的交流和文艺会演，从而很大程度上丰富了中蒙俄"一带一路"红色旅游文化活动。

据不完全统计，内蒙古地区在中蒙俄"一带一路"包括红色旅游文化在内的旅游业及旅游文化产业建设中，发挥重要作用而具有代表性的红色旅游景区和景点主要有：中华人民共和国成立初期的内蒙古自治区政府成立纪念地、内蒙古革命历史博物馆、乌兰夫同志纪念馆、乌兰夫故居红色旅游文化区、大青山抗日游击根据地红色旅游区、库布其七星湖沙漠文化主题旅游区、满洲市红色国际秘密交通线教育基地、城川干部学院、乌兰牧骑学院、北方兵器城等。还有桃力民爱国主义教育基地、世界反法西斯战争海拉尔纪念园、东风航天城旅游区、独贵龙运动内蒙古人民革命党活动遗址、草原英雄小姐妹党性教育基地、集宁战役红色纪念园、绥蒙革命纪念园、布苏里北疆军事旅游文化区、诺门罕战役遗址及陈列馆、多伦县察哈尔抗战遗址、麦新红色文化教育基地、阿尔山红色旅游度假区、654小三线军工小镇、定远营古城、内蒙古五原抗战纪念园、二连浩特国门景区、清水县老牛坡党员干部教育中心、黄河三盛公水利风景区将近20个重点红色旅游景区和景点。

除此之外，在各盟市还有数量可观的，具有一定影响力和代表性的红色旅游文化景区和景点。例如：（1）呼和浩特市的内蒙古博物院、中共绥远工委遗址、贾力更历史纪念馆红色旅游区、绥南革命根据地遗址、蜈蚣坝伏击战遗址、内蒙古革命烈士陵园、呼和浩特市烈士纪念碑、和林格尔县绥南革命根据地遗址等；（2）包头市的王若飞纪念馆、百灵庙抗日暴动纪念碑、黄河红色藏报馆、喜桂图红色之城、土默特右旗红色教育实践基地、达茂旗乌克忽洞镇二里半村革命老区民俗文化园、石拐区前厂汉沟基地、敕勒川博物馆等；（3）鄂尔多斯市鄂尔多斯革命历史博物馆、鄂尔多斯市委党校党史党建教育基地、康巴什日兴红色收藏馆旅游景区、中共乌审旗工委巴图湾办公旧址、城川红色拓展基地、三段地革命历史纪念馆及工委旧址、蒙西兵团知青博物馆、恩格贝生态旅游区及黑赖沟抗日将士纪念碑和钱学森纪念馆、伊金霍洛旗郡王府等；（4）乌兰察布市的贺龙革命活动旧址、红石崖抗日纪念馆及烈士陵园、察右前旗纪松龄故居、察右中旗绥中地委红色旅游教育基地、察右后旗红格尔图战役纪念馆、四子王旗白旗村农家乐博物院、卓资县红石崖国家生态公园、兴和县青少年红色文化教育基地等；（5）阿拉善盟的阿拉善博物馆、东风革命烈士陵园、阿拉善和平解放电文发出地阿拉善王府遗址、阿拉善共产国际秘密通道·当铺驿站遗址等；（6）赤峰市的南山革命烈士陵园、柴胡栏子烈士陵园、美丽河镇热水火车站遗址、古山战役遗址及烈士陵园、英雄广场、侵华日军木石匣工事旧址抗战地主题公园、四立本爱国主义教育培训基地建设、关东车红色文化教育基地、喀喇沁旗马鞍山红色文化教育基地等；（7）乌海市的乌海第一党支部旧址等；（8）通辽市的开鲁东来烈士陵园、开鲁麦新烈士纪念馆、红色记忆收藏纪念馆、科尔沁最可爱的人纪念馆等；（9）呼伦贝尔市的中东铁路博物馆、二卡秘密交通站纪念馆、苏联红军烈士陵园、巴彦汗日本关东军毒气试验场遗址、刘少奇主席纪念林、绰源飞机窝遗址、苏炳文广场等；（10）巴彦淖尔市的中滩抗日政府中共包团工委遗址垦区暴动遗址、恩克巴雅尔烈士墓、乌兰布和沙海湖、乌拉特后旗宝日汗图红色教育基地、"英模路"红色文化教研学习基地等；（11）兴安盟的兴安农村第一党支部旧址、巴日嘎斯台革命烈士纪念馆、侵华日军阿尔山要塞南兴安隧道碉堡、阿尔山国门景区等；（12）锡林郭勒盟的蒙古马教学基地、锡林郭勒盟红色旅游纪念馆、正蓝旗察哈尔盟第一党支部纪念馆、贝子庙旅游景区、乌兰牧骑艺术宫等。

在上面提到的是，只是在我们的调研资料里显示出来的红色旅游文化景区和景点，可能还有许多我们没有收集到。不论怎么说，内蒙古地区的红色旅游文化资源十分丰富，一些景区和景点还处在进一步修建和改造升级的过程中，还有一些刚刚发现而还未正式进入名录的红色旅游文化景区和景点。从这个意义上讲，内蒙古红色旅游文化还有很大的发展空间。

伴随红色旅游文化的不断拓展，内蒙古地区的红色旅游文化产业与时俱进地不断调整和拓展产业形式、产业内容、产业规模、产业结构、产业经营模式，出现了许多与红色旅游文化相配套的联动式旅游文化产业等，进而一定程度上促进了本地区其他旅游文化产业的联动式发展，使它们获得相当理想的经济效益。其中就包括：（1）集宁战役红色纪念园与兴和县察尔湖生态度假旅游区、武川县大青山抗日游击根据地旧址纪念馆与达茂旗希拉穆仁草原旅游区、内蒙古自治区政府早期办公旧址与阿尔山国家森林公园旅游区、诺门罕战役遗址与草原生态旅游度假区、兴安第一党支部旧址纪念馆与兴安湖及龙凤山旅游景区、四道沟梁阻击战遗址旅游线路与兴隆庄国家级森林公园联动旅游景区、嘎达梅林纪念馆与哈萨尔圣地蒙古风情园联动旅游景区、僧格林沁王府与阿古拉草原联动旅游景区等，组成的红色旅游与草原绿色旅游的联动式发展。（2）老牛坡党员干部培训中心与老牛湾黄河大峡谷旅游区、诺门罕战役遗址与诺干湖旅游度假区、绥蒙革命纪念园与岱海温泉旅游度假区等的联动式运营。（3）额济纳旗东风航天城旅游区与额济纳旗胡杨林生态旅游及沙漠世界国家地质公园旅游区、库布齐七星湖沙漠生态旅游区与响沙湾旅游区联动发展红色沙漠生态旅游区等之间的联动式发展。（4）武川县大青山抗日游击根据地旧址与大青山太伟滑雪场旅游景区、乌兰夫故居红色旅游文化区与伊利乳业工业园旅游区、世界反法西斯战争海拉尔纪念园与两河圣山景及凤凰山滑雪场等之间联动式发展的红色旅游文化及其产品。除此之外，还有鄂尔多斯革命历史博物馆与成吉思汗陵旅游景区、红色旅游历史文化景区与阿拉善亲王爷府及定远营古城景区、满洲里市国际红色秘密交通线与套娃旅游景区、布苏里军事旅游文化区与嘎仙洞森林公园旅游景区、乌海第一党支部与图海山旅游文化景区等，红色旅游同历史文化旅游和民俗旅游文化景区联动发展，并取得了相当可观的社会效益和经济效益的实例。毫无疑问，以上这些红色旅游及其他旅游文化产业联动式发展模式，确实都获得了相当丰厚的经济效益。更为重要的是，满足了国内外游客丰富多样的旅游消费心理，赢得了国内外旅游者，赢得了市场。

内蒙古地区也十分注重红色旅游与农业农村间的融合发展。在具体运作的过程中，将重点景区建设同周边村落的建设和发展统筹考虑和计划，努力营造重点红色旅游辐射带动周边村落，将农村丰富多样的旅游农产品市场、农民就业增收、农村环境整治与社会治理紧密相融合。这使农村出现了，红色旅游与乡村旅游密切融合而形成的旅游新模式：（1）城川民族干部学院与阳早寒春三边牧场、松山区日伪遗址群与美丽河村、红格尔图战役纪念地与红原休闲农场、麦新纪念馆与黑龙茉莉香葡萄采摘园、东盟军政干部学校与巴彦塔拉农场荷花湖旅游区等联动发展的旅游景区；（2）大青山抗日根据地纪念馆与前营子红色旅游扶贫示范村、后营子红色旅游扶贫示范村、柴胡栏子革命烈士纪念馆与柴胡栏子村、老牛坡党员干部培训中心与老牛坡村等，红色旅游文化景区与特色乡村协调发展新模式。这一联动发展模式建构的红色旅游文化和乡村旅游文化，同样广泛受到国内外旅游者们的欢迎，他们不仅喜欢这些旅游景区和景点，而且也喜欢农牧民们手工制作的各种旅游文化产品或旅游文化食品。

红色旅游文化产品与当地独特的历史文化、民俗文化、宗教文化等紧密相联系，具有独到的文化价值、欣赏价值、保存价值及市场价值、营销价值。包括其旅游饮食文化同样如此，自然有其独特地方风味。有的红色旅游文化景区同文化古城、文化遗址、文化场馆、文化街区等文化类旅游景区和景点或场景高度融合，形成更加理想的互动性、协调性、全面性发展之路。大力促进红色旅游与文化、文学、文艺等结合，打造红色旅游演艺，形成音乐、话剧、歌舞等人们所喜爱的艺术表演。此外，内蒙古还出版一批与红色旅游文化密切相关的红色文化文学、影视作品。其中，就包括麦新镇创作实景演出的《麦新的初心》、大青山革命根据地创作的《挺进大青山》、乌兰浩特创作的《红城·1947》、包头市创作的《草原英雄小姐妹》、锡林郭勒盟苏尼特右旗创作的"草原母亲都贵玛和三千孤儿"、通辽市创作的《嘎达梅林》、东风航天城景区创新演艺打造的《东风呼啸起》和《阿拉腾陶来》及《西风烈》等实景演艺和舞台剧。另外，还有麦新镇创作的话剧《永远的歌声》和电视剧《麦新》，以及《满洲里与红色之路》《守望相助新时代》等书籍和《草原英雄小姐妹》系列儿童绘画读本等。所有这些内蒙古地区的红色文化资源，对于红色旅游文化景区和景点的对外宣传和推介发挥了十分重要的作用。

内蒙古地区已建成覆盖各大旅游景区的相当理想的红色旅游线路，包括草原红色之子红色旅游线路、纪念内蒙古民族解放战争红色旅游线路、红色教育培训红色旅游线路、纪念抗日战争红色旅游线路、纪念二战反法西斯战争红色旅游线路、航天载梦红色旅游线路、纪念解放战争红色旅游线路、塞外抗战红色旅游线路、誓师抗日红色旅游线路、大国重器红色旅等一系列的红色旅游主题线路。在此基础上，内蒙古进一步完善和改造升级其他红色旅游线路，这使内蒙古地区的红色旅游线路更具连贯性、互动性、联通性和灵活性，从而形成四通八达且畅通无阻的红色旅游线路网系统。包括呼包鄂红色教育旅游线路、呼乌锡革命英雄旅游线路、西部交通线红色旅游线路、三大红色旅游专项线路，以及甘宁蒙红色旅游线路、陕蒙红色旅游线路、晋蒙红色旅游线路、京冀蒙红色旅游线路、蒙红色旅游线路、黑蒙红色旅游线路等七大区域精品红色旅游线路。

内蒙古紧扣红色旅游主题，促进红色旅游文化与红色旅游文化产品的发展，不断针对性地开发具有代表性的红色旅游文化及红色旅游文化产品资源，加强顶层设计，谋求科学规划，力求构建深得民心，深受国内外旅游者青睐的红色旅游及红色旅游文化产品。同时，为传统的和单一化的，不适应新时代红色旅游文化发展思路的，老旧红色旅游文化景区和景点，不断注入现代的、多样化的、联动式的和高科技的内涵和生命力。内蒙古地区在红色旅游文化的普及方面，不断深化红色旅游文化资源的学术研究并出版发行相关成果，还充分利用文学作品、影视作品、舞台作品与时俱进地宣传和推介红色旅游文化，提升其深刻思想内蕴和深远意义。在发展红色旅游文化的实践中，内蒙古地区不断解放思想、开拓进取、创新发展、砥砺前行，将那些永载史册的英雄人物和革命历史、革命精神、革命故事展现给人们，包括国内外的旅游者们，从而给他们留下了深刻的记忆，使其敬佩之情油然而生，激励着人们更加珍惜今天来之不易的和平幸福的生活，为更加美好的未来不断努力奋斗。特别是，对于中蒙俄三国人民来讲，他们从"红色旅游""红色印记"中，深刻感受到在那战火纷飞的艰难岁月，用血肉凝成的革命情感、革命友谊、革命精神和革命历史。这进一步增进了中蒙俄三国人民的友好往来和民心相通，进而为中蒙俄"一带一路"旅游文化建设注入了新的活力和生命力。

# 附录 1

# "一带一路"："人类命运共同体"框架下中蒙俄的互动与发展

2013 年国家主席习近平提出建设"一带一路"重大倡议。2015 年，《推进共建丝绸之路经济带和 21 世纪海上丝绸之路的愿景与行动》正式发布。目前，已有 100 多个国家和国际组织同中国签署了合作协议。

就本次研讨会主题"内蒙古旅游文化与中蒙俄'一带一路'建设"而言，笔者似乎没有很好的学术储备，浅显之处敬请各位同仁包涵。

## 一 地缘关系中的中蒙俄："一带一路"打开友好交往的新窗口

蒙古族是跨中蒙俄三国的民族，800 多年前蒙古人逐鹿欧亚的壮举，带来的是庞大统一的蒙古帝国，而且再次激活了古丝绸之路的贸易，将欧亚大陆紧密地联系起来。也正是这一条贸易线路的建立，才有了威尼斯商人马可·波罗来到中国的可能。《马可·波罗游记》将中国介绍给欧洲，使得欧洲人对中国产生了无限向往，被海洋包围的欧洲人有了探索海洋的动力，他们希望跟中国人做生意，赚世界的大钱，这是大航海时代的动力。蒙古人对俄罗斯的影响也是巨大的。在金帐汗国建立之前的俄罗斯由小型的自治城邦构成。为了摆脱蒙古人的统治，说俄语的俄罗斯各部联合起来一致对外，这促进了他们的民族认同感，一盘散沙因外界的压力而捏合起来。1480 年莫斯科大公国击败蒙古人后裔并发展壮大，逐渐演变为现今的俄罗斯。概括讲，蒙古人通过征服世界，改变了人类历史。当然，战争中的摧毁、屠杀、抢夺财物也产生了负面影响。

草原丝绸之路，通过游牧民族的流动性，成为当今世界上辐射面最广、影响最为深远和保存时间最长的文化线路。用国际通行的文化线路概念考量，"草原丝绸之路是青铜器时代以来沟通欧亚大陆最为主要的商贸大动脉，它是集系统性、综合性、群组性于一身具有突出普遍价值的世界文化遗产，也是目前世界上最为庞大而又最具影响力的文化线路"。

鄂伦春族、鄂温克族、达斡尔族是中俄跨境民族，参与了清朝的征战和驻防，清朝，其被统称为"索伦"。由于索伦性格强悍，雄于诸部，与其相邻和杂居的民族"不问部族概称索伦，而黑龙江人居之不疑，亦雅喜以索伦自号说者，谓索伦骁勇闻天下，故借其名以自壮"。这一地区的隶属整合，是满洲击败北方野人女真后三进黑龙江中上游开始的统一索伦部的军事行动，以平定博穆博果尔为时间界限。索伦诸部于天命十一年（1626 年）始向后金朝贡，满洲通过赏赐和与索伦部首领联姻建立了双方的羁縻①关系。俄国人 1632 年前建雅库茨克城，1639 年开始向南蚕食。清兵入关后东北边防空虚，索伦部在沙俄的入侵下大批南迁至嫩江流域。康熙二十二年（1683 年），清政府开始边疆与内地一体化管理的步伐，设立黑龙江将军，下设都统、副都统，管辖黑龙江地区，索伦部与满洲的关系由以前的羁縻关系转变为主属关系，至光绪帝，满清在军事行动、巩固统治、文化保持等方面得到了索伦部的有力支持，在这片土地上达斡尔族、鄂温克族、鄂伦春族上演的用鲜血和生命捍卫家国的真实历史和传说流传至今。尽管在 1689

---

① 所谓羁縻，"羁"就是用军事和政治的压力加以控制，"縻"就是以经济和物质利益给予抚慰。即在民族地区设立特殊的行政单位，保持或基本保持其原有的社会组织形式和管理机构，承认酋长、首领在本族和本地区中的政治统治地位，任用他们为地方官吏，除在政治上隶属于中央王朝、经济上有朝贡的义务外，其余一切事务均由本族首领自己管理。

年《尼布楚条约》签订后这一区域的三个民族经历了分开的历史,但是,在接壤和相同的自然地域上形成的生活方式、生产方式和文化模式、民族精神是相通的。

以地缘为轴,中国、俄罗斯、蒙古国进行了人类历史上最不可思议的历史、文化、经济、社会的构建。在今天,地缘,成为中蒙俄打开友好交往的窗口,成为共同书写发展进步新篇章的桥梁。

在全球经济一体化语境中,亚欧大陆的经济整合带动和提升了中国与国际社会的经济合作,有利于转变经济发展方式,有利于拓展中国发展的地缘经济和政治空间,有利于构建合作共赢为核心的国际关系。实现共赢是"一带一路"各参与国家的共同意愿,我们要尊重彼此主权、领土完整,尊重彼此发展道路和社会制度。

## 二 "一带一路"激发全球绿色发展新思路

2017 年,习近平主席在"一带一路"国际合作高峰论坛开幕式上的演讲中说"我们要践行绿色发展的新理念,倡导绿色、低碳、循环、可持续的生产生活方式,加强生态环保合作,建设生态文明,共同实现 2030 年可持续发展目标"。

必须承认人类与大自然是生物共同体关系。回望蒙古族达斡尔族、鄂温克族、鄂伦春族的历史,他们曾经以多神崇拜为特点的萨满教信仰,构建了人与自然和人与动物植物平等相等的生态伦理意识;以朴素而直接的智慧,顺应与适度的社会规则,形成了独特的生存模式。学界已经将萨满教列入"文化"范畴,拨开神神秘秘的外衣,我们发现萨满教的知识体系和价值取向中以理念、实践、规则的三维结构,使信仰者获得了人与自然之间的互生互助的平衡,并历经千百年的生活实践,成为他们生生不息的生存法则。蒙古人说:"成吉思汗征服过半个世界,从而改变了人类的历史的走向;但是,成吉思汗从未征服过草原。"① 在蒙古族的大扎撒等多部法律中有明确的规定,要尊重大自然,保持人与自然的平衡关系。鄂伦春族、鄂温克族、达斡尔族对于人与自然的依附关系的认识更为直接。鄂伦春人认为,"没有山林河流哪有飞禽走兽,没有飞禽走兽哪能有鄂伦春人呢"。鄂温克萨满认为,"没有敬畏就不会有尊重,就会产生任意而行的破坏"。达斡尔人认为,"不论是河流还是大地、植物还是飞雁,它们和我们一样都是有意识的,是有生命的"。

在"发展"作为重要维度构成当代人认知世界的时代里,人类在丰富自身能力的同时,渐渐失去了对自然的敬畏,失去了对各种生物,以及自然现象的了解和对其规律的尊重,以致现代生活科技发达却面临可持续发展问题。需要指出的是,并不是说传统文化,抑或萨满教可以拯救现代社会中所有的困惑,但如果适时放缓脚步,唤醒初心并重新将自己放到自然的链条中,把这些东西捡拾回来,这是人类的一种自救方式。

从现实维度看,我们正处在一个挑战频发的世界,以文化中的"绿色"为核心的可持续发展理念,是实现相互包容的最佳路径。将生态环保融入"一带一路"建设的各方面和全过程,有利于增进沿线各国政府、企业和公众的相互理解和支持。参与全球环境治理,分享我国生态文明和绿色发展理念与实践,促进经济发展与环境保护双赢,实现各国共同追求的可持续发展目标,是中国智慧的贡献。

### 三 政治经济关系中的中蒙俄:以"一带一路"为契机,共同书写发展进步的新篇章

发展,是解决问题的总钥匙。实现经济联动和成果共享,是中国、俄罗斯、蒙古国三国合作发展的重要要素。

聚焦于发展这个根本性问题,我们要思考需要做什么、需要怎

---

① 转引自陈岗龙:《草尖上的文明》,吉林大学出版社2012年版。

么做。

近年来，中蒙俄三国紧密合作，共同推动了"一带一路"的建设。

（1）2016年，中国、蒙古国和俄罗斯签订《建设中蒙俄经济走廊规划纲要》。三方坚信，推动中蒙俄经济走廊建设将促进地区经济一体化，促进各自发展战略对接，并为基础设施互联互通、贸易投资稳步发展、经济政策协作和人文交流奠定坚实基础。

（2）近年来，三国高层互访频繁，体现了中蒙俄经济走廊的建设达成的共识；中蒙俄三个国家毗邻而居，且同处东北亚经济圈，现阶段中蒙俄三国发展战略高度契合，经济结构和资源禀赋互补性极强；在蒙古国和俄罗斯举办的"中国文化周"，是国家元首参加和推进的人文领域合作活动。这些说明，继续深入推进"中蒙俄经济走廊"建设的意义重大。

（3）"一带一路"上的内蒙古，站在了全面开放的新起点上。国家为了加快中蒙俄经济走廊建设，在内蒙古参与中蒙俄经济走廊建设中给予了很多政策帮助，如铁路修建、经济帮扶等。内蒙古是中蒙经贸合作交流的主要载体，内蒙古和蒙古国的经贸交流主要涉及日用品、农产品、食品加工、机电产品以及矿物产品等，贸易交流空间很大。蒙古国向内蒙古出口和进口的商品种类也逐渐增多，所占比重也在不断上升。内蒙古与俄罗斯的经贸合作发展良好，俄罗斯是内蒙古第二大贸易伙伴，向俄罗斯出口贸易总额持续增长，贡献率也不断提升；从贸易结构上看，内蒙古从俄罗斯进口的商品主要为资源型、能源型商品，出口产品则以劳动密集型产品和机电产品为主。

呼伦贝尔市也积极参加了"中蒙俄经济走廊"的相关活动。一是呼伦贝尔市和相关旗县领导走访蒙古国，就深化传统领域互利合作、推动重点项目建设、建立生态产业技术领域合作等事宜进行深入交流，并签署相关协议。二是基础设施互联互通取得积极进展，完成一批铁路公路项目、完善口岸功能和合作平台建设。三是经贸合作进一步加深。四是跨境旅游快速发展。中俄边境旅游区晋升为国家5A级景区，累计全市入境旅游人数达千万人次，入境旅游创汇数十亿美元。五是金融合作取得了进展。六是人文交流合作日益增多，包括 2016 年呼伦贝尔学院到蒙古国东方省的文艺演出活动等。

### 四　总体来看，"一带一路"的多边合作还有巨大的上升空间，旅游作为人文交流的纽带将发挥积极作用

21 世纪以来，以投资和技术进步为动力的全球经济逐步趋缓，以西方为主导的攫取型的全球化发展模式日渐步入困境，全球经济发展需要新动能，国家间的合作乃至全球和区域一体化急需新的合作模式。在此背景下，中国向世界发出具有历史意义的"一带一路"倡议。同时，"一带一路"倡议也是在不断用事实驳斥西方国家的歪曲和消除南方国家的不解中逐步发展的。"一带一路"倡议符合联合国"千年计划"的理念，符合可持续发展的经典理论，因此，其渐渐得到世界各国的积极支持，共同在为世界发展作着新的贡献。

早在 1936 年，提出"丝绸之路"概念的德国人李希霍芬的学生、瑞典人斯文·赫定在其出版的《丝绸之路》一书中，就曾预测"可以毫不夸张地说，这条交通干线（丝绸之路）是穿越整个旧世界的最长的路。从文化历史的观点看，这是联结地球上存在过的各民族和各大陆最重要的纽带……中国政府如能使丝绸之路重新复苏，并使用现代交通手段，必将对人类有所贡献，同时也为自己树起一座丰碑"。他还推断"中国人重新开通丝绸之路之日就是这个古老民族复兴之时"。

习近平总书记指出，"'一带一路'倡议，唤起了沿线国家的历史记忆。古代丝绸之路是一条贸易之路，更是一条友谊之路。"[①]"'一带一路'建设要以文明交流超越文明隔阂、文明互鉴超越文明冲突、文明共存超越文明优越，推动各国相互理解、相互尊重、相互信任。"[②]

在我国政府发布的《推动共建丝绸之路经济带和 21 世纪海上丝绸

---

① 《习近平谈治国理政》（第二卷），外文出版社 2017 年版，第 500—501 页。

② 《习近平谈治国理政》（第二卷），外文出版社 2017 年版，第 513 页。

之路的愿景与行动》，蕴含着以经济合作为基础，以人文交流为支撑，以开放包容为理念的重要内容。这是建立在文明融合而非文明冲突的立场上的双赢思路，这是以文化交流和交融为经济建设搭桥铺路并提供价值引领和支撑的着眼点，这是各相关国及背后多元文明群体性复兴的方向。"一带一路"倡议的实施，使不同文化背景、不同宗教信仰的各国、各地区、各民族人民的交流更为密切，为各种优秀文化之和谐发展、和平共处理念的传播提供了路径，同时也为文化消费、文化产业的跨越国界开辟了道路。2017 年，内蒙古出台《自治区"一带一路"文化发展行动计划》，文化发展的动力机制是文化交流、碰撞、融合、创新，"一带一路"为文化开拓产业市场提供了历史机遇。就旅游而言，其包括的文化是以人文交流为纽带，以和平友谊为根本的软实力夯实"一带一路"互联互通的社会根基。从这个意义上讲，文化产业在实施"一带一路"和推动中华文化走出去的战略中将发挥突出的作用。

今后，我们应继续以"一带一路"为契机，加强各国之间的全方位交流；建立和实现政治互信、经济融合、文化包容的利益共同体，实现命运共同体和责任共同体目标。

（内蒙古社会科学院 白兰）

# 附录 2

## 挖掘研究民族语言文化资源推进中蒙俄 "一带一路" 旅游产业发展

　　当前，中国经济和世界经济高度关联。推进"一带一路"建设既是中国扩大和深化对外开放的需要，也是加强和亚欧非及世界各国互利合作的需要。[①] 随着社会的发展进步，文化的经济属性与经济的文化属性融合共生，日益成为地区发展的核心竞争力，特别是文化与旅游融合产生的文化旅游产业，呈现出前所未有的生机和活力。"一带一路"建设的目标是要建立一个政治互信、经济融合、文化包容的利益共同体、命运共同体和责任共同体。在此目标指引下，中蒙俄三国跨境旅游领域的项目合作有序推进，并取得了阶段性成果。中蒙俄边境地区民族同根同源，在文化交往交流上具有天然优势，并且中俄两国经济互补性很强，中蒙两国、中俄两国由此在内蒙古、黑龙江、新疆边境上形成了联系密切的跨境文化带和跨境经济带。在中蒙俄边境毗邻地区汇聚了较为丰富的民族旅游文化资源和自然景观，这为促进"一带一路"建设背景下密切中蒙俄三方交流合作、协同挖掘民族旅游文化资源提供了客观条件与强力支撑。

　　旅游本质上是文化消费，文化是旅游的灵魂，是旅游产业可持续发展和快速增长的核心价值。内蒙古、黑龙江等地作为中华民族文化

---

① 《推动共建丝绸之路经济带和 21 世纪海上丝绸之路的愿景与行动》，新华社，2015 年 3 月 28 日。

资源宝库的重要组成部分，历史遗存众多，文化资源丰富，具有发展旅游业的地域特色与优势条件。而利用文化资源，提升文化含量，丰富旅游内涵，则是加快发展旅游业的重要课题。

近年来，伴随我国的对外交往，将"一带一路"建设与地区经济社会发展紧密对接，对于促进内蒙古、黑龙江跨境旅游业发展意义重大。在大力发展自然景观旅游的同时，日益注重民族文化旅游资源的有效开发利用。中蒙俄三国继续深化合作交流、实现互利共赢，坚定不移地推进"一带一路"建设成为中蒙俄三国经济社会协同发展中的必然选择。相比于旅游文化产业的持续深化发展乃至成为支柱产业，当前的旅游产业与文化融合发展还具有较大发展空间，存在一些值得重视的问题。急待持续深化强化旅游产业的文化内涵、文化品位、文化特色，推进中蒙俄"一带一路"旅游产业深入发展。

## 一 以全面立体发展为战略推进文化旅游的深度策划

统筹协调，形成合力。在制定规划和实施过程中应由文化、旅游部门牵头，吸收建设、财政、交通等部门参加，以确保规划的科学性、全面性和权威性。应进一步打破地区壁垒，创新区域合作机制。随着时代的发展，"走马观花"式的观光游，正在向体现更多文化特色的体验式旅游转变。游客希望的是在感触地方历史、品味特色文化、游历北方山水、感受多彩风情的过程中，体会到内蒙古旅游的魅力。这就要求不仅在旅游规划设计、景区开发建设等宏观层面上蕴含内蒙古、黑龙江地域文化，还要在旅游商品、旅游餐饮、导游服务等具体旅游服务方面体现出内蒙古、黑龙江文化特色，把提升文化内涵贯穿到旅游业发展全过程，做好旅游产业与文化结合的全方位系统策划。

## 二 持续深入挖掘民族文化资源以不断提升旅游文化内涵

突出旅游产品异质性特色，把自然、民族、历史、文化融为一体，打造高品位的旅游产品，走生态旅游和人文旅游结合的发展道路，特别是从挖掘、保护和传承少数民族文化历史的高度，重视打造反映内蒙古、黑龙江独有少数民族风情的景区景点。中蒙、中俄边境地区自然景观、历史人文景观、非物质文化遗产等资源比较丰富。内蒙古的自然景观有额济纳胡杨林、阿尔山、呼伦湖、贝尔湖等，历史人文景观有晚白垩世恐龙化石群遗迹、洪格尔岩画群等，非物质文化遗产有长调、马头琴、呼麦、乌力格尔、安代舞、祭敖包等，这些资源为中蒙两国开展跨境旅游提供了合作基础。依托这些丰富的资源，内蒙古已经建设了一批特色小镇，如包头市达尔罕茂明安联合旗满都拉特色旅游小镇，边境互市贸易明星口岸甘其毛都小镇等。黑龙江地区有阿城女真金源文化；牡丹江渤海国遗址、齐齐哈尔富裕三家子满族语言文化；五常满族京旗文化；双鸭山挹娄文化；依兰满族文化；佳木斯、同江等地赫哲文化；呼玛、塔河、黑河鄂伦春文化等。中蒙俄跨境民族的语言文化资源成为相互交流合作的亮点。只有在旅游中充分体现出文化特色，游客才会印象深刻，不虚此行，旅游业才能充满魅力，长盛不衰。

### 三 重视民族语言文化调查研究成果与旅游产业融合发展

把文化贯穿于每个旅游要素之中，全面展现内蒙古、黑龙江旅游的文化内涵和文化形象。充分发挥高校、科研机构专家学者的作用，有计划地出版一批有权威的、高质量的图书，系统介绍内蒙古、黑龙江的民族历史文化。对旅游文化产业深化发展提供科学依据与指导支持，实现产学研相结合。对旅游管理人员与导游人员通过相应方式进行专业培训，有效提升其文化素质与工作水平，切实推进文化旅游的内涵建设。

例如国家社科基金重大项目"中国满通古斯语言语料数据库建设及研究"，是首次开展的中国满通古斯语言语料全面系统调查研究，完成濒危满语、赫哲语、鄂温克语、鄂伦春语、锡伯语语料的数字化处理，建设濒危满通古斯语言语料数据库，永久保存珍贵语言文化遗产，并为推进社会经济文化建设发展提供理论支撑。满通古斯语族语言文化研究对文化传承具有重要价值，对社会经济建设发展亦具有重要作用。随着经济全球化高科技迅猛发展，丰富多彩的民族传统文化遇到了空前的生存危机。目前，满通古斯语族语言都已处于濒危状态，大量珍贵的语言文化资料亟待抢救研究与开发利用。抢救满通古斯诺族语言文化遗产，建设语料数据库并科学保存，进行科学系统的综合研究显得更加紧迫，特别是对研究多元一体的中华民族历史文化、中外跨境民族关系、促进社会经济文化共同发展、调整民族政策以及外交政策、促进人类文明进程、相互协调、和谐发展等都具有重要的参考价值与现实意义。

**四 倾力打造别具特色常年演出的大型民族旅游文化娱乐节目**

通过打造别具特色常年演出的大型民族旅游文化娱乐节目，展示独具一格的本土文化。旅游不仅是在自然景区"到此一游"，而且是和当地经济社会、文化活动等紧密结合的特色文化体验。旅游文化资源的挖掘，离不开优秀的创意。好的创意能够使旅游与文化、民俗有机结合，相得益彰，增强景点的生命力，吸引游客的注意力。优秀的演艺节目能集中表现地方文化、特色民俗，只要我们发挥文艺院团优势，开发文艺创作和演艺人才资源，为旅游市场提供形式多样、特色鲜明、雅俗共赏的演艺节目，聚集人气，拉动消费，就能促进旅游业和文化演艺业共同繁荣发展。

**五 加强旅游商品民族文化特点的研发以促进生产和销售**

加强旅游商品民族文化特点的研发、生产和销售，注重提炼具有地域特点的概念，设计富有文化内涵的符号，用概念化和符号化的广告，增强旅游产品促销效果。树立统一的品牌战略意识，整合旅游宣传资源，增加促销投入，按照一定配比方式，各地联合，统一策划包装，整合在央视宣传内蒙古、黑龙江旅游产品，强化整体宣传效果。

政府部门应突出重视鼓励企业研发生产具有地方民族历史文化内涵和独具特色的旅游商品和纪念品，制定出台奖励政策，每年拿出一定数额资金给予扶持，搞好旅游商品的研发、生产和销售。要把市场促销和景点建设放到同等重要的位置，加大内蒙古、黑龙江总体形象的推介力度。

"一带一路"为新时期世界走向共赢带来了中国方案。不同性质、不同发展阶段的国家，其具体的战略诉求与优先方向不尽相同，但各国都希望获得发展与繁荣，这便找到了各国共同利益的最大公约数。如何将一国的发展规划与他国的战略设计相对接，实现优势互补便成为各国实现双赢多赢的重要前提。"一带一路"正是在各国寻求发展机遇的需求之下，同时尊重各自发展道路选择基础之上所形成的合作平台。正是由此，中蒙俄三国继续深化合作交流、实现互利共赢，坚定不移地推进"一带一路"建设是中蒙俄三国经济社会协同发展中的必然选择。因为立足于平等互利、相互尊重的基本国际关系准则，聚焦于各国发展实际与现实需要，着力于和各国发展战略对接，"一带一路"建设在赢得了越来越多的世界认可与赞誉的同时，也取得了日益显著的早期收获，给相关国家带来了实实在在的利益，给世界带来了走向普惠、均衡、可持续繁荣的信心。

（黑龙江大学　赵阿平）

# 附录 3

# 额尔古纳市的俄罗斯族巴斯克节
# 及"一带一路"建设

## 一 中国的俄罗斯族及人口分布

俄罗斯族是我国一个人口较少民族，是中华民族 56 个民族的重要组成部分。从 1953 年开始，中国政府开始进行民族识别工作。中国俄罗斯族是在 1953 年被正式确定的。中国俄罗斯族是历史上中国主体民族汉族或个别的中国人口较少民族与俄罗斯的俄罗斯族通婚、混血、繁衍、发展而来的中国特有的人口较少民族；中国俄罗斯族是一个欧亚跨界民族，大多既有欧罗巴人种的血统，又有汉族黄种人的特征；其宗教信仰是大多数人信仰东正教。俄罗斯族一般在社会上以汉语和中文为社交语言和通用文字；在家庭内部，在与本民族人交往时他们也讲一些日常的俄语，少量的中国俄罗斯族能够使用俄文。中国俄罗斯族除了有汉族式姓名之外，大多数还有俄罗斯式姓名。中国俄罗斯族都有一个明确的概念，他们认定自己的祖国是中国，自己是中华民族大家庭的一员。他们热爱自己的祖国，并以主人翁的姿态为祖国的繁荣富强，贡献着自己的智慧和力量。

根据 2010 年第六次全国人口普查，全国共有俄罗斯族人口 15393 人，新疆共有俄罗斯族 8489 人，内蒙古共有俄罗斯族 4673 人，呼伦贝尔市共有俄罗斯族 4354 人，呼伦贝尔市下属的额尔古纳市共有俄罗斯族 2044 人。呼伦贝尔市俄罗斯族的数量占全国俄罗斯族人口的 28.28%，占内蒙古俄罗斯族的 93.17%。呼伦贝尔市额尔古纳市下辖恩和俄罗斯族民族乡，截至 2017 年 6 月恩和全乡总人口 2393 人，俄罗斯族和华俄后裔共有 1329 人，恩和共有俄罗斯族 957 人，约占恩和总人口的 56% 都有俄罗斯血统。通过以上数据分析，笔者得出结论：内蒙古绝大多数俄罗斯族都聚居在呼伦贝尔市，而呼伦贝尔市的绝大多数俄罗斯族又都聚居在额尔古纳市。呼伦贝尔拥有相对众多的俄罗斯族人口数量，这为广大的中外学者研究俄罗斯族巴斯克节、中国境内俄罗斯文化的传承、演变及其发展趋势提供了有效数据。

### 二　呼伦贝尔额尔古纳市的俄罗斯族巴斯克节

内蒙古呼伦贝尔额尔古纳市俄罗斯族庆祝的巴斯克节，已经于 2011 年被列入中国第三批国家级非物质文化遗产名录。内蒙古俄罗斯族巴斯克节的节日性质是源自俄罗斯东正教庆祝耶稣基督复活的盛大宗教节日——复活节。俄罗斯的复活节被中国内蒙古的俄罗斯族称为巴斯克节。在内蒙古生活的俄罗斯族，在保留了俄罗斯人庆祝耶稣基督复活的 Пасха 复活节习俗的同时，使节日的名称在多年延续过程中发生了方音演变，约定俗成为"巴斯克"的固定称谓。"巴斯克节"是内蒙古地区的俄罗斯族对俄罗斯复活节的特定称谓。在内蒙古俄罗斯族的心目中巴斯克节是最重要、最盛大的本民族节日，节期为七天。巴斯克节在俄罗斯东正教的儒略历推算下，节日的具体日期是每年春分之后第一个月圆后的第一个星期日，公历在 4 月上旬至 5 月上旬之间。彩蛋和古力契是内蒙古俄罗斯族巴斯克节的必备食品，俄罗斯族庆祝巴斯克节时有用彩蛋和古力契供奉耶稣基督的习俗。现阶段内蒙古俄罗斯族庆祝的巴斯克节，是以俄罗斯族和华俄后裔为主体、各民族共同庆祝的、保留了极少部分东正教宗教形式的世俗节日。

### （一）巴斯克节的节前准备

巴斯克节前夕俄罗斯族家家户户都要大搞卫生：粉刷房间，擦拭门窗玻璃，拖地板，清洗各类器皿，清洗衣物，清洗被褥，洗涤台布并且熨烫一新；俄罗斯族在巴斯克节前要对家中的绿色植物叶片进行擦拭，剪枝修整，让室内的绿色植物焕发出勃勃生机。巴斯克节前夕俄罗斯族十分重视节前沐浴：主人会将家中的传统蒸汽浴室烧好，先请老人洗浴，之后是孩子们洗浴，还要请没有传统蒸汽浴室的街坊邻居来家中洗浴。老人或女主人会带领孩子们浸染各种色彩的巴斯克节彩蛋。男主人负责节日食物及必需品的采购工作；女主人烘烤各式面包和点心，俄罗斯族还有将彩蛋和古力气柱形面包供奉圣像的习俗。

内蒙古额尔古纳市恩和俄罗斯民族乡十分重视巴斯克的节日服饰：女士无论老少都要身着高雅华美的裙装，佩戴金银首饰；男士则西装革履，美观大方；在巴斯克节当天的歌舞活动中，人们大都身着五颜六色的仿俄罗斯式民族传统服装。巴斯克节前夜，俄罗斯族家庭要精心布置有耶稣基督和圣母玛利亚像的圣像台，另外，还要在圣像前点燃蜡烛。当指针指向 12 点时，人们会在第一时间互相庆祝耶稣复活了，彼此见面都要说："贺里斯多 - христос，瓦斯克列斯 - воскрес！瓦依斯基诺 - воистину，瓦斯克列斯 - воскрес"，中文意译是"耶稣复活了，真的复活了"。现在，由于俄罗斯族俄语水平的逐渐下降，人们已经很少用俄语庆祝了，而是直接用汉语祝贺巴斯克节。巴斯克节期间额尔古纳市俄罗斯族常年保持荡秋千和拔河的习俗；保持使用俄罗斯乐器巴扬、巴拉莱卡演奏俄罗斯民族乐曲的习俗；保持欢跳俄罗斯民族集体舞、双人舞、单人舞的习俗。巴斯克节期间额尔古纳市俄罗斯族的重要内容之一就是品尝各种俄式美味食品，让亲朋好友品尝：俄式烤制品、酸黄瓜、苏伯汤、烤鸡、烤肉、熏鱼、沙拉、烤肉串等。巴斯克节期间额尔古纳市俄罗斯族还保持亲朋好友之间"喝圈酒"的习惯，轮流请宾朋到家喝酒聚会，增进友谊，交流感情，极具好客风情。额尔古纳市村屯的俄罗斯族，近年来，在节日的家庭酒会上还增添了相互交流生产经验，相互传授生产技术和传递各种春耕信息的新内容。

（二）巴斯克节的节庆活动地点

恩和是中国内蒙古自治区呼伦贝尔市额尔古纳市下辖的俄罗斯民

族乡，也是我国最大的俄罗斯族和华俄后裔的聚居地。额尔古纳地区
按照以往的惯例，巴斯克节的第一天都要在恩和俄罗斯民族乡庆祝。
其余六天分别在牙克石、拉布大林、吉拉林、三河回族乡、苏沁、黑
山头、上库力、扎兰屯、莫尔道嘎等较大的俄罗斯族聚集地举行大型
集会活动。内蒙古俄罗斯族在组织庆祝巴斯克节地点选择方面呈现着
以下特点：首先，内蒙古地区巴斯克节有组织的大型庆典活动的举办
地点，往往都设置在拥有内蒙古绝大数量的俄罗斯族聚居区的呼伦贝
尔市下属的额尔古纳市。这与额尔古纳市俄罗斯族民俗文化浓郁，具
有浓厚的俄罗斯文化风情，同时又是俄罗斯族国家级非物质文化遗产
巴斯克节的申办地、是自治区级俄罗斯族 7 项非物质文化遗产的申办地
和多项市级非物质文化遗产的申办地有着直接的关系。额尔古纳巴斯
克节的第一天都要在恩和俄罗斯民族乡庆祝。从 1994 年恩和俄罗斯族
民族乡成立以来，额尔古纳市委、市政府都非常重视和支持举办巴斯
克节的庆祝活动；近些年来，额尔古纳市及恩和俄罗斯民族乡除了
2003 年受非典疫情影响，2020 年受新冠肺炎疫情影响，无法举行有组
织的大规模的巴斯克节集庆活动之外，恩和每年都投入大量的人力和
物力举办巴斯克节庆典。

　　恩和四面山地丘陵环绕，与俄罗斯仅一水之隔，位于北纬 51° 左
右，属于高寒地区。恩和小镇一年四季景色秀丽，风光宜人。恩和的
人文环境独具华俄风情：从 19 世纪下半叶开始，俄国人涌入中国境内，
与中国部分省份的"闯关东"者逐渐来到此地，部分俄国人加入了淘
金者的行列。许多俄罗斯姑娘成了中国汉族淘金工人的妻子。俄国十
月革命之后，一些侨居俄国的中国移民回到国内，定居在恩和乡及其
附近的土地上。恩和现任乡长李雪梅本身也是俄罗斯族。现在恩和俄
罗斯族民族乡总共有 832 户人家，其中恩和乡政府所在地的恩和村共有
392 户人家。恩和 85% 的人口属于农牧场、林场职工及其家属。截至
2017 年恩和全乡总人口 2393 人，俄罗斯族和华俄后裔 1329 人，俄罗
斯族 957 人。恩和的俄罗斯族和华俄后裔长期以农牧、渔猎为生。恩和

人在饮食上具有明显的中俄双重性特点：既经常吃汉族的饺子、炒菜、米饭，也常常烘烤俄式面包和点心。恩和既有烧桦木桦子烘烤面包传统工艺面包房，也有现代机制烤箱的面包房。恩和人酷爱清洁、喜欢歌舞，人人会唱俄罗斯歌曲。俄罗斯族女士在穿着上特点较为突出：年轻女士大都穿布拉吉长裙即连衣裙；老年妇女则大都喜欢穿裙子，因为裙子穿起来比较方便，头上佩戴印花三角头巾。俄罗斯族信仰东正教，尊从教义，在过所有中国传统节日的同时，也按俄罗斯的节日时令过俄罗斯族的节日。虽然一些俄罗斯族和华俄后裔的俄语语音、语法面貌与俄语专业受教者存在一定的差距，但是他们在血缘和语感及俄罗斯语言文化背景上仍保留着巨大的俄语学习优势。俄罗斯族乡亲们彼此关怀，相互理解，相互宽容，淳朴的民风、浪漫的异国风情让人不忍离开。

（三）巴斯克节节庆活动时间及内容

2017 年，笔者对内蒙古呼伦贝尔市额尔古纳巴斯克节的全过程进行了实证调研，巴斯克节整个节日庆祝过程如下：2017 年的巴斯克节是 4 月 16 日。内蒙古俄罗斯研究会节前针对 2017 年巴斯克节欢庆活动进行了安排，早在 2017 年 3 月 9 日内蒙古俄罗斯民族研究会就发出了《关于 2017 年"巴斯克"节欢庆活动安排的通知》："节日期间要推动进入俄罗斯族家庭体验民族文化及家庭节日氛围，感受传统的欢庆形式，以宣传、弘扬俄罗斯民族传统文化。"同日内蒙古俄罗斯民族研究会又阐发了《关于 2017 年俄罗斯族巴斯克节欢庆活动的方案（草案）》。其主旨是运用俄罗斯族文化增强额尔古纳市旅游产业的进一步发展，搞好巴斯克节的欢庆活动对保护俄罗斯族的民族文化、促进地区经济发展、加强中俄两国文化交流、增加双边贸易都有十分重要的意义。通过开展大型的俄罗斯族巴斯克节日歌舞表演，弘扬俄罗斯族传统文化；提高全市各族同胞的凝聚力和荣誉感；满足市民日益增长的文化需求，激发市民创建和谐社会的积极性，以多种方式宣传保护俄罗斯民族文化。

2017 年巴斯克节前夜，部分恩和老年俄罗斯族东正教教徒驱车前往额尔古纳市政府所在地拉布大林镇南哈撒尔路的圣英诺肯提乙教堂进行宗教活动。整个巴斯克节宗教仪式由受教于莫斯科神学院的圣英诺肯提乙教堂工作人员主持，播放俄罗斯东正教庆祝复活节的仪式录音，进行宗教祈祷。据恩和乡政府的详细统计数据：参加恩和 2017 年巴斯克节当日在伊丽娜餐厅演播厅主会场庆典的恩和本地人口有 600 多人，外地各级各类与会者 1400 多人，共 2000 多人。伊丽娜俱乐部的餐厅演播厅里，室内有 44 桌，可容纳 500 多人。大厅中间的主桌上可容纳 60 多人的中外嘉宾。据不完全统计：恩和及所有下辖村屯 2017 年巴斯克节活动周的 7 天里家家户户都在庆祝巴斯克节；加上俄罗斯家庭民俗游的长期客户、恩和当地人以及华俄后裔的一些外地亲属喝圈酒、走亲访友的人们、参加俄罗斯歌舞集体表演活动的人们、个别有才艺的华俄后裔进行巡回演出的人们，恩和及周边地区 2017 年参加巴斯克节的总人数达 8000 多人次。

2017 年巴斯克节当日，在恩和俄罗斯民族乡举办了巴斯克节庆典活动，其具体安排如下：

上午 9：00—9：20，在恩和俄罗斯民族乡旅游服务中心集合，乘坐俄式四轮马车沿途参观俄式木刻楞建筑。

9：20—9：40，参观传统手工面包房——热尼亚列巴房，品尝列巴并观看俄式列巴的制作过程，参观中有专人讲解。

9：40—10：00，参观恩和俄罗斯民族馆，感受俄罗斯族的历史文化。

10：00—10：30，到恩和俄罗斯民族乡小广场，参加拔河、套圈、打骨头等游戏，观赏呼大等高校画家关于恩和民族风情的油画，观看视频节目。

10：30—11：40，巴斯克节活动开幕式，广场舞表演。恩和俄罗斯民族乡乡长李雪梅致开幕词。观看当地百姓自己编排的民族舞蹈。

11：40—12：00，所有参加活动人员步行至伊丽娜乡村俱乐部主会场，参加"巴斯克"节的演出表演，途中有敬酒仪式。

下午2：00—7：00，自由活动，可参观俄式家庭游宾馆，到俄罗斯族老人家里做客，听老人讲故事。

晚7：00—8：00，在小广场点燃篝火、放烟花活动。活动完毕后，不回家的参会人员入住俄式木刻楞的家庭宾馆，费用自理，会场工作人员帮助协调。

（四）巴斯克节节庆活动的意义

根据我们的调研，内蒙古呼伦贝尔额尔古纳市的俄罗斯族巴斯克节节庆活动所涉及的实际意义主要有以下七个方面。

一是，巴斯克节餐饮文化促进俄罗斯族民族认同的作用——恩和俄罗斯族巴斯克节饮食文化具有俄罗斯族认祖归宗的感召力。许多俄罗斯族同胞携妻带子返回恩和感受巴斯克节的俄式大餐，不只是想要品尝久违的家乡美食、民族美食；而是通过食用恩和巴斯克节餐桌上的节日美食，追忆祖父母辈人曾经给予自己的无限关爱，教育下一代不要忘记祖先，保持包括俄罗斯族传统饮食文化在内的俄罗斯族民族文化。2017年本人在实证调研过程中亲眼见证了从俄罗斯、哈萨克斯坦以及北京、上海、呼和浩特各地归来的俄罗斯族和华俄后裔携妻带子，自费参加恩和巴斯克节的全部庆祝过程；并且在餐桌旁向下一代讲述俄罗斯族巴斯克节美食食谱及其制作方法，希望后辈人传承俄罗斯族的餐饮文化。在内蒙古俄罗斯族巴斯克节的长桌宴饮中，俄罗斯族同胞聚集在一起相互祝贺节日，相互碰撞彩蛋，相互切分古力契，相互斟酒礼让的过程中，加强了俄罗斯族民族内部的交往与联系，强化了俄罗斯族的族群意识，增强了俄罗斯族的民族认同感，增强了俄罗斯族内在凝聚力，增强了俄罗斯族的民族文化传承意识。

二是，巴斯克节餐饮文化促进各民族文化相互融合与民族团结的作用——在内蒙古俄罗斯族大规模庆祝巴斯克节时，比较完整地保存了俄罗斯的餐饮文化。恩和俄罗斯族巴斯克节具有凝聚各民族饮食文化的依存性。每年内蒙古俄罗斯研究会与额尔古纳市委和市政府联合举办的大型巴斯克节庆祝活动的第一天都是在俄罗斯民族乡恩和举行。恩和巴斯克节长桌宴的俄式饮食在很大程度上继承和保持了俄罗斯餐饮的基本烹饪特点；传承了俄罗斯复活节彩蛋和古力契两种必备食品的基本加工工艺。巴斯克节的渊源与俄罗斯东正教密切相关，恩和地区俄罗斯族庆祝巴斯克节时体现的宗教意义已经不是十分明显，偏重多重民族文化交融，带有明显的以俄罗斯族和华俄后裔为主体的各民族共同欢庆巴斯克节的场面，这才是恩和巴斯克节的主体映像。例如：2017 年恩和巴斯克节当日在伊丽娜俱乐部的餐厅演播厅主会场恩和俄罗斯族和华俄后裔、中俄专家学者、来自全国各地的嘉宾是使用筷子吃的俄式午餐。而在恩和原乡长曲德欣家的俄罗斯族家庭游客房里，中俄嘉宾们都是使用勺子、餐刀、叉子完全俄式的餐具吃的午餐；也是在曲乡长家的餐桌上，除了巴斯克节特种食品彩蛋、古力契、经典的俄式菜肴之外、中俄嘉宾还尽享蒙古族奶茶的馨香，可谓汉族、俄罗斯族、蒙古族多重饮食文化相互交融，你中有我，我中有你，上述现象在俄罗斯复活节的节日宴席上是不可能出现的。恩和俄罗斯族巴斯克节呈现着中国各民族融合，各民族友好，各民族一家亲的和谐态势；恩和俄罗斯族巴斯克节及其餐饮文化对促进边疆稳定、民族团结起到了不可估量的作用。

　　三是，巴斯克节餐饮文化有促进"一带一路""民心相通"的作用。中俄两国共有"民以食为天"的俗语。在 2017 年的巴斯克节庆典当天，来自俄罗斯的文化专家、来自俄罗斯的亲属在内蒙古恩和巴斯克节的长桌宴上，中俄俄罗斯族同胞共同追忆父辈人在艰苦的岁月，为了哺育儿女，为了庆祝巴斯克节而烹制的家常美味；在恩和俄罗斯族巴斯克节的庆祝过程中俄罗斯族的餐饮文化得到充分的展示。笔者亲眼所见：俄罗斯文化女性专家着重说起恩和巴斯克节餐桌上的"西米丹"，让她想起自己童年时，她的奶奶在俄罗斯复活节为她做的西米丹的味道，现在奶奶去世了，在中国她又尝到了久违了的味道！俄罗斯文化专家不远万里从俄罗斯带来伏特加，放在内蒙古俄罗斯族恩和巴斯克节的餐桌上，塞进内蒙古俄罗斯族的外衣口袋里。参加恩和巴斯克节庆典的俄罗斯学者非常喜欢俄罗斯族同胞熬制的蒙古奶茶：他们对奶茶中的炒米感到好奇，对"炒米的类属""炒米的炒制方法"询问了好半天；而且，还补充道："在俄罗斯只是用红茶加兑熟牛奶，没有炒米，所以，没有这里的奶茶好喝！"在恩和俄罗斯族巴斯克节的宴会中到处洋溢着中俄俄罗斯族文化交流与"民心相通"的温馨气氛！

四是，巴斯克节有促进祖国边疆稳定和谐的作用。2017年4月16日，在内蒙古自治区额尔古纳市恩和俄罗斯民族乡、蒙兀室韦苏木，武警呼伦贝尔市边防支队官兵与俄罗斯族群众一起开展打骨头、套圈、拔河、撞彩蛋、油画展等民俗活动，欢庆俄罗斯族传统佳节——"巴斯克节"。额尔古纳市所在地拉布大林的俄罗斯族家亲属不多、人口少、三口之家的小家庭往往就在自己家的楼房里染制70多个彩蛋，其中30多个留给自己家里在巴斯克节时食用，其余的40多个彩蛋则用方便袋分成若干份，再配上进口的俄罗斯糖果、小袋速溶咖啡等食品，在巴斯克节期间分给要好的汉族或其他少数民族朋友，以此分享巴斯克节的快乐。③巴斯克节期间，额尔古纳市的俄罗斯族同胞向广大的汉族、蒙古族、达斡尔族、鄂温克族、鄂伦春族、朝鲜族、满族等其他民族同胞赠送彩蛋；向边防战士、公安干警、武警和森警官兵赠送彩蛋，展现了俄罗斯族民众大方、慷慨、热情、好客、充满爱心的民族性格；起到了传播幸福、维护各民族和睦生活、守望相助、维护祖国边疆民族团结稳定的巨大作用。2020年4月19日是居住在内蒙古额尔古纳市千余名俄罗斯族民众的传统节日"巴斯克节"，虽然因为新冠肺炎疫情，没有举办有组织的大规模巴斯克节节日庆典和集会活动，但是，部分内蒙古俄罗斯研究会成员和俄罗斯族民众穿着节日盛装，戴着口罩，带着列巴、彩蛋等节日食品，送给值守在该市部分检查站点的疫情防控工作人员，并为这些工作人员送上祝福，与他们分享节日的快乐。俄罗斯族民众拿出事先准备好的彩蛋交与疫情防控工作人员，然后用手中的彩蛋与之相撞，意味着"岁岁平安"。还有俄罗斯族民众拿着事先准备好的柳条冲着防控工作人员衣服抽一下，意味着抽去疲惫。

五是，巴斯克节保存俄罗斯歌舞艺术的作用。内蒙古俄罗斯族在巴斯克节中充分展示了他们豁达、开朗、热情好客、奔放、无拘无束的性格和精神风貌。在内蒙古俄罗斯族巴斯克节庆典活动、演艺活动和娱乐活动中，最大限度地保存了俄罗斯的文化艺术。内蒙古的俄罗斯族"把节日活动看得十分重要，甚至将它看成是人生中最开心、最幸福的一件事。因此在活动中尽量表现自己，全身心释放自己的能量，即便是在过去比较贫困的年代，没有乐队伴奏，没有宽敞的活动室，也没有明亮的电灯，哪怕在庭院中、月光下，人们依然该跳的跳，该唱的唱，该玩的玩，并一直将这种节日文化传承至今"。"俄罗斯族及华俄后裔几乎个个能歌善舞，他们不仅能唱许多俄罗斯歌曲，会跳许多俄罗斯民间舞蹈，而且还会许多流行的汉族及蒙古族等少数民族歌曲和舞蹈。"特别是内蒙古呼伦贝尔市额尔古纳地区的俄罗斯族，他们在7天的巴斯克节节期内，过节的形式具有极大的娱乐性。巴斯克节时，额尔古纳地区的俄罗斯族无论过去相互之间有多少意见，多大矛盾和怨恨，都会随着节日热烈的气氛而烟消云散。亲朋好友聚在一起轮流做东，互相宴请，载歌载舞，开怀畅饮。"凡是到过额尔古纳地区的外地客人，都赞不绝口地说：额尔古纳的俄罗斯族和混血人，真是一个乐观向上、热情好客的民族。"早些年过巴斯克节时，人们聚会，当时用作伴奏的乐器主要是俄式扣子琴、三角琴，如今有民间自发组织的乐队，主要演唱的歌曲有《喀秋莎》《红梅花儿开》《小路》《三套车》《莫斯科郊外的晚上》《山楂树》等。早些年巴斯克节时，额尔古纳地区的俄罗斯族主要流行的舞蹈有：集体舞《嘎巴乔克》《灭斜茨》《嘎萝卜其喀》《卜布利哈》；双人舞《华尔兹》《巴达果娜》；单人舞《奥吉诺其卡》。上述舞蹈中，以集体舞《嘎巴乔克》和单人舞《奥吉诺其卡》最为普及、典型。额尔古纳地区俄罗斯族民间舞蹈继承了俄罗斯民间舞蹈的特点：节奏明快，无论是集体舞、双人舞、单人舞，都欢快优美，热情奔放、动作变化多样；以腿部动作的变化为主，有走、跑、垫、踏、跺多种动作，变化多端，起伏有致。近些年，额尔古纳地区的俄罗斯族巴斯克庆典主要节目，以 2017 年恩和巴斯克节表演的节目为例，包括：歌舞表演《节日欢歌》、俄罗斯舞蹈《欢乐的节日》《俄罗斯民间群舞》、管弦乐队合奏《光荣的近卫军》《俄罗斯舞蹈》《舞动青春》、男生双人舞《光阴》、马头琴独奏《万马奔腾》、俄罗斯女生小合唱《窗前有棵稠李子树》《妈妈多想我出嫁》《俄罗斯小调对唱》，俄罗斯歌曲男女二重唱《走在大街上》、舞蹈《美丽的俄罗斯姑娘》、大合唱《欢乐的节日里》。额尔古纳市出品的大型剧目《巴斯克节抒情》和音乐剧《额尔古纳之恋》都集中地反映了在内蒙古额尔古纳地区的俄罗斯族与巴斯克节密不可分的生活、节日、音乐、舞蹈、民俗等多方面的内蒙古俄罗斯族巴斯克节文化继承诸多方面的艺术内容和艺术形式。

六是，巴斯克节对俄罗斯油画艺术的传承作用。内蒙古俄罗斯族的巴斯克节除了保存了大量的俄罗斯歌舞艺术之外，还延续和传承了俄罗斯的油画艺术。近些年在额尔古纳恩和俄罗斯民族乡的巴斯克节庆典活动中增添了油画欣赏活动，人们要到恩和俄罗斯民族乡的小广场，观赏高校画家关于恩和民族风情的油画节目。自 2017 年以来，恩和俄罗斯民族乡依托民族特色文化的优势，通过引进人才，邀请国内外画家，积极打造"油画小镇"项目，成为地区文化与旅游结合的典范；两年内共举办艺术交流、区域合作的活动 5 次，近 40 名全国各大美院教授、各地知名画家、俄罗斯画家等在恩和采风交流，创作油画作品 230 多幅。2018 年恩和成功地举办了"首届中俄油画名家艺术交流写生活动及作品展"。

七是，巴斯克节对俄罗斯族经济和旅游的拉动作用。2005 年恩和乡党委和乡政府决定：在保有优美的自然资源条件和浓郁的俄罗斯民俗文化的前提下，发展俄罗斯族家庭民俗游。2006 年恩和乡政府拨款 10 万元资助 5 户俄罗斯族家庭民俗游试点开始经营，拉开了恩和俄罗斯族家庭民俗游的序幕。2011 年俄罗斯族家庭民俗游成为恩和的支柱产业。近些年来，恩和乡政府成功地把民俗节日巴斯克节打造成地区旅游品牌：旅游接待人数从 2007 年的 1.8 万人次，激增到 2018 年的 70 万人次，家庭游户年均纯收入约 5 万元。目前，恩和乡已有家庭游接待户 110 余户，接待床位 3400 张，旅游业已成为恩和地区重要的新兴产业。2018 年，额尔古纳市接待游客 545.8 万人次，旅游收入 56.9 亿元，同比增长 5.4% 和 11.9%。巴斯克节为额尔古纳市俄罗斯族家庭游、访俄户、俄罗斯族群众开拓了一条致富之路。

### 三　结语

传统节日是促进民族团结进步创建活动人文化、实体化、大众化的重要载体。内蒙古俄罗斯族的巴斯克节是我国俄罗斯族节日文化的重要组成部分。内蒙古呼伦贝尔市共有俄罗斯族 4354 人，系统地研究呼伦贝尔额尔古纳地区俄罗斯族人口密集区的巴斯克节，对深入研究内蒙古、乃至中国俄罗斯族复活节习俗具有典型意义。节日是民族文化的一部分，是民众在某一特定时日的生活状态，凝聚着这一群体的文化心理积淀。"每个民族的每个节日，正是反映这个民族文化最真实的一面"。我们要充分利用俄罗斯族巴斯克节这个传统节日，采取多种有效的形式，开展民族团结创建活动，促进民族交流、理解和团结；我们要充分利用俄罗斯族巴斯克节这个传统节日，获得牢固的军民、警民团结局面，促进祖国边疆进一步稳定，实现国泰民安。

在巴斯克节中，中国俄罗斯族民众与前来参加节日庆典的俄罗斯和哈萨克斯坦等国嘉宾实现情感交流、在相互了解和沟通基础之上达成的民心相通，是实现"一带一路"的基础和保障。内蒙古俄罗斯族巴斯克节庆祝活动也潜在地为中俄两国民众加强人文交流，增进了解，消除彼此隔阂，增加尊重互信，直接参与"一带一路"建设创造了良好的人文环境。"丝绸之路经济带"和"21 世纪海上丝绸之路"的构想，强调相关各国要打造互利共赢的"利益共同体"和共同发展繁荣的"命运共同体"。中俄民俗文化在内蒙古俄罗斯族巴斯克节的庆典活动中得到了充分展示。中俄两国山水相连，中俄两国血缘相连，无论是在过去、现在和将来，中俄两国都在人类生存与发展的永恒主题上有着共同的合作机遇，有着共同的互惠利益，有着共同的理想诉求。内蒙古俄罗斯族巴斯克节庆祝活动也促进了俄罗斯族旅游业的发展，"旅游是打破意识形态壁垒、经济贸易壁垒、行政壁垒、产业壁垒，通过人流带动物流、信息流、资金流等，促进文化交融，实现民心相通的'最温和途径'"。内蒙古俄罗斯族的巴斯克节，恰是连接中俄两国文明联系的纽带，得以让中国的"一带一路"宏伟蓝图更加辉煌。

内蒙古俄罗斯族的巴斯克节，已经于 2011 年被列入中国第三批国家级非物质文化遗产名录，是可喜可贺之事：科学文化无国界，内蒙古俄罗斯族的巴斯克节都保持了古老的俄罗斯民族文化，开创了中国俄罗斯族民俗文化的新篇章。非物质文化遗产，既是人类物质宝库中的文化瑰宝，更是人类精神世界上的文化营养。世界多个国家都对本国的非物质文化遗产实施保护措施。2011 年中国制定出台了专门的法律文件《中华人民共和国非物质文化遗产法》，以加大对非物质文化遗产的保护。笔者在对内蒙古地区巴斯克节非遗传承人的调研中得知：非遗传承人大多年事已高，其中一些人还身患重病……有些内蒙古自治区级的俄罗斯舞蹈传承人、额尔古纳市级的俄罗斯族巴斯克节传承人都已经先后离世。在非物质文化遗产保护传承的过程中，人这一要素特别关键，老一辈传承人的逝世，使得俄罗斯族非物质文化遗产的保护传承愈加艰难；虽然呼伦贝尔市非物质文化遗产保护中心的工作取得了一些成绩，但在保护与开发上还存在一些问题。一些旗市区还没有把非物质文化遗产保护工作纳入重要议事日程和社会发展规划，所需经费没有列入地方财政预算，经费投入不足。一些非物质文化遗产随着现代物质生活和市场经济的冲击，处于濒危状态甚至消失。由于地方政府对非遗的历史和现状没有过多的认识和重视，对非遗项目表达出的民族文化以及价值，在经济建设和社会进步中的意义、作用、价值认识不够，片面追求当下利益，忽视非物质文化的长远影响和功能。我们要加大对内蒙古俄罗斯族巴斯克节国家级非物质文化遗产的保护力度，时不我待，任重道远！

（呼伦贝尔学院　孙姝慧）

# 参考文献

阿拉腾嘎日嘎：《中国游牧环境史研究》，宁夏人民出版社 2017 年版。

敖仁其主编：《制度变迁与游牧文明》，内蒙古人民出版社 2004 年版。

布和朝鲁编著：《蒙古包文化》，内蒙古人民出版社 2014 年版。

朝克：《"一带一路"战略及东北亚研究》，社会科学文献出版社 2016 年版。

朝克：《中国的鄂温克族》，宁夏人民出版社 2013 年版。

党宝海：《蒙元驿站交通研究》，昆仑出版社 2006 年版。

东布日勒：《蒙古民俗研究》，内蒙古人民出版社 2006 年版。

董恒宇等：《论草原文化》（第一辑），内蒙古教育出版社 2005 年版。

董宪瑞等：《额尔古纳俄罗斯族》，珠海浪漫之城系列丛书编委会出版 2013 年版。

方素梅等主编：《中国少数民族革命史》，广西民族出版社 2000 年版。

费孝通：《中华民族多元一体格局》，中央民族大学出版社 1997 年版。

冯军胜等：《内蒙古奇景》，内蒙古人民出版社 2003 年版。

傅建增：《传统与超越》，河北人民出版社 1988 年版。

盖山林：《和林格尔汉墓壁画》，内蒙古人民出版社 1978 年版。

盖山林：《丝绸之路草原民族文化》，新疆人民出版社 1996 年版。

盖之庸：《内蒙古辽代石刻文研究》，内蒙古大学出版社 2002 年版。

黄剑华：《丝绸之路上的文明古国》，四川人民出版社 2002 年版。

黄细嘉等：《红色旅游产业发展若干重要问题研究》，人民出版社 2018

年版。

黄细嘉等：《红色旅游与老区发展研究》，中国财政经济出版社 2010
　年版。

霍洛韦：《旅游经营学》，修月祯等译，旅游教育出版社 2006 年版。

吉尔格勒：《游牧文明史论》，内蒙古人民出版社 2002 年版。

贾敬颜：《五代宋金元人边疆行记十三种疏证稿》，中华书局 2004
　年版。

克林凯特：《丝绸古道上的文化》，赵崇民译，新疆美术摄影出版社
　1994 年版。

李朝军等：《旅游文化学》，东北财政大学出版社 2016 年版。

李晶：《"一带一路"国家国情·俄罗斯》，经济管理出版社 2017 年版。

李伟：《民族旅游地文化变迁与发展研究》，民族出版社 2005 年版。

李逸友：《北方考古研究》，中州古籍出版社 1994 年版。

林幹：《匈奴通史》，人民出版社 1986 年版。

林幹：《中国古代北方民族通史》，鹭江出版社 2003 年版。

林耀华主编：《民族学通论》（修订本），中央民族大学出版社 1997
　年版。

林占德编著：《呼伦贝尔古代民族》，香港天马图书有限公司，2003 年。

刘钟龄等主编：《游牧文明与生态文明》，内蒙古大学出版社 2001
　年版。

卢明辉等：《内蒙古·锡林郭勒风物志》，云南人民出版社 2002 年版。

吕光天：《北方民族原始社会形态研究》，宁夏人民出版社 1981 年版。

吕光天等：《贝加尔湖地区和黑龙江流域各民族与中原的关系史》，黑
　龙江教育出版社 1991 年版。

罗新等：《新出魏晋南北朝墓志疏证》，中华书局 2005 年版。

马长寿：《北狄与匈奴》，广西师范大学出版社 2006 年版。

马可·波罗：《波罗游记》，梁生智译，中国文史出版社 1998 年版。

马利清：《原匈奴、匈奴历史与文化的考古学探索》，内蒙古大学出版

社 2002 年版。

孟驰北：《草原文化与人类历史》，国际文化出版社 1999 年版。

孟达来：《北方民族的历史接触与阿尔泰诸语言共同性的形成》，中国社会科学出版社 2001 年版。

孟广耀等：《蒙古民族通史》，内蒙古大学出版社 2002 年版。

米文平：《鲜卑石室寻访记》，山东画报出版社 1997 年版。

内蒙古少数民族社会历史调查组，中国社会科学院内蒙古分院历史研究所合编：《达斡尔族、鄂温克族、鄂伦春族、赫哲族史料摘抄》，内蒙古人民出版社 1961 年版。

内蒙古自治区编辑组编著：《达斡尔族社会历史调查》，内蒙古人民出版社 1985 年版。

内蒙古自治区地方志编委会编著：《内蒙古地方志大全套》，内蒙古人民出版社 1998 年版。

潘宝明主编：《中国旅游文化》，中国旅游出版社 2005 年版。

乔吉等编著：《内蒙古寺庙》，内蒙古人民出版社 2014 年版。

荣新江：《古中国与外来文明》，北京大学出版社 2001 年版。

色音：《蒙古游牧社会的变迁》，内蒙古人民出版社 1999 年版。

宋振春等：《旅游文化产业与城市发展研究》，经济管理出版社 2012 年版。

苏勇主编：《呼伦贝尔盟民族志》，内蒙古人民出版社 1997 年版。

陶玉坤：《北方游牧民族历史文化研究》，内蒙古教育出版社 2007 年版。

田广金等：《北方文化与匈奴文明》，江苏教育出版社 2005 年版。

涂占江：《呼伦贝尔旅游》，内蒙古文化出版社 1998 年版。

魏坚主编：《内蒙古地区鲜卑墓葬的发现与研究》，科学出版社 2005 年版。

乌日陶克套胡：《蒙古族游牧经济及其变迁》，中央民族大学出版社 2006 年版。

乌云巴图等：《蒙古族传统文化论》，远方出版社 2001 年版。

乌云达赉：《鄂温克族的起源》，内蒙古大学出版社 1996 年版。

武沐：《匈奴史研究》，中华书局 1983 年版。

邢莉：《旅游文化》，燕山出版社 1995 年版。

邢莉：《游牧中国——一种北方的生活态度》，新世纪出版社 2006 年版。

邢野等主编：《内蒙古民俗风情通志》，内蒙古人民出版社 2005 年版。

熊金银：《乡村旅游开发研究与实践案例》，四川大学出版社 2013 年版。

徐德辉主编：《内蒙古旅游》，内蒙古人民出版社 2005 年版。

徐景学主编：《西伯利亚史》，黑龙江教育出版社 1991 年版。

徐仁立等：《福建红色旅游资源开发研究》，光明日报出版社 2019 年版。

徐万邦等：《中国少数民族文化通论》，中央民族大学出版社 1996 年版。

闫天灵：《汉族移民与近代内蒙古社会变迁研究》，民族出版社 2004 年版。

阎凤梧主编：《全辽金文》，山西古籍出版社 2002 年版。

杨建华：《春秋战国时期中国北方文化带的形成》，文物出版社 2004 年版。

毅松等：《达斡尔族、鄂温克族、鄂伦春族文化研究》，内蒙古教育出版社 2007 年版。

余大钧译著：《蒙古秘史》，河北人民出版社 2001 年版。

张碧波：《中国古代北方民族文化史》，黑龙江人民出版社 1995 年版。

张碧波等主编：《中国古代北方民族文化史》，黑龙江人民出版社 2001 年版。

张博泉等：《金史论稿》，吉林文史出版社 1986 年版。

张光直：《古代中国考古学》，辽宁教育出版社 2002 年版。

张文勋:《民族文化学》,中国社会科学出版社 1998 年版。

张晓兵:《内蒙古俄罗斯族》,内蒙古文化出版社 2015 年版。

赵超:《汉魏南北朝墓志汇编》,天津古籍出版社 2002 年版。

赵芳志主编:《草原文化——游牧民的广阔舞台》,上海远东出版社 1998 年版。

赵复兴:《鄂伦春狩猎文化》,内蒙古人民出版社 1991 年版。

郑东日:《鄂伦春族社会历史变迁》,延边人民出版社 1985 年版。

周菁葆等:《丝绸之路佛教文化研究》,新疆人民出版社 2009 年版。

朱学渊:《中国北方诸民族源流》,中华书局 2004 年版。

[德] 扬·阿斯曼:《文化记忆》,金寿福等译,北京大学出版社 2014 年版。

[俄] 克鲁沙诺夫主编:《苏联远东史》,成于众译,哈尔滨出版社 1993 年版。

[俄] 史禄国:《北方通古斯的社会组织》,赵复兴译,内蒙古人民出版社 1985 年版。

[美] 蒂莫西:《文化遗产与旅游》,孔业红等译,中国旅游出版社 2014 年版。

[英] 利克里什等:《旅游学通论》,程尽能等译,中国旅游出版社 2002 年版。

# 后 记

　　这本书是内蒙古政府委托重大项目"发掘内蒙古历史文化，服务'一带一路'建设研究"的子课题"内蒙古旅游文化与'一带一路'建设研究"之成果。经过课题组成员的共同努力，终于将书稿撰写完成。就如前言所说，该子课题的实施过程中，遇到了课题组成员变动，新冠肺炎疫情等带来的困难，但最终课题组全体成员齐心协力、诚信合作、共同努力，圆满完成了该项子课题研究工作。其实，除了我们在该书里讨论的内容之外，在内蒙古大地上要写的内容还有很多，还有很多旅游文化景区和景点在这里没有讨论。例如，包头市的阿善遗址、赵长城、塞外名寺美岱召、九峰山自然保护区等；兴安盟的摩天岭、熔岩盆地、火山湖泊、麒麟峰等；通辽市的大青沟、珠日河草原、金门山区、兴源寺等；赤峰市的红山国家公园、黑里河国家级自然保护区、克什克腾国家地质公园、阿斯哈图冰石林等；乌兰察布市的辉腾锡勒草原、凉城岱海、黄花沟、红召生态旅游园区等；鄂尔多斯市的成吉思汗陵、响沙湾、统万城遗址、准格尔召等；巴彦淖尔市的临河甘露寺、阴山岩画重、白垩级恐龙化石、乌梁素海旅游区等；乌海市的桌子山岩画群、胡杨岛景观、金沙湾旅游区、黄河旅游区等；阿拉善盟的阿拉善王府、策克口岸、天鹅湖、腾格里沙漠、黑城遗址等，还有许许多多的国家级和自治区级的自然保护区、国家公园、重点文物保护区等自然景观和旅游景区。在此方面，要进行深入系统研究的内容还有很多，以后我们还要继续开展与此相关的科研工作，把更多、更美丽、更有特色的旅游景区和景点介绍给国内外朋友，以此不断推动内蒙古自治区旅游事业及旅游文化产业的发展，进而不断向广度和深度推动中蒙俄"一带一路"旅游文化建设。

在该成果将要出版之际，最诚挚地感谢内蒙古自治区布小林主席和内蒙古政府交给我们这项重大研究课题。感谢内蒙古政府研究室（参事室）领导及相关工作人员给予的大力支持和所做的协助工作。非常感谢呼伦贝尔学院党委书记王广利教授及副校长敖特根和田振江教授等校领导，以及校科研处给予的大力支持。同时，为完成该项子课题研究而开展田野调研和搜集材料时，给予热情帮助和积极提供相关资料的自治区文化旅游厅领导，以及各盟市文化旅游部门负责人和相关工作人员表示深深的谢意。他们提供的第一手资料，对于该项科研工作按部就班地顺利实施发挥了极其重要的作用。还有，向作为此项子课题负责部门的呼伦贝尔学院民族历史文献研究中心领导及相关工作人员对第一手资料的搜集整理、相关科研工作的具体部署、上下协调相关部门、组织课题成员讨论项目研究内容等方面做出的辛勤付出表示真诚的感谢。还要感谢呼伦贝尔学院旅游学院的专家学者们的积极参与和撰写的相关书稿。另外，还要感谢中国社会科学院、中央民族大学、内蒙古大学、内蒙古师范大学的著名专家对于书稿的认真审读并提出的极其宝贵的修改意见。最后，还要特别感谢中国社会科学出版社领导及为该书的出版而辛勤审稿、编辑和校对的专家学者及编辑工作人员。正因为有了你们的关心和关怀及帮助支持，该项科研工作任务才能够圆满完成。在这里，再一次表示最真诚的谢意！

在本书稿的撰写、修改、补充过程中，呼伦贝尔学院民族历史文献研究中心和旅游学院及有关院校的专家学者，具体承担并完成的科研工作任务是：第一章由呼伦贝尔学院的管秀廷教授、内蒙古师范大学的仪德刚教授、中央民族大学博物馆副教授及呼伦贝尔学院特聘研究员卡丽娜等撰写；第二章由中央民族大学博物馆副教授及呼伦贝尔学院特聘研究员卡丽娜、呼伦贝尔学院的艾凤巍教授和徐兴锐教授等撰写；第三章由中央民族大学博物馆副教授及呼伦贝尔学院特聘研究员卡丽娜、呼伦贝尔学院的张凌教授和杜卫红教授等撰写；第四章由中央民族大学博物馆副教授及呼伦贝尔学院特聘研究员卡丽娜、呼伦贝尔学院的吴清秀教授、金鑫鑫教授、宝力道及杜鹃等撰写；第五章由中央民族大学博物馆副教授及呼伦贝尔学院特聘研究员卡丽娜、呼伦贝尔学院的张凌教授、杜卫红教授、李萍教授、丰华副教授等撰写；第六章由中央民族大学博物馆副教授及呼伦贝尔学院特聘研究员卡丽娜、呼伦贝尔学院的李萍教授、斯仁巴图教授、龚宇等撰写；第七章主要由呼伦贝尔学院的亚吉教授、中央民族大学博物馆副教授及呼伦贝尔学院特聘研究员卡丽娜等撰写。最后书稿由中央民族大学博物馆副教授及呼伦贝尔学院特聘研究员卡丽娜统合、修改、定稿。

　　书中难免存在不尽如人意的地方以及不足之处，请大家提出宝贵意见。